KB053658

식민지
시 기
언 론 과
언 론 인

지은이 박용규(朴用圭, Park, Yong-Gyu)는 상지대학교 언론광고학부 교수. 서울대학교 언론정보학과에서 학사·석사·박사 학위를 받고, 한국언론진흥재단 연구위원을 지냈다. 저서로『한국언론사의 이해』(공저), 『일제강점기 언론사연구』(공저), 『한국의 미디어 사회문화사』(공저), 『한국 신문의 사회문화사』(공저) 등이 있다.

근대문화제도 연구총서 03
식민지 시기 언론과 언론인

초판 1쇄 발행 2015년 6월 20일
초판 2쇄 발행 2016년 8월 30일
지은이 박용규 **펴낸이** 박성모 **펴낸곳** 소명출판 **출판등록** 제13-522호
주소 서울시 서초구 서초동 1621-18 란빌딩 1층
전화 02-585-7840 **팩스** 02-585-7848 **전자우편** somyong@korea.com **홈페이지** www.somyong.co.kr

값 32,000원   ⓒ 박용규, 2015
ISBN 979-11-86356-16-6 93070

근대문화제도
연구총서 03

문화제도는 총체로서의 역사가 인간 삶과 교호하며 개인과 사회에 새겨놓은 정신의 돋을새김이다. 역사의 운동은 문화를 매개로 인간에 수렴되며 인간이 사회적 지향성을 물질화하는 곳에서 제도의 현실적 의미가 탄생한다. 그런 점에서 근대문화제도란 근대라는 특정한 역사의 시공간이 주형해낸 물질화된 지향성이며 삶을 양식화하는 구조이자 인간의 제반 실천을 작동시키는 조건이다. 따라서 근대문화제도에 대한 탐구는 삶의 양식과 표상체계, 사상의 외연과 내포를 포괄적으로 설명하려는 학문적 문제의식의 소산이다.

THE PRESS AND JOURNALISTS IN COLONIAL KOREA

식민지 시기
언론과
언론인

● 박용규 지음

소명출판

　문화제도는 총체로서의 역사가 인간 삶과 교호하며 개인과 사회에 새겨놓은 정신의 돋을새김이다. 역사의 운동은 문화를 매개로 인간에 수렴되며 인간이 사회적 지향성을 물질화하는 곳에서 제도의 현실적 의미가 탄생한다. 그런 점에서 근대문화제도란 근대라는 특정한 역사의 시공간이 주형해낸 물질화된 지향성이며, 삶을 양식화하는 구조이자, 인간의 제반 실천을 작동시키는 조건이다. 따라서 근대문화제도에 대한 탐구는 삶의 양식과 표상체계, 사상의 외연과 내포를 포괄적으로 설명하려는 학문적 문제의식의 소산이다.

　근대학문의 분절적 방법론으로는 현실의 실체를 파악하기 어렵다는 것이 이제 자명해졌다. 우리는 근대인들이 겪었던 경험적 시공간의 성격을 보다 깊게 그리고 통시적으로 탐구하는 것이야말로 그러한 한계를 극복하는 하나의 해결책이 될 수 있다고 판단한다. 문화연구의 의미와 가치는 이 점과 연관되어 있다. 이것은 근대 연구의 인간 중심화를 의미한다. 이를 통해 국가를 중심에 둔 연구방법의 오랜 지속이 초래한 건조한 근대의 상이 물러나고 현실의 '인간'이 연구의 새로운 중심으로 부상하고 있다. 사회와 역사 연구의 흐름이 구체적인 인간 삶의 현실과 실천 중심으로 재편되고 있는 것이다.

그러나 현재의 문화연구가 학문적·현실적 의무를 다하기 위해서는 보다 냉철한 통찰이 필요하다. 거대담론으로 삶을 재단하는 병폐를 극복해야 하는 것처럼 역사와 인간을 고립시키고 분자화하는 오류 또한 재고되어야 한다. 특정한 연구경향을 '새로운 보편'인양 강조하는 방법의 물신화나, 일상의 표피적 복원이 야기하는 정치성의 은폐와 같은 문제들도 비판되어야 한다.

우리는 문화연구를 제도를 매개로 하여 재구조화하려고 한다. 문화제도는 구조와 인간, 거대 담론과 구체적 삶이 교호하고 횡단하는 접점이다. 한국 근대문화제도는 한국의 역사적 맥락 안에서 구성되기 때문에 특정한 성격과 편향을 내포하고 있다. 이를 해명하기 위해서 우리는 법률·기관·과정 등으로 존재하는 제도만이 아니라 그 이면에서 은밀하게 작동하는 권위와 관행들을 포괄적으로 논의할 수 있는 분석의 틀을 구축하고자 한다. 기존의 국가주의나 제도 물신화에 거리를 두면서 한국적 근대의 편향에 작용한 힘들과 그것의 구성 과정을 온전히 드러내기 위해서는, 그리고 특정한 역사적 시공간 안에서 한 사회의 문화적 성격을 구성했던 인간의 궤적을 이해하기 위해서는 이렇듯 확장된 제도 개념을 통한 접근이 필요한 것이다.

이를 구체화하기 위해서 무엇보다 근대문화제도의 복합적 양태에 대한 기초연구가 시급하다. 우리가 근대문화제도의 기반연구와 관련 자료의 축적에 일차적인 관심을 두는 것은 이 때문이다. 그것이 학문의 폭과 깊이를 심화하는 데 기여할 것으로 우리는 확신한다. 그러나 기초연구가 우리가 추구하는 연구의 귀결점은 아니다. 사실에 주목하되 구조를 놓치지 않으며 사실과 구조가 지시하는 역사의 향방을 날카롭게

포착하여 창조적인 이론의 수립으로 나아가야 할 시점이다. 근대문화 제도가 우리의 현실을 구성했던 것처럼, 그것에 대한 연구가 미래의 얼개를 구성하는 데 어떻게 기여할지를 논구하는 것이 우리의 궁극적인 목표다.

이러한 목표를 몇몇 사람의 의지와 노력으로 이룰 수는 없다. 이에 우리는 보다 많은 연구자들과 대화하고 협력하며 관련된 문제를 풍부하게 드러내기 위해 '근대문화제도 연구총서'를 간행한다. 우리는 이 자리가 많은 연구자들이 상호교류하고 토론하며 학문을 진전시키는 계기이자 공동의 집이 되기를 희망한다. 이제 과거를 딛고 일어서, 학문과 현실의 미래를 위해 우리의 이성을 수고롭게 하자.

기획위원 유선영 박헌호 한기형

:: 차례

제3부 식민지 시기의 언론인

1920년에 창간된 『동아일보』와 『조선일보』가 5년 뒤면 100주년을 맞이한다. 일제는 3 · 1운동 이후 식민지 지배정책을 이른바 '문화정치'로 바꾸며 두 신문의 창간을 허용했다. 함께 창간되었던 『시사신문』은 1년 남짓 발행되다 사라졌지만, 『동아일보』와 『조선일보』 두 신문은 격동의 세월을 견디고 지금까지 건재하다. 오늘날의 한국 언론이 바로 식민지 시기의 언론에 그 뿌리를 두고 있음을 단적으로 보여주고 있다.

대학원에서 공부하던 1980년대에 한국 언론은 제 역할을 다하지 못하고 있었다. 불만스런 한국 언론의 현실에 대한 공부는 이런 언론 구조가 만들어진 역사적 과정에 대한 관심으로 이어졌다. 미군정기 한국 언론구조에 관한 석사논문은 이런 관심의 산물이었다. 미군정기 언론을 연구하며 자연스럽게 일제강점기 언론에 대한 연구의 필요성을 느꼈다. 식민지 시기 언론의 유산이 해방 이후 어떻게 청산되었거나 또는 잔존했는가를 분석하기 위해서는 먼저 식민지 시기의 언론을 구체적으로 살펴볼 필요가 있다고 판단했기 때문이다. 박사논문에서는 식민지 시기 언론인의 사회적 특성을 다루었다.

1994년에 박사학위를 받고 연구자의 길에 들어선 후에도 주로 언론의 역사에 관한 논문을 써 왔다. 학위논문이나 학위취득 이후 쓴 식민지 시기 언론에 관한 논문을 책으로 낼 것을 권유받았지만 주저했다. 대폭수정·보완해 출판하겠다는 욕심은 있었지만, 다른 연구에 쫓기다 보니 정작 그렇게 할 만한 여유는 없었기 때문이다. 한동안 손 놓고 있던 식민지 시기 언론에 관한 연구를 재개한 것은, 문학이나 사학 연구자들과의 만남 덕택이었다. 식민지 시기 언론에 대해 관심을 갖고 연구하는 문학이나 사학 전공자들과의 교류는 이 책을 내도록 결심하는 데 큰 영향을 주었다.

사회과학 전반에서 역사 연구가 침체되어 있듯이, 언론학에서도 언론사 연구는 부진을 면치 못하고 있다. 사회과학에서의 역사 연구의 침체는 한국 사회의 다양한 문제들을 역사적 맥락 속에서 바라보기 어렵게 만든다. 당연히 언론학에서의 언론사 연구의 부진도 한국 언론구조의 형성 과정을 이해하고 한국 언론의 현실을 분석하는 데 한계 요인으로 작용하고 있다. 이런 현실을 극복하는 데 조금이나마 도움이 되었으면 하는 바람을 갖고 근현대 언론사를 시기별로 정리해 나가는 작업을 하겠다는 다소 무모한 계획을 세웠다. 이 책은 그런 생각을 현실화한 첫 결실이다.

이 책은 3부 10장으로 구성되어 있다. 1부에서는 일제의 언론정책과 신문의 기업화를 살펴보았다. 식민지 시기 언론의 전체적인 변화 과정을 제시하는 데 중점을 두었다. 2부에서는 식민지 시기의 언론에 대해 다루었다. 식민지 시기의 신문에 대한 인식과 일제 말기 언론구조의 변동과정을 살펴보았고, 기존에 사각지대로 남아 있던 일제강점기 '제3의 민간지'나 지방신문에 대해서도 다루었다. 3부에서는 식민지 시기 언론인의 활동을 분석하였다. 언론인과 민족운동과의 관계, 여기자들의 특성과 활동을 살펴보았고, 일제강점기 비타협적 민족주의 운동을 주도했던 안재홍과 여운형의 언론활동을 정리하였다.

이 책은 식민지 시기의 신문을 대상으로 연구한 글들을 중심으로 구성되었다. 당연히 식민지 시기의 방송이나 잡지를 다룬 글들은 제외했고, 신문을 다룬 글들도 구성상 어울리지 않는 경우에는 이 책에 싣지 않았다. 지난 20년 동안 식민기 시기 신문에 관해 쓴 논문들을 중심으로 구성했지만, 최근 연구성과들을 최대한 반영해 내용을 대폭 수정·보완한 것은 물론 전체적인 구성에 맞추어 개별 글들을 재구성하기도 했다. 그럼에도 부족한 점이 많을 것이다. 최신 자료를 활용하지 못한 부분이 있을 것이고, 꼭 다루어야 할 내용을 빠트린 경우도 없지 않을 것이다. 부족하나마 이 책이 식민지 시기 언론에 대한 이해의 지평을 넓히고, 이를 통해 한국 언론의 형성과정을 이해하는 데 도움이 되기를 바랄 뿐이다.

이 책의 발간을 권유받고 결심한 것은 2010년이었다. 유선영 선생님, 박헌호 선생님, 한기형 선생님 등 세 분이 '근대문화제도 연구총서'를 기획하며 책의 출간을 권유하자 더 이상 미룰 수 없는 숙제를 해야 한다는 심정으로 기꺼이 책의 출간을 결심했다. 세 분께 감사드린다. 그러나 여러 가지 사정과 게으름 탓에 책의 출간이 늦어지고 말았다. 책 발간이 늦어질수록 최신 연구 성과를 반영하기 위해 또 늦어지는 악순환이 벌어졌다. 책 발간이 늦어지며 자주 연락을 해야 했던 편집부와 상업성이 부족한 책의 출판을 결정해주신 박성모 사장님께도 감사드린다.

제1부

일제의 언론정책과 신문의 기업화

일제의 언론정책

일제강점기 신문의 기업화

제1장

일제의 언론정책

1. 언론정책의 기본성격

1) 문화정치와 민간지의 창간

1919년의 전 민족적인 3·1운동은 일본제국주의의 조선지배에 커다란 타격을 주어 일제는 종전의 헌병경찰에 의한 무단통치로는 도저히 지배를 계속해나갈 수 없게 되었다. 더욱이 당시 일본제국주의는 국내적·국제적 모순과 대립에 직면하여 이를 회피하기 위해서도 조선에 대한 정치적 지배와 경제적 수탈을 한층 강화하며 지배의 효율성을 높이기 위한 새로운 지배방식이 필요했다.[1] 1차 대전을 통해 급격히 성장한 일본자본주의는 전후 영국, 미국 등 서구 제국주의 국가들의 아시아 시장 복귀와 국내시장의 협소함으로 인한 전후의 공황과 소동으로 드러난 식량의 위기를 극복하기 위한 식민지 정책을 추구하게 되었다.[2] 이러한 경제적 착취를 통해 일본의 내적문제들을 해결하기 위해서는 식민지의 안정적 지배가 필요했고 또한 당시의 일본은 '다이쇼(大正) 데모크라시'의 시기로 3·1운동의 발발이 기존의 무관 총독에 의한 무단통치에 기인한다는 인식이 확산되어 새로운 식민지 지배방식이 모색되었던 것이다.[3]

이에 따라 일본 제국주의는 무력에 근거한 무단정치와는 달리 "문화의 발달과 민력의 충실"이라는 목표를 내건 기만적인 문화정치로 전환했다.[4] 이러한 문화정치는 일제의 폭력적인 식민지 지배가 근본적으로 완화되었던 것이 아니라 3·1운동 이후의 변화된 사회상황에서 일제의 지배정책이 더욱 기만적인 형태로 변화되었다는 것을 의미할 뿐이었다. 즉, 문화정치로의 변화에도 일제의 지배정책의 근본방침은 전혀 변함없이 일본과 한국의 동화(同化)라는 명분아래 탄압과 회유[5]에 기초

---

1 강동진, 『일제의 한국침략정책사』, 한길사, 1980, 9~15면.
2 차기벽, 「일본제국주의 식민정책의 형성배경과 그 전개과정」, 『일제의 한국 식민통치』, 정음사, 1985, 33~36면.
3 한배호, 「3·1운동 직후의 조선식민지 정책」, 『일제의 한국 식민통치』, 정음사, 1985, 78~84면.
4 朝鮮總督府, 『施政ニ關スル諭告·訓示竝演述』, 1922, 311~316면.
5 오하타 히로시(大畑裕嗣)는 문화정치의 실시에 따른 문화적 동화(同化) 과정이 "현실의 동의 획득으로 발휘한 무시할 수 없는 힘"을 고려할 필요가 있다고 주장했다. 이러한 지적은, 문화정치기의 지배방식이 이전과는 달리 탄압과 회유가 결합되어 있었다는 점에서 어느 정도 타당성이 있기는 하지만 일제의 지배방식에 있어서의 동의의 획득이라는 것이 현실적으로 지극히 제한된 계층에게만 가능했다는 점에서 한계가 있다고 할 수 있다. 大畑裕嗣, 「헤게모니 관점에서 재조명한 일제하 언론사 연구」, 『한국사회와 언론』 2, 한국사회언론연구회, 1992, 151~156면. 또한 최근에는 일제의 지배에 대한 '저항'과 '협력'을 모두 고려해 일제하의 정치운동을 분석해야 한다는 주장도 나오고 있다. 김동명, 『지배와 저항, 그리고 협력』, 경인문화사, 2006, 92~105면.

하여 지배와 수탈을 더욱 강화시켜 나가기 위한 지배가 이루어졌을 뿐이다. 이렇듯 기본적인 일제의 식민지 지배방침에 변화가 없다는 것은 조선총독부의『시정 이십오년사(施政 二十五年史)』에 나타난 다음의 내용으로도 잘 알 수 있다.[6]

총독정치의 기본을 순수한 문치정치로 한다는 방침을 분명히 하였다. 크게 문화적 개발에 힘을 기울였기 때문에 보통 문화정치라고 일컫지만 반도통치의 기본방침에 있어서는 조금도 달라진 점은 없다. 이리하여 일시동인(一視同人)의 성의(聖意)에 기초하여 공명정대한 정치를 행함으로써 선량한 민중을 애호하는 한편 끝내 국헌(國憲)에 반항하고 병합의 정신에 어긋나는 불령배(不逞輩)에 대해서는 추호도 가차 없이 단속하는 방침을 추진한 것이다.

위의 지적에서처럼 일제는 문화정치를 표방하면서도, 조선에 대한 그들의 지배방침에는 기본적인 변화가 전혀 없이 단지 3·1운동 이후의 민심을 수습하기 위한 형식적인 몇몇 정책들만을 실시했을 뿐이다.[7] 이러한 문화정치의 내용으로는 주로 문화정치의 실시를 위한 통치기구 개선의 차원에서 이루어진 관제개혁, 분할통치(divide and rule)의 차원에서 이루어진 친일파나 민족개량주의 세력의 육성 등을 들 수 있다. 그

---

6 朝鮮總督府,『施政二十五年史』, 316~317면, 박경식,『일본제국주의의 조선지배』, 청아, 1986, 196~197면에서 재인용.
7 일제는 문화정치의 실시에 따른 조선통치상의 5대 원칙 으로 치안의 유지, 교육의 보급과 개선, 산업의 개발, 교통과 위생의 정비, 지방제도의 개혁 등을 들었다. 여기에서도 드러나 듯이 일제의 문화정치는 결국 3·1운동 직후의 고조된 사회분위기를 완화시키기 위한 부분적인 정책의 실시에 불과했다고 볼 수 있다. 朝鮮總督府,『施政に關する諭告·訓示竝演述』, 1922, 331~335면 참조.

러나 관제개혁에도 불구하고 1920년 이후의 모든 총독들도 이전과 마찬가지로 무관 출신이었고 보통경찰제도로의 전환에도 오히려 억압기구가 더욱 확충되었을 뿐이며[8] 또 행정조직의 개편과 조선인의 관리 임용도 단지 동화주의 정책의 실현을 위한 제도정비의 차원에서 부분적으로 이루어졌을 뿐이다.[9] 일제는 이러한 제도개혁에서 더 나아가 동화주의의 진정한 실현을 위해서는 식민지 지배의 정당화를 위한 회유와 설득이 필요하다고 인식했는데, 이는 당시 일본신문의 다음과 같은 주장에서도 살펴볼 수 있다.[10]

동화정책은 좋다고 하더라도, 풍속과 습관을 하나로 하고 형식적 도덕을 하나로 만들려는 것은 결코 동화의 근본은 아니다. 생각컨대 동화의 진수(眞髓)는 정신의 교통(交通)과 공명(共鳴)에 있다. 그리고 정신의 교통은 관헌과 법률의 힘으로 잘할 수 있는 것은 아니다. 요컨대 참다운 동화(同化)는 교화(敎化)의 힘에 기대하지 않을 수 없는 것이다.

위의 주장처럼 일제는 3·1운동 이후의 고조된 민족적 분위기를 감안하여, 폭력적인 무단통치보다는 동화주의를 주장하였고 이를 실현하기 위해서는 제도적 개혁을 넘어서서 정신적인 교화를 해나가는 것이 필요하다는 인식에 기초한 정책을 실시했던 것이다. 이런 맥락에서 일제는 제도의 개혁보다 민족을 내부로부터 분열시키는 분할통치를 위

---

8   강동진, 앞의 책, 1980, 12면.
9   김운태, 『일본제국주의의 한국통치』, 박영사, 1986, 360~387면.
10 「조선의 통치―진정후의 방침」, 『東京朝日新聞』, 1919.4.16, 강동진, 『일본언론계와 조선 (1910~1945)』, 지식산업사, 1987, 190면에서 재인용.

해 친일파의 육성이나 민족개량주의세력의 지원을 적극적으로 시도했고 또한 언론·출판·집회·결사의 자유도 형식적으로는 어느 정도 허가했던 것이다.

이렇듯 일제가 어느 정도 범위에서는 언론··출판·집회·결사의 자유를 허가하겠다고 표방했던 배경으로 강동진은 다음의 네 가지를 들었다. 첫째 조선인의 사상동향을 파악하고, 둘째 민중의 반일감정과 불만의 폭발을 막기 위한 안전판으로 이용하며, 셋째 일본어 해독률이 낮은 상황에서 조선어로 된 신문과 잡지를 통해 문화통치의 선전을 하며, 넷째 내외의 여론을 무마하고 가혹한 식민지 통치의 진상을 은폐하기 위한 것이었다.[11] 즉 일제는 "식민지 미디어의 상대적 자율성을 어느 정도 보장하여 식민지 근대의 성장을 안팎에 선전하고, 동시에 조선인의 능동적 동의를 얻으려고"[12] 조선인에게 신문 발행을 허용했던 것이다.

이렇듯 일제의 기만적인 문화정치의 덕택으로 1920년에 창간된 민간지들로는 상해 임시정부에서 '가장 악독한 친일 인물'로 지목했던 민원식[13]이 중심이 되어 친일 여론을 조성할 목적으로 결성된 단체인 국민협회[14]의 기관지로 창간된 『시사신문』, 무단정치기의 유일한 친일단체로서 1916년 11월에 세워져 재류 일본인 유력자와 조선인 갑부들의 친목사교단체로 출발했던 대정친목회에 의해 창간되었고 『조선일보』,[15] 『매일신보』 연파(軟派) 주임(오늘날의 사회부장-인용자)을 지냈던 이

---

11 강동진, 「문화주의의 기본성격」, 『한국사회연구』 2, 한길사, 1984, 172면.
12 한기형, 「문화정치기 검열체제와 식민지 미디어」, 『대동문화연구』 51, 성균관대 대동문화연구원, 2005, 90면.
13 국사편찬위원회, 『일제침략하 한국 36년사』 5, 국사편찬위원회, 1970, 51면.
14 松田利彦, 김인덕 역, 『일제시기 참정권 문제와 조선인』, 국학자료원, 2004, 151~153면.
15 대정친목회는 1916년 11월에 '귀족, 실업가, 변호사, 의사, 신문기자, 종교가, 교육가, 기타

상협의 명의로 발행이 허가되어 김성수의 자금 지원으로 창간된 소위 민족주의 세력의 대변지임을 자처하던 『동아일보』 등 세 신문이 있었다. 『동아일보』의 창간 과정에 참여했던 진학문은 당시에 총독부는 신문허가를 신청한 조선인들을 내지연장주의자, 자치주의자, 민족주의자로 구분하여 각각 하나씩의 신문 창간을 허락했다고 하며, 『시사신문』은 내지연장주의, 『조선일보』는 자치주의, 『동아일보』는 민족주의 세력에게 창간이 허락된 것이었다고 주장했다.[16]

이렇듯 일제는 문화정치의 실시에 따라 신문의 발간을 허가하면서도 이러한 신문들이 민족운동의 적극적인 수단으로 활용되는 것을 막기 위해 친일파나 민족개량주의적인 세력에게만 허가를 해주었다. 친일단체에 의해 발행되었던 『시사신문』이나 『조선일보』는 물론이고 민족주의를 표방했던 『동아일보』의 창간에도 총독부 기관지였던 『매일신보』나 기타 일문지(日文紙) 출신 기자들이 다수 참여했고 일제에 의해 후작의 작위를 받았던 박영효가 초대사장이었다는 점에서도 일제의 의도가 어느 정도 드러났다고 할 수 있다.

물론 창간 과정에 참여했던 인물들의 경력만을 가지고 『동아일보』의 성격을 파악하는 것은 다소 무리가 있지만, 적어도 이러한 인물들의 참여가 총독부로 하여금 『동아일보』 창간을 허락하도록 결정하

민간유지'의 발기로 설립되었다. 친일적 성향의 '상류 조선인간의 사교기관'이었던 대정친목회가 '부진한 활동의 만회책'으로 시작한 것이 『조선일보』 창간이었다. 장신, 「대정친목회와 내선융화운동」, 『대동문화연구』 60, 성균관대 대동문화연구원, 2007, 366~367면.

16 진학문, 「나의 문화사적 교류기」, 순성추모문집 발간위원회 편, 『瞬星 秦學文 추모문집』, 1975, 76~77면. 진학문은 『大阪朝日新聞』, 『동아일보』, 『시대일보』에서 활동했고 1936년에는 만주국(滿洲國)의 국무원 참사관을 지냈던 인물이다. 그에 대해서는 다음을 참조할 수 있다. 오미일, 「진학문―일제문화정치의 하수인」, 반민족문제연구소 편, 『친일과 99인』 2, 돌베개, 1993, 207~214면.

는데 어느 정도 영향을 주었을 것이라는 점은 짐작할 수 있다. 특히 이상협은 총독부 기관지였던 『매일신보』에 근무할 때의 인연으로 비교적 총독부와 긴밀한 관계를 지닐 수 있었고, 이상협과는 별도로 신문창간을 시도하다 나중에는 이상협과 협동하여 신문창간을 주도해 나갔던 진학문도 총독과 개인적으로 만날 만큼 가까운 사이였다는 점에서 『동아일보』의 창간 허용의 배경을 이해할 수 있다. 이들 둘은 민간지 창간을 전후한 시기(1919.8~1921 말)에 총독을 각각 3번과 7번씩 만날 정도로 총독부와의 긴밀한 관계 속에서 신문발행을 의도하여 결국 이상협 명의로 발행허가를 받을 수 있었던 것이다.[17]

일제는 이렇듯 문화정치를 표방하면서 그동안 신문의 발행을 금지하여 "언론의 자유를 제한하고 민의(民意)의 창달(暢達)상 유감"이 적지 않았다고 하며 "조선문화의 향상과 민의의 창달"이라는 명분아래 민간지의 창간을 허락했던 것이다.[18] 그러나 문화정치의 실시에 따른 이러한 명분상의 이유보다는 "조선인의 기분을 알고, 조선인 사이에 어떠한 공기가 흐르고 있는가를 알기 위해 유익하다"는 이유와 "맹렬한 반일의식을 탄압 일변도로 봉쇄만 하는 대신 그것을 민족지상에 발산시킴으로써 폭발을 피하려고 했다"는 이유가 작용해서 민간지의 창간을 허가했던 것이라고 할 수 있다.[19] 이렇듯 일제는 민간지를 통해 민심의 동향을 파악하고 또한 민간지가 반일의식의 폭발을 막기 위한 '안전판'으로서 기능하도록 하기 위해 발간을 허락했던 것이다.

17 강동진, 앞의 책, 1980, 169~170면.
18 朝鮮總督府 警務局, 『朝鮮における出版物槪要』, 1930, 1~2면.
19 김규환, 『일제의 對韓 언론·선전정책』, 이우출판사, 1978, 208~209면.

이것은 전임 총독이 사이토 마코토[齋藤實] 총독에게 준 「사무인계 의견서」에도 "언론집회의 억압은 종래 너무 가혹했던 것 같다. 차제에 두세 개의 諺字 신문의 간행을 허락하여 이것을 이용하여 민심의 통일과 시정(施政)의 선전에 쓸 필요가 있음을 인정한다"고 했던 것에서도 잘 드러난다.[20] 민심의 동향을 파악하기 위한 목적이 민간지 발간 허가의 중요한 요인이었다는 것은 민간지의 발간을 허가받기 위해 이상협이 총독부에 대해 "이 사회가 움직이는 것을 나타나게 하는 길이 있어야 하지 않겠는가 그래야 움직이는 꼴을 알고서 당신네들도 무슨 통치를 한다고 하지 않겠는가"라고 설득하여 『동아일보』의 창간을 허가받았고[21] 민원식도 "종래에 민간신문 하나라도 있었으면 민족자결운동 같은 것도 소요발발 전, 불령사상(不逞思想)의 유입을 알 수 있는 어떠한 소식을 지상에서 발견할 수 있었을지 모른다"고 주장하여 신문의 발간을 허가받았다는 점에서 잘 드러난다.[22]

이렇듯 민간지의 창간이 허가되었던 배경에는 총독부가 민간지를 통해 조선인 사이의 분위기를 파악하기 위한 의도가 있었던 것이며 또한 3·1운동으로 고양된 민심의 완화를 위한 의도도 있었던 것이다. 이에 대해 이연은, 일제가 민간지의 창간을 허가한 배경에는 지하신문의 사회적 영향력을 약화시켜 독립운동과 관련된 소문의 유포를 억제하고 이를 통해 민심의 수습을 의도했던 것이라고 지적하였다.[23] 즉 3·1운

---

20 최민지, 『일제하 민족언론사론』, 일월서각, 1978, 25면.
21 이 내용은 홍종인이 이상협에게 직접 들었다는 것이다. 고명식 외, 『대기자 洪博』, 세문사, 1987, 294~295면.
22 김규환, 앞의 책, 208면.
23 이연, 『일제하의 조선중앙정보위원회의 역할』, 서강대 언론문화연구소, 1993, 19면.

동 직후부터 국내의 『조선독립신문』[24]을 비롯하여 다양한 지하신문들이 국내외에서 발행되는 등 신문 발간의 분위기가 고조되자 일제는 친일언론인이었던 선우일의 『만주일보』, 일본인 다케우치 로쿠노스케[竹內綠之助]의 주간 『半島新聞』[25] 등의 발행을 허가했고 또한 상해임시정부에서 『독립신문』이 발행되어 국내에 반입되는 일이 생기자 아예 국내에서 민간지의 발행을 허가하기로 했던 것이다.[26]

이렇듯 일제는 민간지의 창간을 허가하면서도 이런 신문들이 단지 조선인의 분위기를 파악하고 민심을 수습하는 수단으로서의 역할만을 하기를 원했고, 이러한 신문들이 자신들의 이러한 기본적인 방침으로부터 절대로 벗어나지 못하도록 철저히 친일적이거나 민족개량주의적인 세력에게만 신문의 창간을 허가했는데, 다음과 같은 지적은 이런 점을 잘 드러내고 있다.[27]

너무 조선 사람의 소리를 덮어 누르니까 이런 소동이 생겼다고 해서 우선 민성(民聲)을 좀 들어보아야 된다는 의미에서 신문을 몇 개 내어준 것이지.

---

24 『조선독립신문』은 상점이나 일반 가정에 몰래 배포되었고 일제의 감시와 탄압 때문에 대부분이 신문을 읽고는 곧 불살라버렸다고 한다. 비록 등사판 신문이었지만 이러한 신문들의 영향력은 적지 않았다고 한다. 박찬승, 「3・1운동기 지하신문의 발간경위와 기사내용」, 『동아시아문화연구』 44, 한양대 동아시아문화연구소, 2008, 231~237면; 홍효민, 『행동지성과 민족문학』, 일신문화사, 1980, 365면.

25 1919년의 3・1운동 직후에 발행했던 조선어 주간신문으로, 조선 내에서의 신문 발간이 불가능하여 원고를 수집, 동경에서 인쇄하여 국내에서 배포했다. 이 신문은 비교적 조선인의 입장에 동조하는 기사를 많이 게재하여 『매일신보』에 비해 인기가 있었으나 1919년 12월 경영난으로 폐간되었다. 대한언론인회 편, 『한국언론인물사화』 상, 대한언론인회, 1992, 250면; 이종모, 「남북협상 단독취재작전과 그 감회」, 한국신문연구소 편, 『언론비화 50편』, 한국신문연구소, 1978, 751~753면.

26 정진석, 『한국언론사』, 나남, 1990, 337~369면.

27 無名居士, 「조선신문계 종횡담」, 『동광』, 1931.12, 77면.

그러나 신문을 허가할 그 당시는 말하면 금일 같은 소위 배일(排日)신문이 출현하리라고는 못했겠지. 즉 허가해준 세 신문이 하나는 송병준의 대정친목회에 배경을 두고 하나는 민원식의 유업인 국민협회가 산모요 나머지 하나가 어떨까 했으나 그 역시 후작 박영효 씨를 사장으로 하고 매일신보의 각 기자들이 편집에 앉았으니 표면으로야 온건·착실한 편이었지.

이러한 배경에서 발간이 허가되었던 민간지들의 활동은 처음부터 크게 제약될 수밖에 없었다. 즉, 민간지들에 대해 창간 직후부터 무기정간 등 강력한 일제의 언론통제가 가해졌다는 것은, 일제가 실시한 문화정치와 이에 따른 민간지 창간허가의 본질적 성격이 무엇이었는가를 잘 드러내는 것으로, 창간 직후부터 일제가 언론통제를 강력하게 실시하자 "압수, 정간, 폐간 등 절대자유권 장악 하에서" 이루어진 총독부의 민간지 창간 허가는 단지 "끔직 야릇한 호의"에 불과하다는 비판이 나오기도 하였다.[28] 즉 일제는 식민지 지배의 '안전판'으로 민간지의 창간을 허용하면서도 방심하지 않고 그 내용을 통제하는 것이 불가피하다는 인식을 가지고 언론통제를 해나갔던 것이었다.[29]

---

28 一記者, 「사건! 여론! 관찰!」, 『개벽』, 1926. 4, 74~75면.

29 Robinson, M., *Cultural Nationalism in Colonial Korea 1920~1925*, 김민환 역, 『일제하 문화적 민족주의』, 나남, 1990, 179면.

2) 언론정책의 기본성격

일제는 문화정치의 실시에 따라 조선인에게 민간지의 발간을 허가하면서 자신들의 식민지 지배정책의 기본방향에서 벗어나지 않는 범위에서 어느 정도의 언론자유를 허용할 것을 표명했지만, 이러한 신문들이 민심의 파악이나 안전판의 역할에서 벗어나 자신들의 식민지 지배에 대해 저항적인 성격을 보일 때는 단호하게 대처한다는 방침을 지니고 있었다. 이러한 일제의 기본적 방침은 『동아일보』 창간호에 실린 사이토 총독의 발표에서도 잘 드러난다.[30]

> 통치의 근본정신은 작금 새삼스럽게 운운할 필요가 없으나, 합병의 정신을 준수하여 영원히 일본의 일부로 전연(全然)히 내선(內鮮) 동등의 지위까지 득달(得達)케 하고자 함이다. 그러나 조선 장래의 운명에 관하여 혹 조선이 충분한 실력이 양성되는 날에는 독립을 용인하겠느냐 하면 그는 작금 상상할 수 없다. 피차(彼此)가 온전한 발전에 노력하여 인심이 침정(沈靜)하기를 切望하며 또 언론취체(言論取締)의 정도도 현하와 같이 아직도 인심의 안정을 얻지 못한 상태로는 심히 난처하나 여하간 취체방법만 완정(完定)되면 상당한 정도는 물론 용허할 예정이다. 신문잡지의 발행금지도 가급적 일선(日鮮)구별이 없이 하고자 하나 집무상 장애가 되는 기사에 관하여는 부득이한 것이다.

---

30 「同化의 意味를 不可解」, 『동아일보』, 1920.4.1, 6면.

이러한 내용을 요약해보면, 일제는 조선의 독립은 절대로 용인할 수 없다는 기본적인 방침하에 어느 정도의 언론자유를 허락한다고 하면서도 집무상 장애가 되는 경우에는 부득이 통제할 수밖에 없다는 것을 처음부터 명백히 했다는 것을 알 수 있다. 일제가 어느 정도의 언론자유를 부여하겠다는 입장을 표명했던 것은 일차적으로는 문화정치의 실시라는 명분 때문이었지만, 한편으로는 『동아일보』를 제외한 두 신문이 친일단체에 의해 발행되었고 『동아일보』의 경우에도 총독부 기관지인 『매일신보』 출신 기자들이 다수 참여했던 점을 감안해 민간지의 논조가 자신들의 방침에서 크게 벗어나지 않으리라고 전망했기 때문이었다. 이러한 일제의 언론정책에서 허용된 언론자유의 범위는, 언론통제 담당부서인 총독부 경무국 도서과장이었던 다나카 다케오(田中武雄)의 회고에서 확인할 수 있는데, 그는 "단순히 마음에 안 들었다는 이유로 압박하는 것은 되도록 피했다"고 하고 "독립, 전면적 자치, 무력투쟁 등 대전제에 배치되는 것을 제외하고는 문맹퇴치, 교육확장, 농촌진흥 등의 실력향상운동은 용인하였다"고 했다.[31]

그러나 이러한 어느 정도의 언론자유의 보장이라는 것도 단지 문화정치의 실시라는 명분 때문에 표명되었을 뿐 실제로는 민간지 창간 초기부터 매우 강력한 통제가 이루어졌다. 언론자유의 표명에도 불구하고 민간지 창간 초기부터 온갖 탄압이 가해지자 『조선일보』는 "일제의 신경과민적 취체(取締)"는 건전한 언론의 발전을 제약하고 있다고 비판하며 당국의 근본정신에 일대 반성이 있어야 한다고 주장했다.[32] 또한

---

31 김규환, 앞의 책, 211~212면.
32 「사설—언론과 출판의 자유」, 『조선일보』, 1921.9.10.

『동아일보』는 "한편으로 자유를 주어놓고 또 한편으로는 압박의 법망을 늘리어 놓는다면 여러 가지 의미로 보아 약한 자의 처지에 있는 조선인 경영의 잡지와 신문이 어찌 순조로이 발전하기를 바라리오"라고[33] 하며, 문화정치의 실시와 함께 일제에 의해 표명된 언론자유의 보장이 얼마나 기만적인가를 비판하고 있다. 또한 『조선일보』는 일본과의 차별적인 언론통제를 하지 않겠다는 총독의 발표에도 불구하고 "일본인은 천언만화(千言萬話)로 사상을 발표하되 조선인은 일사반구(一辭半句)를 발표치 못하는 제한과 구속이 가혹"할[34] 뿐 이라고 지적하고 있다. 이렇듯 문화정치 하의 기만적 언론정책은 사실상 이전까지와 큰 차이가 없을 정도로 매우 강력한 것이었는데 이는 다음 사설의 지적에서 잘 드러난다.[35]

우리가 과거의 무단정치 시대에 있어서는 언론의 자유를 운위(云謂)하는 것이 근본적으로 착위(錯違)된 주장이었다. 그러나 시세의 추종인지 민심의 회유인지 조선총독부는 스스로 그 방침을 변경하였다. 이 곧 문화정치의 선언이다. 그러면 무단과 문화의 차이점은 어디 있는가. 오인(吾人)의 해석에 의하면 무단정치의 본질이 인민의 자유를 억제하고 인민의 의사를 강요하는데 있다 하면 문화정치의 특색은 그 자유를 보장하고 그 의사를 존중하는데 있을 것이다. 만일 그렇지 않다 하면 이는 민중을 우롱하는 술어, 선언이며 복장만 변경한 무단정치라 하여도 과언이 아닐 것이다. 막연한

---

33 이 기사에서는 이러한 일제의 언론정책을 "밥을 주고 수저를 빼앗는 것"으로 비유하고 있다. 「사설-주목할 언론계 전도」, 『동아일보』, 1922.9.16.
34 「사설-언론과 사상에 대한 당국의 정책」, 『조선일보』, 1922.12.25.
35 「사설-언론자유를 존중하라」, 『동아일보』, 1925.1.26.

문화정치의 미명하에 자유를 억압하며 의사를 강요하는 것은 우롱이 아니면 기만일 것이다.

이렇듯 문화정치의 실시에도 불구하고 민간지 초기부터 지극히 제한적인 범위 내에서만 언론자유가 용인되었던 것은 일제의 지배방식이 근본적으로 변화하지 않았다는 것을 의미하였다. 특히 일제가 민간지 창간 초기에 문화정치라는 명분아래 실시했던 제한적인 언론자유조차도 1920년대 말을 거쳐 1930년대에 들어서면서는 그 본질적인 성격을 드러내고 더욱 강력한 언론통제 정책으로 전환되었던 것이다. 특히 3·1운동 이후 최대의 민족운동이었던 1929년의 광주학생운동이 일제의 강력한 탄압으로 커다란 희생을 입고 종결되고 1931년에는 민족협동전선단체였던 신간회가 해산되는 한편 같은 해에 발생한 만주사변을 계기로 일제의 지배가 더욱 강화됨으로써 이후에는 1920년대의 기만적인 언론의 자유조차 완전히 사라지고 언론 활동은 극도로 위축되게 되었다.

1920년부터 일관된 일제의 언론정책의 기본방향에 따른 구체적인 언론통제 기준들을 요약해 보면, 첫째, 일본황실·조선총독부·일본군 등 자신들의 지배체제에 대한 일체의 비판을 금지시켰고, 둘째, 조선의 독립이 절대불가하다는 기본 방침아래 독립사상을 촉발할 가능성이 있다고 판단되는 일체의 보도를 금지시켰으며, 셋째는 사회주의 운동에 대해서는 특히 강력한 통제를 의도하였다는 것을 알 수 있다.[36] 이

---

36 이러한 기준들은 신문지법, 치안유지법, 보안법 등의 법령과 기타 검열기준 등을 기초로 주요한 것들을 요약한 것이다. 이러한 법령이나 검열기준의 내용은 다음의 자료들을 참조할

러한 언론통제의 기본방침에 따라 민간지들은 독립운동을 위한 적극적인 역할은 고사하고 총독부의 정책에 대한 최소한의 비판조차 제대로 할 수 없었던 것이다.[37] 즉 "관리 전체를 극도로 모욕한 것이라든가 총독의 위신을 떨어뜨리는 기사"는 일체 게재하지 못하도록 했는데, 주요한은 이렇듯 최소한의 비판조차 제약되는 것은 "바로 조선이 전제(專制) 정치하에 있다"는 유력한 증거라고 주장하기도 했다.[38]

일제는 이렇듯 언론에 대한 강력한 통제를 가하는 한편 친일파나 민족개량주의자들의 언론활동을 지원하기도 하였다. 임종국은 "일제의 언론탄압은 반대 측면에서 친일 여론의 조성을 예정하는 것이었다"고 지적하며, 일제는 언론탑압뿐만 아니라 친일여론을 위한 적극적인 활동도 했고 이를 통해 '민족언론의 분열과 약체화'가 이루어지게 되었다고 주장했다.[39] 이것은 이미 민간지의 창간 때부터 드러났던 것이기는 하지만 이후에도 일제는 계속해서 이러한 방침을 유지해나갔던 것이다. 이러한 기본적 방침은, 정무총감으로서 민간지 창간을 허가하는 데 중요한 역할을 했던 미즈노 렌타로(水野錬太郎)의 다음과 같은 회고에서도 잘 드러난다.[40]

수 있다. 계훈모, 『한국언론연표』(1883~1945), 관훈클럽신영연구기금, 1979, 1220~1294면 (이하 『한국언론연표』로만 표기); 오동석, 「한국 근현대사에 나타난 언론통제법의 본질과 실상」, 『역사비평』 3, 역사비평사, 1988, 291~296면; 中川利吉, 『朝鮮社會運動取締法要義』, 京城: 帝國地方行政學會朝鮮本部, 1933; 鈴木敬夫, 『법을 통한 식민지 지배에 대한 연구』, 고려대 민족문화연구소 출판부, 1989, 65~77・186~196면. 실제로 조선문 간행물 행정처분의 구체적인 예는 다음의 자료에 잘 나타나 있다. 정진석, 『극비 조선총독부의 언론검열과 탄압』, 커뮤니케이션북스, 2007, 209~249면.

37 XY生, 「現下 신문잡지에 대한 비판」, 『개벽』, 1925.11, 56면.
38 주요한, 「조선 언론계 진흥책」, 『혜성』, 1932.1, 13면.
39 임종국, 『일제하의 사상탄압』, 평화출판사, 1985, 155면.
40 水野錬太郎, 『朝鮮統治秘話』, 1973; 이충효・홍금자 역, 『조선통치비화』, 형설출판사, 1993, 209~210면.

조선어 신문의 허용은 이익과 해독이 공존하는 일이긴 하지만, 어느 정도의 언론자유를 인정해야 한다는 것은 현재의 사상의 조류에 편승하여 어쩔 수 없는 것이었습니다. 조선어 신문을 허용함으로써 조선총독부의 젊은 관리와 젊은 조선인들이 흉금을 터놓고 거리낌 없이 이야기를 할 수 있게 되었고 이는 분명 조선인의 사상을 완화하는데 유효했다고 확신하는 바입니다.

위의 회고에서처럼 일제는 민간지의 발간을 허가함으로써 얻었던 이익 중의 하나가 이러한 민간지 경영진들과의 대화를 통해 조선인의 사상을 완화시킨 것이었다고 했을 정도로, 주로 친일적이거나 타협적인 성향의 인물들에게만 민간지의 창간을 허락했던 것이다. 1924년 3월에 창간된 『시대일보』는 잡지 『동명』을 발행하던 최남선과 진학문에 의해 발행된 것으로, 강동진은 이 신문이 민족개량주의를 선전, 유포하고 이러한 '민족개량주의자'들이 "생활비를 꾸려내는 곳" 이 되도록 하기 위한 총독부의 지원으로 창간된 것이라고 주장했다.[41] 이러한 강동진의 입장은, 원래 친일단체에 의해 발행되었던 『조선일보』가 일제의 의도와는 달리 반일적인 논조를 보이고 있었고, 『시사신문』은 이미 폐간되었던 당시의 상황에서 총독부가 자신들의 정책 의도에 부합되는 신문의 발행을 지원할 필요를 느꼈을 것이라는 점에서 타당성이 있다.

그러나 최남선이 발행한 『동명』에 대해 총독부가 창간자금을 지원했다는 '사이토 마코토[齋藤實]' 문서의 내용을 근거로, 『동명』을 개제한 『시대일보』도 당연히 자금 지원을 받아 창간된 것으로 단정한 것은 다

---

41 강동진, 앞의 책, 1980, 393~396면.

소 무리가 있다. 즉, 최남선이 발행한 『시대일보』가 전신인 잡지 『동명』의 부채 1만 원을 지닌 채 창간자금을 모집하기 위해 어려움을 겪었다는 사실과 결국 빈약한 재정으로 불과 2달 만에 신문을 남에게 넘길 지경에 이르렀다는 사실을 고려하면 다소 확대 해석된 측면이 있다는 것이다.[42] 이런 점을 감안할 때, 총독부가 민족운동을 민족개량주의로 유도하기 위해 최남선을 회유하고, 『시대일보』의 창간을 허가했지만 적극적으로 자금 지원까지는 하지 않았던 것으로 볼 수 있다.

『시대일보』가 폐간된 이후에도 신문의 발행은 대체로 친일적 성향의 인물들에게만 허가되었는데, 『시대일보』를 개제한 『중외일보』는 이상협에게 발행이 허가되었다. 이상협은 총독부 기관지인 『매일신보』를 거쳐, 자신의 이름으로 『동아일보』 발행권을 허가받았고 이후 『조선일보』, 『중외일보』를 거쳐 나중에는 『매일신보』의 부사장까지 되었던 사람이다. 그는 특별한 재정적 기반이 없어서 신문발행을 적극적으로 의도하지는 않았지만, 결국 총독부의 권유로 다시 『중외일보』를 발행하게 되었던 것이다.[43]

이렇듯 일제는 친일적인 성향의 인물들에게 신문의 발간을 적극적으로 권유하고 지원하였다. 이것은 이후 『중외일보』가 폐간된 다음 이를 개제한 『중앙일보』를 '총독의 양자'라고 불릴 정도의 친일적 행위로 일반 민중들로부터 지탄을 받던 노정일에게 허가했다는 점에서도 잘

---

42 『시대일보』의 재정적 어려움에 대해서는 다음을 참조하라. ―記者, 「문제의 시대일보 분규의 전말과 사회여론」, 『개벽』, 1924.8, 30~32면.

43 1928년 2월 이정섭이 집필한 세계일주기행문의 필화로 이정섭과 함께 이상협이 재판을 받을 당시의 고등법원 판결문의 내용으로, 이상협은 이러한 판결문에 나타난 내용이 고려되어 체형을 받지 않고 200원의 벌금형을 받았을 뿐이었다. 독립운동사 편찬위원회 편, 『獨立運動史 자료집 12집―문화투쟁사 자료집』, 1977, 1087면.

드러난다.[44] 강동진에 따르면 노정일은, "기존의 민간지에 대한 간섭과 억압을 강화해야 하고 민족지의 소론(所論)과 맞서 싸우며 민심을 바로 인도할 언론기관을 세우는 것이 제일 필요하다"고 총독부에 건의를 해서 사이토 총독으로부터 신문발행의 원조를 받았다고 한다.[45] 그가 친일적 행위 등으로 당시에 사회적 비난의 대상이 되어, "그러한 사람이 민중의 공기(公器)인 신문기관을 맡게 된다는 것은 일반 민중에게 대하여도 면목이 없는 일"[46]이라는 지적까지 받았었던 점을 고려할 때, 일제가 이러한 인물에게 신문의 발행권을 허가했다는 것은 민간지를 통해 친일여론을 조성하고자 했던 일제의 언론정책의 성격을 잘 드러내주는 것이었다.

경무국장을 지냈던 아사리 사부로(淺利三郎)가 "그들 수뇌부와 회견, 간담하면 대단히 온건하고 이해도 있는 사람들이었으나 신문지상에는 그와 반대의 결과가 나타남은 취체당국(取締當局)인 오인(吾人)들이 크게 이상히 생각하는 바였다"고 회고했던 것에서도 드러나듯이, 비록 친일파가 발행한 신문이라 할지라도 여기에서 활동한 기자들이 민족주의자이거나 사회주의자들로서 민족운동가인 경우가 많아서 일제의 의도는 성

---

44 노정일은 평안도 출신으로 미국 네브래스카 대학에서 철학박사를 받았고 귀국 이후 연희전문에서 강의를 하였던 적도 있었다고 한다. 舌火子,「檢鏡에 비췬 중앙일보와 노정일」,『비판』, 1932.6, 55~59면.
45 「齋藤實文書 1005−노정일 보고서류」, 강동진, 앞의 책, 1980, 195면에서 재인용.「노정일 보고서류」는 다음의 자료집에 원문이 실려 있다.『齋藤實文書』17, 고려서림, 1999, 285~318면. 아래 글에는 원래 발행권은『중외일보』에 근무했던 김찬성이 안희제에게 넘겨받았던 것을, 노정일이 김찬성을 사회주의자로서 위험성이 있는 인물이라고 총독부에 밀고해 발행권을 넘겨받았던 것으로 되어 있다. 따라서 강동진의 주장처럼 처음부터 총독부가 의도적으로 노정일에게 신문발행을 허가했다는 주장은 다소 무리가 있다. 정태철,「饑饉 든 언론계의 殘穗」,『제일선』, 1932.12, 100~102면.
46 여효생,「중앙일보는 어디로 가나?」,『별건곤』, 개벽사, 1932.6, 14~16면.

공하지 못했고 이에 따라 점차로 일제의 언론통제는 더욱 강력해질 수밖에 없었다.[47]

　일제는 이렇듯 친일적 성향의 인물들에게 신문의 발간을 허가하는 한편 소위 '민족지'라고 하는『동아일보』에 대해서도 같은 계열인 경성방직에 보조금을 지급하여 간접적인 지원을 했다. 이렇게 선택적으로 이루어진 총독부의 보조금 지원은 민족자본가 상층에 대한 총독부의 회유책이었는데,[48] 특히 경성방직에 대해 지원이 이루어졌던 것은『동아일보』와의 관계가 고려된 것이라고 할 수 있다. 특히 '민족개조론'으로 민족개량주의 사상이 확산되는 계기를 만들었던 이광수가 1923년에 총독부의 주선으로『동아일보』에 파격적인 대우로 입사했고,[49] 1924년 초에는 김성수, 송진우 등이 포함된 민족개량주의자들의 모임인 연정회(硏政會) 결성 시도가 있었던 것을 고려할 때,[50] 총독부가 논조의 변화를 유도하기 위해『동아일보』에 대한 지원을 결정했던 것이라고 할 수 있다. 이것은 경무국 도서과장을 지냈던 다나카 다케오(田中武雄)가 "『동아일보』의 송진우, 장덕수 등의 인텔리 민족주의자와 입장은 다르지만 마음을 열고 논의하는 기회를 계속 가졌다"고 회고했던 것에서도 어느 정도 드러나고 있다.[51]

47　최준,『한국 신문사』(증판), 일조각, 1982, 278~279면.
48　박찬승,『한국근대정치사연구』, 역사비평사, 1992, 312면.
49　강동진, 앞의 책, 1980, 394~395면.
50　강동진은 연정회가 총독부의 직접적인 지원 하에 결성이 시도되었다는 입장을 보이고 있고, 박찬승은 총독부가 관망하는 가운데 자발적으로 결성이 시도되었을 것이라는 입장을 보이고 있다. 그러나 적어도 연정회가 총독부와 일정한 교감을 통해 결성을 시도했을 것이라는 점은 짐작할 수 있다. 이러한 연정회 결성 시도는『동아일보』에 대한 불매운동을 불러일으키기도 했다. 위의 책, 414~416면; 박찬승, 앞의 책, 1992, 330~335면.
51　김규환, 앞의 책, 212면.

이러한 내용들을 종합해보면, 일제는 조선의 독립은 절대로 불가하다는 입장에 따라 일제의 식민지 지배에 대한 일체의 비판을 금지시키는 통제정책을 시행하는 한편 친일파나 민족개량주의자들의 언론활동에 대해서는 이를 지원하는 정책을 시도했던 것이다. 이것은 일제가 조선의 독립과 관련된 여론의 형성을 철저히 봉쇄하는 한편 민족을 내부로부터 분열시켜 민족개량주의적인 사상을 유포시키기 위해 노력했다는 것을 의미하였다. 그러나 이러한 일제의 언론정책도 1930년대 이후로는 점차 통제에만 치중하는 형태로 변화해 나갔고 결국에는 민간지를 모두 폐간시키기에 이르렀던 것이다.

2. 언론통제 체제와 내용

1) 언론통제 기구의 성격

일제의 언론정책은 식민지지배 정책에서 매우 중요한 의미를 지니는 것이었다. 특히, 무력에만 의존하던 무단정치의 시기와는 달리 탄압과 회유를 결합하여 지배하던 문화정치의 시기에는 언론정책이 더욱 중요해졌던 것이다. 일제가 문화정치의 실시에도 불구하고 언론에 대한 강력한 통제를 의도했다는 것은, 1919년 8월에 이루어진 총독부 관제의 개혁에서도 잘 드러난다. 문화정치의 실시에 따라 헌병경찰제도가 보통경찰제도로 바뀜에 따라 이루어진 관제개혁을 통해 총독부 하에 경무국, 학무국, 법무국, 식산국, 재무국, 내무국 등이 설치되었는데[52] 여기에서 가장 특징적인 것 중의 하나가 바로 경찰업무를 담당하는 경무국(警務局)이 신설되었고 이러한 경무국 내의 고등경찰과가 신문·잡지·출판물에 대한 검열 업무 등을 담당하게 되었다는 것이다.[53] 이러한 고등경찰과는 신문지법의 규정대로 납본된 신문들을 검열하고 문제가 되는 기사가 있을 경우 이에 대한 사전통제를 가하기도 했다.

이렇듯 사상문제에 대한 탄압을 담당하여 일반 민중들에게 '공포와 전율'을 불러 일으켰던 고등경찰과가 언론통제 업무를 전담하게 되었다는 것은 바로 일제가 민간지를 허가해 주고 나서도 이러한 민간지에 대한 철저한 통제를 의도하고 있었고, 또한 그러한 통제의 방향도 정치적·사상적 통제와 같은 맥락에서 설정되어 있었다는 것을 보여주는 것이었다.[54] 즉, 고등경찰과가 언론통제를 담당했었다는 것은, "출판통제는 현실적인 운용 면에서 사상통제의 한 축을 형성하고 그 과정을 보충하고 지원하는 역할을 하였다"는 것을 의미했고, 이런 과정에서 동원된 행정개념과 체제가 곧 '출판경찰'이었다.[55]

민간지 창간 직후부터 신문들의 논조가 일제에 대해 어느 정도 비판적이자, 일제는 독립운동의 고취나 일제의 지배에 대한 비판은 허용할 수 없다는 입장을 강조하며, 처음부터 치안방해 등을 이유로 신문의 기

---

52 『조선총독부관보』 호외, 1919.8.20.
53 임종국, 『일제하의 사상탄압』, 평화출판사, 1985, 115~116면.
54 이러한 조선에서의 고등경찰은 일본에서 사상탄압을 했던 '특고경찰'에 해당하는 것이었다. 고준석, 『항일언론투쟁사』, 신천사, 1978, 37~38면.
55 정근식·최경희, 「도서과의 설치와 식민지 출판경찰의 체계화 1926~1929」, 『한국문학연구』 30, 동국대 한국문학연구소, 2006, 104~105면.

사들에 대해 사전검열을 통한 철저한 통제를 가하였다. 이에 따라『동아일보』는 창간한 지 불과 20여 일 밖에 안 지난 4월 19일자 사설에서, 사실상의 사전검열제를 비판하며, 이는 문화정치를 표방한 총독부의 입장에 모순이라고 하면서 검열제의 폐지를 주장했다.[56] 그러나 경무국장 마루야마 쓰루기치[丸山鶴吉]가 1923년 11월 15일의『경찰휘보(警察彙報)』에서 민간지들이 "일본에 대한 반감을 감정적으로 일으키는" 경우가 많았다고 지적하며 이에 대한 시정 요구와 강력한 처벌을 시사했던 것으로 보아 일제의 언론통제는 민간지 창간 직후부터 매우 강력하게 이루어졌다는 것을 알 수 있다.[57]

또한 고등경찰과가 언론 관련 업무를 담당하던 1920년대 전반기에는 정간 해제의 조건으로 반일적인 기자들의 해고를 요구하여 민간지에 근무하던 기자들의 저항적 경향을 순치시키려고 하는 시도도 있었다. 일제는 이미 1920년 8월의『조선일보』1차 정간 때에도 정간해제의 조건으로 배일 기자의 해고를 요구하여 최국현, 방한민 등 3인이 해직되었던 적도 있었고, 1925년에도 3차 정간의 해제조건으로 사회주의적 성향의 기자들의 축출을 요구해 결국 17명이 해직되었던 적도 있었다.[58] 이것은 고등경찰과가 단순히 신문기사의 검열업무 뿐만 아니라 기자들의 사상적 동향과 활동에 대한 파악과 이에 대한 대책까지 강구하고 있었음을 보여 주는 것이었다.

1920년대 전반에는 일제가 일본 국내에서의 사회주의 운동을 통제

---

56 「사설-원고검열을 폐지하라」,『동아일보』, 1920. 4. 19.
57 조선일보사,『조선일보 70년사』1, 1990, 94면.
58 위의 책, 85 · 146~150면.

하기 위해 1922년 '과격사회운동 취체법'의 제정을 시도하기도 했고, 결국 1925년에 사상통제를 목적으로 한 '치안유지법'을 제정·공표했고 이를 한국에까지 확대 적용할 정도로 일본과 한국에서 모두 사회주의 운동이 활발했다.[59] 특히 한국에서는 1925년에 조선공산당이 결성되고 노동자·농민 등에 의한 민중운동이 활발히 전개되어 고등경찰의 업무량이 늘어나고 출판물이 양적으로 증대하여, 신문·잡지·출판물 등에 대한 검열을 전담하는 부서의 필요성이 생김에 따라 총독부는 "검열의 효율성을 높이기 위해" 1926년 4월에 총독부훈령 13호로 경무국 내에 도서과를 설치했다.[60] 이러한 기구개편은 경무국 내의 고등경찰과를 보안과와 도서과로 분리시켜, 보안과가 정치적·사상적인 문제들을 다루고 도서과는 언론관계 업무를 전담하게 하고자 했던 것이다.[61] 도서과는 ① 신문지, 잡지 및 출판물에 관한 사항, ② 저작권에 관한 사항, ③ 검열된 신문지, 잡지 및 출판물의 보존에 관한 사항, ④ 활동사진에 관한 사항 등을 담당하게 되었다.[62] 이러한 도서과의 설치는 사상통제의 강화라는 맥락에서 검열 업무를 더욱 강력하게 추진하기 위한 경무국 내의 업무분담 차원에서 이루어진 것일 뿐이었고, 여전히 경무국 산하에 있었다는 점에서 그 역할에 본질적인 차이는 없었던 것이다.

민간지들이 일제의 검열을 피하기 위해 가능하면 일제에 대한 직접적인 비판이나 민족운동에 대한 적극적인 주장을 하지 않고 다소 우회적인 형태로 보도하는 변화를 보이자 이에 대해 더욱 철저하고 세밀한

59 鈴木敬夫, 앞의 책, 196~215면.
60 정진석, 앞의 책, 2007, 48면.
61 김규환, 앞의 책, 210~211면.
62 『조선총독부관보』 602, 1926. 4. 20.

검열이 필요해졌기 때문에 도서과를 설치했다고 볼 수도 있다. 신경순의 회고에 따르면, 일제에 의해 신문이 압수되는 일이 빈번하자 어느 날은 "고심 고심한 끝에 검열관이 무어라고 꼬집어낼 수는 없고 배짱은 상하도록 편집"을 했더니 도서과의 검열관이 "글쎄 어느 점이 나쁘다고 얼른 지적하기는 곤란하나 전체지면의 공기가 고약하다"고 하여 압수를 한 적도 있었다고 한다.[63] 이러한 상황에서 일제는 점차로 검열업무의 전문성을 더욱 높일 필요가 있다고 판단했을 것이다.

이렇듯 경무국에 도서과가 설치될 무렵에는 총독부는 "조선통치의 근본정신"에 위배되는 기사에 대한 강력한 통제를 시도하겠다고 하며 심지어 일본 · 일본인 · 일본정부를 '내지(內地)' · '내지인(內地人)' · '아정부(我政府)'로 지칭하고 무장투쟁세력에 대해서는 '비적단(匪賊團)', '불령단(不逞團)'으로 지칭하도록 하는 등 구체적인 용어의 사용까지 지시하며 이를 위반할 경우 "발행권 취소처분도 불사하겠다"는 입장을 밝혔다.[64] 1927년에 경무국장은 민간지의 간부들을 소집하여 민간지들이 "총독부 시정에 대하여는 반대만 할 뿐이요 해외 불령운동단(不逞運動團)을 국사(國士) · 지사(志士) · 인인(仁人)과 여(如)히 찬탄"하고 있다고 지적하고 앞으로는 이러할 경우 "그 신문의 존립을 인정할 수 없게 될 것"이라고 하여 거듭 발행취소도 불사하겠다는 입장을 밝혔다.[65] 이렇듯 도서과의 설치 이후 검열업무가 더욱 강화되어 구체적인 용어의 사용과 특정 사항의 보도금지까지 요구되는 상황에서 민간지들의 활동은 점차로 위축될 수밖에 없었다.

---

63 신경순, 「기자생활 20년기」, 『신천지』, 1950.3, 202면.
64 『매일신보』, 1926.4.22.
65 이 자리에는 도서과장과 경찰부장이 참석하였다. 『매일신보』, 1927.5.31.

이렇듯 도서과가 설치되면서 이전보다 더욱 철저한 검열이 실시되고 언론에 대한 강력한 제재가 행해졌는데, 일제하에 기자로 활동했던 우승규는 "그때 소위 총독부 경무국엔 매섭게도 우리 언론의 생사여탈을 좌우하던 마의 도서과가 있었다. 신문을 초쇄(初刷)하면 첫 장이 나오기 무섭게 으레 도서과에 납본(納本)부터 해야 됐고, 그다음 만약 놈들이 말하는 불온한 기사나 평론이 발견되면 '즉각 깍으라'는 긴급명령의 전화가 오곤 했다. 그러기에 신문이 나온 뒤 몇 시간 지나지 않으면 안심을 못하고 전 사원이 조마조마했다"고 회고하여 도서과의 언론통제가 당시의 언론활동을 크게 위축시키는 역할을 했음을 밝히고 있다.[66] 위의 회고에서처럼 도서과에는 검열계가 있어서 조선어에 능한 통역관들이 전문적으로 신문과 잡지의 검열을 시행했다.[67]

　　이렇듯 도서과는 총독부의 지배정책의 기본방향에 입각해 일제하 민간지의 활동을 통제하는 역할을 수행했는데, 도서과의 소속이 '사상범의 매수나 회유, 중대사건의 첩보활동'을 담당하는 경무국이었다는 점에서[68] 일제가 단순히 언론을 검열하는 차원을 넘어서서 자신들의 식민지 통치를 위해 언론을 적극적으로 활용했을 가능성도 있었던 것이다. 예컨대, 1932년 6월에 사회적으로 지탄받던 임경래가『조선일보』측의 채무 불이행을 이유로 담보로 잡고 있던 신문판권을 이용하여 발

66　우승규,『나절로 만필』, 탐구당, 1978, 101면.
67　해방 후 2대 국사편찬위원회 위원장을 지냈던 김성균과 작가 이효석도 1930년대에 경무국 도서과에서 검열업무에 참여했었다고 한다. 임영태,「검열자 김성균은 누구인가」,『한길문학』3, 1990, 370~373면; 조용만,『30년대의 문화예술인들』, 범양사, 1988, 73~75 · 133면. 이 둘이 신문 검열에 참여하지는 않았던 듯하다. 신문 검열에 참여했던 조선인에 대해서는 다음을 참조하라. 정진석, 앞의 책, 2007, 62~75면.
68　김을한,『한국신문사화』, 탐구당, 1975, 439면.

행인 변경신청을 했을 때 이를 받아들인 것이나, "옛날의 주장하던 바와 정반대되는 비계급적 논문을 써서 자기의 개전하는 뜻과 온순한 태도를 보였다"고 사회적인 비판을 받았던 신일용을 임경래의 『조선일보』에 주필로 앉히도록 했고,[69] 1937년에는 다시 『동아일보』의 편집국장으로 앉히도록 강요했다는 것[70]에서 경무국이 주도한 언론정책의 성격이 잘 드러나고 있다.

일제는 1937년 중일전쟁이 발발한 이후 전시체제 구축을 위해 1938년에 국가총동원법을 공표하고 이후 더욱 강력한 언론통제를 시도하게 되었다. 이러한 상황에서 경무국 도서과는 1939년 6월 검열기준을 더욱 강화하여 발표했는데, 그 특징적인 내용은 신문들이 철저히 '내선일체(內鮮一體)', '내선융화(內鮮融和)'를 위해 기능해야 하며 가능한 한 일본어를 사용하는 기사를 게재하거나 일본어의 사용을 권장해야 한다고 규정하여 민족말살정책의 본질적인 성격을 드러냈던 것이다.[71] 일제는 1930년대 말에는 단순한 보도통제의 차원을 넘어서 자신들의 통치방침을 적극적으로 선전하고 신문·잡지·출판물·영화 등 기존의 검열대상뿐만 아니라 라디오·연극·강연·회화 등 문화 전 영역에 걸친 효율적인 통제를 위해 총독부 내에 정보선전국까지 설치했는데,[72] 이에 따라 사실상 민간지들의 활동은 단지 명맥만을 유지하는 것에 불과하게 되었다.

---

69 「망명객들의 귀국 裏面 비사」, 『제일선』, 1932.9, 71면.
70 동아일보사사 편찬위원회, 『동아일보사사』 1, 동아일보사, 1970, 378면.
71 최준, 앞의 책, 309~310면; 최민지, 앞의 책, 563~564면.
72 이중수, 「조선에서의 언론기관 통제지도책」, 『신문과 방송』, 1989.12, 58면.

2) 언론통제 법령의 내용과 성격

일제하에서 신문이나 신문기자에 대한 탄압을 위해 사용된 법령들로는 신문지법, 보안법, 제령(制令) 제7호, 치안유지법 등이 있었고 기타 형법의 명예훼손 조항이 있다.

이러한 법령들 중에서도 신문지법은 발행허가제와 납본검열을 제도화시켜놓은 악법으로 일제하 언론탄압법의 가장 대표적인 것이며, 특히 대부분의 행정처분의 법적 근거도 이 신문지법이었다. 신문지법은, 일제의 통감부가 당시의 신문을 검속하기 위해 제정을 의도하여, 이완용 내각이 법률 제1호로 1907년에 7월 24일에 공표했던 것으로[73] 무단정치기는 물론 문화정치기까지 언론통제를 위한 가장 기본적인 수단이 되었다. 이 법은 제1조에서 허가제, 제4조에서 보증금제를 규정하여 발행의 자유를 극도로 제한하고 있으며, 제10조에서는 발행 전 해당관청에 2부를 납부하여 사전검열을 받도록 규정하고 있다. 또한 동법은 황실에 대한 모독, 국헌문란, 허위사실 유포, 안녕질서 방해, 명예훼손 등에 대한 행정적·사법적 처분 규정을 포함하고 있다. 이렇듯 허가제, 납본검열제, 모호하고 광범위한 금지사항 등을 규정하고 있는 이 법에 대해 언론계를 포함한 제 사회단체들은 법의 개정을 요구하고 나섰다. 1922년에 1월에 기자단체인 무명회는 임시총회에서 허가제와 사전검열제를 철폐할 것을 결의했고,[74] 1923년 3월에는 언론계와 법조계 인사

---

73 동법은 국내에서 발행되는 외국인 발행인 신문과 외국에서 발행된 조선인 발행 신문의 통제를 위해 1908년에 부분적으로 개정되었다. 최기영, 「광무신문지법에 관한 연구」, 『역사학보』 92, 역사학회, 1981, 37~100면.
74 「사설─검열과 허가제 철폐를」, 『동아일보』, 1922.1.28.

들이 참여한 신문지법·출판법 개정 기성회(期成會)는 총독부에 보내는 건의서에서 일본인에게 적용되는 신문지규칙에 비해 신문지법의 취체(取締)의 범위가 너무 광범위하고 처벌규정도 너무 강력하다는 점을 지적하며 신문지법의 개정을 요구했다.[75]

이러한 차별적 규정을 살펴보면 일본인의 경우 1개월 이상 6개월 미만의 경금고(신문지규칙 19, 24조)에 처해지는 데 반해 조선인의 경우 3년 이하의 징역(신문지법 25조)에 처해지게 되어 있고, 신문지 규칙의 경우 신문발행이 계출제(屆出制)로[76] 되어있는 반면에 신문지법은 허가제로 되어 있으며, 명예훼손의 경우 신문지 규칙에는 면소(免訴)규정이 있으나 신문지법에는 이러한 규정이 없어서 사실유무와 피해법익에 관계없이 일반 범죄와 마찬가지로 처벌받게 되어 있었다.[77] 이러한 차별적 법률의 적용에 대해 『조선일보』는 "차별적 법률을 적용함은 그 일시주의(一視主義)가 시종으로 모순"되는[78] 것을 드러내는 것이라고 비판하고, 나아가 "고색창연한 시대착오의 현행법으로서 조선 언론계의 진운(進運)에 부(副)하랴 한들 이는 연목구어(緣木求魚)"[79]나 다름없다고까지 비판했다. 『시대일보』도 "조선의 언론이라면 맹아까지 근절(根絶)하자는 통감부 정치의 특산물"인 신문지법을 문화정치를 표방하면서도 계속 유지하고 있는 것을 비판하고 일본인과의 차별적 법적용의 극복을 요구했다.[80]

---

75 「사설-출판법 개정 건의안」, 『동아일보』, 1923.3.29.
76 신문지 규칙 1조에는 신문지를 발행하고자 하는 자는 필요한 사항을 기재하여 발행일 7일 전에 해당관청에 계출하도록 규정하고 있다. 이것은 조선인들과는 달리 일본인들에게는 등록제를 규정하여 신문발행의 자유를 주었다는 것을 의미하는 것이었다.
77 「사설-언론취체의 신경향」, 『조선일보』, 1925.12.7.
78 「사설-신문지법과 출판법 개정기성회」, 『조선일보』, 1923.3.25.
79 「사설-조선신문지법 及 출판법개정에 대하야」, 『조선일보』, 1925.3.21.
80 「사설-신문지법 개정에 대하야」, 『시대일보』, 1925.6.15.

그러나 총독부는 신문지법 개정에 대한 요구를 무시하고 오히려 이러한 신문지법 이외에 다른 법령들까지 언론탄압에 이용하기도 했다. 특히 '보안법'[81]은 신문지법과 마찬가지로 통감부 시대인 1907년 7월 29에 법률 제2호로 공표된 것인데 제7조에서 "정치에 관하여 불온(不穩)의 언론과 동작 우(又)는 타인을 선동과 교사 혹은 사용(使用)하며 우(又)는 타인의 행위에 관섭(關涉)하여 인하여 치안을 방해한 자는 50이상의 태형(笞刑)과 10개월 이하의 금옥(禁獄) 우(又)는 2개월 이하의 징역에 처함"이라고 규정하고 있다. 이러한 보안법도 신문지법과 마찬가지로 문화정치기까지 언론인에 대한 처벌규정으로 사용되었다.

이후 일제는 3·1운동 직후인 1919년 4월 15일 공표된 조선총독부 제령 제7호인 '정치에 관한 범죄 처벌의 건'[82]도 언론탄압에 이용했다. 동령 1조에는 "정치의 변혁을 목적으로 하여 다수 공동하여 안녕질서를 방해하거나 또는 방해하려고 하는 자는 10년 이하의 징역 또는 금고에 처한다"고 규정되어 있다. 이 제령 7호가 3·1운동 직후에 제정·공표되었다는 점을 고려할 때, 동령에서 규정하고 있는 정치변혁은 모든 독립운동을 포함하는 것으로 볼 수 있다.[83] 즉 이 법령은 "정치의 변혁을 목적으로"라는 "극히 추상적·포괄적·불명확한 개념을 실체로서 정하고" 있고 특히 처벌규정이 이전의 보안법의 2년 이하의 징역에서 10년 이하의 징역 또는 금고로 처벌이 훨씬 강화되었다는 점에서[84] 3·1운동 직후의 고조된 사회분위기를 억압하고자 하는 의도에서 제정되

---

81 동법의 전문은 『한국언론연표』, 1264면을 참조하라.
82 위의 책, 1271면.
83 조국, 「한국 근현대사에서의 사상통제법」, 『역사비평』1, 역사비평사, 1988, 322면.
84 鈴木敬夫, 앞의 책, 187면.

었던 것으로 볼 수 있다. 보안법과 바로 이 제령 7호는 치안유지법이 제정되기 전까지 언론을 포함하여 조선인의 독립을 위한 모든 정치적 행위를 규제하는 핵심적인 법령이었다.

일본과 조선에서 사회주의 운동이 활성화되던 1925년 4월 21에 일본에서 제정·공표되어 동년 5월 8일 칙령 제175호에 의해서 12일부터 조선에서도 실시되게 되었던 치안유지법은 "국체(國體)의 변혁과 사유재산제 부인"에 대해 매우 강력한 처벌규정을 두고 있었다. 동법은 제1조에서 국체를 변혁하는 것을 목적으로 조직을 결성하거나 여기에 참여한 자에 대해서는 사형, 무기징역, 5년 이상의 징역 또는 금고에 처한다고 규정하고 있고 또한 사유재산 제도를 부인하는 것을 목적으로 한 조직을 결성하거나 여기에 참여한 경우에는 10년 이하의 징역 또는 금고에 처한다고 규정하고 있다. 또한 동법 2조에서는 목적사항의 실행 협의, 3조와 4조에서는 선동, 5조에서는 재산상의 공여 등에 대한 처벌을 규정하고 있다.

치안유지법에 대한 일제의 규정에 따르면 '국체의 변혁'이란 천황의 통치권에 대한 변경을 가하려고 하는 모든 행위라고 해석되고, '사유재산제도의 부인'이란 사유재산제도를 근본적으로 변경하거나 또는 그 존재를 위태롭게 하는 모든 행위가 포함되는 것이라고 규정하고 있다.[85] 또한 일제는 치안유지법 소정의 범죄는 '목적죄'이므로 고의 이외에 동기의 존재를 성립 요건으로 한다고 해석하고 있다.[86] 즉 결사의 조직행위 등에 관해서 인식을 필요로 할 뿐만 아니라 국체를 변혁 또는 사

---

85 조국, 앞의 글, 324면.
86 임종국, 앞의 책, 1958, 122면.

유재산제도를 부인하려는 목적이 결사와 조직의 동기가 되어 있어야 하며 그 동기나 목적은 행위자의 희망으로 족할 뿐 구체적인 결과의 발생까지를 필요로 하는 것은 아니라고 주장했다.

이렇게 치안유지법을 목적죄로 설정함으로써 언론활동이 치안유지법의 저촉을 받기가 쉽게 만들었다. 이러한 치안유지법과 기타 언론통제 관련 법령들과의 관계를 살펴보면,[87] 먼저 신문지법 11, 13, 21, 25, 26, 29조 등에 규정된 "신문지에 있어서의 사상의 발표를 제한하는 사항들"과 함께 병합하여 처벌할 수 있도록 되어 있었다. 또한 보안법이나 제령 7호와의 관계에 있어서는 치안유지법에 저촉되는 경우에는 보안법이나 제령 7호보다 치안유지법이 먼저 적용되지만, 기타의 경우에는 이러한 법률들이 적용되거나 경우에 따라 치안유지법과 함께 이러한 법률들을 동시에 적용하여 처벌할 수 있도록 되어 있었다. 이러한 치안유지법은 1928년의 개정을 통해 더욱 강화되어, 조직자나 조직원에 대해 최고 사형까지 가능하게 되는 등 처벌규정이 더욱 강화되었고 포괄적인 목적수행 행위에 대한 처벌규정을 신설하여 동조자 층까지 광범위하게 처벌할 수 있도록 했다.[88]

이러한 치안유지법은 사회주의 운동뿐만 식민지인 한국에 있어서는 독립운동과 관련된 모든 행위, 주장, 협의까지도 처벌할 수 있는 강력한 통제법령으로서 많은 반발을 불러일으켰다. 『조선일보』는 "치안유지법의 내용이 지극히 가혹준엄(苛酷峻嚴)한 것은 거세의 물의를 초(超)"

---

87 치안유지법과 기타 언론통제 관련법령들과의 관계는 다음을 참조하라. 中川利吉, 앞의 책, 4~6면.
88 조국, 앞의 글, 325~326면.

한 바 있다고 하며 이 법으로 파급된 '변태적 혼란'에 대한 각오가 필요하다고 지적했다.[89] 또 『동아일보』도 기존의 모든 통제법령에 이러한 악법을 더한 것은 "총독정치가 어디까지든지 전제정치이며 압박정치이며 위협정치라는 것"을 확인시켜주는 것이라고 비판했다.[90] 이러한 치안유지법은 이후 실제로 사회주의 운동뿐만 아니라 모든 독립운동에 대해서 적용되었고 언론활동에 대한 통제에도 적용되어 언론활동을 위축시키는 결과를 가져오기도 했다.[91]

위에서 살펴본 법률들이 주로 일제의 지배정책을 거부하는 독립사상이나 사회주의사상과 관련된 언론보도에 대한 통제의 수단이었다면, 형법의 명예훼손 조항은 또 다른 차원에서 언론탄압의 수단으로 이용되었다. 형법 제320조는, 공연히 사실을 적시하여 사람의 명예를 훼손한 자는 "사실의 유무를 불문하고" 1년 이하의 징역 또는 금고, 또는 500원 이하의 벌금에 처하도록 규정하고 있었다.[92] 이러한 형법의 조항은 친일파나 일제의 관료와 같은 인물들에 대한 언론의 비판적 보도를 원천적으로 제한하는 데 사용되었고, 언론인들은 이에 대해 '언론유린'이라고 규탄하기도 했다.[93] 이인은 이러한 명예훼손법에 대해 "아무리 천하주지의 공연한 사실이라도 명예훼손되는 기사는 이것을 게재하다가는 코를 다치게 되는 기현상이며 이것이 신문지 본래의 사명에 배치되는 의외의 과형(科刑)이라고 볼 수 있다"고 지적하고 동 법령의 개정을 요구하기도 하였다.[94]

---

89 「사설―치안유지법안의 실시」, 『조선일보』, 1925. 4. 25.
90 「사설―치안유지법 실시에 대하여」, 『동아일보』, 1925. 5. 13.
91 고준석은 당시 신문들의 사회주의적인 논조가 이러한 치안유지법의 실시로 위축되는 결과를 가져왔다고 지적한다. 고준석, 앞의 책, 92~93면.
92 정진석, 앞의 책, 1990, 479~480면.
93 정근식·최경희, 앞의 글, 124~125면.

이렇듯 신문지법을 기초로 보안법·조선총독부 제령 7호·치안유지법 등을 동원한 일제의 강력한 언론탄압은 언론활동의 자유를 원천적으로 봉쇄한 것이었다. 즉, 허가제와 납본검열제라는 전근대적인 제도에서부터 모호하고 광범위한 처벌 조항 및 강력한 처벌규정은 최소한의 민족적 언론활동조차도 불가능하게 만들었고, 이는 바로 조선에 대한 일제의 식민지 지배가 조선독립은 절대로 용납할 수 없다는 기본방침에 입각해 매우 가혹한 것이었다는 것을 보여주는 것이다. 특히 주요한의 지적대로, 이러한 법의 적용에 따른 처벌을 사법적 판결 없이 경찰당국의 자의적인 판단만으로 결정하는 경우가 많았던 것은 더욱 큰 문제였다.[95]

일제는 이러한 강력한 언론탄압법으로도 부족했던지 중일전쟁 발발 이후인 1938년 4월 1일에 공표한 국가총동원법의 20조에서 다시 자신들의 전쟁수행에 장애가 되는 모든 언론보도를 통제하기 위해 "국가총동원상 지장이 있는 것"은 발매·발포를 금지하고 차압을 할 수 있다는 것과 이를 위반한 발행인·편집인·편집책임자·기사작성자에 대해서는 2년 이하의 징역, 금고 또는 5천 원 이하의 벌금에 처하게 했던 것이다.[96] 또한 이러한 총동원법은 5조에서 "국가 또는 지방공공단체가 실행하는 총동원업무에 대하여 협력케 함"을 규정하여 신문에 대해서도 자신들의 필요에 따라 특정 기사의 게재를 강제할 수 있도록 하였다.[97] 이렇듯 1930년대 중반을 넘어서서의 일제의 언론정책은 전쟁 수

---

94 이인, 「신문출판 兩法의 비판과 개정의 긴급」, 『쩌날리즘』 1, 쩌날리즘사, 1935, 9면.
95 주요한, 「조선 언론계 진흥책」, 『혜성』, 1932.1, 13면.
96 임종국, 앞의 책, 1985, 174~175면.
97 김철, 「총동원법의 전면적 발동과 신문」, 『조광』, 1939.3, 285면.

행에 장애가 되는 여론의 형성을 철저히 봉쇄하는 한편 조선민족의 말
살까지 의도한 잔혹한 것이었다.[98]

3) 언론통제의 유형과 변화과정

일제는 1920년 민간지 발간을 허가한 이후에도 이러한 신문에 대해
매우 엄격한 통제를 실시하였다. 신문지법을 기초로 한 일제의 언론통
제를 분류해보면 〈그림 1-1〉과 같다. 아래의 그림에서처럼 일제는 허
가제의 규정에서 신문의 발행조건 등 형식적인 조건 등을 규정하고 있
고 나아가 신문의 내용에 대해 단순히 기사의 게재를 금지하거나 삭제
하는 등의 소극적 제한과 특정한 기사나 사진 등의 게재를 강제하는[99]
적극적 제한까지 다양한 통제를 가했던 것이다. 특히 후기로 갈수록 적
극적인 제한이 일반화 되어 친일적인 논조가 민간지에 나타나게 되었
고, 특히 국가총동원법의 실시 이후에는 이러한 제한이 더욱 강화되었
다고 할 수 있다.

---

98 고준석, 앞의 책, 150면.
99 이러한 기사나 사진의 게재를 강요하는 일뿐만 아니라 기사의 크기까지 제한하는 일도 있
    었다. 신경순은 광주학생사건 당시 도서과에서 이 사건의 기사를 2단 이하로 게재하도록
    지시했다고 회고했다. 신경순, 앞의 글, 203면.

그림 1-1: 일제의 언론에 대한 제한의 유형(中川利吉, 앞의 책, 404~416면)

이러한 일제의 언론통제의 구체적인 내용으로는, 사전검열을 통해 신문발행 이전에 통제를 가하는 '사전통제', 일단 제작된 신문에 대해 행정적 또는 사법적 조치를 취하는 '사후통제' 등이 있었다. 이렇듯 일제는 기사의 금지·삭제·발매금지·발행정지 등의 행정적 처분과 함께 이와 연관된 언론인에 대해 체형이나 벌금을 부과하는 사법적 처분도 실시했는데, 이를 도식화해보면 아래와 같다.

그림 1-2 : 일제의 신문에 대한 탄압의 유형(자료 : 정진석, 앞의 책, 2007, 93~94면)

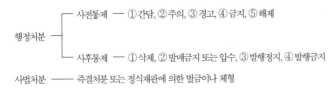

〈그림 1-2〉에서처럼 일제는 다양한 사전탄압을 실시했는데,[100] 간담

---

[100] 이 부분은 다음을 전적으로 참조했다. 정진석, 앞의 책, 2007, 94~99면. 〈그림 1-2〉처럼 행정처분으로 묶어서 사전통제와 사후통제로 나누기보다는 "별개의 법규에 근거한 조치"들로 파악해야 한다는 주장도 있다. 이런 주장은 사전통제와 사후통제의 법적 근거가 다르고, 사전통제는 '행정처분'이 아니라는 점을 그 이유로 들고 있다. 그러나 행정적 차원에서 사전과 사후에 이루어지는 통제를 구분했다는 점에서 〈그림 1-2〉의 구분은 별로 문제가 되지는 않는다. 이민주, 「일제시기 조선어 민간신문의 검열에 관한 연구」, 서울대 박사논문, 2010, 55면; 朴仁植, 『日帝の朝鮮支配における政治·言論 相互関係』, moden book, 2009, 187~196면.

이나 주의가 비교적 경미한 조치로서 이의 위반시 처벌이 수반되지 않았던 것에 비해 경고나 금지는 이의 위반시에 처벌을 받게 되는 강력한 조치였다. 그러나 경고가 법규에 의하지 않은 편의수단이었던 것에 비해 금지는 신문지법 11조 또는 12조에 근거하는 것이었다. 해제는 특정 기사의 금지로 인해 사회적인 감정이 악화될 경우 금지기사를 해제하는 조치인데, 이 경우의 해제된 기사는 반드시 주의를 수반했다. 이러한 일제하 신문기사에 대한 사전탄압 건수 합계의 변화과정은 〈표 1-1〉과 같다.

표 1-1 : 일제하 신문기사에 대한 사전탄압 건수의 변화과정

연도	1925	1927	1929	1931	1933	1935	1937	1939
합계	56	372	327	45	213	163	169	158

자료 : 정진석, 앞의 책, 2007, 97면.

〈표 1-1〉에서 보는 것처럼 일제의 사전탄압은, 1929년의 광주학생사건을 계기로 급증했다가,[101] 이후 『동아일보』를 제외한 나머지 민간지들이 제대로 발행되지 못하던 1930년과 1931년에는 잠시 주춤하다가 1932년 이후 다시 늘어났음을 알 수 있다. 이러한 일제의 사전탄압이 매우 가혹했다는 것은 신문의 수가 1천 개가 넘었던 일본에서의 사전탄압 건수가 조선보다도 적었다는 것에서도 잘 드러나는 것이었다.[102]

일제는 이러한 사전탄압뿐만 아니라 매우 가혹한 사후탄압도 가했는데, 이러한 사후탄압 중에서 가장 경미하다고 할 수 있는 삭제와 주의

---

101 朝鮮總督府 警務局, 『朝鮮における出版物概要』, 1930, 132면.
102 일본에서의 사전탄압은 금지(Instruction), 경고(Admonition), 주의 또는 간담(Consultation)의 세 가지 형태였다고 한다. 일본에서의 사전탄압 건수의 변화과정은 다음에 잘 나타나 있다. Kasza, G. J., *The State and the Mass Media in Japan 1918~1945*, University of California Press, 1988, p.31・138・227.

의 경우는 〈표 1-2〉와 같다. 〈표 1-2〉에서 보는 것처럼 기사에 대한 삭제는, 민간지들이 기업으로 성장하기 시작한 1933년 이후에도 상당히 많다가 『동아일보』와 『조선중앙일보』가 무기정간 당한 1936년 이후에는 급격히 줄어들게 된다.

표 1-2 : 일제하 신문기사에 대한 삭제 주의 건수의 변화과정

연도	1931	1933	1934	1935	1936	1937	1939
삭제건수	108	229	226	524	78	49	133
주의	20	11	9	166	32	34	48

자료 : 정진석, 앞의 책, 2007, 101면.

〈표 1-2〉에서 살펴본 기사에 대한 삭제는 신문의 발매 자체가 금지되는 것은 아니었기 때문에 신문사에 직접적인 경제적인 손해를 주지는 않았지만 발매금지 압수를 당하는 경우에는 신문의 배포가 금지됨으로써 신문사로서는 커다란 경제적인 손해를 입을 수밖에 없었다. 이러한 일제하 신문기사의 압수처분 건수의 변화과정은 〈표 1-3〉과 같다. 〈표 1-3〉을 보면, 1924년부터 1927년에 이르는 시기까지 가장 많은 압수처분이 있었다는 것을 알 수 있다. 이것은 이 시기에 민간지들의 논조가 비교적 일제에 대해 비판적이었음을 보여주는 것이었다. 1920년대 말부터는 압수처분 건수가 점차로 줄어들어 『동아일보』를 제외한 다른 민간지들이 제대로 발행되지 못하던 1931년을 기점으로 급격히 압수처분이 줄어들었고, 『조선일보』와 『중앙일보』가 휴간했다가 복간되는 1932년 이후에도 압수처분이 점차로 줄어들어 1935년 이후에는 거의 없어지다시피 되었다.

표 1-3 : 일제하의 신문기사 압수처분 건수의 변화과정

연도	1921	1923	1924	1925	1927	1929	1931	1933	1935	1937	1939
합계	42	39	183	177	151	77	32	23	8	10	13

주 : ① 원래의 표에서 『매일신보』를 제외한 민간지 3신문의 합계임
　　② 1921, 1923, 1937, 1939년은 『동아일보』, 『조선일보』 두 신문만의 합계
자료 : 정진석, 앞의 책, 2007, 107면.

　　이렇듯 일제의 언론통제가 1931년의 만주사변을 계기로 더욱 강화되었음에도 〈표 1-3〉과 같이 압수처분이 오히려 급격히 줄어들게 되었던 것은, 민간지들이 발행부수가 많아졌고 또한 지폭도 늘었으므로 한 번 압수와 발매금지를 당하면 손실이 많았기 때문이었고 또한 언론인에 대해 체형을 가하는 가혹한 처벌의 탓도 있었을 것이다.[103] 즉 압수처분이 급격히 줄어들었던 것은 일제의 언론탄압이 약화된 것이 아니라, 민간지의 경영진이 경제적 이윤추구에 몰두하게 되고 일제의 가혹한 처벌로 인해 기자들의 언론활동이 위축되어, 민간지 스스로 가능하면 압수를 당하지 않을 정도로 자기검열을 하여 논조를 약화시켰던 탓이었다.

　　이렇듯 일제의 언론통제가 강화되었음에도 압수처분이 줄었던 것이 민간지들 스스로 논조를 약화시킴으로써 가능했다는 것은, 1929년에 『조선일보』 편집국장 대리를 지냈던 이선근이 편집국장의 주된 임무는 신문의 모든 기사를 검토하여 일제의 검열수준을 벗어나는 데 있었다고 회고했고, 주요한도 자신이 『동아일보』의 편집국장이 될 무렵(1929년 말)에는 회사의 방침이 되도록이면 '압수를 당하지 아니할 정도'의 논조를 유지하도록 하는 것이었다고 회고한 것에서 잘 드러난다.[104] 이러한

---

103 최준, 앞의 책, 311면.
104 주요한, 「만보산 사건과 송사장과 그 사설」, 한국신문연구소 편, 앞의 책, 1978, 111면 ; 이선근 · 남재희 · 조남조 대담, 「편집국장론」, 『신문평론』, 1974.1, 37면.

압수건수의 변화는 특히 사설의 경우에 잘 나타나는데, 압수기사 건수 중에서 사설들만을 표로 나타내면 〈표 1-4〉와 같다.

표 1-4 : 일제하의 신문사설 압수처분 건수의 변화과정

연도	1920	1921	1923	1925	1927	1929	1931	1933	1934	1937
합계	14	5	8	41	32	11	3	2	5	1

주 : 『동아일보』와 『조선일보』의 압수사설 건수에 대한 합계임
자료 : 유재천, 「한국언론투쟁사」, 고려대 민족문화연구소 편, 『한국현대문화사 대계』, 1980, 36면.

〈표 1-4〉에서 보는 것처럼 사설의 경우에는 신문기사 전체의 경우 보다 더욱 급격히 압수 건수가 줄어들었다. 특히 1931년 이후에는 압수되는 경우가 거의 없을 정도가 되었다. 이것은 일반 기사의 경우 가능한 한 압수를 피하려고 노력하더라도 부주의 등으로 불가피하게 압수당하는 경우가 있었지만 사설의 경우에는 의도적으로 압수를 피하기가 상대적으로 쉬웠기 때문이었다. 이것은 1933년 『동아일보』의 학예부장을 지냈던 서항석이, 사설은 "걸핏하면 삭제나 압수를 당하기 일쑤였으므로" 이를 피하기 위해 문제가 되지 않을 내용만 사설로 다루었다고 회고했던 것에서 잘 드러난다.[105] 중일전쟁이 발발했던 1937년 이후로는 민간지들이 압수처분을 당하는 일이 전혀 없어져, 총독부가 "언문신문들도 독자들의 민족의식에 영합하여 왜곡된 필지를 휘두르던 질곡으로부터 탈피, 보도보국(報道保國)을 표방하고 있다"고 평가할 정도가 되었다.[106]

---

[105] 서항석, 「辭令 써놓고 입사 기다린 동아」, 한국신문연구소 편, 앞의 책, 1978, 163면. 실제로 『동아일보』, 『조선일보』 두 신문의 사설에서 대외 및 사회 문제가 차지하는 비율이 각각 30%를 넘었던 반면에 정치 문제를 다룬 사설은 10%를 넘기지 못했다. 이것을 통해 가능한 한 탄압을 받을 만한 주제를 사설에서 잘 다루지 않았다는 것을 알 수 있다. 김민환, 「일제강점기 민영신문의 사회사상」, 『일제강점기 언론사 연구』, 나남, 2008, 56~60면.[106]

이렇듯 1930년대 이후에는 압수처분이 줄어들었을 뿐만 아니라 발행정지 처분도 일장기 말소사건으로 인한 『동아일보』와 『조선중앙일보』의 경우를 제외하고는 전혀 없었다.[107] 1930년 이전의 발행정지 처분 중에서 『동아일보』의 2차, 3차 정간을 제외한 나머지 6번이 모두 사설이 문제가 되어서 정간되었던 것이다. 이렇듯 발행정지는 대부분 사설로 인한 무기정간으로서 경제적으로 심대한 타격이 있었기 때문에 1931년 이후에는 발행정지를 피하기 위해 급격히 사설의 비판적 논조를 약화시켰던 것이다. 일제하 발행정지의 내용은 〈표 1-5〉와 같다.

표 1-5 : 일제하 민간지의 발행정지 일람표

시기	『동아일보』	『조선일보』	『중외(조선중앙)일보』
1920~1925	1차(1920.9.25~1921.1.10)	1차(1920.8.7~1920.9.2)	–
	–	2차(1920. 9.5~1920.11.5)	–
	–	3차(1925.9.8~1925.10.15)	–
1926~1930	2차(1926.3.7~1926.4.29)	4차(1928.5.9~1928.9.19)	『중외일보』(1928 .12.6~1929.1.17)
	3차(1930.4.17~1930.9.1)	–	–
1931~1940	4차(1936.8.27~1937.6.2)	–	『조선중앙』(1936.8.27~1937.6.2)

일제의 민간지에 대한 사전탄압과 사후탄압 등 행정치분의 변화과정을 보면 1920년대 중반에는 사전탄압과 사후탄압이 모두 가장 빈번히 이루어지다가 1930년에 들어서서는 사후탄압은 급격히 줄어들지만 사전탄압은 여전히 계속되었다는 것을 알 수 있다. 이것은 일제의 언론탄압이 결코 약화되었던 것이 아니라는 것을 보여주고 있다. 경제적인 손

---

106 조선총독부 경무국, 『조선의 치안상황』(1938), 김봉우 역, 『일제식민지통치비사』, 청아출판사, 1989, 33~34면.
107 『동아일보』의 발행정치 처분에 대해서는 다음을 참조하라. 채백, 『사라진 일장기의 진실 — 일제강점기 일장기 말소 사건 연구』, 커뮤니케이션북스, 2008.

실을 가져올 수 있는 사후탄압이 급격히 줄어들었던 것은, 주요한의 지적대로 민간지들이 압수당하는 것을 오히려 반기던 시절에서 이제는 이익 때문에 압수당하지 않으려고 노력하는 시기로 변화되었기 때문이었다.[108] 즉, "압수와 발행정지는 엄청난 손실을 수반"했기 때문에 점차로 신문들은 가능한 한 사후탄압을 받지 않기 위해 노력했던 것이다.[109]

일제는 더욱 효과적인 언론통제를 하기 위해, 위에서 살펴본 행정처분뿐만 아니라 점차로 언론인에 대한 사법처분도 실시하게 되었다. 일제는 이미 1922년부터 『신생활』이나 『신천지』의 잡지에 종사하던 언론인들에 대한 사법 처분을 내리기도 하더니[110] 1925년부터는 민간지에 대해서도 행정처분뿐만 아니라 이에 수반되는 언론인에 대한 사법처분도 함께 실시했다.

특히 신일룡의 사설이 문제가 되어 『조선일보』가 3차 정간을 당하고 민간지에 대한 첫 번째의 사법처분까지 있었던 때가 조선공산당이 결성되었고 전조선기자대회가 개최되었던 시기였다는 점을 감안하면, 이러한 사법처분의 배경을 어느 정도 이해할 수 있다. 즉 일제는 행정처분만으로는 각 민간지에 있는 민족운동가적 기자들에 대한 직접적인 통제의 효과가 없자 언론인에 대해 직접 체형을 가하는 사법처분을 통해 기자들의 언론활동을 위축시키려고 했다. 사법처분에 적용된 법률들을 보면, 집필자의 경우에는 주로 보안법이나 치안유지법이 적용

---

108 주요한, 「기자생활의 추억 (속)」, 『신동아』, 1934.6, 75면.

109 Robinson, M., *Cultural Nationalism in Colonial Korea 1920~1925*, 김민환 역, 『일제하 문화적 민족주의』, 나남, 1990, 233~234면.

110 『신생활』과 『신천지』의 경우 신문지법과 제령 제7호 위반으로 언론인이 구속되었다. 『동아일보』, 1922.12.9.

되었고, 발행인이나 편집인의 경우에는 신문지법이 적용되었다는 것을 알 수 있다. 집필자들의 경우에는, 치안유지법이 적용되었던 신일용[111]을 제외하고는 모두 보안법 7조의 치안방해 위반으로 사법처분을 받았다. 일제에 의한 언론인에 대한 사법처분은 〈표 1-6〉과 같다.

표 1-6 : 일제하 민간지의 언론인에 대한 사법처분 일람표

성명	직책	사유	적용법률	판결내용
김동성	『조선일보』 편집 겸 발행인	1925.9.8 사설 「조선과 노국과의 정치적 관계」(3차 정간)	신문지법 25조	징역 4개월(발행인, 편집인으로서 각각 2개월), 집행유예 2년
김형원	『조선일보』 인쇄인			징역 3개월
신일용	『조선일보』 논설반기자		치안유지법	기소중지(1933년 징역 1년 반, 집행유예 3년)
송진우	『동아일보』 주필 겸 편집국장	1926.3.5 국제농민회본부가 조선농민에게 전해달라고 한 전보문 게재 (2차 정간)	보안법 7조	징역 6개월
김철중	『동아일보』 발행인 겸 편집인		신문지법 26조	금고 4개월(발행인과 편집인으로 각각 2개월)
최원순	『동아일보』 기자	1926.8.22일자 횡설수설	보안법 7조	면소
백관수	『조선일보』 편집인	1928.1.21 사설 「보석 지연의 희생, 공산당 사건의 실례를 봤하고」	신문지법 26조	벌금 100원
안재홍	『조선일보』 주필 겸 발행인		신문지법 26조	금고 8개월
이정섭	『중외일보』 촉탁	1928.2.21·22 「세계일주 기행-조선에서 조선으로」	보안법 7조	징역 6개월, 집행유예 2년
이상협	『중외일보』 발행인 겸 편집인		신문지법 26조	벌금 200원
민태원	『중외일보』 편집국장	1928.12.6 사설 「직업화의 추화」(1차 정간)	보안법 7조	징역 3개월, 집행유예 3년
이상협	『중외일보』 발행인 겸 편집인		신문지법 26조	벌금 200원

자료 : 성신석, 앞의 책, 2007, 115~123면; 독립운동사 편찬위원회 편, 앞의 책, 1977, 1055~1089면. '재판기록'.

〈표 1-6〉에서 보는 것처럼 발행인이나 편집인의 대부분은 신문지법 26조의 규정에 의해 집필자와 함께 사법적 처분을 받았는데, 이렇게 신문지법의 규정에 의해 발행인이나 편집인이 사법처분을 받게 되는 것

---

111 1925년에 해외탈출로 기소 중지되었던 신일용에 대한 치안유지법 위반사건 재판이 다시 열려 1933년 9월 6일 경성지법은 신일용에 대해 징역 1년 6월에 집행유예 3년을 선고하였다. 『조선일보』, 1933.9.7.

에 대비하기 위해, 1920년대에는 사장이나 주요 출자자가 아닌 비교적 낮은 직급의 인물들을 발행인이나 편집인으로 등록시키는 경우가 많았다. 〈표 1-6〉에서 보듯이 주요 출자자나 경영진이 아니었던 사람들이 발행인 겸 편집인으로 등록되어 사법적 처분을 받았다. 이에 대해 일제는 "출자자들이 교묘히 자기의 처벌을 모면할 방법을 안출하여 명의상의 발행인, 편집인, 인쇄인을 고용하여 당국에 계출"했다고 지적하고 언론통제에 있어서 신문지법 26조의 비효율성을 지적하고 있다.[112] 따라서 일제는 이러한 관행 때문에 발행인에 대한 처벌이 커다란 효력을 발휘하지 못하자, 1930년대 중반 이후에는 방침을 바꾸어 사장이 반드시 발행인 겸 편집인을 맡도록 하였다.[113]

신문지법이나 보안법 등에 의한 사법적 처분 이외에도 명예훼손으로 인한 사법적 처분도 적지 않았다.[114] 이러한 명예훼손 사건으로 사법적 처분을 받았던 언론인들의 대부분이 지국 기자들이었지만, 『동아일보』의 한위건, 『시대일보』의 홍남표와 유완희 등 본사 기자들이 명예훼손으로 사법적 처분을 받은 경우도 있었다.[115] 이러한 명예훼손 사건으로 본사 기자들이 체형을 받은 일은 거의 없지만,[116] 이러한 명예훼손 조항이 총독부의 하위 경찰이나 관리들에 의해 악용되어 민간지들의 비판적 논조를 약화시키는 데 일정한 역할을 했다고 할 수 있다.[117]

---

112 독립운동사 편찬위원회, 앞의 책, 1977, 1068~1067면.
113 한국신문연구소 편, 『한국언론인물지』, 1981, 144~145면.
114 이에 대해서는 다음에 잘 나타나 있다. 정진석, 『일제하 한국언론투쟁사』, 정음사, 1975, 107~115면.
115 김형원과 안재홍도 명예훼손으로 벌금형을 받은 적이 있다고 한다. 이렇듯 신문에도 나타나지 않은 사건들을 포함하면, 당시에 명예훼손을 빌미로 한 언론인에 대한 탄압이 적지 않았다는 것을 알 수 있다. 독립운동사 편찬위원회 편, 앞의 책, 1977, 1072·1080면.
116 유완희는 경성복심법원의 확정판결로 3개월의 금고형을 살았다. 『동아일보』, 1926.11.7.

위에서 살펴본 대로 민간지의 창간 직후부터 일제의 언론탄압은 매우 가혹했던 것으로서, 1920년대에는 사전탄압과 사후탄압을 포함하는 행정처분과 언론인에 대한 사법처분이 빈번했다. 특히, 조선공산당, 신간회 등의 민족운동이 고조되고 민족운동가적 기자의 언론활동도 활발했던 1924년부터 1928년 정도까지는 일제의 언론탄압 건수가 매우 많았는데, 이것은 당시 민간지들의 논조가 일제에 대해 상당히 비판적이었음을 나타내주는 것이었다. 이러한 강력한 일제의 언론탄압은 기업화를 모색하던 민간지 경영진에게는 이윤의 손실을 막기 위한 논조의 약화를 의도하게 만들었고, 민족운동의 일환으로 언론활동을 하던 기자들에게는 언론계를 떠나거나 변화된 언론현실에 적응하도록 만들었다.

이러한 변화 때문에, 1930년대에는 일제의 언론탄압이 더욱 강력해졌지만 오히려 민간지의 비판적 논조는 급격히 약화되고 기자들도 점차로 자신들을 민족운동가나 지사로서보다는 일종의 직업인으로 인식하는 경향을 보이게 되었던 것이다. 또한 일제는 1930년대 중반 이후에는 민간지에 대해 기사의 삭제나 압수 등의 '소극적 제한'을 넘어서서 특정한 기사 등의 게재를 강제하는 '적극적 제한' 위주의 통제를 가하는 등 민간지의 친일언론활동을 강요하는 단계로까지 나아갔던 것이다.[118]

---

117 정진석, 앞의 책, 1975, 108면.
118 1930년대 말 이후 일제의 언론통제가 '쓰지 말라'는 데 중점을 두던 '억압적' 방식에서 '쓰라'는 것을 앞세우는 '권유적' 방식으로 바뀌었다. 이민주, 앞의 글, 163~169면.

제2장

일제강점기 신문의 기업화

1. 신문 자본의 성격과 규모

1) 신문 자본의 성격

일제의 강점 직후 실시된 토지조사사업은 결국 지주들의 토지집중을 강화시켰고[1] 대토지를 소유하게 된 조선인 지주들은 토지에 대한 절대적 권리를 기반으로 큰 수익을 확보했다.[2] 또한 1920년에 실시된 산

---

[1] 신용하, 「일제하의 조선토지조사사업에 대한 일 고찰」, 윤병석 · 신용하 · 안병직 편, 『한국근대사론』 1, 지식산업사, 1977, 160~164면.
[2] 김용섭, 『한국근현대농업사연구』, 일조각, 1992, 376~377면.

미증식계획은 토지집중을 더욱 촉진시켜 지주경영에 기반하는 식민지 지주제를 강화시켰다.[3] 이렇듯 토지조사사업과 산미증식계획을 통해 성장한 조선인 대지주들은 점차 고율의 소작료와 미가의 폭등에 힘입어 안정적인 농업경영을 하는 한편 이들 중 일부는 점차로 자본가로의 전화를 의도하게 되었다.[4] 이렇듯 조선인 대지주들이 식민지 지주제에 입각한 상업적 농업에서 자본가로 전환될 수 있었던 것은, 바로 회사의 자유로운 설립을 가로막던 회사령이 철폐되었기 때문이었다. 식민지 초과이윤을 목적으로 한 일본자본의 조선진출을 자유롭게 하기 위해 일제는 회사령을 철폐했는데,[5] 이는 조선의 토착자본에게도 자본축적의 최소한의 기회를 부여한 것이었다. 즉, 회사령의 철폐는, 일차적으로는 일본자본주의의 요구에 부응하기 위한 것이었지만, 한편으로는 식민지 지배에서의 동맹자가 될 수 있는 토착자본을 육성하는 결과도 가져왔다.[6]

---

3 주종환, 『한국자본주의사론』, 한울, 1988, 305~306면.
4 조기준 교수는 토지조사사업의 완료로 화폐자본을 마련할 수 있었던 조선인지주들이 "경제적 민족주의를 표방하면서 민족기업의 건설에 열을 올렸다"고 지적했다. 조기준, 「일제 식민지통치하의 민족자본」, 윤병석 · 신용하 · 안병직 편, 『한국근대사론』 1, 지식산업사, 1977, 218면.
5 박경식, 앞의 책, 271~272면.
6 박찬승, 앞의 책, 1992, 188면.

표 2-1 : 조선 내 설립된 회사의 수와 평균불입자본

연도	구분	회사총수	회사평균자본	주식회사수	주식회사평균자본
1920	조선인	99	193,977	86	208,669
1923	조선인	137	170,939	102	214,830
1925	조선인	163	138,553	120	175,098
1929	조선인	362	54,910	207	80,693

자료 : 朝鮮總督府, 『統計年譜』(1930년판), 180~183면을 재구성

이에 따라 1920년대 초반에는 조선인에 의한 기업이 설립되기 시작했는데, 위의 〈표 2-1〉에 나타나고 있듯이 1920년대 초반에는 주춤하던 토착자본에 의한 기업설립은 1920년대 중반에 활발해져, 1920년에 99개에 불과하던 조선인 기업이 1925년에 이르면 163개로 증가하고 1929년에는 362개까지 증가했다.

〈표 2-1〉에서 나타나듯이 1920년대 중반 이후 평균자본금이 작아지고 있는 것은, 1920년대 초반에 설립된 기업들 중 상당수는 토지조사사업과 산미증식계획의 덕택으로 막대한 자산을 축적한 대지주들[7]이 설립한 것들이 많았지만 1920년대 중반에 새로 설립된 기업들은 대부분 영세한 중소자본들에 의한 것들이었기 때문이다.[8]

이러한 일제하의 경제적 상황을 고려할 때, 민간지에 몇 만 원 또는 몇 십 만 원씩 출자할 수 있었던 인물들은 대체로 대지주이거나 아니면 지주자본을 산업자본으로 전화시킨 자본가들이었다고 할 수 있다. 이러한 상당한 규모의 자본을 출자한 인물들이 신문사의 운영을 실제로 좌우했다는 점에서, 이들의 계급적 성격은 신문에 적지 않은 영향을 주

---

7   조기준, 『한국기업가사』, 박영사, 1973, 248면.
8   조기준, 앞의 글, 1977, 219면.

었다. 당시가 식민지 현실이었다는 점을 고려할 때, 신문의 판매를 위한 전략적 고려나 편집진에 참여한 인물들의 정치적 성향 등으로 인해 출자자들의 계급적 성격이 신문의 논조에 직접적으로 반영되었다고 볼 수는 없지만 결국에는 이러한 자본의 성격이 신문의 논조에 어느 정도 영향을 주었다고는 할 수 있을 것이다.

『동아일보』의 경우에는 대체로 김성수 계열 인물들과 기타 각 지역의 대지주들이 출자를 했는데, 그 운영은 전적으로 김성수 계열 인물들에 의해 이루어졌다. 특히 1921년 9월 주식회사로 발족한 이후 김성수와 가까운 호남의 대지주, 자본가들이 주류를 이루면서 김성수가 경영을 주도할 수 있었다.[9] 김성수계 자본은 토지조사사업을 통해 축적된 대토지의 지주경영과 고리대 사업을 통해 축적된 지주자본을 산업자본으로 전화시켜 이루어진 것으로, 지주경영의 호황이 절정에 달했다가 1920년의 공황을 계기로 그 수익률이 감소하던 때에 산업자본으로의 전환이 시도되었던 것이다.[10] 이미 중앙학교를 인수하였고, 경성방직을 설립하여 운영하고 있던 김성수는, 신문사업의 수익성에 대한 회의와 자금의 부족으로 처음에는 신문 발간을 다소 주저했으나[11] 결국 신문이 '손익을 초월한 중요한 사업기관의 하나'라는 명분을 내세우며 『동아일보』를 창간해 운영하게 되었던 것이다.[12]

---

9   김경택, 「1910・20년대 동아일보 주도층의 정치경제사상 연구」, 연세대 박사논문, 1998, 68~74면; 장신, 「1924년 동아일보 개혁운동과 언론계의 재편」, 『역사비평』 75, 역사비평사, 2006, 245~250면.
10 김용섭, 「한말 일제하의 지주제-사례4 : 고부 김씨가의 지주경영과 자본전환」, 『한국사 연구』 19, 한국사연구회, 1978, 65~135면.
11 김성수도 신문사업이 경제적으로 영리성이 없다고 생각하여 처음에는 『동아일보』의 발기에 찬성하지 않을 정도였다고 한다. 김성수, 「3대 신문 경영자의 고심담-난관은 두 가지」, 『별건곤』, 개벽사, 1927.2, 12면.

김성수는 3·1운동 직후인 1919년 5월에 공칭자본금 100만 원의 경성방직주식회사를 설립했다. 식민지라는 현실에서 이렇듯 규모가 큰 기업을 운영한다는 것이 "아무런 대가없이 가능한 것은 아니었다"는 점에서[13] 『동아일보』가 보여준 민족개량주의적 논조는 필연적인 것이었다. 경성방직은 공업회사의 기초 확립의 어려움과 직물업의 중요성을 주장하며 총독부의 보조금 지원을 요청했고, 총독부는 이러한 청원의 타당성을 인정하여 1923년부터 보조금 지원을 결정했다.[14] 이런 보조금 지원은 일제가 "조선인 기업가 엘리트와 일종의 타협을 목표로 하고" 있었다는 것을 보여준다.[15] 경성방직은 일제하의 거의 전 기간인 5기(1923.4~1924.2)부터 16기(1934.3~1935.2)까지 총독부의 보조금을 받아 안정적인 운영을 할 수 있었다. 이것은 1920년대 초반 일본 자본과 상품의 유입으로 어려움을 겪던 경성방직과 같은 토착자본 상층이 일본자본과의 경쟁력 유지를 위해 총독부 당국의 정책적 보호를 자진해서 요청했던 것이고, 여기에 일제의 민족분열정책이 가세하여 이들의 예속화 경향은 불가피했던 것이었다.[16]

경성방직이 총독부로부터 받은 각 기의 보조금 액수 및 이것의 당기순이익에 대한 비율과 『동아일보』의 같은 기간 당기순이익은 〈표 2-2〉와 같다. 1923년의 경우 총독부의 경성방직에 대한 보조금은 경성방직

12 맹호성, 「인물평론-동아일보사 사장 송진우론」, 『비판』, 1931.10, 94면.
13 권태억, 『한국근대면업사연구』, 일조각, 1989, 273면.
14 『동아일보』, 1922.6.11·12.31.
15 Eckert, C. J., *The Koch'ang Kims and the colonial origins of Korean*, 주익종 역, 『제국의 후예-고창 김씨가와 한국자본주의의 기원, 1876~1945』, 푸른역사, 2008, 126~133면.
16 전우용, 「일제하 민족자본가의 존재양태와 민족주의」, 『역사비평』 16, 역사비평사, 1992, 347면.

표 2-2 : 일제의 경성방직에 대한 지원금

기수	보조금 액수	순이익에 대한 비율	『동아일보』의 순이익
5기	16,042	1,088	3,276
6기	19,250	76	1,262
7기	28,000	43.6	683
8기	27,000	1,598.2	2,026
9기	29,653	120	2,769
10기	29,115	370	3,145
11기	27,753	215	~ 9,234
12기	24,883	141	3,294
13기	20,150	74	3,405
14기	–	–	6,962
15기	16,987	–	5,087
16기	15,946	33.8	4,402

경성 방직 5기(1923.5~1924.2), 『동아일보』 3기(1923.10~1924.9)부터 비교
자료 : 권태억, 앞의 책, 1989, 266면; 동아일보사사 편찬위원회, 『동아일보사사』 1, 동아일보사, 1975, 405면.

순이익의 10배, 『동아일보』 순이익의 5배 정도에 이르는 큰 액수였다. 결국 이러한 경성방직에 대한 보조금 지원의 결정은 일제가 단순히 경제적인 측면만 고려한 것이 아니고 경성방직과 『동아일보』의 관계까지 감안해 이루어졌던 것이었다. 즉, 대지주 출신으로 지주자본을 산업자본으로 전화시켜 나갔고, 총독부의 지원을 받으며 자본을 축적해나갔던 김성수계 자본에 의해 운영되었던 경성방직과 『동아일보』의 관계는, 『동아일보』의 논조가 민족개량주의적 성격을 지닐 수밖에 없도록 만들었다. 이렇듯 민족자본 상층이라고 할 수 있는 김성수계 자본에 의해 운영되었던 『동아일보』는 민족주의 우파의 입장을 대변하며 제한된 범위에서 일제에 대한 비판적 논조를 보이기도 했지만 점차로 그 한계를 드러냈으며 일제 말기에 가면 부분적으로 예속적 성격까지 보이게 되었다.[17]

민족자본가 상층의 김성수계 자본에 의해 창간되었던 『동아일보』와는 달리 1920년에 창간된 『조선일보』나 『시사신문』은 예속자본가나 친일파에 의해 창간되어 그 계급적 한계가 명확했다. 『시사신문』은 친일단체인 국민협회의 민원식에 의해 발행되어 총독부의 지원금으로 간신히 운영되다가[18] 일반 민중들의 호응을 얻지 못해[19] 어려움을 겪다가 민원식의 사후 폐간되었다. 또한 조선귀족, 대지주, 예속자본가들이 주축이 되었던 대정친목회[20]에 의해 창간되었던 『조선일보』는 이후 '한일병합'의 공로로 일제로부터 작위와 상금까지 받았던 송병준이 인수하여 발행되다가[21] 재정난으로 인해 신석우에게 인수되었다.

『조선일보』를 인수했던 신석우는 동제사(同濟社)라는 독립운동단체에 참여하기도 했고 상해 임시정부의 간부까지 지냈던 인물로서, 이러한 활동과 관련하여 체포되었다가 출옥한 후 구한말 경무사를 지냈던 부친 신태휴의 토지를 팔아 이를 신문사업에 투자했다.[22] 이렇듯

---

17 예속자본과 일정한 차이를 지니고 있었던 민족자본 상층이 점차로 예속화 경향을 드러내게 됨에 따라, 민족자본 상층에 의해 운영되던 『동아일보』의 논조도 1930년대 말에 이르러서는 '친일적 경향'까지 보이게 되었던 것이다. 민족자본 상층의 예속화에 대해서는 다음을 참조하라. 이승렬, 「일제시기 민족자본가 논쟁」, 『역사비평』 9, 역사비평사, 1990, 63~65면.
18 강동진, 앞의 책, 1980, 221~222면; 松田利彦, 앞의 책, 151~152면.
19 모두가 구독을 거절한다고 해서 『시사신문』을 '不見'신문이라고 불렀다고 한다. 신철, 「조선일보에 대하야」, 『개벽』, 1923.7, 47면.
20 장신은 『조선일보』를 창간한 단체의 명칭이 '대정실업친목회'가 아니고 '대정친목회'라고 주장하고 있다. 그에 따르면 '대정실업친목회'라고 쓴 유일한 자료는 1920년 8월 15일자 『조선일보』 '사고(社告)'로서 "대정실업친목회와의 관계를 분리하고 주주의 독립경영에 나선다"는 내용이었다. 나아가 그는 이처럼 '실업'을 근거로 대정친목회를 경제단체로 보는 것은 사실과 거리가 있다고 주장하고 있다. 장신, 앞의 글, 2007, 383면. 조선일보사는 2004년에 낸 책에서 이 사고 내용을 앞세워 '대정실업친목회'라는 단체와의 결별 소식을 강조하기도 했다. 조선일보 사사편찬실, 『조선일보 역사 단숨에 읽기, 1920~』, 조선일보사, 2004, 28~29면. 그러나 이 사고 이후 취임한 사장 유문환도 대정친목회의 평의원이었다는 점에서 완전한 결별이었다고 보기는 어렵다.
21 我我生, 「조선일보의 정체」, 『개벽』, 1923.7, 49~52면.

부친의 지원으로『조선일보』를 인수했던 신석우[23]와 함께『조선일
보』에 많은 자금을 투자했던 개성 출신의 최선익은 원래 개성의 지주
로서[24] 1928년에는 상품위탁 판매를 전문으로 하는 자본금 20만 원의
개성상사 주식회사를 설립했던 적도 있었다.[25] 신석우와 최선익은 식
민지 지주제에 의해 형성된 대지주라고 보기 어렵고 또한 지주경영에
의한 자본의 축적을 통해 산업자본가로의 전환을 시도하지 않았다는
점에서 대지주나 민족자본 상층이라고 볼 수는 없을 것이다. 즉, 이들
은 근대적인 기업운영의 경험 없이 토지판매 대금을 직접 신문에 투자
했던 것으로, 이에 따라『조선일보』는『동아일보』와는 달리 신문의
기업적 운영에 많은 한계를 드러냈다.『조선일보』는 이러한 출자자들
의 계급적 성격이나 개인적인 정치적 입장에 의해『동아일보』와는 달
리 비타협적 민족주의 또는 민족주의 좌파의 입장을 나타냈던 것이
다.[26] 그러나 이러한『조선일보』의 계급적 성격은 아래와 같은 비판을
받기도 했다.[27]

22　김을한,『신문야화』, 일조각, 1971, 69～71면.
23　신석우,「신문사장의 참회록」,『개벽』, 1934.12, 15면. 신석우는『조선일보』인수 전에『시
　　대일보』에 5천 원을 투자하기도 했었다. ―記者,「시대일보 紛糾의 顚末과 사회여론」,『개
　　벽』, 1924.8, 36면.
24　최선익은『조선일보』와『조선중앙일보』에 대한 출자로 상당한 손해를 본 이후인 1937년 현
　　재에도 1년에 소작료로만 2만 8천 원을 받을 정도로 많은 토지를 소유했던 지주였다. 일기
　　자,「중앙일보 문제에 대하야 최선익씨와 일문일답」,『비판』, 1938.12, 23면.
25　조기준, 앞의 책, 1973, 278면.
26　이균영은 비타협적 민족주의자들 중에서도, 사회주의 운동에 개방적이었고 이들과의 협동
　　을 주장했던 세력을 민족주의 좌파라고 분류했다. 본고에서는 민족자본가 하층과 중소지
　　주출신으로 민족개량주의에 대립적이었던 세력에 대해 비타협적 민족주의라는 포괄적인
　　용어를 사용하고자 한다. 이균영,『신간회 연구』, 역사비평사, 1993, 46면. 비타협적 민족주
　　의 세력과 언론 사이의 관계에 대해서는 이 책의 3부 7장에서 자세히 다룰 것이다.
27　秋鐵領,「조선일보사 구제금 유용 사건 검토」,『비판』, 1932.5, 86면.

조선일보는 그 경영단체의 계급적 성질로 보나 그 편집상의 사상적 경향으로 보아 명백히 상층 소부르죠아층의 이익을 대표하는 좌익민족주의적 기관인 것이니 이들에게는 일정한 계급적인 저력이 없고 부단히 양대 계급의 사이에서 분화와 동요를 계속하면서 궁극적으로는 부르죠아 계급에 예속하여 푸로레타리아트에게 반동적 화살을 난사하게 되는 것이다. 그러나 이들은 어느 특정한 순간이 오기까지 좌로 맑스주의자를 적시(敵視)함과 함께 우로 우익민족주의자를 증오하면서 일종의 자주적 진영을 건설하기 위하여 대중획득을 꾀하는 것이다.

『조선일보』가 이렇듯 비타협적 민족주의 또는 민족주의 좌파의 성격을 비교적 일정기간 나타냈고『동아일보』가 민족개량주의적 성격을 일관되게 드러냈던 것과는 달리, 『시대일보』, 『중외일보』, 『중앙일보』는 논조에 있어서 일관성이 없었다고 할 수 있다. 즉, 『시대일보』의 조준호,『중외일보』의 백인기와 이우식,『중앙일보』의 정한민 등 주요 출자자들이 대부분 대지주 또는 상업자본가였지만 이들이 신문에 그리 큰 자금을 출자하지 않았고 운영에도 적극적인 관여를 하지 않았기 때문에 이들의 계급적 성격이 신문에 반영될 여지는 거의 없었고, 또한 재정난으로 이러한 신문들의 운영이 제대로 이루어지지 않아 일관된 논조를 유지할 수가 없었다.

『시대일보』의 경우 나중에 동아상사주식회사 전무, 동아증권회사 사장 등을 지낸 조준호가 5만 원을 출자하겠다는 약속과는 달리 단지 1만 원만 출자하고 물러났다.[28] 『중외일보』 투자자인 백인기는 전북의 대지주 출신으로 부친인 백남신 때부터 일제에 밀착해 부를 축적해왔고, 이를 토대로 다양한 사업에 진출해 한일은행 전무, 한성농공은행 이사, 경성전기회사의 감사 등을 지내기도 했다. 1928년 6월경 『중외일보』는 백인기의 아들 백명곤을 영업국 촉탁으로 취직시킨다는 조건으로 백인기의 출자 승낙을 받았지만, 1929년 1월 부도가 나서 백인기가 백명곤과 함께 일본으로 도피하면서 지속적인 투자를 받지는 못했을 것이다.[29] 백인기의 뒤를 이은 『중외일보』 투자자 이우식은 경남 의령의 대지주로, 안희제가 설립한 백산무역 주식회사에 주주로 참여했었다. 주식회사를 만들며 이우식이 처음에 대표를 맡았다가, 내부 알력으로 물러나고 곧 안희제가 대표를 맡았다.[30] 정한민은 공주의 대지주로 『중앙일보』 사장 노정일의 사돈이었다고 한다.[31]

이들이 신문에 적극적인 투자를 하지 않았던 것은, 신문사업의 수익성이 부족하다고 판단했거나 또는 신문에 대한 민중들의 요구로 신문의 논조가 불가피하게 일제에 대해 비판적일 수 있고 이것이 자신들의 여타 사업에 그리 유리하게 작용하지 않을 것이라는 판단을 했기 때문이었다. 『시대일보』, 『중외일보』, 『중앙일보』의 투자자 중 상당수가 예속자본가적 성격을 지니고 있었다는 점이 지속적인 신문 발행을 어렵게 만들었던 것이다.

1932년 10월 최선익과 윤희중에 의해 인수된 『중앙일보』는 1933년 2

---

28 이승복선생 望九頌壽기념회 편, 『三千百日紅』, 인물연구소, 1974, 128면; 국사편찬위원회 한국사데이터베이스(http://db.history.go.kr/url.jsp?ID=im_109_01891).

29 오미일, 「한국 자본주의 발전에서 政商의 길 ─ 백남신, 백인기의 자본 축적과 정치활동」, 『역사와 경계』 57, 부산·경남사학회, 2005, 137~153면.

30 조기준, 앞의 책, 1973, 296면; 채백, 「일제기 부산 지역 언론인 연구」, 『한국언론정보학보』 56, 한국언론정보학회, 2011, 139~140면.

31 「그가 신문사장이 되기까지」, 『별건곤』, 개벽사, 1932.6, 19~20면; 「노정일과 중앙일보」, 『제일선』, 1932.6, 67면.

월에는 여운형을 사장으로 맞아들이고, 동년 3월에는 제호를 『조선중앙일보』로 개제하여 발행했고 1936년에는 새로이 성낙헌이 출자를 하기도 했다. 이러한 『조선중앙일보』 주요 출자자 중 최선익은 이미 『조선일보』에도 출자를 했던 사람으로 개성의 지주 출신이었고, 윤희중은 논산의 지주였으며,[32] 성낙헌은 동일은행 전무를 지냈던 사람이었다.[33] 이렇듯 『조선중앙일보』는 지주출신이나 상업자본에 의해 운영되면서 『동아일보』와 『조선일보』 등 다른 두 신문에 비해서는 많은 어려움이 있었지만, 그래도 어느 정도 안정적인 운영을 해나갈 수 있었다. 이런 상황 속에서도 여운형의 개인적인 정치적 성향 등이 작용하여 다른 두 민간지들과 비교적 다른 논조를 보였던 것이다.

한편 『조선일보』는 1933년에 광산개발로 상당한 자본을 축적했던 방응모가 인수한 후 안정적인 운영을 할 수 있었다. 방응모는 한동안 노동자가 1천 명이 넘는 규모의 교동광산을 운영하다, 일본 독점자본의 광업 분야 진출이 본격화되던 1932년에[34] 일본인 소유인 중외광업주식회사에 135만 원에 팔아 그 자금으로 『조선일보』를 인수했다.[35] 이렇듯 대규모 광산기업 운영의 경험이 있었던 방응모는 이전의 소규모 출자자였던 지주 출신 민간지 운영자들과는 달리 신문을 하나의 기업으로 변화시키는 데 결정적인 전환점을 만들었다. 이에 대해 안덕근은 방응모의 인수 이후 『조선일보』의 내용이 "아메리카 신문적인 근대적 요염

---

32 이현희, 『조동호 항일투쟁사』, 청아출판사, 1992, 277면.
33 舌火子, 「풍전등화의 조선중앙일보」, 『비판』, 1937.2, 80~86면.
34 허수열, 「1930년대 군수공업화 정책과 일본 독점자본의 진출」, 차기벽 편, 『일제의 한국식민통치』, 정음사, 1985, 277~279면.
35 계초 전기 간행회, 『계초 방응모전』, 조선일보사, 1980, 40면.

성을 발휘"하고 있고, 인사정책도 "사원들에게 부여된 일의 능률여하"에 따라 이루어지고 있다는 점에서 철저히 '미국적인 자본주의 기업'으로 변화되어 갔다고 비판했다.[36]

결국 1930년대 이후 민족자본 상층에 의해 운영되던『동아일보』가 점차로 예속적 성격을 드러낼 수밖에 없었던 상황에서, 금광개발을 통해 형성된 자본에 의해 급격히 기업화되었던『조선일보』는『동아일보』와 함께 치열한 기업적 경쟁에 몰두하게 되었다. 민족자본 상층의 소유로 민족개량주의적 성격을 보였던『동아일보』와 일제의 산금정책 하의 광산개발과 기업운영으로 축적된 자본을 기반으로 했던『조선일보』가 일제의 강력한 언론탄압에 직면했던 1930년대의 식민지 현실에서 기업적 경쟁에만 몰두하게 되었다는 것은 이들의 계급적 성격으로 볼 때 불가피했던 것이었다.

2) 신문 자본의 규모와 기업형태

1920년 일제에 의해 허가된『동아일보』,『조선일보』,『시사신문』의 창간 당시 자본의 규모는 신문 운영에 필요한 최소한의 경비 조달조차 하기 어려운 수준에 머물렀다. 친일단체에 의해 발행되던『조선일보』나『시사신문』은 물론『동아일보』의 경우에도 창간 초기에는 재정난으로 운영에 많은 어려움을 겪었다. 이미 경성방직 설립의 경험을 통

---

36 안덕근, 「조선일보론」, 『비판』, 1939. 1, 24~27면.

해 주식회사 체제가 부족한 자본을 끌어들이는 데 유용하다는 판단을 했던 김성수는 『동아일보』의 경우에도 처음부터 주식회사의 설립을 의도하여 1920년 2월 1일에는 총자본금 100만 원의 주식회사 설립신청서를 총독부에 제출하고 주식 모집을 했다. 그러나 일반 공모주의 모집이 잘 이루어지지 않았고, 이에 따라 자본금의 규모를 70만 원으로 줄였지만 결국 1회 불입금으로 목표했던 25만 원에 미치지 못하는 10여만 원만이 불입되어 이 자금과 김성수의 보증으로 차입된 자금으로 신문을 창간하게 되었다.[37]

『동아일보』는 창간 두 달 만인 1920년 6월에는 이미 창간 초의 주식 1회 불입금 10여만 원이 거의 탕진되어 김성수가 토지를 담보로 은행에서 8만 원을 융자하여 운영자금으로 사용할 정도였고, 1차 정간이 해제된 후인 1921년 초에는 자금 부족으로 속간을 못하다가 민영달이 홍증식을 통해 출자한 5천 원으로 간신히 속간할 수 있었다.[38] 『동아일보』는 1921년 9월에 주식회사의 창립총회가 열리고 1회 불입금 17만 5천 원이 400여 명의 주주들에 의해 납입된 후에야 비로소 재정난에서 어느 정도 벗어날 수 있었다.[39] "장기간 정간이 되는 동안 신문이 중요하다는 것을 새삼 깨달은 지방 유지들의 호응이 컸던 것"이 배경이 되었다.[40]

이후 『동아일보』는 1924년 사옥의 신축을 앞두고 2회 자본금 17만 5

---

37 동아일보사사 편찬위원회, 앞의 책, 87~96면.
38 위의 책, 138~140면, 161면.
39 1회 불입금 17만 5천 원 중, 부족액 2만 5천 원은 발기인으로 참여하지 않았던 신구범이 1만 5천 원, 양원모가 1만 원을 새로 출자하여 불입이 완료될 수 있었다. 인촌기념회, 『인촌 김 성수전』, 인촌기념회, 1976, 205면.
40 동아일보 80년사 편찬위원회, 『민족과 더불어 80년 – 동아일보 1920~2000』, 동아일보사, 2000, 174면.

천 원의 불입을 결의했으나 지지부진하여 재정적인 어려움을 겪다가 신축사옥이 완공된 이후에야 비로소 2회 자본금 불입이 완료되어, 신축사옥으로 인한 부채를 청산하고 안정적인 운영을 할 수 있었다.[41] 『동아일보사사』에 실린 자기자본의 연도별 현황을 보면 1928년의 19만여 원에서 1929년에 36만여 원으로 증가했고, 부채는 23만여 원에서 6만여 원으로 감소한 것으로 보아 대략 이 시기가 2차 불입이 완료된 시기였다고 할 수 있을 것이다.[42]

1929년경에 『동아일보』의 불입 자본금은 총액 35만 원이 되었고 이후 일제하에서는 1, 2차 불임금인 35만 원만으로 계속 운영되었다. 『동아일보』의 불입자본 35만 원은, 앞의 〈표 2-1〉에 나타난 1929년의 주식회사 평균자본금이 불과 8만 원 정도였던 것을 볼 때, 매우 큰 규모였다. 이렇듯 『동아일보』는 초기의 재정적인 어려움을 극복하고 1929년에 이르면 자본금 40만 원[43] 중에서도 자기자본의 비율이 80%를 넘어서서 안정적인 운영을 할 수 있었고, 유동자본의 비율도 꾸준히 40%를 넘었기 때문에 사원들의 임금지급 등 운영에는 커다란 어려움이 없었다고 할 수 있다.[44]

---

41 『동아일보사사』 제1권에는 2회 불임금 총액, 불입완료 시기 등이 잘 나타나 있지 않다. 단지 미불입금이 7만 원이나 되어 신축사옥 건축에 어려움이 있었는데 김성수가 양부에게 송금받은 2만 5천 원으로 이러한 어려움을 극복하고 사옥을 완공할 수 있었다고 기술되어 있다. 동아일보사사 편찬위원회, 앞의 책, 262~265면. 뒤에 나온 자료에는 "제2회 주식대금 불입이 여의치 않아 자금은 거의 김성수가 조달했다"고 나와 있다. 동아일보 80년사 편찬위원회, 앞의 책, 174면.

42 동아일보사사 편찬위원회, 앞의 책, 406~408면.

43 송진우는, 불입자본금은 35만 원이지만 토지 가격의 상승과 무배당으로 인한 저축 때문에 자본금이 더욱 증가하여 1933년에는 75만 원이나 되었다고 주장했다. 「동아일보 대 조선일보 신문전」, 『삼천리』, 1933. 10, 31면.

44 동아일보사사 편찬위원회, 앞의 책, 406~408면.

『동아일보』와는 달리 1920년에 같이 창간되었던 두 신문은 창간 초기에 폐간되거나 판권의 변동을 겪었다. 『시사신문』은 민원식의 사후에 폐간되었고 『조선일보』는 대정친목회 회원 36명이 자본금 20만 원의 조선일보 조합의 구성을 시도했으나 겨우 5만 원만 불입되어 재정난을 겪다가[45] 1921년 4월 송병준에게 판권이 넘어갔다. 송병준은 주식회사나 합자회사를 설립하여 운영하려고 했으나 실패하고[46] 결국 1924년 9월에 8만 5천 원을 받고 신석우에게 판권을 넘겼다.

신석우는 『조선일보』를 인수하여 50만 원의 조합을 설립하고 이상재를 사장으로 추대하였다. 『조선일보』는 주로 신석우와 최선익 등의 출자로 운영되었는데, 이 둘이 출자한 금액은 『동아일보』의 불입자본금 총액이었던 35만 원보다 많았다고 평가될 정도로 큰 액수였다.[47] 그러나 『조선일보』는 신석우와 최선익의 상당한 규모의 자본출자에도 불구하고 개인적인 자금유용과 운영미숙으로 재정난을 겪었고,[48] 또한 주요 출자자인 신석우, 최선익과 운영을 주도했던 이승복, 안재홍 사이의 내분[49] 등이 원인이 되어 어려움을 겪다가 결국 신석우가 일선에서 물러나고 안재홍과 이승복에 의해 운영되게 되었다.[50]

---

45 조선일보 70년사 편찬위원회, 『조선일보 70년사』 1, 조선일보사, 1990, 67면.

46 我我生, 앞의 글, 49~52면.

47 이적봉은 신석우와 최선익 등이 50만 원 정도를 출자했다고 했고, 황윤성은 신석우가 10만 원, 최선익이 20만 원을 투자했다고 지적했다. 笑亭人은 신석우가 전재산을 투자했다고 한다. 또한 신석우 본인은 42만 원을 투자했다고 밝혔고, 최선익 본인은 30만 원을 썼다고 밝혔다. 소정인, 「파란 많은 조선일보」, 『신동아』, 1932.8, 38면; 신석우, 「신문사장의 참회록」, 『개벽』, 1934.12, 15~16면; 이적봉, 「민간신문 죄악사」, 『제일선』, 1932.8, 46~47면; 황윤성, 「신문패가론」, 『혜성』, 1931.7, 65면; 「대담─30만 원을 신문에 넣은 최선익씨」, 『삼천리』, 1935.11, 60면.

48 이적봉, 앞의 글, 46~47면.

49 정태철, 「신구 양간부의 세력전으로 문제 많은 조선일보사」, 『별건곤』, 개벽사, 1931.9, 20~21면; 정태철, 「테로화한 그 뒤의 조선일보」, 『별건곤』, 개벽사, 1932.9, 25~26면.

50 初雷, 「재벌전선의 보고─민영휘 대 김성수」, 『혜성』, 1931.3, 100면; 漢南生, 「조선일보와

출자능력이 없던 이승복은 외부에서 자본을 끌어다가 신문사의 운영자금으로 사용하기도 했고,[51] 재정난을 극복하기 위해 20만 원 증자를 했으며,[52] 또한 자금의 원활한 유입을 위해 주식회사로의 조직변경을 시도하기도 했다.[53] 이 둘은 결국 만주사변으로 어려움을 겪던 동포들을 위해 모집된 구제금을 70여 일 동안 유용했다는 혐의로 구속되기도 할 만큼 재정적인 어려움을 겪었다.[54] 『조선일보』는 이렇듯 상당한 액수의 투자에도 불구하고 임경래에게 판권이 넘어가는 소동까지 겪고, 결국 흥사단계의 조병옥과 주요한 등이 7천 원에 판권을 인수하여 속간했다가 다시 방응모가 인수하여 운영을 하게 되면서부터 안정적인 기반이 확보되었다. 『동아일보』보다도 많은 자본이 투자되었다고 평가되던 『조선일보』는 소수 출자자의 자본만으로 운영되던 조합 형태로서 기업적 운영의 미숙과 내분으로 결국 판권을 넘기게 되었던 것인데, 이는 당시의 신문경영의 어려움을 나타내는 것이기도 했다.

『시사신문』폐간 이후 두 개의 민간지만 운영되다가 1924년에 최남선에 의해 『시대일보』가 창간되었는데, 이 신문도 자본금 40만 원의 주식회사 설립을 위해 발기인회를 조직하고 자본금의 모집을 시도하기는 했

이승복」, 『제일선』, 1932.6, 94~96면.

51 初雷, 앞의 글, 100면; 이승복선생 망구송수기념회 편, 앞의 책, 145~146면.

52 日本新聞研究所, 『日本新聞年鑑』(1931년판), 日本新聞研究所, 1930, 2편 93면(이하 『日本新聞年鑑』으로만 표기); 『日本新聞年鑑』(1932년판), 2편 101면. 신석우가 사장이었던 1930년 12월에 발행된 1931년판(昭和6年版)에는 합자회사인 『조선일보』의 자본금이 50만 원으로 되어 있으나, 안재홍이 사장이 된 이후인 1931년 12월 30일에 발행된 1932년판(昭和7年版)에는 자본금이 70만 원으로 되어 있다.

53 아래의 자료에는 안재홍이 사장이 된 후 주식회사로의 조직변경 시도된 것으로 나타나 있다. 日本電報通信社, 『新聞總覽』(1931년판), 日本電報通信社, 1931, 2부 473면(이하 『新聞總覽』으로만 표기).

54 정태철, 「조선일보사 간부의 만주동포구제금사건 비판」, 『혜성』, 1932.4, 65~66면; 秋鐵嶺, 「조선일보사 구제금 유용사건 검토」, 『비판』, 1932.5, 84~85면;

으나 약간의 창간비용만 마련했을 뿐, 주식회사 설립은 하지 못했다.[55] 이렇듯 재정적인 어려움을 겪던 최남선과 진학문은 부채를 갚아주고 추가로 1만 원을 준다는 조건으로 보천교(普天敎)에 신문의 발행권을 넘기려고 하다가 사우회의 반대와 사회여론의 악화로 결국 조준호를 발행인으로 하여 속간되어 20만 원의 합자회사로 운영되게 되었다.[56] 그러나 홍명희를 사장으로 하여 발행되던 『시대일보』도 출자가 제대로 이루어지지 않아 재정난으로 결국 1926년 8월에 종간되고 말았다.

1926년에 9월에 발행허가를 받아 11월 15일에 창간된 『중외일보』는 백인기의 출자에 의해 운영되었는데 빈약한 재정으로 출발하여 극도의 재정난에 시달렸다.[57] 이후 이우식의 투자와 함께 안희제가 사장이 되어 1929년 3월에는 조합이 되었다가 9월에는 자본금 15만 원의 주식회사로 운영되게 되었지만 주식회사의 설립시 일시불로 불입되기로 결의된 15만 원의 자본금이 제대로 불입되지 못했기 때문에 재정난이 해소되지 못했다.[58] 이후 『중외일보』는 증면을 하는 등 적극적인 운영을 하며 자본금 증자를 시도하기도 했으나 자본금 불입이 제대로 이루어지지 않다가[59] 결국 5, 6만 원 정도의 부채만 남긴 채 휴간되고 말았다.[60]

---

55 일기자, 「문제의 시대일보 분규의 전말과 사회여론」, 『개벽』, 1924.8, 35면.

56 『日本新聞年鑑』(1925년판), 2편 96면; 『新聞總覽』(1926년판), 2부 486면. 당시 영업국장을 지냈던 이승복의 평전에는 조준호가 단 1만 원만 출자했다고 되어 있다. 이승복선생 망구송수기념회 편, 앞의 책, 128면.

57 창간 초기에 대략 3만 원 내지 4만 원 정도를 가지고 신문을 운영했다고 한다. 서경학인, 「휴간 중외일보론」, 『철필』 2(1), 철필사, 1931, 4면.

58 아래 글의 필자는 이러한 주식회사가 "헛 手形(수표-인용자) 가지고 만든 유령회사"라고 비판하고 있다. 漫談子, 「조선의 신문들을 도마에 올려놓고」, 『제일선』, 1932.9, 64면.

59 서경학인의 글에는 1931년 초에 10만 원의 자본금 증자가 결의된 것으로 나오는데, 아래의 자료들에는 45만 원이 증자되어 공칭자본금이 60만 원이 된 것으로 나와 있다. 이것으로 보아 실질적인 자본금의 불입 없이 무리하게 증자만 했다는 것을 알 수 있다. 서경학인, 앞의 글, 8면; 『日本新聞年鑑』(1931년판), 2편 93면; 『新聞總覽』(1931년판), 2부 482면.

『중외일보』는 노정일에 의해 인수되어 1931년 11월에 『중앙일보』로 개제되어 발행되었다. 『중앙일보』는 자본금 20만 원으로 출발하려고 하였으나[61] 출자가 원활히 이루어지지 않아 노정일의 사돈이었던 정한민이 출자한 3만 원으로 발행되었다. 『중앙일보』는 3만 원으로 건물과 기본설비를 확보한 후 추가의 자본금이 전혀 없이 지국보증금이나 건물을 저당하여 얻은 돈으로 근근히 운영을 해나가다가[62] 재정난과 체불로 인한 인쇄직공들의 파업 등으로 결국 5개월 만에 휴간하고 말았다.[63] 이후 『중앙일보』는 조병옥과 지국장들이 중심이 되어 인수하려다 실패하고, 결국 최선익과 윤희중에게 판권이 인수되어 1932년 10월부터 속간될 수 있었는데,[64] 이때부터 비교적 안정적인 운영이 이루어지게 되었다.

1931년부터 내분과 재정난으로 원활한 신문발행이 이루어지지 않던 『조선일보』와 『중앙일보』는 1933년에 접어들면서부터 안정적인 운영의 기틀이 마련되게 되었다. 『중앙일보』는 1933년 2월 여운형이 사장이 된 후, 동년 3월에는 제호를 『조선중앙일보』로 개제하여 발행하였다. 이 신문은 1934년 7월에 30만 원의 주식회사로 체제가 정비되었고,[65] 1936년에는 성낙헌의 출자로 20만 원을 증자하여 50만 원의 주식회사가 되어[66] 1936년의 일장기 말소사건으로 폐간될 때까지 운영되었다.[67]

60　一杞憂生, 「문제 중의 문제인 중외일보는 어떠케 될가」, 『별건곤』, 개벽사, 1931.4, 16면.
61　青光, 「세동채 가는 중앙일보의 신진영」, 『동광』, 1931.12, 85면.
62　壁上生, 「중앙일보 조선일보의 그 뒤 소식」, 『제일선』, 1932.12, 403면; 「노정일과 중앙일보」, 『제일선』, 1932.6, 66~69면.
63　박상호, 「돌연 휴간한 중앙일보 분규사건의 이면」, 『동광』, 1932.6, 26~31면.
64　정태철, 「기근든 언론계의 잔수」, 『제일선』, 1932.12, 65~66면.
65　황태욱, 「조선 민간신문계 총평」, 『개벽』, 1935.3, 15면.
66　성낙헌은 20만 원 전액 불입을 약속했지만, 12만 원만 불입하고 8만 원에 대해서는 불입한 양 사기를 꾸미면서, 이후 이로 인한 내분이 생겼다 舌火子, 「풍전등화의 조선중앙일보」, 『비판』, 1937.2, 84~85면.

표 2-3 : 민간지의 자본규모와 기업형태

신문명	창간일	회사형태	불입자본(공칭자본)	비고
『조선일보』	20.3.5	조합조직	5만 원(20만 원)	대정친목회에 의해 5만 원만 불입
		→조합조직	(50만 원)	24년 9월에 신석우가 송병준에게 8만 5천 원에 경영권 인수, 이후 50만 원의 조합 설립
			(70만 원)	안재홍이 사장이 되면서 20만 원 증자
		→주식회사	50만 원(50만 원)	방응모가 인수, 주식회사 설립 후 33년 9월 50만 원의 자본금 불입완료
『동아일보』	20.4.1	주식회사	17만 5천 원(70만 원)	21년 9월 주식회사를 설립, 1회 불입완료
			35만 원(70만 원)	29년 2회 불입완료
『시대일보』	24.3.31	개인경영		주식회사 발기인회만 하고 설립은 안 됨
		→합자회사	(20만 원)	25년 4월 홍명희 등이 경영권 인수
『중외일보』	26.11.15	개인경영		
		→조합조직		29년 3월에 조합조직으로 변경
		→주식회사	(15만 원)	29년 9월에 자본금 15만 원의 주식회사가 됨
			(60만 원)	1931년 초 공칭자본금만 증자
『중앙일보』	31.11.27	개인경영	(20만 원)	최선익에게 인수되어 32년 10월 31일 속간
『조선중앙일보』	33.3.7	개인경영		33년 3월 기존의 중앙일보를 개제하여 발행
		→주식회사	30만 원(30만 원)	34년 6월 자본금 30만 원의 주식회사가 됨
			(50만 원)	36년 3월에 자본금을 50만 원으로 증액

주 : ① 불입자본금의 액수는 정확히 확인되지 않은 것은 제외했음
② 회사형태는 설립등기를 마친 것을 기준으로 함

한편 『조선일보』는 1933년 1월에 방응모가 영업국장으로 취임과 동시에 20만 원의 주식회사를 설립했고, 동년 7월에는 30만 원의 자본금으로 주식회사 법인등기를 마치고 동년 9월에 20만 원을 증자하여 총자본금 50만 원이 불입 완료되었다.[68] 『조선일보』는 다른 신문과 달리 공칭자본금 50만 원이 일시불로 완납되어 가장 튼튼한 재정적인 기반을

---

[67] 폐간 당시의 주식 소유구조는 다음의 글들을 참조할 수 있다. 일기자, 「중앙일보문제에 대하야 최선익 씨와 일문일답」, 『비판』, 1938.12, 21면; 「양 신문사의 정보」, 『삼천리』, 1937.1, 11~12면.

[68] 조선일보 70년사 편찬위원회, 앞의 책, 265~271면.

확보하게 되었던 것이다. 앞에서 살펴본 민간지들의 자본규모와 기업형태의 변화과정을 정리하면 〈표 2-3〉과 같다.

　앞에서 살펴본 대로 일제하의 민간지들은 『동아일보』와 신석우와 최선익이 운영하던 시절의 『조선일보』를 제외하고는 대부분이 실질적인 불입자본금 규모가 5만 원 미만의 영세한 규모였다. 또한 1929년에 『중외일보』가 15만 원의 자본금으로 주식회사를 설립했던 경우가 있기는 하지만, 1920년대의 민간지들은 대부분이 개인경영, 조합조직, 합자회사 등의 조직형태로 운영되었을 뿐이다. 이렇듯 1920년에 일제에 의해 민간지의 발간이 허가된 이후, 1920년대에는 『동아일보』를 제외하고는 대부분의 신문들이 자본 부족으로 인한 재정난에 시달리다가, 〈표 2-3〉에 나타난 대로 1933년에 이후에야 비로소 세 신문이 모두 30만 원에서 50만 원 정도의 자본을 지닌 주식회사 조직으로 정비되어 안정적인 운영을 하게 되었다.

　따라서 『동아일보』를 제외한 대부분의 민간지들이 소규모의 자본으로 재정난에 시달리던 1920년대에는 소위 '신문브로커'까지 동원하여 신문에 투자하면 마치 대단한 사회의 명사가 될 수 있는 것 같이 설득하여 "기 천 원 의 이사를 모셔다가" 신문의 운영을 계속해나갈 정도였는데,[69] 이러한 재정적 어려움은 1920년대까지는 신문에 출자할만한 재력을 가진 사람들이 신문을 마치 "돈 잡아먹는 일종의 복마전(伏魔殿)"[70]으로 인식했을 정도로 신문기업의 영리성이 부족하다는 의식이 사회 전반에 퍼져 있었기 때문이었다. 이런 상황으로 볼 때, 한 필자가 "조선

69　조강희, 「신문감상(1)」, 『현대평론』, 1927.5, 105면.
70　정태철, 「기근든 언론계의 殘穗」, 『제일선』, 1932.12, 65면.

의 신문이란 일종의 왕국이니까 돈 있고 할 일 없는 사람은 해볼 일"이
라고 하면서 "사장이면 판서격은 되고 중역이면 참판격은 된다"고 지적
했던 것처럼[71] 1920년대까지의 신문에 대한 투자는 일종의 '사회적 지
위'의 확보를 위한 것이었지[72] 경제적인 이윤 추구의 목적으로 출자가
이루어졌던 적은 별로 없었다.

그러나 1933년 이후에는 민간지들이 비교적 큰 자본금을 확보한 주
식회사 체제를 설립하여[73] 안정적인 운영을 하기 시작했는데, 이것은
일본광고량이 증가하고 발행부수가 어느 정도 늘어나게 되면서 신문의
수익성에 대한 새로운 인식이 생겨났기 때문이었다. 이렇듯 1930년대
에 민간지들이 여타 부문의 산업보다 비교적 큰 규모의 자본금을 지닌
주식회사 체제로 정비되었다는 것은, 민간지의 기업화의 토대가 확보
되었다는 것을 보여주는 것이었다.

---

71 무명거사, 「조선신문계종횡담」, 『동광』, 1931. 12, 76면.
72 신문이 "가상의 피식민지 '정부'로서 자신의 위상을 자리매김"할 수 있었을 만큼 영향력이
   컸다는 점이 신문사 임원을 중요한 사회적 지위로 여기도록 만드는 데 영향을 주었다. 박헌
   호, 「'문화정치'기 신문의 위상과 반-검열의 내적 논리─1920년대 민간지를 중심으로」, 『대
   동문화연구』 50, 성균관대 대동문화연구원, 2005, 216~219면.
73 폐간 당시 『조선일보』와 『동아일보』의 자본 규모와 주식 소유구조는 다음을 참조할 수 있
   다. 東亞經濟時報社 編, 『朝鮮銀行會社組合要錄』(1941년판), 273・277면.

2. 일제하 민간지의 기업화 과정

1) 기업화 과정의 조건과 특성

1920년에 창간된 일제하 민간지들은 초기의 정론지(政論紙)적 성격에서 벗어나 점차로 기업화되어 갔다. 그러나 이러한 기업화 과정은 식민지라는 현실적 조건 속에서 많은 한계가 있는 것이었다. 이러한 한계들로 夜雷는 "조선은 그 자체가 자본주의권선에 들지 못한 점, 조선은 식민지이며 약소민족인 점, 조선의 문화정도가 유치한 점 등"을 지적하고 있고,[74] 또한 김경재는 일제하 신문의 발전을 제약하는 조건들로, 첫째 "우리의 힘으로 어쩔 수 없는 객관적 정세"로서 일제의 언론통제, 둘째 상공업의 미발달로 인한 광고의 부족, 셋째 문맹으로 인한 독자의 부족을 들고 있다.[75] 유완희는 정치적으로는 "집필의 구속"과 경제적으로는 "나날이 영락하여 가는 경제적" 상황이 신문의 발전을 가로막고 있다고 지적했다.[76] 박찬희는 신문의 발전이 미약한 원인으로 첫째, 교육의 보급상황과 문화의 향상 정도가 미약한 것을 들고, 둘째 자본난과 광고난을 들고 있다.[77]

이러한 지적들을 종합해 볼 때, 일제하 신문의 기업화를 제약했던 가장 커다란 조건은 식민지라는 현실에서 신문의 자유로운 활동을 제약

---

74 夜雷, 「조선민간신문 功罪論」, 『혜성』, 1931.8, 58면.
75 김경재, 「조선신문의 대중적 비판」, 『개벽』, 1935.3, 24면.
76 유완희, 「조선의 신문과 민중」, 『조선지광』, 1928.11, 196면.
77 박찬희, 「나의 몽상하는 언론기관」, 『별건곤』, 개벽사, 1929.6, 43면.

했던 일제의 강력한 언론통제였다고 할 수 있다. 또한 이러한 정치적 요인들 이외에 자본규모의 영세성과 구독료와 광고수입의 증대를 제약하던 경제적, 문화적 한계들도 민간지의 기업화를 어렵게 만든 요인들이었다고 할 수 있다.

1920년에 창간된 민간지들은 적어도 1920년대 중반까지는 단순히 영리적인 목적으로만 발간되었던 것은 아니었다. 즉, 한 평자가 "조선의 신문지는 그 발간 또는 중흥을 모다 국민적 감정이 가장 격월(激越)한 시기에 견(見)하였다"고 지적했듯이[78] 3·1운동 직후의 고조된 사회분위기 때문에 1920년대 중반까지는 민간지들이 단순히 영리를 추구하는 기업 이상의 역할을 사회적으로 요구받았고 이에 따라 민간지들도 일반 민중들의 요구를 완전히 무시하지 않는 범위 내에서의 언론활동을 했다. 한편 이것은 신문이 민족운동의 한 수단으로서 기능했다기보다는, 이갑기가 "당시의 사회적 의식의 동요는 이 신문지의 시장가치를 부여하는 전체적 내용으로 되어 있었다"고 지적했듯이 당시 신문들이 신문판매를 위해 민족적인 요구를 수용했던 것으로 볼 수도 있다.[79]

그러나 이러한 민족적 요구의 수용은 현실적으로 일제의 언론통제에 의해 제약되었고, 특히 일제의 언론통제가 급격히 강화되는 1930년대 이후에는 신문들이 기업적으로서의 존속과 성장을 위해 이러한 민족적 요구들을 무시하게까지 되었던 것이다. 이러한 상황은 "민중의 신문에 대한 기대의 과다(過多)"가 신문의 기업화에 중요한 요인으로 작용했다고 하는 아래와 같은 지적에서 잘 드러난다.[80]

---

78 두선생, 「신문당국자에게 경고하는 一言」, 『개벽』, 1923.7, 62~63면.
79 이갑기, 「신문기업론」, 『비판』, 1932.9, 4면.

극도로 상품화한 외국과 일본은 몰라도 조선은 신문의 기능이 대립적 사회의식을 표현하는 데 있다. 그러므로 일반 민중은 신문은 민족주의 사회주의의 표현기관으로만 관념(觀念)하야 신문의 기업형태로서의 발전을 무시하는 경향이 있다. 그것의 예로는 광고에 들 수 있다. 흔히 신문에 화류병, 화장품 따위의 일본광고가 게재되는 것을 조선의 신문이 타락하는 것이라고 떠드는 것도 그중의 하나이다. 그밖에 여러 가지로 신문 본연의 기능보전과 상품가치 증가와의 충돌로 신문기업가는 기로(岐路)에 서게 되는 경우가 종종 있으니 여기에도 신문이 기업으로서의 활발한 활동을 하지 못하는 원인이 있는 것이다.

이것은 민간지들이 "합법적 문화운동의 일 용구"였을 뿐만 아니라 "일 기업 형태"로서의 성격도 지니고 있었다는 점을 드러내는 것이었지만[81] 일제의 언론통제가 강화되면서 "언론수준은 이미 총독부에서 꼭 제한하여 놓은 것이 있으니 그 언론의 고저가 경제의 표준이 되지 못할 것이요, 오직 자웅을 다툴 전야(戰野)는 재원의 확충에 의한 지구전에 있을 뿐"이라고 주장될 정도로 1930년대에는 재원의 확충을 제약하는 경제적인 요인들이 오히려 정치적인 요인들보다 민간지들의 기업화에 더욱 커다란 영향을 주었다.[82] 이러한 경제적인 제약요인은 주로 문맹과 빈곤으로 인한 구독료 수입의 제한과 산업의 미발달로 인한 광고수입의 제약 등이었다. 다음의 지적은 이러한 상황을 잘 지적하고 있다.[83]

80 漢陽學人, 「조선신문론」, 『동방평론』, 1932, 7~8, 35면.
81 주요한, 「이권화한 신문판권」, 『동광』, 1932.7, 17면.
82 한양과객, 「3대신문 참모장론」, 『비판』, 1934.8, 31면.
83 이 글의 필자는 "조선문 신문들은 대충 20만의 독자를 나눠가지는 싸움을 하고 있는 것이다"

조선에 있어서는 가장 커다란 한계가 문맹의 다수와 경제력의 미약이다. 조선신문계의 가장 난관이 곧 경제계의 빈궁과 독서능력을 소유한 지식층이 극소수인 두 가지 사실이다. 대중이 그날 그날 생활에 쪼들리는지라 한 달에 일원씩을 내서 신문을 볼 수 있는 경제적 여유를 가진 사람이 없어서 구매력이 얼마 되지 못하니까 광고주들도 조선문 신문에는 광고를 많이 내지 않게 된다. 그만큼 신문사 수입은 이중으로 감소되는 것이다. 거기다가 또 경제적 여유는 있고도 신문을 못 보는 계급까지 통산할 때, 조선문 신문은 남이 모르는 삼중의 비애를 느낄 수밖에 없이 되는 것이다.

위의 지적에서처럼 일제하의 신문들은 다수 민중들이 문맹으로 신문을 읽을 수 없거나 신문을 구독할 만한 경제적 여유가 없어서 판매부수의 확장에 결정적 제약을 받았던 것이다. 특히 문맹으로 인한 판매부수 확장의 제약을 극복하기 위해 다양한 시도가 이루어져, 『조선일보』와 『동아일보』는 판매부수 확장운동의 일환이라는 평가를 받기도 했던 문자보급운동을 전개하게 되었다.[84] 문자보급운동이 시작되던 1930년도의 문자 해독률은 〈표 2-4〉와 같다.

라고 하였으나 실제로는 1933년 당시의 3개의 민간지와 『매일신보』를 합쳐도 기껏 12만 부를 조금 넘을 정도였다. 「취미 상식—신문이 되기까지」, 『신동아』, 1933.3, 114~116면.

[84] 한양과객, 앞의 글, 32~33면; 홍일우, 「동아사는 어대로 가나」, 『신계단』, 1933.1, 28면.

표 2-4 : 1930년의 문자해독률(%)

한글			가나와 한글			문맹		
총수	남	여	총수	남	여	총수	남	여
15.4	24.53	6.03	6.97	11.5	1.91	77.74	63.92	92.05

주 : 가나만 해독하는 경우는 인구도 0.03%나 되었다.
자료 : 朝鮮 總督府, 『昭和五年 朝鮮國勢調查報告』(全鮮編) 1券, 1930, 82~83면을 재구성.

〈표 2-4〉에서 보는 것처럼 1930년의 문맹률은 77% 정도로 매우 높
은 수준이었는데, 이러한 높은 문맹률은 신문보급에 장애요인으로 작
용했던 것이다. 또한 일본문(日本文) 해독인구는 보통교육의 실시와 일
상적인 사회생활의 필요성에 따라 이후 점차 증대되어 1930년에 불과
7% 미만이 일본문을 해독하던 것이 1940년에 이르면 15% 정도가 되었
다.[85] 이러한 일본문의 보편화로 인한 일문지의 침입도[86] 민간지의 판
매부수확장에 또 다른 제약요인이었다. 한편 당시에 실업률이 매우 높
았고[87] 취업자들의 경우에도 낮은 임금수준으로 인하여 신문을 사보기
어려울 정도의 생활을 했다는 점에서[88] 판매부수 확장을 통한 구독료
수입의 증대는 거의 불가능했고, 이러한 현실적인 조건 때문에 민간지
들은 자연히 광고수입의 증대에 힘을 기울이게 되었는데 다음의 지적
은 이러한 상황을 잘 설명하고 있다.[89]

---

85 경성일보사, 『조선연감』(1943년판), 556면.
86 無名居士, 앞의 글, 80면.
87 1930년에는 실업자가 73%였고 1940년에는 다소 줄어 61% 정도였다. 김영모, 「식민지 시대
    한국의 사회계층」, 『변혁시대의 한국사』, 동평사, 1980, 212면.
88 일제하의 노동자들의 경우 1930년대에도 기껏 일당 50~60전 정도의 임금수준이었고 그나
    마도 제대로 못 받는 경우가 받았다고 한다. 이렇듯 생존에 필요한 최소한의 임금만을 받던
    노동자들이 신문을 사본다는 것은 거의 불가능했다고 할 수 있다. 김경일, 『일제하 노동운
    동사』, 창작과비평사, 1992, 72~80면.
89 한양과객, 앞의 글, 31면.

금후 신문의 성쇠(盛衰)는 강대한 자본전(資本戰)에 달려있다. 그런데 신문사의 재원이라면 주식증자의 방법에 의한 고정자본의 투하와 부수판매 대금과 광고수입의 세 가지 길이 있다. 증자의 방법은 아직 배당도 못 받는 신문사 주주의 입장을 생각하여서 그는 최후에 읍소(泣訴)할 불가침 지대로 당분간 남기어 두고 오직문제는 부수판매대와 광고수입을 늘리는 것인데 전자는 좁은 반도 안에 문화수준이 낮은 민중을 상대로 하는 것인마치 판매 수입의 급격한 증가는 망지무도(望之無道)라. 이에 광고재원의 획득이 유일의 길이 된다. 광고라면 조선 내는 생산공업이 유치함으로 자연히 그 고객을 동경, 대판 등 동양의 시카고[市俄古]요 만체스타-에 구하지 않을 수 없었다.

위의 지적에서처럼 구독료수입의 증대가 어려운 상황에서 민간지들은 광고수입의 증대를 위해 주력했지만, 당시 조선 내의 산업의 발전수준이 낮은 단계였다는 점에서 불가피하게 일본상품의 광고를 유치하기 위해 노력할 수밖에 없었다. 즉, 조선 내에는 광고를 통해 상품판매를 촉진하려고 할 만한 산업의 발전이 거의 이루어지지 않았고 그나마 있는 기업도 매우 영세하여 광고주로서 신문에 광고를 낼만한 여건이 아니었기 때문이다.

이것은 1930년의 업종별 생산액 중에서 공산품의 생산액 비율이 낮다는 것에서도 잘 드러난다.[90] 이런 현상은 지주자본이 대부분 제조업분야보다는 주로 상업이나 무역 등 유통분야에 투자되었고, 제조업분야에는 주로 영세한 중소자본들이 참여했다는 데도 그 원인이 있었다.

---

90 조기준, 앞의 글, 1977, 220면.

이에 따라 조선 내에서는 스스로 필요한 공산물의 수요를 충족시키지 못하고 수입에 의존해야 하는 형편에 이르렀다. 1929년의 경우 조선내의 공산품 수요액은 5억 2천 800만 원이었으나, 조선내의 공산품 생산액은 3억 2천 700만 원에 불과했고 그나마도 조선인 공장의 생산액은 1억 6천 700만 원에 불과했던 것인데,[91] 이것이 민간지들이 일본상품 위주의 광고를 할 수밖에 없었던 배경이 되었다. 따라서 영세한 조선기업들과는 달리 일본기업들이 적극적인 광고활동을 통해 조선 내에서의 상품판매의 증대를 시도하면서 광고매체로서 조선 내 민간지들을 필요로 했고, 민간지들은 증면경쟁에 따라 늘어난 지면의 광고를 채우기 위해 이러한 일본 상품광고의 유치를 위해 치열한 경쟁을 하였다. 이렇듯 1933년 이후에는 일본상품광고가 민간지들의 주된 수입원으로 등장했는데, 이에 대해 다음과 같은 비판이 나왔다.[92]

한 손에 조선민족을 들고 한 손에 동경, 대판의 상품을 들고 나가는 것이 『동아일보』, 아니 조선의 제 신문이다. 다만 그 마술에 가장 잘 성공한 것이 『동아일보』이다. 신문지의 판매를 위하여는 조선민족을 팔아야겠고 광고의 수입을 위하여는 동경, 대판 등지의 상품을 팔아야 하는 것이 조선신문계의 딜레마이다.

이러한 비판은 "물산장려, 조선인 산업의 발달, 자력적 중흥을 사시로서 고창하면서도 그 자체를 살리기 위해서는 외래의 상품을 조선인

---

91 위의 글, 221면.
92 황태욱, 앞의 글, 16면.

에게 선전하고 그 여덕을 입을 수밖에 없는" 민간지들의 모순된 경제적 고민을 지적하는 것이었다. [93] 이렇듯 일본상품 광고의 본격적인 게재와 함께 점차로 신문의 논조도 변하게 되었다. [94] 일본상품의 광고 게재가 본격화되었다는 것은 이제는 더 이상 민간지들이 민족운동의 한 수단으로서의 역할을 하기보다는 철저히 기업으로서의 성장에 몰두하게 되었다는 것을 의미하는 것이었다.

이러한 상황을 더욱 가속화시켰던 것은 바로 민간지들, 그중에서도 특히 『동아일보』와 『조선일보』의 치열한 경쟁이었다. 1933년 방응모가 『조선일보』를 인수해 운영하게 되면서 본격화된 두 신문의 경쟁은 "과거와는 달리 판매부수 경쟁과 동경과 대판의 광고 제패전" [95]에 불과한 것이었고 또한 두 신문이 '3증(增資, 增築, 增面)'에만 몰두하며 신문의 기업적 성장에만 집착하게 되었다는 것을 보여주는 것이라는 비판을 받기도 했다. [96] 이렇듯 두 신문이 민족적 기대나 요구와는 무관하게 철저히 더욱 많은 기업적 이윤의 획득을 위한 경쟁에 몰두하자, 『동아일보』와 『조선일보』의 싸움은 그들의 "상품에 대한 고객을 다수히 흡수키 위한 것일 뿐이고 이들 신문들은 조선민중이 걸어가는 길과는 다른 방향으로만 달음질"하고 있는 것이라는 비판을 받기도 했다. [97]

일제의 강력한 언론통제와 민중들의 간절한 요구 사이에서 고민하

---

93 오기영, 「신문인과 신문도」, 『신동아』, 1934.5, 84~85면.
94 이종수는 신간회 해소를 계기로 논조가 약화된 반면 신문의 기업화가 급진전되면서 이러한 일본상품 광고가 더욱 많이 게재되었다고 지적했다. 이종수, 「조선신문사」, 『동광』, 1931.12, 69면.
95 김동환, 「반도언론계」, 『삼천리』, 1935.8, 9면.
96 石兵丁記, 「도전하는 조선일보, 웅전하는 동아일보」, 『삼천리』, 1935.2, 40~41면; 「동아일보 대 조선일보 신문전」, 『삼천리』, 1933.10, 32면.
97 舌火子, 「檢境에 비춘 동아 조선일보의 醜劇」, 『비판』, 1933.11, 42면.

면서도 민족적 요구를 어느 정도 반영하는 논조를 보이던 민간지들은 일제의 언론통제가 강화된 1930년대 이후에는 비판적 논조가 급격히 약화되는 한편 구독료와 광고수입의 증대를 위한 치열한 경쟁을 전개하면서 급격히 기업화되었던 것이다. 이러한 민간지들의 기업화는 "조선 언론기관의 특수한 사명"에 대한 인식의 부재를 드러내는 것이고, "신문의 직업화, 아니 상품화로 인하여 결속을 해이케 하는 것은 오직 자멸을 최촉할 뿐"[98]이라는 비판을 듣게 만들었다. 즉, 기업적 경쟁에 몰두하던 신문들은 "신문의 상품성과 영리성은 단지 일종의 수단에 불과하며 신문의 공공성이 본질적인 것"이라고[99] 주장하며 식민지하의 민족적 현실 속에서 민간지들의 특수한 사명을 강조하던 많은 논자들에게 강력한 비판을 받게 되었다.

배성룡은 일제의 언론통제가 강화된 상황에서 민간지들이 이윤추구에만 몰두하는 것은 "그 존재의 사실이 자기의 평가의 저하를 불가피적으로 강요한 것이다"[100]라고 비판했고, 안동근도 "금일의 신문은 목적과 수단을 혼동, 아니 혼동보다도 전도시키어서 신문은 신문으로서 아니 조선의 신문으로서 살고자 하는 것이 아니라 단지 신문이란 명목을 유지하기 위하여 모든 노력을 다하고 있는 것이 아닌가"[101]라고 비판했다. 이러한 비판들은 민간지들이 식민지라는 사회적 현실을 무시하고 신문의 존속 자체에만 집착하는 것을 비판했던 것이다. 또한 이석훈은

---

98 「사설―중외일보의 정간」, 『조선일보』, 1928.12.8. 이 사설은 이관구가 집필한 것이었다. 이신복 편, 『성재 이관구 논설선집』, 일조각, 1986, 70~71면.
99 설의식, 「이원론적 本質視의 오류」, 『철필』 2(1), 1931, 13~14면.
100 배성룡, 「조선신문의 특수성과 타락상」, 『비판』, 1932.10, 56면.
101 안동근, 「조선문화와 조선신문」, 『비판』, 1936.7, 10면.

신문도 어느 정도 경영상의 안정을 추구하는 것은 이해하지만 "신문으로서 장사치적 취기(臭氣)를 발산하는 것은 불쾌한 일이다"[102]라고 지적했고 김동환도 "모든 문화기관이 상품화하여 감에 따라 스스로 대중과 유리하여 있으면서도 이를 부끄럽게조차 알지 않는 말세적 경향이 보임이다"[103]라고 극단적 평가를 하기도 했다. 이렇듯 식민지라는 현실속에서 민간지들이 일본 상품광고에 의존하여 급격히 기업화되었다는 것은 한편으로는 신문의 운영을 위해 어느 정도 불가피했다 하더라도 결과적으로는 이러한 민간지들이 민족적 현실을 외면하고 자신들의 기업적 이익추구에만 집착하게 되었다는 것을 보여주는 것이었다.

2) 경영상태의 변화과정

일제하 민간지들의 경영 상태는 1920년대까지는 비교적 좋지 않았으나 1933년 이후에는 급격히 호전되는 경향을 보였다. 이러한 민간지들의 경영 상태를 살펴보기 위해 먼저 구독료 수입과 직접관계가 있었던 신문들의 발행부수를 살펴보면, 『동아일보』의 경우 1920년대 초반까지 1~2만 부 정도를 발행하였으나[104] 〈표 2-5〉에서처럼 1920년대 말에 이르러서는 약 4만 부까지 발행부수가 늘어났다.[105] 특히 『동아일

---

102 이석훈, 「신문에 대한 각계 인사의 불평, 희망―작가의 입장으로서」, 『개벽』, 1935. 3, 78면.
103 김동환, 「반도언론계」, 『삼천리』, 1935. 8, 12면.
104 『동아일보』는 창간 직후 약 1만 부 정도를 발행하다가, 1924년경에는 약 2만 부 정도를 발행했다고 한다. 동아일보사사 편찬위원회, 앞의 책, 123면.
105 아래의 자료들에 의하면 『동아일보』의 발행부수가 1922년 5만 3천 부, 1925년 6~7만 부로 되어 있는데, 이는 『동아일보사사』의 주장보다 훨씬 많은 부수이다. 「大正11年版 日本記者

보』는『조선일보』와『중앙일보』가 제대로 발행되지 못했던 1932년을 전후한 시기에는 "선금주문 아니면 신문을 안 줄 정도의 판매정책"을 실시했다고 하며 다른 신문들의 거의 2배 정도의 발행부수를 나타냈으나[106] 이후에는 발행부수의 커다란 증가가 없었다. 한편『조선일보』는 방응모가 인수한 이후 점차로 부수가 증가하여『동아일보』와『조선중앙일보』가 무기정간을 당한 이후 부수가 급증하여 1937년에는 7만 부로 증가했다.[107] 이러한 발행부수의 변화는 〈표 2-5〉와 같다.

〈표 2-5〉에서 보는 것처럼 1930년대 중반 이후 전체적인 신문 발행부수가 증가했던 것은, 어느 정도 재정적으로 안정되었던 민간지들 사이에 신문판매를 둘러싼 경쟁이 비교적 활발히 이루어졌다는 것을 나타내는 것이었다. 그러나 신문을 볼 수 있는 독자층이 제한되어 있었다는 점에서 신문판매부수의 증가에는 한계가 있었다. 1936년에 발행정지를 당했던『동아일보』의 판매부수가 감소했던 것을 보면, 사후탄압이 판매부수에 큰 영향을 주었다는 것을 알 수 있다.

年鑑」,『新聞及新聞記者』3(5), 1922.6, 128면;『日本新聞年鑑』(1925年版), 77면.
106 漫談子, 앞의 글, 66면.
107 『동아일보』와『조선중앙일보』가 정간을 당하자『조선일보』는 '배달부'는 물론 따로 고용한 '권유인'까지 동원하여 판매부수 확장에 주력했다고 한다. 채필렬,「세 신문의 나체상」,『비판』, 1936.11, 31~32면.

표 2-5 : 일제강점기 민간지의 발행부수

연도	『동아일보』	『조선일보』	『조선중앙』	계
1929	37,802	23,486	14,267	75,555
1931	41,293	28,192	19,162	88,647
1933	49,947	29,341	18,194	97,482
1934	52,383	38,653	24,521	115,557
1935	55,924	43,118	25,505	124,547
1936	31,666	60,626	32,782	125,074
1937	55,783	70,981	–	126,764
1939	55,977	59,394	–	115,371

* 『조선중앙일보』의 경우에는 『중외일보』, 『중앙일보』를 포함.
자료 : 정진석, 앞의 책, 1990, 553면.

일제하의 신문 구독료를 보면, 『중외일보』나 『조선중앙일보』가 염
가신문을 표방하며 두 신문보다 저렴한 60전, 80전의 월정 구독료를 받
기도 했지만, 『동아일보』와 『조선일보』는 창간 당시에 60전, 동년 8월
에는 80전, 6면으로 증면된 1925년 8월에는 1원, 12면으로 증면된 1937
년에는 1원 20전으로 월정구독료를 계속 인상해갔다. 이러한 구독료는
당시의 물가로서는 적지 않은 액수였기 때문에 판매부수의 확장에 한
계로 작용했던 것이다. 또한 그나마 구독료가 제대로 징수되지 않았던
것도 당시 민간지들의 재정난을 더욱 가중시켰다. 이에 따라 신문대금
을 잘 보내는 지국의 기사를 주로 실어주는 등[108] 여러 가지 방법으로 구
독료 징수를 위한 노력을 했다.

이렇듯 구독료 수입의 증대를 가로막는 여러 요인들 때문에 많은 어
려움을 겪던 민간지들은 1930년대에 들어서서 판매부수의 확장을 위한

---

[108] 장지영, 「조선의 신문과 지방기사」, 『철필』 1(1), 1930, 38면.

노력을 하여 『조선일보』는 판매부수 확장 성적이 좋은 지국을 표창하기도 하였고, 전 사원을 동원한 부수확장운동을 전개하여 성적이 좋은 자에게는 포상을 하기도 하였다.[109] 또한 구독료 수입을 증가시키기 위하여 지국에서의 신문대금을 더욱 독촉했는데, 이것은 1930년대 중반 민간지의 어떤 지국장이 토로한 다음과 같은 불만에서 잘 나타난다.[110]

송금도 그전같이 사의 물질적 기초가 빈약할 때에는 모르겠지만 작금은 그래도 몇 십만 원씩의 당당한 주식회사들이요 또 남이야 아무랬던 동경, 대판서 들어오는 광고요금에 이익배당까지는 못해도 손해는 안보고 있는 형편에 단돈 몇 십 원에 고리대금업자 이상의 가혹수단으로 그래도 자기사의 관계자를 중인(衆人)앞에 망신을 시킴은 너무도 심하지 않은가. 더욱이 그것이 전에 기초가 미약할 때보다 근래에 기초가 견고해진 후부터가 더 심하니 이 무슨 괴이한 일일까 ?

위의 지적처럼 1930년대에는 민간지들이 구독료 수입의 증대를 위해 적극적인 노력을 기울이기도 했다. 그러나 발행부수의 증대를 제약하던 높은 문맹률이나 빈곤 등의 이유 때문에 구독료 수입의 증대에는 커다란 한계가 있었다. 또한 총독부 기관지 『매일신보』나 일본어 신문을 읽는 독자들이 늘어났던 것도 조선어 민간지 독자의 증가를 가로막는 요인이 되었다.[111] 이렇듯 독자를 늘리기 어려운 상황에서 민간지들

---

109 『조선일보사보』 1, 1936.6.15, 4면; 『조선일보사보』 8, 1938.12.10, 10면; 『조선일보사보』 9, 1939.4.1, 2면.
110 신철, 「신문에 대한 각계 인사의 불평, 희망—지국경영자로서」, 『개벽』, 1935.3, 86면.
111 김영희, 「일제 지배시기 조선인의 신문 접촉 경향」, 『한국언론학보』 46(1), 한국언론학회,

은 일본 상품광고의 유치를 위해 더욱 노력할 수밖에 없었다.

이미 1920년대 전반기에도 민간지들이 광고의 유치를 위해 광고주에게 불리한 기사는 보도치 아니하고 "아첨하는 기사"는 게재한다든지 또는 "자기신문에 광고를 게재치 아니하는 상인에게 간접으로 위협적 기사"의 게재를 명분으로 광고수입을 도모하는 일이 있다고 비판되기도 할 정도였다.[112] 특히 1920년대 초에 이상협이 일본까지 가서 일본상품의 광고를 적극적으로 유치하는 한편 광고료의 인상을 요구하여 이를 관철시키기도 했는데,[113] 이것은 이미 1920년대부터 민간지들이 광고료 수입의 증대를 위해 일본광고 유치에 주력하기 시작했다는 것을 보여주는 것이었다.

이러한 일본 상품광고 유치를 위한 경쟁은 민간지들이 기업화가 본격화된 1933년 이후에 더욱 치열해져 세 신문이 모두 일본에 지국을 설치하여 광고업무를 담당하게 하거나[114] 또는 일본광고주를 초청하여 대접하는 일이 빈번했던 것이다. 일본광고의 유치를 위한 광고주의 초청은, 1934년 『조선일보』, 『조선중앙일보』와의 경쟁과정에서 『동아일보』가 일본의 제약, 제과, 화장품 회사의 간부 20여 명을 초청했던 것으로부터 본격화되었다.[115] 이후 『조선일보』도 일본의 광고주들을 초청하여 관광을 시켜주는 등 광고유치를 위한 적극적인 노력을 기울이는 한편 국내 광고주들의 광고에 대한 인식을 높이기 위하여 일본광고계

2001, 55~64면.
112 孤峯, 「현신문의 결함과 민중의 무신경」, 『개벽』, 1924.2, 8면.
113 김을한, 앞의 책, 1975, 265~267면.
114 정진석, 「광고사회사—일제하의 광고」, 『광고연구』 12, 1991, 349면.
115 한양과객, 앞의 글, 30~31면.

의 권위자들을 초빙하여 광고학 강좌까지 열었다.[116]

이렇듯 광고유치에 전력을 다했던 『동아일보』와 『조선일보』의 광고량의 변화는 〈표 2-6〉과 같다. 〈표 2-6〉에서 보는 것처럼, 『동아일보』와 『조선일보』가 모두 1930년대 중반 이후에 광고량이 크게 증가했던 것은 지면의 확대와 함께 민간지들이 "조선민중을 파는 것"이라는 비판까지 들을 정도로 일본광고를 적극적인 유치함으로써 가능했던 것이다.[117]

표 2-6 : 민간지의 광고량과 광고수입의 변화　　　　　　　　　　　　　　　(단위: 광고량=행수, 광고수입=원)

연도	『동아일보』		『조선일보』 광고량	연도	『동아일보』		『조선일보』 광고량
	광고량	광고수입			광고량	광고수입	
1924	637,482	83,438	–	1933	1,271,100	200,865	635,847
1926	726,860	98,981	781,595	1935	2,042,024	264,644	2,238,577
1928	980,006	139,251	584,346	1937	772,476	73,948	3,158,181
1930	673,935	107,476	1,069,590	1939	2,399,694	–	3,443,805

주 : 무기정간⇒『동아일보』: 2차(26.3.6~4.21), 3차(30.4.16~9.1), 4차(36.8.29~1937.6.1),
　　　『조선일보』: 4차(28.5.9~9.19), 휴간(1932.8.1~11.22)
자료 : 동아일보사사 편찬위원회, 앞의 책, 405~409면; 신인섭, 『한국광고사』, 나남, 1986, 92~93면.

『동아일보』의 경우 1932년부터 광고량과 광고수입이 급격히 증가하였는데, 이것은 당시 다른 민간지들이 제대로 발행되지 못해 광고를 독식했기 때문에 가능했던 것이다.[118] 특히 증면경쟁이 치열해지면서

---

116 『조선일보 사보』 4, 1937.7.25, 3면; 『조선일보사보』 4, 1937.7.25, 2면.
117 김동인은 일본 광고주들의 접대과정에서 행해지는 추태와 2만 원씩 소비되기도 하는 비용의 문제를 지적하면서 이러한 민간지들의 광고유치활동을 '매족적(賣族的) 행위'라고 비판했다. 琴童, 「媚媚孤獨 현 민간신문」, 『개벽』, 1935.3, 42면.
118 『동아일보』는 1932년에 "동업자들이 휴간을 하여 민간지로는 독점사업처럼 되니까 광고는 고가의 선금이 아니면 내주지 않는" 경우까지 있을 정도였다고 한다. 정태철, 「기근든 언론계의 잔수」, 『제일선』, 1932.12, 104면.

『동아일보』는 1932년 11월에 8면, 1933년 9월에 10면, 1936년 1월에 12면으로 증면하였고, 『조선일보』는 1933년 4월에 8면, 1933년 8월 특간호를 포함 10면, 1936년 1월 12면으로 증면함에 따라 전체적으로 광고량이 크게 늘어났고 이에 따라 광고수입도 증대되었던 것이다. 『동아일보』와 『조선일보』 두 신문 모두 정간을 당했던 시기에 광고량과 광고수입이 크게 줄어든 것으로 나타났는데, 이렇듯 수입이 감소될 것을 염려해 신문들이 압수나 발행정지를 가능한 한 피하려고 했던 것이다.

각 신문들의 광고료가 거의 비슷했기 때문에, 『동아일보』의 광고수입의 증가와 마찬가지로 『조선일보』의 광고수입도 크게 늘어났고 특히 1935년부터는 『동아일보』보다 광고량이 더 많아져 점차 경영이 안정되었다고 볼 수 있다. 민간지들은 1930년대 중반 이후 증면을 통한 광고수입의 자연스런 증가뿐만 아니라 점차로 광고료도 인상하여 수입의 증대를 의도했다.[119] 그러나 이러한 광고료의 인상은 다음과 같은 지적을 받기도 하였다.[120]

광고료의 인상이란 말은 지면은 없고 광고량은 폭주하고 하니 부득이 광고요금을 올리겠소 하는 것인데 이제 증면을 행한다면 그역으로 도로히 지면량은 늘었음에 불구하고 광고요금만 올려야한다는 것이 되어 경제학설사의 희소가치설을 부정하는 광고(曠古) 미증유(未曾有)의 어불성설(語不成說)한 로직이 생긴다.

119 광고료의 인상과정에 대해서는 다음을 참조할 수 있다. 정진석, 앞의 글, 1991, 364면.
120 石兵丁記, 앞의 글, 40~41면.

위의 지적처럼 지면의 증가에도 오히려 행당 광고료를 인상했지만
실제 광고료는 거의 증가하지 않았다. 즉, 공식적인 광고료의 인상에도
실제적인 광고료에는 거의 변화가 없으며, 특히 공식적인 광고료가
1920년대에는 보통 1원 정도였고 1930년대에는 보통 1원 20전 내지 1
원 50원 정도였던 것에 비해 『동아일보』의 경우 실제적인 행당 광고료
가 15전 정도 밖에 되지 않아 커다란 차이가 났다는 것을 알 수 있다. 조
강희는 이미 1920년대 말에도 보통 정액의 광고료를 받지 않고, 광고주
에 따라 광고료에 커다란 차이가 있었다고 지적했다.[121] 이것은 이미
1920년대부터 민간지들이 정해진 일정한 광고료를 받지 않고 광고의
유치를 위한 영업전략에 따라 광고료를 할인까지 해주었다는 것을 나
타내는 것인데 이에 대해 한 평자는 "원래 요금의 규정이야 다 일정하
지만은 실제에는 단골과 친분에 따라서 다르고 또 그 비밀은 절대 비밀
에 부친다"라고 지적하기도 했다.[122] 이러한 광고주에 따른 광고료의
차별은, 특히 일본인과 조선인 사이에 적용되어 사회적으로 비판을 받
기도 했는데, 아래 지적은 이를 잘 나타낸다.[123]

추태와 교태로서 접하는 광고주가 만일 내지인이라면 단가를 일행에 8전
내지 9전에 그치고 요금영수는 3개월 후나 2개월 후가 되지만은 조선 사람
에게 한하여서는 이와 다르다. 선금이 아니면 게재를 거절하고 단가는 매
행 20전을 넘겨받는다.

---

121 조강희, 「신문진찰」, 『현대평론』, 1927.7, 102~103면.
122 探報軍, 「신문편집실의 비밀」, 『별건곤』, 개벽사, 1928.8, 141면.
123 채필렬, 앞의 글, 32면.

이렇듯 민간지들이 광고료까지 차별하면서 일본상품의 광고를 적극적으로 유치하여[124] 광고수입이 크게 늘어나면서 민간지들은 더욱 안정적인 운영을 할 수 있게 되었다. 『동아일보』는 1920년대 전반기에도 이미 상당한 순이익을 남기기도 했는데, 이후 순이익에 커다란 변동이 없다가 12기(1932.10.1~1933.9.30)에 이르면 순이익이 이전에 비해 2배나 늘어났다.[125] 그러나 『동아일보』는 1936년 8월의 무기정간으로 수입은 줄어든 반면에 월급은 계속 지급하여 순이익이 크게 줄어들었지만,[126] 무기정간 등의 특별한 요인 없이 『동아일보』와 『조선중앙일보』의 무기정간으로 광고량이 크게 늘어났던 『조선일보』는 이 시기에 『동아일보』보다 순이익 면에서 더 큰 성장을 했을 것이다. 이렇듯 1920년대에는 『동아일보』만이 안정적인 경영상태를 보였던 것과는 달리 1930년대에 들어서서는 민간지들의 기업화가 진전되면서 『동아일보』나 『조선일보』가 모두 구독료와 광고수입의 증대를 위한 다양한 영업 전략을 실시하여 경영상태가 점차 안정되어 갔다. 이렇듯 민간지들의 경영상태가 안정될 수 있었던 것은, 일제의 언론통제가 강화되는 상황에서 급격한 논조의 변화를 보임으로써 가능했던 것이다. 즉, 1930년대 중반 이후 민간지들은 신문의 압수나 발매금지가 가져올 경영상의 타격 때문에 가능하면 이러한 일제의 언론통제에 저촉되지 않도록 논조를 변화시켰던 것이다.

---

124 당시 『동아일보』에서 광고업무를 담당했던 김승문은, 민족적 차별 때문이 아니고 단지 단골 광고주와 그렇지 않은 광고주 사이에 요금 차이가 있었을 뿐이었다고 회고했다. 신인섭, 앞의 책, 169면.
125 동아일보사사 편찬위원회, 앞의 책, 405면, 409면.
126 『동아일보』는 1936년 8월의 무기정간으로, 11월 현재 10여만 원의 손해가 있었을 것이라고 지적되었다. 「동아일보 정간, 중앙일보 휴간」, 『삼천리』, 1936.11, 298면.

3) 기업화와 논조 변화의 특성

1920년대의 민간지들은 3·1운동 직후의 고조된 사회적 분위기와 이에 따른 민족적 요구에 의해 민족주의적이거나 사회주의적인 성향의 다양한 논조를 보여주었다. 그러나 이러한 1920년대에도 민간지가 정론지적 성격을 벗어나 상업적 목적을 위해 '보도중심'적인 방향으로 나아가야 한다는 주장도 있었고[127] 실제로 민간지들은 일정 정도 상업주의적인 보도경향을 드러내기도 했다. 즉, 『동아일보』가 안창남 귀국비행을 후원하며 안창남과 관련된 사소한 내용까지도 대대적으로 보도하여 상업주의적인 보도 경향을 보여준 바 있고,[128] 『조선일보』도 1924년 신석우에 의해 인수된 이후 "장편의 만화 멍텅구리를 연재하여 아무 의미도 없는 단순히 웃음거리의 만화 그것을 가지고 무식한 계급의 까닭 모를 환심"[129]을 사려 했다고 비판받는 등 신문의 상업주의적인 경향이 나타나기도 했다.

그러나 1920년대에는 상업주의적인 요소들이 부분적으로만 나타나던 것과는 달리 1930년대에 들어서서 일제의 언론통제가 강화되고 신문의 기업화가 진전되면서 신문들의 논조는 급격히 변화하게 되었다. 민간지들의 이러한 변화는 민족운동의 전반적인 쇠퇴와 직접적인 관련이 있는 것으로, 합법적인 공간에서 최소한의 민족적 활동조차 불가능

---

127 윤홍렬, 「신문의 존재까지 부인할 수 없는 조선사회관」, 『여명』, 1926.6, 35~36면.
128 이는 결국 자신들이 후원한 안창남의 귀국비행에 대한 대대적인 보도를 통해 '자가광고'를 하려 했던 것으로 지나친 상업주의적 보도경향이었다고 비판을 받기도 했다. 壁上生, 「동아 대조선의 대항전」, 『혜성』, 1931.3, 74면; 聾啞子, 「동아일보에 대한 불평」, 『개벽』, 1923.7, 42면.
129 일기자, 「時言」, 『개벽』, 1926.2, 55면.

했던 상황에서 신문의 논조 변화도 불가피했던 것이라고 볼 수 있다.[130]

이러한 민간지들의 논조 변화는 세 가지로 특징지을 수 있는데, 그 첫째는 일제에 대한 비판적 논조가 급격히 완화 또는 소멸되었다는 것이고, 둘째는 특정한 정치적 입장에 근거한 주장보다 단순한 사실의 전달이라는 보도중심주의로 전환되었다는 것이고, 셋째는 정치적인 문제 보다는 문화·오락 등에 관한 기사가 급격히 늘어났다는 것이다.

첫째, 민간지들의 논조가 급격히 변화되었던 것은 1929년의 광주학생사건이후 민족운동에 대한 일제의 강력한 탄압이 가해지는 것과 동시에 언론통제도 강화되었기 때문인데, 이는 경무국 도서과장을 지냈던 다치다 기요다씨立田淸辰가 1929년 11월의 광주학생운동 이후 민간지들이 "표연히 그 필봉을 고쳐서 온건으로 기울었다"고 지적했던 것에서 잘 드러난다.[131] 또한 이러한 변화는 민간지들도 기업적 이윤의 손실을 막기 위해 가능하면 발매금지나 압수를 당하지 않는 범위에서의 논조를 보이려고 했기 때문에 나타났는데, 1920년대 말에『동아일보』편집국장을 지냈던 주요한은 이러한 상황에 대해 다음과 같이 회고하고 있다.[132]

초창기의 일간신문은 이틀이 멀다하고 일본총독부에 발매금지 압수처분을 당했고 그때마다 배달원들이 뜰에 모여 만세를 불렀다. 만일 여러 날을

---

130 고영한은 민간지 창간 직후인 1920년대 초반에는 다양한 사회운동들이 등장하는 등 사회 전체적으로 생기가 있었으나 10년이 지나면서 사회가 생기를 잃고 침체되었고 이는 신문에도 영향을 주었다고 지적했다. 고영한, 「신문기자로 본 십년 조선」, 『별건곤』, 개벽사, 1930. 1, 54~56면.
131 정진석, 앞의 책, 2007, 44면.
132 주요한, 「만보산 사건과 송사장과 그 사설」, 한국신문연구소 편, 앞의 책, 1978, 111면.

지나도 압수를 아니 당하면 편집이 무능하다고 욕을 먹게 된다. 그러나 내
가 편집국장이 될 무렵(1929.11 – 인용자)에는 회사의 방침이 되도록이면
압수를 당하지 아니할 정도에서 논설이나 기사를 쓰라는 것으로 바뀌었다.
따라서 편집국장의 임무는 모든 기사의 초교를 자세히 읽어보고 필요하면
압수 아니 당하도록 문장이나 용어를 바꾸는 것이 가장 중요한 것이었다.

위의 회고에서처럼 일제의 언론통제가 더욱 강화되던 상황에서 민
간지들이 압수되지 않을 정도의 논설이나 기사만을 싣게 되었다는 것
은 민간지들의 논조가 급격히 약화되었다는 것을 나타내준다. 특히
1931년 5월의 신간회 해소를 계기로 민족운동이 급격히 위축되면서 이
러한 논조의 약화는 더욱 진전되었다.[133] 1932년에는『조선일보』와 노
정일의『중앙일보』가 제대로 발행되지 못하는 상황에서『동아일보』는
총독부에 대한 협조의 논조까지도 보여주었고 총독부 정무총감의 시사
담을 특호 4단으로 사회면 한복판에 게재하기도 했다. 이에 대해 한 평
자는『동아일보』가 유일하게 계속 발행되던 상황에서 "순망치한(脣亡齒
寒)의 적막함"과 같은 일종의 위기의식 때문에 스스로 논조를 급변했다
고 비판했다.[134]

이렇듯 민간지들의 논조가 변화하는 것에 대해, 한 필자는 "조선신문
지의 민족주의라는 것도 점차 거세되어가는 것이 사실일세. 신문을 아
니 한다면 모르거니와 신문의 생명을 유지할 것을 전제로 한다면 당국
의 검열표준에 의해서 차차 거세될 밖에 별수가 있겠나"라고 하며 일제

---

133 이종수, 앞의 글, 69면.
134 漫談子, 앞의 글, 66면.

의 언론통제가 강화되는 상황에서 논조의 변화는 불가피하고 이제 문제는 단지 합법적인 기관으로서 신문을 해나갈 필요가 있는가 없는가하는 정도라고 주장하고 있다.[135] 마찬가지 맥락에서 설의식은 "없기보다는 낫다는 의미로 아쉬운 존재라도 그 존재를 계속하려면 어쩔 수 없이 그 수준에, 쉽게 말하면 합법주의로 나갈 수밖에는 없습니다"라고하고, 이에 따라 민간지들은 "이상에서 현실적으로, 기분에서 실제적으로, 전문보다 통속적으로, 이론보다 실용으로, 질보다 양으로 나갈수밖에 없습니다"[136]라고 하여 신문의 편집과 논조의 전반적인 변화가불가피함을 지적했다.

특히 1933년 이후『동아일보』와『조선일보』의 경쟁을 통해 민간지들이 급격히 기업화되면서, 민간지들이 민족적·정치적 사명보다는기업적 이윤에만 치중하게 되었다는 비판들이 나왔다.[137] 민간지들의지면에서 국내의 정치적 문제와 관련된 비판적 논조는 완전히 사라지고[138] 지극히 제한적인 범위의 문제들에 대해 '암시적인' 수준에서의 논조를 보이거나[139] 국내 문제를 다루다가는 일제의 검열에 걸리기가 쉽다는 이유 등으로 주로 외국의 문제를 다룬 사설이나 기사를 많이 게재하게 되었다.[140] 이에 따라 "근래 신문사설이란 정말 사설다운 사설은

---

135 이글의 필자는 신간회 해소파, 비해소파처럼 신문에도 민족적 요구를 제대로 반영하지 못할 바에는 없는 것이 낫다고 하는 해소파와 그래도 신문이 없는 것보다는 있는 것이 낫다고하는 비해소파가 있다고 주장하고 있다. 無名居士, 앞의 글, 78면.
136 설의식, 「조선은 어데로 가나, 언론계」, 『별건곤』, 개벽사, 1930.11, 3~4면.
137 審判者, 「동아 대 조선전의 진상 及 其 비판」, 『저널리즘』 1, 1935, 43면.
138 정치문제와 관련된 사설이 1931년 이후, 특히 1936년 이후는 급격히 감소했다고 한다. 김민환, 「일제 시대 민족지의 사설 주제분석」, 한국언론학회 편, 『한국적커뮤니케이션 모델의탐구』, 1993, 145~146면.
139 동아일보사사 편찬위원회, 앞의 책, 327면.
140 주요한, 「기자생활의 추억」, 『신동아』, 1934.6, 76~77면.

새벽별보다도 찾아보기 힘들다"고 지적될 정도로[141] 전반적으로 사설의 비판적 역할이 약화되었다. 더욱이 1936년의 『동아일보』 정간이나[142] 1937년의 중일전쟁 발발 이후에는 총독부에 대한 최소한의 비판적 논조가 사라진 것은 물론 "오히려 총독부에 협력하는 태도를 보였다"고 비판을 받기에 이르렀다.[143]

둘째, 사실보도에 치중하는 새로운 경향이 나타나게 된 것은 일제의 강력한 언론통제하에서 신문의 존속을 위한 불가피한 선택이자 신문의 기업화에 따른 필연적인 결과라고도 할 수 있는데 이에 대해 이갑기는 아래와 같이 지적하고 있다.[144]

기업화 이전에 있어서는 신문사업은 개인 내지 이사제 혹은 특수단체로서 경영되었으나 금일에는 점차로 주식 조직으로서 기본적 변질을 초래하였으며 이로서 왕시(往時)의 편집치중은 영업본위로 그 사업의 중심이 영업부문으로 넘어갔으며 다음으로 편집방법에서 비판기능에 그 중심을 잡았든 것이 점차로 보도중심으로 전화하였던 것을 볼 수 있다.

위의 지적에서처럼 신문의 기업화에 따라 신문의 영업본위의 운영과 보도기능 위주의 편집이 이루어지게 되자, 박찬희는 이제 신문은 "주의

---

141 「삼대신문 검찰록－동아일보편」, 『신조선』, 1935.6, 62면.
142 『동아일보』는 18개항의 '언론신문지면쇄신요항'을 받아들이며 1937년 6월 2일 정간 해제되었다. 장신, 「1930년대 언론의 상업화와 조선・동아일보의 선택」, 『역사비평』70, 역사비평사, 2005, 179~182면.
143 최민지, 앞의 책, 177면. 1937년 이후 『동아일보』, 『조선일보』 두 신문의 논조가 어떻게 변질되었는지에 대해서는 다음의 논문을 참조할 수 있다. 박용규, 「일제의 지배정책에 대한 신문들의 논조 변화」, 『한국언론정보학보』 28, 한국언론정보학회, 2005, 111~140면.
144 이갑기, 「신문기업론」, 『비판』, 1932.9, 5면.

주장은 문제외로 하고, 다만 보도기관으로서의 의의와 존재가치"만을 기대해야 한다고까지 주장했다.[145] 이렇듯 신문의 상품화 또는 기업화에 따라 "그 내용이 주장본위로부터 보도본위로 전이"[146]되었다는 것은 민간지들이 "종래의 지도적·계몽적 존재의 태도로부터 주장적 태도와 의식적 존재를 몰각(沒却)"[147]하거나 "민중의 계몽 또는 지도자로서 가졌던 모든 것을 포기하고"[148] 단순히 사실을 알리는 보도적 임무만을 수행하게 되었다는 것이었다. 일제하의 신문에서 사회면이 주로 "직접 관찰과 취재에 의한 사실보도"가 이루어졌기 때문에[149] 보도중심주의는 곧 사회면의 중요성이 더 커졌다는 것을 의미하기도 했다.

이렇듯 민간지들이 사회면을 중심으로 보도위주의 역할에 중점을 두고 활동하게 되면서, 이여성은 신문에는 "그 고객(독자와 광고주)의 비위를 맞추지 않으면 안 될 것임으로 고객 표준의 기사가 요구"되고 이제는 특히 보도의 속보성이 요구되고 있다고 지적했다.[150] 또한 1930년대 이후 단순한 사실보도에 치중했던 민간지들은 선정주의적인 보도로 인한 비판을 자주 받게 되었다. 이에 대해 배성룡은 다음과 같이 지적하고 있다.[151]

---

145 「현대 신문에 대한 제씨의 의견 비판」, 1932.9, 19면.
146 천두상, 「사회조직의 변천과 신문」, 『철필』 1(3), 1930, 25면.
147 김경재, 「조선신문의 대중적 비판」, 『개벽』, 1935.3, 25~26면.
148 오기영, 「신문인과 신문도」, 『신동아』, 1934.5, 83면.
149 유선영, 「객관주의 100년의 형식화 과정」, 『언론과 사회』 10, 언론과사회사, 1995, 105~106면.
150 이여성은 '스피드 시대'가 왔다고 하며 이제 신문에는 '보도의 신속', '주장의 신속' 이 모두 요구되고 있다고 주장했다. 이여성, 「평론문제에 대하야」, 『철필』 1(3), 1930, 13~14면.
151 배성룡, 「조선신문의 특수성과 타락상」, 『비판』, 1932.10, 58~62면.

상품화한 신문은 어느 독특한 의식의 표현보다도 사람의 관능적 자극만을 극히 중시하게 되는 것이다. 어느 집단의식을 미지근하게 표현하는 것도 타의 집단의식의 반대에 조우할 뿐 아니라 그러한 집단의식은 무의식한 민중호기심을 이끌 수가 없는 바이니 무엇보다도 모든 개인에게 기통(其通)한 생활적 흥미를 찾으려면 반드시 저급한 반사회적 감각방면에서 구하지 않을 수가 없게 된 것이다.

위의 지적에서처럼 선정주의적인 보도태도는 1933년 세 신문의 경쟁이 본격화되면서 더욱 심해져, 세 신문이 모두 정치적인 문제에 대한 보도보다 주로 강도사건이나 조혼문제 등과 같은 보도에만 치중하였다고 비판받기도 하였다.[152] 또한 민간지들은 이러한 보도에 있어서도 권력이나 재력이 있는 사람들에게 불리한 기사는 제대로 보도하지 않았다고 하며, 유광열은 사회의 '암흑면'에 대한 보도도 "대부분이 현 사회를 지배하는 사람의 암흑면이니 그것도 불가능하다"고 비판했다.[153] 이에 따라 민간지들이 주로 농민이나 기생 등의 불륜 등 불미스런 내용들만을 흥미위주로 보도하여 "오늘의 신문이란 것이 권력, 자력(資力), 사분(私分), 체면을 옹호하여 지지하는 데 후하고 노동자나 농민 같은 대중의 이익이나 사건을 위하여서는 너무나 냉정하다"고 비판을 받기도 했다.[154]

또한 민간지들은 다양한 사회집단들 사이에서 "여기에도 영합하랴

---

152 아래 글의 필자는 1933년 10월 한 달 동안의 『동아일보』, 『조선일보』, 『조선중앙일보』 세 신문의 사회면 기사에 대한 분석을 통해 선정주의 보도경향을 비판하고 있다. 聽診樓主人, 「세 신문의 편집타진」, 『호외』 1, 1933, 7~9면.
153 유광열, 「기자생활의 고락」, 『쩌날리즘』 1, 1935, 17면.
154 李赤烽, 「민간신문 죄악사」, 『제일선』, 1932.8, 46면.

저기에도 거슬리지 않으랴"고 하여 '우물쭈물식'의 보도태도를 보였다고 지적되기도 했는데,[155] 중립성을 내세우는 민간지들의 이러한 보도 경향은 "아무리 각 계층으로부터 중립하는 회색기자가 된다 하더라도 그것이 나타내는 결과는 기성세력에 굴종하는" 것일 뿐이라는 비판을 듣기도 했다.[156] 이렇듯 민간지들이 보도적 임무에만 치중하면서 앞에서 지적한 중립성뿐만 아니라 객관보도의 필요성 또한 주장되었지만[157] 한편으로는 "진실을 말하고 진실을 쓰고 진실을 비판"할 자유가 없는 식민지라는 특수한 상황에서는 객관적인 사실보도에만 치중하는 것은 신문의 비판적 역할을 포기하는 것이라는 지적을 받기도 했다.[158]

셋째, 신문들이 정치적인 문제보다는 문화나 오락적인 면에 치중하게 되었다는 점을 들 수 있는데, 이에 대해 주요한은 다음과 같이 지적했다.[159]

조선의 신문은 처음부터 다 일종의 정치사상적 색채를 띠고 나온것이 부인(否認)의 사실이다. 그것이 우든지 좌든지는 물을 것 없다. 그러나 그 지사적 포부는 순식간에 환멸을 당했다. 그리하야 금일의 신문지는 문화적 계발사업으로서 그 목탁의 잔해를 유지할 뿐이다. 그러나 본래 문(文)을 숭상하는 조선이니만치 그리고 다른 정치적 운동이 질식되어 있는 현세(現世)이니만치 이 절름발이적 문화사업인 신문일만정 사회적 지위의 최적호(最適好)한 사닥다리로 간주됨이 무리가 아니다.

155 壁上生, 「동아,조선,중아,매신 4신문 신년호 평」, 『혜성』, 1932.2, 90면.
156 정종명, 「현하 조선의 사회는 엇던 기자를 요하는가—색채 분명한 기자로」, 『철필』 1(3), 1930, 45면.
157 현진건, 「사회면과 편집」, 『철필』 1(2), 1930, 19면.
158 오기영, 앞의 글, 83~84면.
159 주요한, 「이권화한 신문판권」, 『동광』, 1932.7, 17~18면.

위의 지적처럼 민간지들이 문화적 측면에 치중하게 되었던 것은 일제의 탄압에 의해 "탄생 당시의 정치적 색채"를 제거당하는 한편 이러한 정치적 주장에 대한 민중의 요구는 존재하던 상황에서 점차로 영리주의적인 영업방침에 따라 "사면팔방으로 일반적 인기의 총아가 되려고" 노력하게 되었다는 것을 의미하는 것이었다. 이선근은 이에 따라 민간지들은 정치나 사상 방면보다는 현실적 문제나 학예방면에 더욱 치중하게 되었고 일반 민중들로부터 일시적인 감정적 인기를 얻고자 "통속적 취미를 고조하는 것"에 치중하게 되었다고 비판했다.[160] 즉, "학예면 내지 가정면에 게재된 문화 · 예술 관련 기사의 비중이 높았던 것은 정치 · 사회적 상황이 민족적 정신 활동을 다른 분야에서 불가능하게 함에 따라 그러한 방향으로 발산된 현상"이었다.[161] 바꾸어 말하면 언론통제가 강화되어 정치 · 사회 기사에서는 차별성을 보일 수 없었기 때문에 문화 · 예술 기사로 경쟁하게 되면서 문예면이 늘어났다는 것이었다.

이러한 경향은 특히 1933년 이후 민간지들의 전체 지면에서 문예물이 차지하는 비중이 크게 늘어났다는 점에서도 잘 드러난다. 즉, 이전까지는 민간지의 학예란에는 부인난, 소년난과 함께 문예란이 있었는데 1933년 이후 조 · 석간제의 부활과 증면과정에서 문예란이 독립되어 대폭 증가되었고 또한 연재소설도 크게 늘어났던 것이다. 『동아일

---

160 이선근, 「최근 조선의 쩌널리즘 측면관」, 『철필』 1(3), 1930, 19~20면. 북한의 언론학자 리용필은 1930년을 전후한 시기에 민간지들이 취미오락기사를 난발하는 "저속취미와 흥미본위의 황색신문"으로 변질되었다고까지 주장하기도 했다. 리용필, 『조선신문 100년사』, 나남, 1993, 114~115면.
161 이준우, 「한국 신문의 문화적 기능 변천에 관한 연구」, 연세대 박사논문, 1987, 80~81면.

보』는 1932년 11월 조·석간 4면을 발행하면서 조간 4면 전체를 문예란으로 배정했고, 1933년 9월 조간 6면, 석간 4면으로 증면할 때는 조간 3면에 연재소설, 석간 5면에 문예란을 두었다. 『조선일보』도 1933년 4월 조·석간 4면제로 증면하면서 조간 3면과 석간 4면에 연예소식이나 소설 등을 연재했고, 1933년 8월에 새로이 발행된 타블로이드판 4면의 특간호는 아예 학예기사로만 채웠다.[162]

이러한 문예물의 증가는, 1930년대의 "저널리즘은 1920년대의 계급주의 및 민족주의의 이데올로기 시대와는 다소 다른 상업주의가 가미된 시대라는 것, 문예란이 하나의 문화적 세련성 혹은 상품성으로 성장하던 시기라는 것"[163]을 고려해야 한다는 김윤식의 지적처럼, 1920년대와는 다른 민간지들의 상업주의적인 태도를 드러내는 것이었다. 특히 통속적인 연재소설은 이러한 경향을 잘 드러내는 것이었는데, 이에 대해 임화는 "신문들이 계몽성에서 현저히 상업성을 띠게 되자 통속소설이 훨씬 더 많이 독자를 끌 수 있다는 사정 때문"에 신문에 통속적인 연재소설들이 대거 등장하게 되었다고 비판했다.[164]

위의 지적처럼 1930년대의 민간지들은 "독자의 환심을 사기위해서 하는 한 개의 서비스"로서 철저히 흥미위주의 소설만을 게재하여[165] "저널리즘의 사도(使徒)가 되어버린 통속작가들이 원고료를 목표로 신문경영자의 판매정책에 부합한 비속한 취미와 흥미중심의 스토리로 그

---

162 동아일보사사 편찬위원회, 앞의 책, 353~355면; 조선일보 70년사 편찬위원회, 앞의 책, 277~279면.
163 김윤식, 「宵泉 이헌구 연구」, 『박용철·이헌구 연구』, 법문사, 1973, 58면.
164 임화, 「통속소설론」, 『문학의 논리』, 학예사, 1940, 236면.
165 琴童, 앞의 글, 36~41면.

들의 구미를 맞추고 신문독자는 이 불의의 행복을 마음껏 즐기게 된다"는 비판까지 받을 정도가 되었다.[166] 문예면이 경쟁의 수단이 되고 지면이 크게 늘어난 또 다른 이유는 다른 면에 비해 상대적으로 기사 생산에 인력이나 비용이 적게 들어가면서도 독자들의 관심을 끌거나 광고를 수주하는 데는 더 유리할 수 있었다는 것이다.[167]

이러한 문예물의 양적 증가뿐만 아니라 이 시기에는 사설도 정치나 경제 문제 보다는 문화적인 내용들을 다루는 경우가 많았다. 1933년 『동아일보』의 학예부장을 지냈던 서항석은 "일제의 탄압 하에 있는 민간지로서 정치나 경제에 관한 사설은 걸핏하면 삭제나 압수를 당하기 일쑤였으므로, 대개 무난히 넘어갈 수 있는 사회 문화에 관한 사설을 많이 싣게" 되었다고 회고했다.[168] 또한 1930년대 이후 신문들은 "독자를 만족시키면서도 총독부를 불편하게 하지 않는 기사를 생산"하기 위해 노력했는데, "이때의 핵심 상품은 저항이라기보다 일본과 구별되는 존재로서 '조선' 또는 '민족'을 끊임없이 강조하는 것"이었다.[169] 즉, "검열을 회피하면서도 저항의 포우즈는 유지할 수 있었던 일종의 절충"으로서 '조선적인 것'에 주목한 신문들이 조선학에 관한 다양한 기사들을 실었다.[170] 이렇듯 1930년대 이후 문예면의 증가와 함께 조선학 관련 기사

166 이무영, 「신문소설에 대한 管見」, 『신동아』, 1934.5, 90면.
167 한만수, 「만주침공 이후의 검열과 민간신문 문예면의 증면, 1929~1936」, 『한국문학연구』 37, 동국대 한국문학연구소, 2009, 271~274면. 이런 경향은 일제강점기에만 나타난 것이 아니고, 증면 경쟁에 이루어질 때마다 나타난 것으로 "신문증면에 따라 가장 부하가 걸린 곳이 아무래도 문화부인 것 같다"는 평가를 낳기도 했다. 정훈, 「문화면과 문화부 기자 변천사─학예부로 시작, 3D부서로까지」, 『신문과 방송』, 1996.7, 10면.
168 서항석, 「사령 써놓고 입사 기다린 동아」, 한국신문연구소 편, 앞의 책, 1978, 163면.
169 장신, 앞의 글, 2005, 174면.
170 한만수, 앞의 글, 2009, 277면. 1930년대 신문의 '조선문화' 관련 기사들은 다음을 참조할 수 있다. 조규태, 「1930년대 한글신문의 조선문화운동론」, 『한국민족운동사연구』 61, 한국민

의 급증이 이루어졌던 것이다.[171]

　'일제의 언론통제 강화'와 '신문의 기업화 및 상품화'와 더불어 신문 내용의 변화에 영향을 준 또 다른 요인은 바로 독자들의 요구였다.[172] 일제강점기 신문의 구독계층은 대체로 경성과 지방 주요 도시의 중산층 이상과 농촌의 지주계층 남자들이었고, 이들의 교육수준도 상당히 높은 편이었다.[173] "날마다 신문을 읽는 것은 식민지 지식인들의 어김없는 일과가 되었다"고 할 만큼 일제강점기에 대도시에 사는 지식인들에게 신문 읽기는 중요한 의미를 지녔다.[174] 따라서 "신문의 주된 독자층으로서 구독료 지불 능력과 광고 상품 구매력을 지닌 계층"이었던 이들 지식인 독자들의 요구를 편집에 반영하는 것이 중요할 수밖에 없었다.[175] 1930년대에 이들이 '민족적 저항 담론'을 요구하지는 않았겠지만, 그렇다고 '저급한 대중적 취향'을 강력히 원하지도 않았을 것이다. 결국 일제의 언론통제가 강화되고 신문의 기업화가 진전되는 현실적

족운동사학회, 2009, 215~256면.

171 이런 점 때문에 "1930년대 신문 학예면을 상업적 측면이나 대중 취향성의 부정적 측면으로 바라보기보다는 다양한 각도에서 객관적인 시각으로 이해하는 것이 필요"하다는 주장을 귀 기울여 들을 필요가 있다. 조영복, 『문인기자 김기림과 1930년대, '활자-도서관'의 꿈』, 살림, 2007, 96면. 그러나 1930년대 신문 학예면을 평가하면서 '대중 취향성'을 강조하는 것은 지나치지만, 그렇다고 해서 '상업적 측면'을 고려하지 않는 것도 문제가 있다.

172 유선영은 1930년대 '사실주의 저널리즘의 동인'으로 신문의 기업화와 상품화, 신문기업의 조직화와 기자의 역할 인식 변화, 문화주의 전략을 들고 있다. 두 번째 요인은 첫 번째 요인의 한 부분이라고 할 수 있고, 세 번째 요인은 바로 '총독부의 검열'에 대한 대응이라는 점에서 크게 일제의 언론 통제와 신문의 기업화를 들었다고 볼 수 있다. 한만수는 1930년대 문예면 위주 증면의 배경으로 검열의 강화, 상품 차별화의 필요, 경제적 동기, 독자 요구의 변화 등 네 가지를 들고 있다. 두 번째 요인과 세 번째 요인을 신문의 기업화에 따른 것으로 본다면, 독자의 요구가 하나 추가된 셈이다. 유선영, 앞의 글, 107~108면; 한만수, 앞의 글, 2009, 267~277면.

173 김영희, 앞의 글, 65~66면.

174 Robinson, M., 김민환 역, 『일제하 문화적 민족주의』, 나남, 1990, 90면.

175 한만수, 앞의 글, 276면.

조건에서 목표 독자들의 요구를 반영하려는 노력 속에 논조가 결정되었다고 할 수 있다.

이미 1927년에 김성수는, "일반 민중의 의사와 시대에 적당하도록 언론을 발휘하려면 당국 주의가 많고 당국의 주의를 아니 받는 범위 이내의 언론으로만 하면 민중이 환영치 않습니다"라고 토로한 바 있다.[176] 유광열은 1930년에 "민중은 극히 보고 싶어 하는 기사인데 검열관계로 넣을 수 없는 기사이니 이런 것은 검열의 수준을 편집자가 제정하여 어느 정도의 수준이면 통과하리라는 생각으로" 기사를 넣거나 뺐다고 했다.[177] 고영환도 1934년에 신문을 만들 때 "검열관의 눈에 띠지 않게" 그리고 "일반 독자에게 어렵지 않게" 해야 하므로 "어느 장단에 춤을 추어야 좋을런지" 모를 정도라고 하기도 했다.[178] 이렇듯 민간지들은 창간 이후 계속 '일제의 탄압'과 '독자들의 기대' 사이에서 '줄타기'를 했고, 1930년대 들어서서 일제의 탄압이 더 강력해지는 한편 기업적 경쟁은 더 치열해지면서 점차로 자기 검열을 강화하며 동시에 상업주의적 경향을 강화하기도 했다.[179]

즉, 민간지들은 일제의 강력한 언론통제로 인해 정치적인 문제에 대한 비판적 주장을 삼가는 한편 기업적 이윤의 확대를 위해 상업주의적 사실보도와 흥미 위주의 문예물을 주로 게재할 수밖에 없었다. 이러한 민간지의 내용의 변화는 일제의 강력한 언론통제와 이러한 상황에서 진행된 신문의 기업화에 의해 이루어진 것으로, 이는 결국 민간지의 정

---

176 김성수, 「3대신문경영자의 고심담─난관은 두 가지」, 『별건곤』, 개벽사, 1932. 2, 12면.
177 유광열, 「사회면 편집에 대한 의견 고심담」, 『철필』 1(2), 1930, 22~23면.
178 고영환, 「신문사의 조직과 그 기능」, 『신동아』, 1934. 5, 71면.
179 기자들의 자기 검열에 대해서는 다음을 참조할 수 있다. 박용규, 「식민지 시기 문인기자들의 글쓰기와 검열」, 『한국문학연구』 29, 동국대 한국문학연구소, 2005, 79~120면.

론지적 특성이 소멸되고 점차 상업지적인 성격까지 드러냈던 것이라고 할 수 있다. 다만 당시 독자들의 요구로 인해 '대중적 취향'을 노골적으로 드러내는 단계로까지 나아가지는 않았다.[180]

---

180 1930년대 신문 문예면을 해외문학파들이 주도했고, 조선학에 관한 기사들이 많이 실렸다는 것은 지식인 독자들의 요구와 무관하지 않을 것이다. 해외문학파와 미디어의 관계는 다음을 참조하라. 이혜령, 「동아일보와 외국문학, 해외문학파와 미디어」, 『한국문학연구』 34, 동국대 한국문학연구소, 2008, 359~391면.

제3장

식민지 시기의 **언론 현실**에 대한 인식과 **비판**

1. 들어가는 말

1) 문제 제기와 연구 문제

언론사 연구자들은 특정 시기의 언론 현실이 어떠했는가에 대한 연구에서 더 나아가 그러한 언론현실이 당대 사람들에게 어떻게 인식되고 비판되었는지에 대한 연구에도 관심을 기울일 필요가 있다. 즉, 언론사 연구에 있어서 특정 시기의 매체에 대한 연구 못지않게 그러한 매체의 수용 과정에 대해서도 연구가 이루어질 필요가 있다는 것이다. 이러한 언론매체의 수용 과정에 대한 연구는 언론의 역사를 더욱 총체적으로 조망할 수 있게 해주는 중요한 부분이라 할 수 있다. 그러나 과거 특정 시기의 언론매체에 대해 일반 수용자들이 어떻게 인식하고 받아들였는지를 연구하는 것이 매우 어렵다는 점에서, 현실적으로 가능한 접근방법의 하나로 특정 시기의 언론매체에 대한 비평의 내용들을 살펴보는 것도 유용할 것이다. 다만 이러한 언론매체에 대한 비평이 일반 수용자들의 매체에 대한 인식을 그대로 대변하고 있는 것은 아니라는 점이 고려되어야 한다.

이 글은 위와 같은 문제의식에서 일제하의 신문에 대한 비평들을 살펴보려고 한다. 일제의 강점 이후 10년간 조선인 발행 신문이 없다가 1920년에 일제의 허가로 3개의 민간지들이 창간되자, 이들에 대한 민중들의 관심과 기대가 매우 컸다. 이것은 식민지 현실에서 신문이 거의 유일한 조선인의 합법적인 의사표현수단으로서 받아들여졌기 때문이었다. 이렇게 민간지가 사회적으로 중요한 의미를 지니는 만큼 이들에 대한 감시와 비판의 필요성도 일찍부터 제기되었다. 이미 1923년에 한 독자가, 신문의 본령은 사회의 공론을 진정으로 대변하고 공평한 태도로 보도하는 것이라고 규정하고 이를 "망각한 신문은 지극히 위험하야 우리가 상도(想到)치 못할 죄악"을 저지르기 때문에 "우리 일반 독자는 차(此)를 감시하고 독려할 분권(分權)이 있다. 기회가 있는 대로 비평을 가하야 신문으로 하여금 충실한 태도를 지(持)케 함이 오히려 당연한 일이다"라고 주장하기도 했다.[1] 1920년대에 『개벽』지에 근무했던 박영

---

1 樂啞子, 「동아일보에 대한 불평」, 『개벽』, 1923.7, 41면. 이 글은 『개벽』지 1923년 7월호에서 당시 발행되던 신문, 잡지에 대한 독자들의 '비판문 투고'를 받아 「각종 신문잡지에 대한 비판」이

희는 당시를 회고하며, "그때의 신문은 그들을 당할 출판물이 없으매 때때로 전횡하는 일이 많았는데 이것을 민중을 대표해서 감히 반박을 시(試)한 것"도『개벽』지였다고 주장했다.[2] 이러한 주장들을 보면 이미 민간지 초기부터 신문에 대한 비판과 감시의 필요성이 제기되었고, 특히 잡지가 그러한 비평의 장으로서 기능했다는 것을 알 수 있다.

한 필자가 이러한 신문비평에 대해 "신문의 지위를 정확히 인식하야 재래식의 숭배적 신문독자를 비판적 신문독자로 훈련하는 과정"이라고 지적했던 것처럼[3] 신문비평은 단순히 일반 독자들의 의견을 대변하는 것만이 아니라 이들로 하여금 신문을 정확히 인식하도록 하는 것이라는 주장도 나왔다 이런 주장이 독자들로 하여금 신문에 대한 비판적 인식을 갖도록 하는 신문비평의 역할을 강조한 것이라면, 이와는 달리 신문비평이 일반 독자들의 신문에 대한 인식과는 차이가 있는 일부 지식인들의 주장일 뿐이라는 견해도 있었다.『동아일보』기자였던 오기영은 "조선인은 조선의 신문을 비판한 일이 없다. 혹 있었다 하면 이는 일부 식자층(識者層)에서 귓속말로 하였을는지 모르나 전체적으로 조선 민족은 이들의 유일한 지도자를 오직 신뢰와 숭앙(崇仰)으로써 접하였다"고 주장했다.[4] 위와 같은 주장들을 보면 결국 신문비평의 주체는 지식인들이었고 이들의 비평의 관점이나 내용은 반드시 일반 독자들을 대변하는 것이었다기보다는 오히려 이들로 하여금 신문에 대한 비판적

라는 특집으로 게재했던 것들 중의 하나이다.『개벽』지는 이러한 비판문 모집이 매우 성황을 이루었다고 스스로 평가했다. 이것을 통해 일반 독자들의 신문에 대한 관심과 기대가 컸을 뿐만 아니라 이를 비판하고 감시할 필요가 있다는 의식도 상당히 높았다는 것을 알 수 있다.

2 박영희,「신흥문학의 대두와 개벽시대 회고」,『조광』, 1938.5, 54면.
3 無名居士,「조선 신문계 종횡담」,『동광』, 1931.12, 78면.
4 오기영,「신문인과 신문도」,『신동아』, 1934.5, 85면.

인식을 심어주기 위한 것이었음을 알 수 있다.

이 글에서는 이러한 점을 고려하여 잡지에 실린 비평들을 중심으로 일제하의 민간지에 대한 당시의 인식과 비판을 살펴보려고 한다. 즉, 이 글은 일제하 민간지에 대한 비평의 관점과 내용은 무엇이었고, 또 그것들은 역사적으로 어떻게 변화되었는지를 살펴보고자 하는 것이다. 특히 이 글에서 중점적으로 다루고자 하는 문제들은 일제하 민간지의 사회적 역할, 자본의 성격과 경영 방식, 신문 내용과 논조의 변화 등에 대한 비평의 내용과 관점이 어떻게 변화되었는가 하는 것들이다. 여기에서 특히 중요한 것은, 개화기의 신문이 계몽지적 성격을 지녔던 것과는 달리 일제강점기의 민간지가 기업화되면서 상업주의적 성격을 드러냈던 것에 대한 인식 및 비판의 문제라고 할 수 있다.

이러한 연구가 필요한 것은 비록 민간지에 대한 비평이 지식인들에 의해 이루어진 것들이기는 하지만, 이들에 의한 비평의 관점과 내용에는 이미 당시 대중들의 민간지에 대한 인식이 어느 정도 반영되어 있었다고 볼 수 있기 때문이다. 따라서 일제하의 민간지 비평에 관한 연구는 당시 언론 매체의 수용 과정에 대한 연구를 위해 반드시 필요한 작업이라고 할 것이다. 또한 일제하의 신문 비평을 연구한다는 것은 언론 비평의 역사가 전혀 연구되어 있지 않은 현실에서 나름의 의미가 있다고 할 수 있다.[5]

---

5   일제하 '신문의 신문론'을 다룬 정대철의 논문에는 '신문에 대한 사회적 인식'이란 제목으로 신문에 대한 잡지의 비평을 간단히 정리해 놓고 있다. 일제하 '언론 연구'에 관한 글을 정리한 이민주·양승목의 논문도 일제하 잡지의 언론 비평 방식을 이해하는 데 도움이 된다. 이민주·양승목, 「일제시대 언론연구의 위상과 동향」, 『한국언론학보』 50(6), 한국언론학회, 2006, 5~34면; 정대철, 「일제하 신문의 신문론에 관한 고찰」, 『한국학논집』 11, 한양대 한국학연구소, 1987, 217~243면.

2) 연구방법과 시기구분

이 글은 주로 당시 잡지들에 게재된 신문 비평을 중심으로 살펴볼 것이며 필요에 따라 기타 자료들도 함께 살펴볼 것이다. 이 글은 일제하 신문 비평의 형식과 내용의 유형화를 통한 양적 분석보다는 민간지의 활동에 대한 비평의 관점과 내용의 전체적인 흐름을 파악하기 위한 질적 분석을 위주로 할 것이다. 따라서 이 글은 당시 잡지에 게재된 신문에 관한 기사들 중에서 일반적인 이론적 논의에 머물렀거나 단순히 사실의 전달에만 치중한 것들은 제외하고 가능하면 일정한 관점을 갖고 당시 언론 현실을 집중적으로 비평한 내용들을 중심으로 살펴볼 것이다. 이에 따라 신문의 논조에 대한 잡지의 월평(月評) 중에서도 지엽적 사실만을 적시한 것들은 제외될 것이다. 그러나 필요한 경우에는 본격적인 신문비평이 아닌 단평, 좌담, 각계의 의견 등도 부분적으로 함께 살펴볼 것이다. 이런 점에서 이 글은 당시 잡지에 게재된 신문에 관한 기사 전체를 내용 분석하려는 목적보다는 잡지에 실린 비평 기사를 중심으로 민간지에 대한 인식과 비판의 변화 추세를 살펴보려는 연구라고 할 수 있다.

이렇듯 이 글에서는 당시 잡지에 실린 신문에 관한 기사 중에서도 주로 민간지의 활동에 대한 비평기사만을 대상으로 하여, 그 구체적인 내용과 거기에 내재된 비평의 관점을 다루고자 하기 때문에 질적 분석방법이 유용할 수 있다는 것이다. 이 글에서는 질적 분석에서 드러날 수 있는 '자료의 선택적 이용'이라는 한계를 넘어서기 위해, 여러 이유로 접근할 수 없었던 일부 잡지들을 제외하고는, 일제하에서 발행되었던 잡지 가운데 민간지에 대해 나름의 관점에 따라 구체적인 비평을 했다고 판단되는 잡지들을 가능한 한 모두 포함시켜 논의를 전개해 보고자 한다.

이렇듯 잡지의 신문 비평을 중심으로 살펴보려면, 그것이 게재된 잡지의 성향이 먼저 고려되어야 한다.[6] 그러나 좌파 성향의 『비판』, 『신계단』 등의 일부 잡지를 제외하고 『개벽』을 포함한 대부분의 잡지들이 좌우파 모두의 비평을 게재했었다는 점에서 잡지의 성향에 따른 비평의 내용과 관점의 분류는 다소 한계가 있다. 따라서 필자의 이념적 성향, 민족운동과의 관계가 고려되어야 하고, 특히 필자들의 상당수가 민간지에서 근무했던 경력이 있는 인물들이라는 점에서 이들의 민간지 근무경력 등도 고려되어야 할 것이다. 여기에는 상당수 필자들이 필명 또는 가명을 사용하고 있고, 본명이라고 판단되는 경우에도 이들의 성향을 파악할 수 없는 경우가 있다는 어려움이 있다. 필명이나 가명을 사용한 경우 기존 연구들과 다양한 일차 자료들을 통해 본명을 확인하기 위한 노력을 기울였으나 구체적으로 확인할 수 없는 경우가 많았다.[7] 이렇듯 필명이나 가명을 사용한 비평의 필자들의 성향을 전체적

---

6 일제하의 잡지에 대한 자세한 내용은 다음을 참조하라. 김근수, 「1920년대의 언론과 언론정책-잡지를 중심으로」, 김근수 편, 『일제치하 언론출판의 실태』, 신영아카데미 한국학연구소, 1974, 603~614면; 素虹生, 「잡지총평」, 『신계단』, 1932. 10, 29~35면; 이종수, 「조선잡지 발달사」, 『신동아』, 1934. 5, 60~64면; 이종수, 「조선잡지 발달사(完)」, 『신동아』, 1934. 6, 68~72면; 최덕교, 『한국잡지백년』 1~3, 현암사, 2004.

7 필명이나 가명을 사용한 경우 본명을 확인하기 위해서는 일제하에서 활동했던 인물들의 이명(異名)에 대한 임영태의 연구와 일제하에서 활동했던 거의 모든 문인을 포괄하여 이명이나 가명까지도 포함시켜 권영민이 편찬한 인명사전을 참조할 수 있다. 그러나 이 두 자료로 확인된 것은 그리 많지 않았다. 또한 본명일 경우 이들의 성향을 밝히기 위해서는, 역사문제연구소가 편찬한 일제하 사회운동가들에 대한 인명사전이 유용했다. 그러나 이 사전을

으로 명확히 밝힌다는 것은 거의 불가능했다. 따라서 기사가 게재된 잡지의 성향이나 비평의 내용을 통해 필자의 입장을 유추할 수밖에 없는 경우도 있었다. 그러나 본고는 개별적인 비평의 내용보다는 당시 언론 현실에 대한 인식과 비판의 전체적인 흐름을 파악하는 데 더 중점을 두고 있기 때문에 커다란 문제는 없다고 할 수 있다.

기존 연구들은 주로 일제의 언론 통제 강화와 신문의 논조 변화의 기점이 되는 1931년을 기준으로 일제하 언론에 대한 시기구분을 해왔다.[8] 이러한 시기구분이 일반적이기는 하지만, 이 연구에서는 〈표 3-1〉과 같이 민간지가 창간되었던 1920년부터 폐간되었던 1940년까지의 기간을, 1920년부터 1929년까지를 초기, 1930년 말부터 1933년 초까지를 중기, 1933년 말부터 1940년까지를 말기 등 세 시기로 나누어 살펴볼 것이다. 특히 민간지 중기는 1929년의 광주학생운동을 계기로 언론탄압이 강화되는 상황에서 이에 순응하여 논조의 변질이 본격화되는 동시에 기업화가 모색되기 시작했지만 여전히 안정적인 운영이 이루어지지는 못했던 시기라는 점에서, 대규모 자본에 의해 민간지들의 기업화가 정착되고 상업주의적 논조가 확연히 드러나기 시작한 1933년 이후의 시기와는 어느 정도 구분될 수 있다. 이 논문에서는 민간지 중기와 같은 과도기를 거치면서 민간지에 대한 비평의 내용이 어떻게 변화되

통해 확인한 인물도 그리 많지는 않았다. 이외에 필명이나 가명을 사용한 경우의 일부는 그 잡지에 근무했던 사람들을 조사하기도 했고 다른 비평기사의 내용과 중복되는 정도 등을 파악하여 동일인 여부를 추정해보기도 했다. 권영민, 『한국 근대문인 대사전』, 아세아문화사, 1990; 역사문제연구소, 『일제하 사회운동 인명록 색인집』, 1992, 여강출판사; 임영태, 「한국 식민지 시대 활동 인물들의 이명에 관한 연구」, 『식민지 시대 한국 사회와 운동』, 사계절, 1985, 513~545면.
8 김민환, 「일제시대 언론사의 시기구분」, 『언론과 사회』 1, 언론과사회사, 1993, 46~66면.

표 3-1 : 일제하 민간지 시기 구분

시기명 요인	민간지 전기		민간지 후기
	1920 - - - - - - - - - - - - - 1929 - - - - - 1931 - - - - - 1933 - - - - - - - - - - - - - - 1940		
	민간지 초기	민간지 중기	민간지 말기
언론정책	표면적인 언론 통제의 완화	언론 통제의 강화 과정	언론 탄압과 친일 언론 강요
자본과 경영	소자본과 경영의 불안정	기업화의 모색	대자본과 경영의 안정
신문의 내용	일제에 대한 부분적 비판	비판적 논조의 소멸 과정	친일적 논조와 상업주의적 내용

어 갔는지를 살펴보기 위해 세 시기로 나누어 살펴보려는 것이다.

이런 언론 현실의 변화에 대한 시기 구분은 신문 비평의 내용과 관점
의 변화를 살펴보는 데도 의미가 있다. 특히, 일제의 언론 정책, 민간지
의 자본과 경영, 민간지의 내용 등 세 가지 요인이 복합적으로 작용하
며 전개된 언론 현실의 전체적인 변화 과정에 대한 비평의 내용과 관점
을 살펴보기 위해 〈표 3-1〉과 같은 언론 현실에 대한 시기 구분은 유용
하다. 결국 이 논문은 〈표 3-1〉과 같이 세 시기로 나누어 언론 현실의
변화가 어떻게 인식되고 비판되어 나갔는지를 당시 잡지에 실린 신문
비평을 중심으로 살펴보고자 하는 것이다.

2. 민간지 초기의 신문에 대한 인식과 비판

1) 민간지의 지도적 역할에 대한 민족적 기대

1920년 일제가 문화정치를 표방하면서 이의 일환으로 조선어 민간지의 창간을 허가하여 『조선일보』, 『동아일보』, 『시사신문』 등이 창간되었다. 일제의 민간지 창간 허용이 식민지 지배정책의 근본적인 전환을 의미했던 것은 아니었지만, 당시에는 민간지가 유일한 합법적 의사표현의 수단이라는 점에서 적지 않은 기대를 불러 일으켰다. 민간지 창간 당시의 사회적 상황과 관련하여 한 평자는, "조선의 신문지는 그 발간 또는 중흥을 모두 국민적 감정이 가장 격월(激越)한 시기에 견(見)하였다"고 지적하며 민간지가 3·1운동 직후 민족의식이 고조된 상황에서 창간되었기 때문에 신문들이 "민중에 대한 특수한 지위"를 가지고 있다고 주장했다.[9] 이렇듯 민간지들이 특수한 지위를 갖고 있었다는 것은 신문이 단순히 독자들의 요구에만 부응하는 것이 아니라 "사회를 각성"시키는 "사상의 선구가 되어서 사회의 지침"이 되어야 한다는 것이었다.[10] 신문에 대한 사회적 기대가 매우 컸다는 것은 한 평자가 1925년 당시의 세 민간지를 '3개의 정부'라고까지 지칭하며 "정치의 거세를 당한 조선 사람들은 그 지배적 권력을 신문정부의 문전에 몰려와

---

9   두선생, 「신문당국자에게 경고하는 一言」, 『개벽』, 1923.7, 62~63면. '비판문 투고' 특집 뒤에 별도로 게재된 것으로, 글 중에서 스스로를 기자라고 밝히고 있는 것으로 보아 『개벽』지의 기자가 필명으로 집필한 것이 분명하다.
10 孤峯, 「현신문의 결함과 민중의 무신경」, 『개벽』, 1924.2, 4~5면.

서 찾게 된다"고 주장했던 것에서도 잘 드러난다.[11] 이와 같은 주장들은 민간지의 지도적 역할에 대한 민족적 기대를 드러냈던 것들이었다.

1924년 이후 민족운동의 이념적 분화가 진전되면서 신문의 이념적 차별성도 어느 정도 드러났다. 한 필자는 이에 대해 '포괄적 민족운동'이 '조선적 계급운동'으로 변화되면서 신문들도 '계급적 이해'에 대한 입장의 차이를 보이기 시작했다고 주장하면서, "민족간판의 동아일보, 사회주의를 전내(殿內)로 모시던 조선일보, 무언지 알 수 없는 시대일보"라고 평가하고 이러한 민간지들이 실제로는 자신들의 이익에만 집착하여 '사회적 목탁'으로서의 역할을 제대로 못하고 있다고 비판했다. 특히 이 필자는 『동아일보』가 "현재의 정치 환경에서 가능하고 용인될 범위 내에서 자치운동을 일으킬 때에 요긴히 사용될 민족간판"을 내세울 뿐이라고 비판했다.[12] 이와 유사한 관점에서 한 필자는 『조선일보』에서 사회주의 성향의 기자들이 대거 해고된 이후에 『동아일보』는 여전히 "소위 민족주의를 구가"하고 있고, "조선일보 정간일을 한 분획선(分劃線)으로 하야 시대일보는 좌경의 기미를 보여 주었으며 조선일보는 압력에 상처가 낫는지는 모르나 우경 혹은 몽롱상태에 있다"고 지적했다. 나아가 이 필자는 민간지들이 "민중 생활의 진리를 선언하는 대신에 결국 편집자들의 독단적 사상을 무리로 선언"하려고 했다고도 비판했다.[13] 특히 민족개량주의적 경향을 보이던 『동아일보』에 대해 신

---

11 XY생, 「현하 신문잡지에 대한 비판」, 『개벽』, 1925. 11, 46면. 조선공산당 사건으로 재판을 받던 김약수도 "조선인으로서 조선인만으로 의사를 발표하고 있는 것은 신문사뿐이다. 고로 시대, 동아 및 조선일보를 칭하여 俗三政府라고 말하고 있다"고 진술했다. 김준엽·김창순, 『한국공산주의운동사』 2, 청계연구소 출판국, 1986, 264면.
12 XY생, 앞의 글, 46~52면.
13 慶雲洞人, 「조선신문잡지의 신년호」, 『개벽』, 1926. 2, 59~60면.

채호는 "문화운동의 목탁으로 자명(自鳴)하여 강도의 비위에 거스리지 아니할 만한 언론이나 주창하야 이것을 문화발전의 과정으로 본다 하면 그 문화발전이 도리어 조선의 불행"일 뿐이라고 지적하여 문화운동을 표방한 『동아일보』를 비판하기도 했다.[14] 이 시기까지는 신문이 전체 민중을 위한 지도적 역할을 해야 한다는 입장을 지녔던 필자들에 의해 민간지의 이념적 분화와 대립이 비판을 받았다.

위와 같은 맥락에서 한 필자는 구한말의 신문과 달리 일제하의 민간지가 사상적으로 대립되어 '당파의 주의전(主義戰)'의 수단이 되었다고 지적하고 이렇듯 통일된 사상이 없이 대립과 경쟁만 하는 신문들이 '민중을 각성'시키는 역할을 제대로 할 수 없다고 비판하기도 했다.[15] 이러한 관점처럼 이 시기에는 여전히 민간지가 이념적 대립과 투쟁의 수단이 되기보다는 민족적 현실을 고려하여 전체 민중을 지도하는 역할에 더욱 치중해야 한다는 견해들이 지배적이었다. 경향파 시인으로,[16] 『동아일보』와 『시대일보』에서 기자생활을 했던 유완희는 민간지의 민족운동에서의 역할이 작지는 않았지만 민간지는 "확호(確乎)한 계획을 가지고 민중과 함께 나아가고 또는 민중의 앞에서 소리치는 신문"은 아니었다는 한계도 있었다고 지적하고, 민중들이 '진로와 전략'을 찾는 데 "조선의 신문들은 더한층의 노력이 있어야 할 것"이라고 주장했다.[17]

---

14 이런 주장이 담긴 신채호의 '조선혁명선언'은 1923년 북경에서 '의열단'의 요청을 받고 쓴 것으로 일명 '의열단 선언문'이라고도 한다. 신채호, 「조선혁명선언」, 『나라사랑』 3, 1971, 107~115면.

15 南川散人, 「우리가 본 현하언론계」, 『별건곤』, 개벽사, 1927.3, 35~38면. 이 글은 개화기 신문에서 활동했던 장지연, 유근, 이종일 등이 참석한 가상좌담회의 형식으로 쓰여졌다. 따라서 이글은 '구한말 언론인의 입장에서 바라본 당시의 언론'이라는 형식을 통해 사실상 정리자를 자처한 기자가 자신의 견해를 피력한 것으로 볼 수 있다.

16 권영민, 앞의 책, 727면.

『조선일보』정경부장 겸 논설반 주간으로 신간회에 참여했던 이관구도 『조선일보』의 사설을 통해 "조선인의 언론기관은 영리를 목적으로 하지 않고 본래부터 정치적 무기의 사명"을 지니고 있었다고 하며 "민족적 총역량의 집중을 표어로 한 오늘 각 개인, 각 개 단체의 정치적 의식을 집중하여 이것을 다시 민족적으로 자각시킴이 현하 조선 언론기관의 가장 중요한 당면임무임을 잊어서는 안 된다"고 주장했다. 또한 이관구는 "조선 언론기관의 특수한 사명을 깨달아 서로서로의 결속을 굳게 하면서 공동의 보조"를 취해야 하고 신문의 "상품화로 인하야 결속을 해이케 하는 것은 오직 자멸을 최촉(催促)할 뿐"이라고 지적하기도 했다.[18] 이관구의 이런 주장은 신문의 상품화를 비판하고 민간지가 '민족적 자각'을 위해 공동의 노력을 기울여야 한다는 것을 강조한 것이었지만 한편으로는 신간회에 참여하지 않았고 점차 기업화의 경향을 보이던 『동아일보』에 대한 비판이었다고 볼 수도 있었다.

이렇듯 민간기 초기에는 주로 민간지가 이념적 대립과 투쟁의 수단으로 사용되기보다는 민중의 지도와 민족적 자각을 위한 사회적 역할을 해야 한다는 주장이 많았다. 즉, 이 시기에는 신문의 지도성을 강조하면서도 그것이 특정한 이념적 지향을 갖기보다는 전체 민족의 기대에 부응하는 것이어야만 하다는 내용이 주류를 이루었다. 이러한 내용들은 잡지에 근무하던 언론인이나 독자들은 물론 일부 민간지 기자들에 의해서도 『개벽』을 중심으로 주장되었다.

---

17 유완희, 「조선의 신문과 민중」, 『조선지광』, 1928.1, 38~39면.
18 「사설-언론기관정책의 필요」, 『조선일보』, 1928.2.4; 「사설-중외일보의 정간」, 『조선일보』, 1928.12.8. 이 사설들은 이신복이 편집한 『성재 이관구 논설선집』에 실려 있다.

2) 민간지의 기업화에 대한 인식의 대두

위와 같이 전체 민중에 대한 민간지의 지도적 역할의 필요성이 강조되던 1920년대 중반까지 신문의 기업화나 상품화 경향은 당연히 비판의 대상이 될 수밖에 없었다. 한 필자는 주식회사 체제인 『동아일보』에 대해 "일주(一株)에 일개(一個)의 의결권이 있는 『동아일보』는 다른 영리회사와 다름이 없이 대주주의 삼사개인(三四個人)이 결합하면 여하한 무리라도 통과되는 것이다. 고리임대의 대표영업주를 공선(公選)함에는 필요한 방식일는지도 모르거니와 만천인의 공기(公器)를 운용함에는 지극히 불공평한 결과를 초래하게 된다"고 비판했다.[19] 이러한 비판은 『동아일보』가 주식회사 체제이기 때문에 소수 경영진의 의도에 따라서는 민족적 기대보다 영리 추구에 더 집착하게 될 수 있다는 인식으로부터 나왔던 것이다. 이러한 비판이 당시에 상당히 많았다는 것은, 『동아일보』가 사설을 통해서까지 자신들이 주식회사를 만든 것은 단지 신문의 창간과 유지를 위한 '자본모집의 방편'이었을 뿐이라고 하면서 "본사의 존재는 결코 일이개인(一二個人)의 영리욕(營利慾)을 만족키 위하야 경영하는 것이 아니라 곧 우리사회의 공리공복을 위하야 존재하는 것"이라고 주장했던 것에서도 잘 드러난다.[20]

고봉(孤峯)이라는 필자는 민간지들이 광고의 유치를 위해 광고주에게 불리한 기사는 보도치 아니하고 '아첨하는 기사'는 게재한다든지 또는

---

19 樂啞子, 앞의 글, 41~42면.
20 「사설—독자제위에게 고하노라」, 『동아일보』, 1924.5.17. 이 사설은 『동아일보』에 대한 사원들의 요구에 의해 부분적으로 개혁이 이루어진 직후에 나온 것이다. 장신, 「1924년 동아일보 개혁운동과 언론계의 재편」, 『역사비평』 75, 역사비평사, 2006, 254~255면.

"자기신문에 광고를 게재치 아니하는 상인에게 간접으로 위협적 기사"의 게재를 명분으로 광고수입을 도모하는 일이 있다고 지적했다.[21] 『동아일보』기자와 『시대일보』 사회부장을 지냈던 조강희도 광고의 기사에 대한 영향력과 광고료의 차별 등이 심하다고 지적했고,[22] 탐보군이라는 비평가도 이미 1920년대 중반에 민간지들이 광고료의 할인 또는 차별적 적용을 통해 광고를 끌어들이려는 시도를 했다고 주장했다.[23] 고봉이라는 필자는 점차 구독료는 단지 용지대 정도에 불과하고 광고료가 주 수입원이 되어 "신문이 광고사의 경영이 아닌가 하는 의심을 낼 만큼"이 되었다고 비판하고 신문이 순전한 영리사업이 아님을 깨달아야 한다고 지적했다.[24] 또 다른 필자는 "자본주의 조직 아래에서는 어느 것 하나나 상품화되지 않는 것이 없는 판에 유독 신문만 그 예(例)에 면제될 수 없는 것이다"라고 하며 상품화에 따라 결국 '기형적으로 발전'된 조선사회에서도 이러한 경향이 어느 정도 생겨나고 있다고 비판했다.[25] 이러한 주장들은 신문의 지도적 역할을 강조하는 맥락에서 이루어진 것으로, 신문의 기업화 경향을 부분적으로 인정하면서도 이에 대해 상당히 비판적인 것들이었다.

이러한 비판적 관점과는 달리 『동아일보』 취체역(오늘날의 이사―저자) 겸 논설반 기자였던 윤홍렬은 1926년에 이미, 조선에서 신문을 "한 특종(特種)의 기관으로 생각하는 까닭에 그 존재를 부인하는" 상황까지 이

---

21 孤峯, 앞의 글, 8면.
22 조강희, 「신문 진찰(一)」, 『현대평론』, 1927.7, 102~103면.
23 探報軍, 「신문 편집실의 비밀」, 『별건곤』, 개벽사, 1928.8, 141면.
24 孤峯, 앞의 글, 2면.
25 XY생, 앞의 글, 46~51면.

르게 되었다고 주장하며 신문은 '일종의 상품'이고 따라서 그 경영도 점차로 '영업본위'가 되는 것은 자연스런 추세로 받아들이는 것이 필요하다고 주장했다.[26] 신문이 처한 "곤경을 이해해줄 진정(眞情)"이 필요하다는 이러한 주장은, 사실상 『동아일보』 등 민간지 경영진의 입장을 대변하는 것으로 결국 민족적 기대를 수용해 비판적 역할을 하기만 요구하기보다는 하나의 기업으로서 신문이 지니는 특성도 감안해 신문을 이해해 줄 필요가 있다는 점을 강조한 것이었다.

마찬가지로 『동아일보』 기자였던 박찬희도 "신문은 일종의 산업이다. 고객이 적어가지고 영업이 안 되는 것 같이 신문은 독자를 많이 얻어야만"한다고 주장하고 신문 발전의 난관으로 문맹률과 낮은 문화수준, 자본란, 광고란을 들었다. 특히 박찬희는 광고가 신문의 전 생명을 지배하는 것이며 신문사의 운영이 제대로 되려면 광고료가 전체수입의 8~9할이 되어야 한다고 주장했고, 조선문 신문의 경우 광고수입이 적기도 하지만 "더욱이 외지(外地) 광고가 8~9할을 점령하고 조선 내의 광고가 불과 1~2할이므로 만일 어떤 경우에 외지(外地)광고주가 전부 거절한다 상상하면 이로써 조선 신문계는 대공황을 일으킬 수밖에 없는 처지"라는 점을 강조하여 일본 상품광고 게재의 불가피성을 옹호하는 주장을 펼쳤다.[27] 이러한 견해가 1920년대에 유일하게 비교적 안정적인 운영을 하던 『동아일보』의 현직 기자들에 의해 주장되었다는 것은 이 신문의 입장을 부분적으로 드러내 주는 것이었다.

---

26 윤홍렬, 「신문의 존재까지 부인할 수 없는 조선사회관」, 『여명』, 1926.6, 36면.
27 박찬희, 「나의 몽상하는 언론기관」, 『별건곤』, 개벽사, 1929.6, 43면.

3) 민간지의 비판적 논조에 대한 기대

1920년대 중반까지는 신문의 지도적 역할을 강조하며 신문의 상품화에 대해서는 대체로 비판적이던 것과 마찬가지 맥락에서 민간지에서 부분적으로 드러나던 흥미 위주적 요소들도 비판하는 경향이 있었다. 1921년에 이미 한 필자는 민간지들이 "풍기문란한 기사를 매매(每每)히 게재함과 여(如)함은 심절(深切)한 반성과 자각을 촉(促)"하는 것이라고 비판했다.[28] 이와 마찬가지의 입장에서 한 필자는 사회적으로 중요한 문제들을 제쳐두고 『동아일보』가 안창남 귀국비행을 후원하며 안창남과 관련된 사소한 내용까지도 흥미위주로서 대대적으로 보도했던 것을 비판했고,[29] 다른 필자도 『조선일보』가 1924년 신석우에 의해 인수된 이후 "장편의 만화 멍텅구리를 연재하여 아무 의미도 없는 단순히 웃음거리의 만화 그것을 가지고 무식한 계급의 까닭모를 환심"을 사려고 했고 기사도 '멍텅구리식'으로 "민중에게 하등의 유익을 주지 못"하는 흥미 위주의 보도만 했다고 비판했다.[30] 또 다른 필자가 상품화된 신문은 '병적 사회현상'을 그대로 보도하고 '병적 유행'에 영합하고 '반사회적 요구'를 그대로 따르게 된다고 지적했을 정도로[31] 이미 이 시기에도 상업주의적인 흥미 위주의 논조에 대한 비판적 관점들이 존재했다.

이러한 비판들과는 다른 각도에서 보도나 논평의 문제점을 지적하는 필자들도 있었다. 한 필자는 사회면 보도 등에 있어서 "기자 자신의

---

28 해광, 「출판언론권의 주장」, 『아성』, 1921.10, 12면.
29 欒啞子, 앞의 글, 42~43면.
30 일기자, 「時言―조선일보와 멍텅구리」, 『개벽』, 1926.2, 55면.
31 XY생, 앞의 글, 50면.

사평(私評)을 섞어서" 쓰거나 경찰서, 재판소 등만을 취재하는 "판에 박은 듯한 기사의 수집에만 열중"할 뿐 "널리 사회에서 일어나는 기사"는 간과하는 점을 비판하고, 또한 사설의 경우에는 '구식의 문장'으로 '생명 없는 논조'를 보이고 있다고 비판했다.[32] 다른 필자는 "논쟁을 위주로 하는 신문이 근절되지 아니함은 일대유감"이며 이제 신문은 "신사실(新事實)을 여실(如實)히 보도함"을 목적으로 해야 한다고 주장하며 신문의 공정하고도 책임 있는 보도기사와 '사견'을 배제하고 '사회적 불평'으로서의 여론을 대변하는 논설이 필요하다고 지적했다.[33] 이런 주장들의 내용을 보면 이 시기에도 이미 신문을 단순히 논쟁의 수단이나 지도적 기관으로만 보는 인식에서 어느 정도 벗어나 사실과 의견의 분리에 따른 사실보도의 중요성이 지적되기도 했다는 것을 알 수 있다.

그러나 이러한 주장들도 신문을 단순한 영리사업으로 바라보고 있지는 않았을 것이다. 이들의 주장은 총독부 기관지 등과는 달리 민간지들이 조선민중 전체를 위한 보도기사와 논설을 게재해야 할 사회적 책임이 있다는 것을 강조한 것으로 볼 수 있을 뿐 대중신문적인 객관보도를 표방한 것으로 볼 수는 없을 것이다.[34] 이 점은 민간지의 민족운동에서의 역할을 강조하던 유완희가 신문이 "사실만을 전하야" 준다는 것은 결국 "전하야 준 사실이 다시금 사회군(社會群)의 눈에 띄일 때 그들은 다시 이를 음미하고 비판하여서 거듭 새로운 행동을 취하고 새로운 사실

---

32 두선생, 앞의 글, 63~65면.
33 孤峯, 앞의 글, 10~10의 5면.
34 실제로 아래의 두 평자는 조선총독부 기관지 뿐 아니라 특정 당파나 계급만을 대변하는 신문들도 기관지라고 규정하고, 민간지는 이러한 기관지적 성격을 배제하고 조선민중 전체를 위한 사회적 역할을 수행해야 한다고 주장하고 있다. 위의 글, 6~7면; 두선생, 앞의 글, 63~64면.

을 나타내게" 된다고 주장했던 것과도 유사한 것이라 할 수 있다.[35]

이러한 주장들과는 달리 신문의 상품화를 필연적이라고 주장했던 『동아일보』계의 윤홍렬, 박찬희 등은 신문의 '보도주의'를 주장하는 견해를 밝혔다. 윤홍렬은 "무관제왕으로 문장보국의 의기라든지 어느 정당, 어느 단체의 주의강령(主義綱領)을 선전하는 색채가 분명함"이 신문의 특색으로 알던 시대는 지나갔다고 하면서, 신문사는 이제 '선전기관' 또는 '지도기관'이 아니라 단순히 사실을 신속히 독자들에게 보도하여 신문이라는 상품을 파는 상인이나 다름없다고 보아야 한다고 주장했다.[36] 박찬희도 신문은 일종의 산업이며 동시에 보도기관이라고 규정하고 따라서 신문은 공정하고 신속한 보도를 통해 많은 독자를 확보하도록 노력해야 한다고 주장했다.[37] 이러한 주장들이 유독 『동아일보』 관련자들로부터만 나왔던 것은, 조선공산당이나 신간회와 직접, 간접적 관계를 맺고 특정한 주의주장을 드러냈던 다른 민간지들과는 달리 민족개량주의적 성향으로 비판을 받으며 신간회에 참여하지 않았던 『동아일보』의 입장을 정당화하고자 했던 의도를 어느 정도 드러내는 것이었다.

이러한 주장들은 지극히 부분적이었고, 오히려 신문이 단순히 사실 보도만을 하는 것은 아니라는 견해가 1920년대까지는 여전히 지배적이었다. 『동아일보』와 『조선일보』를 거쳐 『중외일보』의 편집국장을 맡고 있던 민태원은 시대의 발달에 따라 비판적 '평론본위'에서 '보도본위'

---

35 유완희, 앞의 글, 33면.
36 윤홍렬, 앞의 글, 35~39면.
37 박찬희, 앞의 글, 42~43면.

로 변화되어 가지만 "조선의 언론기관은 권리신장과 의사창달과 지식 흡수와 또는 방향제시를 위하야 소개자 또는 비판자로서 더 많은 작용을 가지고 있는 것"이라고 지적하였다.[38] 또한 『동아일보』와 『시대일보』를 거쳐 『조선일보』 편집국장으로서 신간회에도 적극 참여하고 있던 한기악도 "사실을 사실대로 보도하는 것"도 중요하지만 조선에서는 신문이 단순히 이와 같은 '사회의 명경(明鏡)'이나 '유성기판(留聲器板)' 같은 역할만을 해서는 안 되고 "민중의 요구가 어디 있으며 시대의 의식이 무엇인가를 밝혀보고 먼저 살피는 비판적 태도와 지도적 책임이 더욱 중대한 의의가 있을 것"이라고 주장했다.[39] 집필 당시 각각 『조선일보』와 『중외일보』 편집국장이었던 한기악과 민태원이 신문의 비판적, 지도적 역할을 강조했던 것은 『동아일보』와는 달리 이 두 신문이 신간회에 적극적으로 관여했다는 사실과도 연관이 있었다고 볼 수 있다.

4) 민간지 초기 신문비평의 특징

민간지 초기까지는 대체로 민족적 현실을 고려한 민간지의 지도적 역할에 대한 기대를 표명하는 견해들이 지배적이었다. 이미 이 시기에 민간지들의 이념적 차별성을 지적하는 견해도 있었지만, 이 경우에도 이러한 이념적 대립의 문제점을 지적하고 비판하는 것이었다는 점에서 민간지가 전체 조선민중을 지도하는 역할을 해야 한다는 견해가 지배

---

38 민태원, 「현하 조선 언론기관의 사명」, 『조선지광』, 1928.1, 24면.
39 한기악, 「지도적 임무가 중하다」, 『조선지광』, 1928.1, 42면.

적이었다는 것을 알 수 있다. 따라서 신문의 상품화와 흥미 위주의 논조, 이른바 '보도주의'에 대해서도 매우 비판적이었고 단지 『동아일보』 계열의 일부 인물들에 의해 신문의 기업화나 보도본위로의 변화의 필요성이 주장되었을 뿐이었다. 그러나 신문이 일종의 상품이라고 인식하는 경향이 등장했던 것은 1910년 이전 대한제국 시기의 언론에 대한 인식과는 상당히 다른 점이라고 할 수 있다.

이러한 1920년대의 민간지에 대한 비평의 관점은 민족운동이 활성화되었던 당시의 사회 분위기의 영향을 받은 것이었고, 또한 신문의 계몽적 역할을 강조했던 개화기 언론의 전통을 어느 정도 이어 받은 것이기도 했다. 그러나 이 시기에는 민간지들의 활동에 대한 구체적인 비평이 별로 이루어지지 않았고, 또한 아직 신문에 대한 체계적인 인식도 부족했다는 한계가 있었다. 특히 이 시기 신문 비평의 주된 공간은 『개벽』이었고, 필자들도 상당수가 이 잡지의 기자나 독자들이었다. 그 외에 민간지 기자들의 신문 비평도 있었는데, 이 경우에는 개인적인 성향보다 주로 자신이 소속한 신문의 입장을 드러내는 경우가 많았다.

이 시기까지는 좌파적 관점에서 이루어진 민간지에 대한 비평은 거의 없었다. 이것은 사회주의 사상이 도입되어 조선공산당 활동이 활발했고 카프 등이 결성되어 좌파적인 문예 비평이 발달했던 것과 비교할 때 다소 의외이다. 그러나 이 시기까지는 일제에 대해 어느 정도 비판적 논조가 판매 전략으로 유용하다고 판단했던 신문 경영진의 필요와 생계유지 및 합법적 신문 보장을 필요로 했던 좌파 지식인들의 이해가 맞아떨어져 다수의 사회주의자들이 민간지 기자로 근무했기 때문에 오히려 민간지에 대한 사회주의자들의 좌파적 비평이 활발히 이루어지지 않았던 것이다. 이것은 당시 좌파 잡지들에 민간지에 대한 구체적 비평이 거의 없었던 것에서도 잘 드러난다.

3. 민간지 중기의 신문에 대한 인식과 비판

1) 신문의 존재 의의에 대한 비판

1929년의 광주학생운동을 계기로 일제의 언론탄압이 더욱 강화되면서 민간지들은 그 논조가 급격히 약화될 수밖에 없었다.[40] 민족운동이 비교적 활발했던 1920년대에는 민간지가 민족적 기대를 완전히 저버리지 않는 범위 내에서 어느 정도의 사회적 역할을 했지만, 합법적인 공간에서의 민족운동이 불가능해진 1920년대 말부터는 민간지들이 민족적 의사 표현의 역할을 거의 할 수 없게 되었다. 조선공산당 재건운동을 주도했던 ML계 사회주의자 고경흠은, 사공표라는 필명으로 1929년에 쓴 글에서 "부르조아의 『동아일보』 그룹은 조선총독부의 명령에 순종하여 언론의 태도를 돌변시켰고, 『조선일보』 그룹은 『조선일보』 정간해제를 애원하기 위하여 신간회 간부의 자리로부터 달아났다. '급진운동' 단념의 사상이 부르주아 분자들에 의해 선전된다. 그들은 급속

---

40 정진석, 『극비 조선총독부의 언론검열과 탄압』, 커뮤니케이션북스, 2007, 44~45면.

히 개량주의로 타락한다. 이것은 전체운동의 대중적 기초가 확립되지 못한 금일에 있어서 운동에 큰 영향을 줄 수 있는 것이다"라고 주장했다. 이러한 주장처럼, 1929년 이후 합법적인 사회운동의 소멸과 함께 민간지들의 논조가 변질되기 시작하자 이제는 민간지들이 '개량주의'를 유포하는 기관이 되었다는 인식이 사회주의자들에게 확산되었고 이에 따라 민간지에 대한 좌파 필자들의 비판도 본격화되었다.[41]

이러한 상황에 대해 『조선일보』 편집국장대리였던 이선근은, 민간지들이 과거에는 정치의식을 '환기고조(喚起高調)' 하는 역할을 했으나 이제는 이러한 정치적 역할을 전혀 할 수 없게 되었다고 지적했다.[42] 『동아일보』 편집국장 대리였던 설의식은 창간 초기부터 민간지는 일제의 강력한 탄압을 받았지만 과거에는 이러한 탄압의 한계를 넘으려고 하거나 피하려고 했는데 이제는 이러한 노력조차 할 수 없게 되었다고 지적했다.[43] 또 다른 필자는 이제는 일제의 '검열표준'에 의해 "조선 신문지의 민족주의라는 것이 점차 거세되어" 갈 수밖에 없다고 지적했다.[44] 또 『조선일보』, 『중앙일보』 기자와 정경부장을 지냈고 한 때 조선공산당 사건으로 구속되기도 했던 배성룡은, 과거에는 민간지들이 '민족적 표현' 기관으로 자임했지만 이제는 민간지들 스스로가 그러한 주장조차 못하는 상황이 되었다고 주장했다.[45] 『동아일보』 학예부장과 편집

---

41 사공표, 「조선의 정세와 조선 공산주의자의 당면임무」, 『레닌주의』 1, 1929.5, 배성찬 편역, 『식민지시대 사회운동론연구』, 돌베개, 1987, 99면.
42 이선근, 「최근 조선의 쩌날리즘의 측면관」, 『철필』 1(3), 1930, 19면.
43 설의식, 「조선은 어데로 가나—언론계」, 『별건곤』, 개벽사, 1930.11, 3~4면.
44 無名居士, 앞의 글, 78면. 이 필자는 주요한일 가능성이 높다. 이 글이 게재된 『동광』이 주요한에 의해 발행되었고, 이 글과 유사한 주장을 담은 비평이 1932년에 주요한의 본명으로 『동광』에 게재된 바 있기 때문이다.
45 배성룡, 「조선신문의 특수성과 타락상」, 『비판』, 1932.10, 56면.

국장대리를 거쳐 잡지 『동광』을 발행하고 있던 주요한은, 민간지들이 처음에는 모두 "일종의 정치사상적 색채를 띠고 나온 것"이었지만 "그러나 그 지사적 포부는 환멸을 당했다"라고까지 비판했다.[46] 이렇듯 1930년대에 들어서면서 민간지의 논조가 급격히 변질되고 최소한의 비판적 역할조차 하지 못하게 되자, 민간지에서 기자로 근무했던 필자들이 자조적 의식이 담긴 비판을 가했던 것이다.

위와 같은 주장을 했던 필자들은 계속해서 언론 현실의 변화 속에서 이제는 민간지들이 민족적 기대에 부응하는 역할을 완전히 포기한 채 신문의 생존 자체에만 집착하게 되었다고 비판했다. 이선근은 민간지들이 "일체(一切)의 정치적 색채를 거세"당한 상황에서 계속되는 "주관적 민중의 요구"를 수용하지 못하는 '모순'된 입장 때문에 민중들의 비난이 심화되고 있다고 지적했다.[47] 나아가 설의식은 이러한 상황을 "없기보다는 낫다는 의미로 아쉬운 존재라도 그 존재를 계속하려면 어쩔 수 없이 그 수준에, 쉽게 말하면 합법주의로 나갈 수밖에는 없습니다"라고 하여 일제의 탄압에 민간지들이 순응할 수밖에 없음을 지적했다.[48] 또 다른 필자는 "신문의 생명을 유지할 것"만을 목적으로 하면서 "신문을 발행할 필요가 있을까"라는 문제를 제기하기도 했다.[49] 또한 배성룡은 이러한 상황에 놓인 민간지들에 대해 "그 존재의 사실이 자기의 평가의 저하를 불가피적으로 강요한 것이다"라고 하여 신문의 존재

---

46 주요한, 「이권화한 신문판권」, 『동광』, 1932.7, 17~18면.
47 이선근, 앞의 글, 19면.
48 설의식, 앞의 글, 3~4면.
49 無名居士, 앞의 글, 78면. 이 글의 필자는 신간회 '해소파', '비해소파'처럼, 신문에도 민족적 요구를 제대로 반영하지 못할 바에는 없는 것이 낫다고 하는 해소파와 그래도 신문이 없는 것보다는 있는 것이 낫다고 하는 비해소파가 있다고 주장했다.

의의에 대한 근본적인 비판을 제기했다.[50] 이렇듯 민간지에 근무했거나 근무하고 있던 필자들에 의해서도 이제는 민간지들이 단지 생존 자체에만 집착하게 되었다고 비판되면서 신문의 사회적 역할에 대한 비판적 인식도 확산되었다.

이와는 달리 논조의 변질과 함께 기업화의 경향을 보이던 이 시기에도 민간지들이 조선의 특수성을 고려한 사회적 역할을 해야 한다는 주장들도 있었다. 신간회 총무간사를 지냈고 『조선일보』의 주필을 거쳐 부사장으로 재직 중이던 안재홍은, 조선의 신문이 "상품화하는 일면에 오히려 매개적 또 선구적 직임(職任)을 가지고" 있다고 지적했고,[51] 1931년의 『조선일보』 사장 취임사에서는 조선의 언론사업은 선진국가의 그것과는 달리 '민족적 공통한 이해'를 위한 선구적 역할을 해야만 한다고 주장했다.[52] 개벽사에 근무하던 이돈화는 야뢰(夜雷)라는 필명으로 쓴 글에서 민간지들이 기업화라는 일반적 추세를 따라가서는 안 된다고 하면서 "조선의 신문은 우리가 가지고 있는 특수사정을 위하야 신문을 상품화시키는 문제보다도 교사적 지위와 지도적 정신을 잃지 말아야 할 것"이고 나아가 민족적 권위와 도리를 지켜야 한다고 주장했다.[53] 또한 다른 필자도 '거세와 유혹'이 가해지는 환경에서 신문 경영자들이 제대로 그 '사명과 책임'을 다하지 못했다고 비판하고 민간지들은 "고

50 배성룡, 앞의 글, 56면.
51 안재홍, 「기자도덕에 관하야」, 『철필』 1(1), 1930, 6면.
52 「사설—사장 취임에 제하야」, 『조선일보』, 1931.5.12.
53 夜雷, 「조선 민간신문 공죄론」, 『혜성』, 1931.8, 56면. 이돈화가 1934년 『개벽』에 쓴 글이 이 글의 내용과 똑같고 제목만 다르다. 또한 이 글이 게재된 『혜성』도 개벽사에서 발행되었다는 점을 고려하면, 야뢰(夜雷)는 이돈화의 필명임이 확실하다. 다음의 책에도 야뢰(夜雷)가 이돈화의 필명이라고 나와 있다. 임영태, 앞의 글, 533면.

대 노예민족의 학대와 천시 그것 이상으로 불운불행(不運不幸)한" 현실 속에서 "일조(一條)의 혈로를 개척하려는" 노력을 기울여야 한다고 주장했다.[54] 또한 민간지의 논조의 변질을 비판했던 배성룡도 민간지들이 "특수사회의 사정이 반영되기를 요구하는" 조선의 특수한 현실을 고려하여 "그 주장이 민중의 진로와 서로 흐트러짐이 없이 그를 제시하고 선전하고 교양하는" 역할을 할 때에야 비로소 그 존재의의가 있다는 점을 강조했다.[55] 이런 주장들은 변화된 언론 현실을 어느 정도 인정하면서도 여전히 민간지의 특수한 사회적 역할을 강조하는 것이었다.

위의 주장들이 1920년대에는 민간지들이 어느 정도 민족적 기대에 부응하는 역할을 했다는 점을 인정하면서 이제는 주로 일제의 탄압 때문에 민간지가 제 구실을 할 수 없게 되었다는 비평이었다면, 이런 관점과는 달리 민간지의 역할 변화를 그들의 계급적 성격 때문이라고 비판하는 주장들이 좌파 성향의 잡지였던 『비판』을 중심으로 나오기 시작했다. 자본주의 사회에서의 신문의 계급적 성격과 그에 따른 사회적 역할에 대한 비판적 논의는 이미 1920년대에도 있었다. 『조선일보』와 『중외일보』에서 기자와 정경부장을 지냈던 이윤종은, 자본주의가 발전하면 신문도 자본가의 지배하에 들어가게 되고, 자본가들은 신문을 이용하여 노동자에 대해 '자가의 호선전(好宣傳)'을 하기 위해 노력하고 노동자도 이에 대항하여 신문을 발행하기도 한다고 주장했다.[56] 『조선일보』 영업국에서 근무했던 김무삼은 '자본주의적 신문'은 '중립성'을

---

54 엠.에치학인, 「사회조직과 신문」, 『비판』, 1931.5, 58~59면.
55 배성룡, 앞의 글, 55~62면.
56 이윤종, 「신문 문화관」, 『신민』, 1927.10, 20~22면.

내세우지만 실제로는 자본가 계급에게는 유리한 반면에 무산계급에게
는 불리한 보도만을 하고 소설, 스포츠, 기타 오락물을 통해 민중을 유
혹하여 '자본주의적 정신 지배'하에 두려 하고 있다고 비판했다. 이글들
은 민간지를 대상으로 구체적인 평가를 하지는 않고 단지 서구신문의
예를 들어 설명했지만, 민간지에 대한 어느 정도의 비판적 관점을 보여
주고 있다고 할 수 있다.

　좌파 필자들은 대체로 민간지가 단지 '민족뿌르조아'의 지배하에 계
급적 역할만을 하고 있다고 비판했다.[57] 이현우는 자본주의 사회에서
'뿔죠아지' 신문들은 이들의 '대언자(代言者)'에 불과하며 조선에서도 "민
족 뿔죠아지의 반동단체"로서 『동아일보』는 이들을 대변할 뿐이고,
『조선일보』는 "중간적 소뿔(죠아지)분자들의 동요지반 위에선 회색주
의"를 대변하고 있다고 비판했다.[58] 또 다른 필자는 신간회 활동에 적극
적이었던 『조선일보』를 '상층 소뿌르죠아' 계급의 이익을 대변하는 '좌
익 민족주의 기관'이라고 규정하고 "계급 대립의 절대적 첨예화" 과정
에서 이는 궁극에는 '뿌르조아 계급'에 예속될 수밖에 없다고 하여 조선
에서도 모든 신문들이 뿌르조아 계급에 의해 장악될 것이라는 견해를
밝혔다.[59] 카프에서 활동했던 이갑기는 현인(玄人)이라는 필명으로 쓴
글에서[60] 민간지들이 모두 '민족뿌르조아지'의 수중에 있기 때문에 그
필연적 귀결은 명확하다고 하며, 신문들은 그 입장의 부분적 차이에도
불구하고 "조선운동이 분화한 양대 진영" 사이에서 모두 민족개량주의

57　김무삼, 「근대 신문 특징(5~6회)」, 『조선일보』, 1929.1.19~20.
58　유해송, 「뿔조아 신문의 발달사고(發達史考)」, 『비판』, 1932.9, 13면.
59　추철영, 「조선일보사 구제금 유용사건 검토」, 『비판』, 1932.5, 86면.
60　권영민, 앞의 책, 792면.

적인 경향을 드러내고 "반동적 역할을 담당"할 뿐이라고 비판했다.[61] 개벽사에 근무했던 인물로 보이는 한 필자도 『조선일보』와 『동아일보』가 모두 "민족주의에 입각한 뿌르조아 자유주의적" 성향을 지니고 있다고 주장했다.[62] 이런 점에서 보면 이 두 신문의 이념적 차별성이 사라졌고 모두 '뿌르죠아 계급'을 대변하고 있다고 보는 견해는 반드시 좌파적 인물들만의 것은 아니었다고 볼 수도 있다.

이러한 좌파적 필자들의 주장은 계급적 대립이 심화되는 상황에서 모든 민간지들이 결국 부르주아 계급에 의해 장악되어 그 지배수단으로서 단지 민족개량주의를 유포하는 역할을 하게 될 것이라고 보았던 것이다. 좌파 필자들의 이런 주장은 민간지들의 계급적 성격을 밝히고, 이를 근거로 민간지의 한계를 지적했다는 점에서 의미가 있었지만, 일제의 언론 탄압보다 계급 적대의 측면만을 지나치게 강조했다는 점에서 어느 정도 한계도 지니고 있었다.

2) 기업화의 모색에 대한 인식의 대립

이 시기에는 민간지들의 기업화를 일종의 불가피한 추세로서 받아들여야 한다는 주장들도 점차로 증가했다. 한 필자는 "조선도 역사의 필연으로 신문이 영업 본위화 하여 간다 하면 그것 역시 막을 수 없는 일이다. 그것을 나무라는 것은 시대를 이해 못하는 사람이라 하겠다"

---

61 玄人, 「신문신년호 欄評」, 『비판』, 1932.2, 54~55면.
62 璧上生, 「동아 대 조선의 대항전」, 『혜성』, 1931.3, 76면.

라고 하여 신문의 기업화의 불가피성을 주장했다.[63] 잡지『동광』을 거쳐 1932년에는『조선일보』기자가 되었던 이종수도 "선진 각국에서 신문의 기업화를 부르짖은 지 오랜 이때니만큼 조선의 신문도 그 경영을 위하야 상품화하지 않을 수 없이 되었다"고 하여 그 불가피성을 주장했다.[64] 또한 주요한도 민간지들이 '합법적 문화운동의 일 용구(用具)'이면서 또한 일종의 사회적 지위의 보장을 위한 수단이기도 하지만 이미 '일 기업 형태'로서의 성격을 지니고 있다고 주장하고, 그러나 아직은 신문기업의 수익성이 별로 없다는 점도 지적했다.[65] 또한 이전까지는 '동업 도덕'에 따라 영업적인 경쟁과 상호비방을 하시는 않았다고 평가되었던 것과는 달리[66] "상품화한 신문을 가지고 경쟁을 아니 한다면 그는 거짓말이다. 그러나 역량에 지나는 경쟁을 하면 결국은 자타가 공도하고 마는 것이다"라고 주장하며, 경쟁의 불가피성과 함께 그 문제점에 대한 비판까지 나왔다.[67] 이렇듯 신문의 기업화와 이에 따른 경쟁의 불가피성에 대한 주장은, 이러한 현상이 세계적으로 보편적인 것이고 따라서 조선의 특수한 상황에도 불구하고 민간지들에서도 어느 정도 나타날 수밖에 없는 것이라는 판단에 근거한 것이었다.

『동아일보』만이 안정적인 기업 운영을 했지만, 신문 사업의 수익성에 대한 회의가 존재하던 시기에 등장한 위와 같은 주장들은 이후 전개될 민간지의 기업화를 비교적 정확히 바라보았던 것이다. 특히 이런 상

---

63 위의 글, 75면.
64 이종수, 「조선신문사」, 『동광』, 1931.12, 69면.
65 주요한, 앞의 글, 17면.
66 壁上生, 앞의 글, 72~77면.
67 이적봉, 「민간신문 죄악사」, 『제일선』, 1932.8, 47면.

황에서 『동아일보』가 주된 비판의 될 수밖에 없었는데, 한 필자는 1932
년 당시에 다른 신문에 비해 자본금에서 앞서고 경영도 안정되어 있던
『동아일보』가 다른 신문들이 제대로 발행되지 못하는 상황에서 독점적
지위를 이용하여 광고료와 구독료를 모두 선금으로 받는 행태를 보였
다고 비판했다.[68] 이렇듯 안정적인 기업 운영을 하던 『동아일보』에 대
해 한 필자는, '조선 언론 기관의 아메리카'라고 하며 『동아일보』가 영
리 추구에 집착하는 경향을 지적했다.[69] 한편 『중외일보』 폐간 이후 아
직 『중앙일보』가 창간되지 않았고 『조선일보』는 내분에 휘말려 경제
적인 어려움을 겪던 1931년 중반쯤 쓰인 글에서 한 필자는 신문 사업은
실패할 수밖에 없다는 인식이 사회에 널리 퍼져 있다고 지적하고는, 그
러나 경영상의 몇 가지 문제점을 극복하면 조선에서의 신문사업도 반
드시 망할 수밖에 없는 일은 아니라고 주장했다.[70] 이러한 주장은 외적
제약 조건의 문제 못지않게 신문 내적인 경영상의 문제점도 민간지의
기업적 발전을 제약하는 요인이라고 보았다. 이런 주장들을 보면 당시
에 지나친 영리 추구는 비판하면서도 신문이 하나의 사업으로서 제대
로 경영될 필요는 있다는 인식이 동시에 존재했다는 것을 알 수 있다.

1930년대 초반에 식민지라는 상황에서 이런 민간지의 기업화 과정
에 작용하는 여러 가지 현실적 제약조건 때문에 신문의 기업적 발전에
는 많은 한계가 있을 수밖에 없다는 주장들이 계속해서 나왔다. 이돈화
는 조선의 '신문 사업'이 '자본주의적 상품화'되기 어려운 점으로 "조선

---

68 정태철, 「기근든 언론계의 잔수」, 『제일선』, 1932. 12, 104면.
69 漫談子, 「조선의 신문들을 도마에 올려놓고」, 『제일선』, 1932. 9, 66면.
70 황윤성, 「신문폐가론」, 『혜성』, 1931. 6, 63면.

은 그 자체가 자본주의권선에 들지 못한 점, 조선은 식민지이며 약소민족인 점, 조선의 문화정도가 유치한 점 등"을 지적했다.[71] 다른 필자는 신문 발달의 제약 조건으로 '기사소재의 빈약, 일본문의 보편화로 인한 일문지의 침입, 다수의 문맹으로 인한 독자의 희소, 판매망의 불완전, 구매력의 부족' 등을 들었다.[72] 또 다른 평자는 '기업형태로서의 신문사업'이 발전되기 어려운 점으로 '자본력의 빈약', '일반의 생활이 부유치 못한 것', 일제의 언론탄압과 민중들의 과다한 기대 등을 들고 있다.[73] 배성룡은 신문의 발전과정에 불리하게 작용하는 조건으로 자본주의 상품경제의 미발달과 높은 문맹률을 지적하고 있다.[74] 『동아일보』를 제외한 다른 민간지들이 경제적으로 여러 가지 어려움을 겪던 시기에 나온 이러한 주장들은, 민간지들이 위와 같은 제약조건들 때문에 기업화되기 어렵다는 주장이라기보다는 그러한 제약조건을 가하는 특수한 상황에 대한 올바른 인식을 통해 기업화나 상품화보다 민족적 기대에 부응하는 역할을 해야 한다는 기대를 표명했던 것이라고 보아야 할 것이다. 이런 맥락에서 오기영은 1930년에 쓴 글에서, "신문은 정치 기관지의 색채를 벗으면서 정확하고 공정한 보도의 임(任)에 당하는 본래의 사명으로 돌아왔다"고 주장하며, 신문이 특정 정치세력의 후원에서 벗어나 민족적 기대에 부응하는 역할을 한다면 주식회사 체제로서 변화되는 것도 별로 문제가 될 것이 없다고 주장했다.[75]

---

71 夜雷, 앞의 글, 58면.
72 無名居士, 앞의 글, 80면.
73 한양학인, 「조선신문론」, 『동방평론』, 1932.7.8, 34~35면.
74 배성룡, 앞의 글, 57면.
75 오기영, 「신문소고(1~10)」, 『동아일보』, 1930.1.7~1.23.

이와 같이 민간지의 기업화 또는 상품화를 하나의 추세로 인정하면서도 여전히 민간지들이 이를 추구하기보다는 조선사회의 특수성을 고려해야 한다는 위의 주장들과는 달리 좌파 필자들은 민간지의 기업화를 자본주의 사회에서의 하나의 필연적인 경향으로 보고 조선에서도 이것이 관철되고 있다고 주장했다. 특히 1930년대에 들어서서 신문의 기업화나 상품화에 대한 이론적 논의들이 빈번히 등장하면서,[76] 이런 관점을 통한 민간지에 대한 비평도 이루어지게 되었다. 북풍회 계열의 사회주의자였고 『중외일보』에서 근무했던 천두상은, "신문지의 상품화는 자본주의 사회에서 당연한 것"이고 자본가는 일개의 상품에 불과한 신문을 통해 이윤추구를 목적으로 하게 되었다고 하면서 조선에서도 이미 이러한 경향이 나타나고 있다고 지적했다.[77] 카프계열의 평론가였던 이갑기는 신문은 이제 자본주의적 기업의 하나로서 이윤을 목적으로 운영되고 있고, 조선에서도 민간지들이 "기형적 요소를 가진 채로" 자본가적 기업으로 변화되고 있다고 하면서 『동아일보』를 대표적 예로 들고 있다. 특히 그는 『동아일보』가 특수한 사회 상황은 전혀 무시하고 "상공 계급의 이데올로기를 대변"하고 "뿌르죠아적 취기(臭氣)를 여실히 발산"하고 있다고 비판했다.[78] 많은 필자들이 민간지들의 경우

76　1930년대에는 자본주의 사회에서의 신문의 기업화, 상품화에 대한 맑스주의적인 이론적 논의들이 상당히 많았다. 다소 거칠기는 하지만 이런 논의들은 자본주의의 발전에 따른 대중 신문의 등장 과정, 자본주의 사회에서의 신문의 계급적 성격과 이데올로기적 역할에 대한 언급까지 하고 있다. 이런 이론적 논의들에 대한 고찰은 별도의 작업으로 남겨놓고 본고에서는 일제하 민간지에 대한 구체적인 비평들을 주로 살펴볼 것이다.

77　천두상, 「사회 조직의 변천과 신문」, 『철필』 1(3), 1930, 24~27면.

78　이갑기는 '유물변증법'에 입각하여 자본주의의 발전에 따른 신문의 변화 과정을 다루고자 한다고 자신의 관점을 표명했다. 이런 관점은 그의 좌파적 문예 비평의 연장선상에 있는 것이었다. 이것을 통해 다른 좌파 필자들의 경우에도 명시적이지는 않더라도 대부분 일정 정도의 맑스주의적 지식을 기초로 신문을 분석하려고 했다는 것을 알 수 있다. 이갑기, 「신문

특수한 사회 상황과 경영상 어려움으로 아직 모두 기업화된 것은 아니었지만, '부르주아' 계급이 소유하고 있기 때문에 이들이 결국 모두 기업화될 것이라고 주장했던 것이다.

3) 논조의 변질에 대한 비판

위와 같이 주로 민간지의 사회적 역할의 변화와 이윤 추구적 경영 방식의 대두에 대한 비판적 인식들이 등장하면서 같은 맥락에서 신문 논조의 변화에 대해서도 많은 비판들이 나왔다. 이종수는 1931년의 신간회 해소를 계기로 일본 상품 광고의 게재가 본격화되는 등 신문의 기업화가 급진전되었고 동시에 논조도 급격히 변질되었다고 지적했다.[79] 이런 지적은 일제의 언론 탄압뿐 아니라 영리 추구에 집착하기 시작한 민간지들이 스스로 일제의 언론 탄압에 순응하여 논조를 변화시킨 측면도 있다는 것이었다.[80] 이와는 달리 이갑기는 "당시의 사회적 의식의 동요는 이 신문지의 시장가치를 부여하는 전체적 내용으로 되어 있었다"고 지적하여, 민간지들이 초기에 보여준 어느 정도의 민족적인 논조도 신문 판매를 위한 일종의 전략이었을 뿐이었고 이제는 그나마도 사라졌다고 비판하였다.[81] 1920년대 민간지들의 논조에 대한 평가의 차

기업론」, 『비판』, 1932.10, 2~6면.

79 이종수, 「조선신문사」, 『동광』, 1931.12, 69면.

80 주요한의 회고가 이런 상황을 잘 드러내 주고 있다. 주요한, 「만보산 사건과 송 사장과 그 사설」, 『언론비화 50편』, 한국신문연구소, 1978, 108~114면.

81 이갑기, 앞의 글, 4면. 『동아일보』 창간 당시 논설반 기자였고 그 후 사회주의 성향의 잡지 『신생활』 관련 활동으로 옥고를 치르기도 했던 김명식도 민간지 초기의 논조가 당시의 주

이에도 불구하고 위의 두 견해는 1930년대 들어 논조가 급격히 변화되었다는 것을 지적했다는 점에서는 비슷했다. 1932년에는 『조선일보』와 노정일의 『중앙일보』가 제대로 발행되지 못하는 상황에서 『동아일보』는 총독부 정무총감의 시사담을 특호 4단으로 사회면 한복판에 게재했다고 하며 한 필자는 『동아일보』가 유일하게 계속 발행되던 상황에서 "순망치한(脣亡齒寒)의 적막함"과 같은 일종의 위기의식 때문에 스스로 논조를 급변했다고 비판했다.[82] 이런 주장들은 부분적 차이점에도 불구하고 대체로 일제의 언론탄압 하에 민간지들이 기업적 경영에만 집착하여 논조가 변질되었다고 보는 점에서는 공통점을 지니고 있었다.

신문의 기업화가 진전되면서 사설의 비판적 기능이 약화되고 단순히 사실 보도를 위주로 하는 새로운 경향이 생겨났는데, 이에 대해 천두상은, 신문이 상품화됨에 따라 '주장본위'에서 점차로 '보도본위'로 전이되어 가는 것인데 민간지들도 이런 경향을 보여주고 있다고 지적했다.[83] 마찬가지 맥락에서 이갑기는 기업화된 신문에서 "편집 치중은 영업 본위로 그 사업의 중심이 영업부문으로 넘어갔으며 다음으로 편집 방법에서 비판 기능에 그 중심을 잡았든 것이 점차로 보도 중심으로 전화"했다고 지적했다.[84] 배성룡도 "지도적, 계몽적 존재의 태도로부터 주장적 태도와 의식적 존재를 완전히 몰각(沒却)하고 오직 보도적 임무

된 독자층이었던 "청년층의 사상적 요구에 부응"하고자 했던 것이었다고 지적했다. 김명식, 「필화와 논전」, 『삼천리』, 1934.11, 36면.

82 漫談子, 앞의 글, 66면.
83 천두상, 앞의 글, 25면.
84 이갑기, 앞의 글, 5면.

만을 가지게 된 것"이라고 하며 보도중심주의 경향이 일반화되고 있다고 지적했다.[85] 이런 주장과 같은 맥락에서 사설의 존재 의의에 대한 비판도 나왔는데, 이현우는 "요즈음 신문의 사설이란 아니 『동아일보』의 사설이란 것은 (…중략…) 단순히 신문지의 형식을 갖추고 또는 공란을 채우는 활자의 나열에 불과한 것"이라고 하여 사설의 존재가 별다른 의미가 없는 것이 되었다고 비판했다.[86] 좌파적 성향의 필자들이 이렇듯 민간지의 '보도중심주의'를 비판했던 것은 기업적 이윤 추구에 집착하게 된 민간지들이 일제의 언론 탄압을 피하기 위해 최소한의 비판적 역할도 포기한 채 제한적 사실만을 보도하려는 경향을 드러내고 있다고 판단했기 때문이었다.

한 필자는 특정한 정치적 입장을 주장하지 않는 민간지들에 대해, "근래 조선의 언론기관들이 크면 클수록 당국과 대중 또는 배경 때문에 옳은 주장과 독특한 색채를 드러내지 못하고 여기에도 영합하랴 저기에도 거슬리지 않으랴 하는 통에 자연히 우물쭈물 식이 되는 것은 전체의 현상인 듯하다"고 지적했다.[87] 이런 민간지의 태도에 대해 북풍회계 사회주의 여성운동가로서 여성운동 단체인 근우회에서 활동했던 정종명은, 민간지들이 "각 계급층으로부터" 중립적이려고 하는 것은 결국 "기성세력에 굴종하는 반동적 문자의 나열"만을 낳는다고 비판하여 특정한 정치적 입장을 드러내지 않고 중립적인 입장의 논조를 보이고자 했던 민간지를 비판했다.[88] 또한 이적봉은 "오늘의 신문이란 권력, 자력(資

85 배성룡, 앞의 글, 58~60면.
86 이현우, 「조선 신문계 만담」, 『비판』, 1932.9, 16면.
87 壁上生, 「사신문 신년호 평」, 『혜성』, 1932.2, 90면.
88 정종명, 「현하 조선의 사회는 엇던 기자를 요하는가―색채 분명한 기자로」, 『철필』 1(3),

力), 사분(私分), 체면을 옹호하여 지지하는 데 후하고 노동자나 농민 같은 대중의 이익이나 사건을 위하여서는 너무나 냉정하다"고 비판했는데,[89] 이것은 민간지들이 사실 보도조차 제대로 못하고 있다는 비판으로서 민간지들이 지향했던 보도중심주의의 한계를 비교적 잘 지적했다.

또한 이 시기에는 민간지에 흥미위주의 논조가 본격적으로 나타나기 시작하자, 이에 대한 비판들도 상당수 나왔는데, 설의식은 민간지들이 현실적이고, 실제적이고, 통속적으로 변화되어 나갈 수밖에 없다는 점을 지적했다.[90] 또한 이선근은 민간지들이 "어떤 이즘을 대표, 고조하기보다 사면팔방으로 일반적 인기의 총아가 되려고" 하면서 정치나 사상 방면보다는 현실적 문제나 학예방면에 더욱 치중하여 일반 민중들로부터 일시적 감정적 인기를 얻고자 "통속적 취미를 고취하는 것"에 주력했다고 지적했다.[91] 또한 배성룡도 신문들은 "독특한 의식의 표현보다도 사람의 관능적 자극만을 중시하게" 되었고 대중들의 흥미를 끌기 위한 '반사회적 감각방면'에 치중하게 되었다고 비판했다.[92] 한 때 북성회계 사회주의자로 활동했고 당시에는 『조선일보』 기자였던 이여성도 신문들이 특정한 입장 없이 '고객(독자와 광고주)의 비위'만을 맞추려는 경향이 생겨나고 있다는 점을 비판했다.[93] 이렇듯 민간지들이 흥미 위주의 논조를 보이게 되었다는 비판이 이 시기의 많은 필자들로부터 나왔던 것은, 이러한 논조가 대중들로 하여금 민족적 현실에 대한

1930, 45면.

89 이적봉, 앞의 글, 46면.

90 설의식, 앞의 글, 3~4면.

91 이선근, 앞의 글, 19~20면.

92 배성룡, 앞의 글, 58면.

93 이여성, 「평론 문제에 대하야」, 『철필』 1(3), 1931, 13면.

문제의식을 약화시킨다는 이유 때문이었지만, 한편으로는 이들 필자들이 여전히 신문의 지도적 기능에 더 큰 관심을 가지고 있어서 신문의 '오락적 기능'에 대해 비판적이었기 때문이었다고도 볼 수 있다.

나아가 한 필자는 『동아일보』가 소설을 6~7개나 게재했던 '기태(奇態)'를 보였던 것은 증면경쟁으로 늘어난 면을 채우기 위한 것이었다고 지적했고[94] 또한 민간지들이 "때로는 페이지 채우기에 곤란하야 잡지, 단행본으로나 내여놈직한 학예, 가정기사 등을 공연히 나열"하는 지경에 있다고 비판하기도 했다.[95] 이것은 민간지들이 증면에 따라 늘어난 지면을 소설이나 기타 학예기사 등으로 쉽게 채우려고 했다는 것으로, 바로 증면경쟁이 흥미 위주의 논조에도 영향을 주었다는 지적으로 볼 수 있다. 이렇듯 일제의 언론탄압이 강화된 상황에서 민간지들이 기업화를 모색하게 되면서 보도중심주의와 흥미 위주의 내용들이 나타나자 대부분의 필자들이 이를 비판했던 것이다.

4) 민간지 중기 신문비평의 특징

위에서 살펴본 것 같이 1920년대 말에서 1930년대 초반까지는 이전 시기와는 달리, 일제의 강력한 탄압에 따라 민간지의 지도적, 비판적 역할이 사라지는 가운데 민간지의 기업화가 시작되었다고 주장하는 견해가 다수를 차지했다. 즉, 관점의 차이에도 불구하고 상당수의 필자들

---

94 壁上生, 앞의 글, 1931, 76면.
95 壁上生, 앞의 글, 1932, 85면.

이 민간지의 상품화나 기업화는 하나의 필연적인 추세로 보았다. 다만 『동아일보』를 제외한 나머지 민간지들의 경영이 안정되지 못했던 상황에서 신문의 기업화나 상품화를 하나의 추세로서 받아들이면서도 조선사회의 특수성을 강조하며 여전히 민간지들이 민족적 현실을 고려한 지도적 역할을 해야 한다는 주장들도 있었다. 반면에 『비판』을 중심으로 한 좌파 필자들은 좌우익 협동전선이었던 신간회의 해체 이후 계급적 대립이 심화되고 있다고 보고, 민간지들은 필연적으로 기업화되어 '민족부르주아' 계급에 의해 장악될 것이고 이에 따라 민족개량주의적인 '반동성'을 드러내게 될 것이라고 주장했다. 이런 두 입장의 가장 큰 차이는 전자가 민간지의 사회적 역할이나 내용 변화의 원인을 상대적으로 일제의 언론 탄압에서 찾는 데 비해 후자는 민간지의 계급적 성격 때문이라고 보고 있는 것이다.

이런 견해의 차이에도 불구하고 상당수의 필자들은 민간지의 보도 중심주의적 경향과 흥미위주의 논조에 대한 비판에 있어서는 어느 정도 공통된 점을 보였다. 이런 현상은, 이 시기에 신문의 보도적 기능을 더욱 중시하는 견해가 전혀 없었던 것은 아니었지만, 상당수의 필자들이 여전히 신문의 지도적 역할에 대한 기대를 지니고 있었기 때문이었다. 신문에 대한 각계의 의견을 조사한 자료를 보면, 신문의 '주의주장'이 선명해야 한다는 의견도 있었지만, 보도기관으로서의 역할에 충실해야 한다는 의견도 적지 않았다. 전자의 입장은 화요회계 사회주의자였던 김경재와 한때 카프에서 활동했던 홍효민을 들 수 있고, 후자로는 『동아일보』의 박찬희를 들 수 있다. 이러한 대표적 예에서처럼 각계의 의견도 대체로 좌파적 인물들이 주의주장의 선명성이 필요하다는 견해

를 보인 반면에 우파적인 인물들은 보도본위로의 변화를 인정하는 견해를 보였다.[96]

이 시기에는 개벽사 계열의 『혜성』, 『별건곤』, 『제일선』을 포함하여, 김동환의 『삼천리』, 북풍회계 사회주의자였던 송봉우의 『비판』, 언론전문지 『철필』 등이 창간되어 신문비평이 매우 활성화되었다. 또한 이 시기에는 『비판』 창간과 함께 좌파적 관점에서의 신문비평이 본격적으로 등장하여, 단순히 민간지의 지도적 역할에 대한 기대를 표명하는 것을 넘어서서 비판적인 관점에서 구체적인 분석을 시도하기도 했다.[97] 물론 합법적인 잡지를 통해 전개된 민간지에 대한 좌파 필자들의 비판은 이미 일정한 한계를 지니고 있었다. 이 시기까지 민간지에 대해 필자들이 갖고 있던 최소한의 기대는 1933년 이후 민간지들이 대자본에 의해 안정적으로 운영되면서 완전히 사라지게 되었다.

---

96 고영환 외, 「신문계에 대한 불평과 요망」, 『동광』, 1931.12, 86~89면; 박찬희 외, 「현대 신문에 대한 제씨의 의견」, 『비판』, 1932.9, 19~20면.

97 상당수의 좌파적 필자들은, 민간지들의 사설이나 기사에 대한 실제 분석을 통해 민간지의 계급적 성격과 그에 따른 민족개량주의적인 논조를 비판했다.

4. 민간지 말기의 신문에 대한 인식과 비판

1) 민족적 기대의 소멸과 강화된 비판

1933년 들어서서 『조선일보』가 방응모에 의해 인수되어 안정적으로 운영되기 시작했고, 『중앙일보』도 여운형을 사장으로 받아들이고 제호도 『조선중앙일보』로 바꾸어 비교적 안정적인 운영을 하게 되면서 민간지들의 기업화가 더욱 진전되었고 이에 따라 민간지 사이의 경쟁도 더욱 치열해졌다. 이런 상황에서 한 필자는 "금일의 신문의 고민은 실로 민중을 리-드하는 목탁으로의 역할에 있는 게 아니고 여하히 하여야 한 푼의 이익이라도 더 많이 얻을까 함에 있는 것"이라고 하면서 이제 신문은 "민중과는 너무나 먼 거리로 현격(懸隔)해갈 따름"이라고 비판했다.[98] 이러한 상황은 이제 민간지들이 민족적 요구나 민중적 기대를 완전히 무시하게 되었다는 것을 의미하는 것이었는데, 이에 대해 안동현은, "금일의 신문은 목적과 수단을 혼동, 아니 혼동보다도 전도시키어 신문은 신문으로서 아니 조선의 신문으로서 살고자 하는 것이 아니라 단지 신문이란 명목을 유지하기 위하여 모든 노력을 다하고 있는 것이 아닌가"라고 비판했다.[99] 3·4차 조선공산당 일본부에서 활동한 바 있던 김계림은 이러한 민간지들이 "만일 민중을 지도하려 하고 또 어떠한 정치적 의도를 가졌다고 하면 그것은 위대한 망상인 동시에 지극히

---

[98] 洪浪, 「타락된 민간신문」, 『제일선』, 1933.2, 8면.
[99] 안동현, 「조선문화와 조선신문」, 『비판』, 1936.7, 10면.

우스운 일"일 뿐이라고 지적했다.[100] 또한 1920년대에 화요회계 사회주의자로 활동한 바 있던 김경재는 "조선신문의 특수성은 제거되고" 말았고 신문들은 "조선민중의 진로를 제시할 자격을 상실한 것"이라고 주장했다.[101] 또한 그는 이제 두 신문은 결국 '사회적 환경'과 '민족적 특수성'을 간과하는 '퇴폐적' 경향을 보이고 있을 뿐이라고 비판했다.[102] 이러한 비판들은 민간지들이 식민지라는 사회적 현실을 무시하고 신문의 기업적 이윤추구에만 집착하고 있는 현실에서 더 이상 민간지의 역할에 대한 어떠한 기대도 무의미하다는 주장들이었다.

위와 같은 주장들과는 달리 이 시기에도 여전히 조선의 특수한 상황에서 신문은 단순히 하나의 기업 이상의 사회적 역할을 해야 한다는 주장도 있었다. 오기영은 언론의 자유가 봉쇄되고 민족의 문화 정도가 저급한 조선의 신문은 "독자의 기호에 따라 제작을 달리 할 상품일 수 없다"고 하여 기업화를 비판하고, 결국 "특수한 운명에서 출발한 조선의 신문은 오직 그 민족적 정신, 그 민족적 감정과 사상을 발양(發揚)하고 호소"하는 "민중에게 충실할 민족적 책무"를 여전히 짊어져야만 한다고 주장했다.[103] 그의 주장의 핵심은, 신문의 기업화와 객관적 보도가 일반적 추세라는 점은 인정하면서도 특수한 상황에 있는 조선에서는 결코 기업화나 보도적 임무에만 치중해서는 안 된다는 것이었다. 또한 안재홍은 이전까지의 입장과 마찬가지로 신문은 "기업화하는 한편에서 이 신문자체의 본질적 사명인 민중의 공기로서와 사회의 목탁으로서의

---

100 김계림, 「전쟁과 신문」, 『중앙』, 1936.8, 70면.
101 김경재, 「조선신문의 대중적 비판」, 『개벽』, 1935.3, 22면.
102 김경재, 「양대 재벌의 쟁패전 전모」, 『삼천리』, 1936.4, 14~15면.
103 오기영, 앞의 글, 1934, 83~84면.

충실한 민중의식의 표현과 진정한 사회동태의 반영"이라는 과제를 수
행해야 하며 특히 조선의 신문은 민중들의 공통된 이해를 위한 '선구적
지도'의 역할을 해야 한다는 점을 강조했다.[104] 그러나 이런 주장들은
민간지들이 기업적 경쟁에만 몰두하던 언론현실에서 가능성이 있다고
판단했다기보다는 단순히 일종의 기대를 표명한 것일 뿐이었다.

이런 주장과는 달리 안동현은 "조선의 실정에서 일어나는 민중의 애
소(哀訴)를 가로맡아서 이를 해결함으로써 최소한도의 부분적 이익이나
마 끼쳐 주기에 모든 노력을" 기울여야 한다고 주장하여 민간지의 최소
한의 역할을 주장했다.[105] 마찬가지 맥락에서 김계림도 민간지에 대해
서 커다란 기대를 갖는 것은 '어리석은 일'이라고 하면서 단지 민간지가
"민중의 현실적 생활과 현실적 욕구 내지 감정"을 충실히 보도해 주기
를 바란다는 의견을 표명했다.[106] 이런 주장들은 민간지들의 구조적 한
계를 비판하면서도 민간지가 민중들의 삶과 관련하여 최소한 사실 보
도라도 제대로 해주기를 바란다는 견해들이었다.

이렇듯 일부 필자들이 변화된 현실을 인정하면서도 여전히 민간지
에 대한 일정한 기대를 표현했던 것과는 달리 『비판』지를 중심으로 한
좌파적 필자들은 민간지의 계급적 성격과 그 역할 수행에 대해 이전보
다 더욱 비판적 관점을 드러냈다. 한 필자는 세 신문이 정립한 1933년
에 들어서서 이제 민간지들은 모두 "토착뿌르조아와 지주 등의 반동세
력의 조장(助長)을 위하여 최대의 노력과 희생"을 다하며 '민족 파쇼화'에

---

104 안재홍, 「신문사초—50년간의 회고(1)」, 『쩌날리즘』 1, 1935.8, 4~5면.
105 안동현, 앞의 글, 10면.
106 김계림, 앞의 글, 70면.

주력하고 있다고까지 비판했다.[107] 1933년까지는 민간지들 중에서도 특히 『동아일보』가 좌파 필자들의 비판의 대상이 되었는데, 이것은 『동아일보』가 과거부터 민족개량주의 세력의 중심이었고 당시까지는 다른 신문에 비해 비교적 기업적인 발전을 했다고 인식되었기 때문이 었다. 한 필자는 특히 『동아일보』는 '지주와 채귀(債鬼)'의 대변자가 되어 편집 면에서는 타 신문보다 단연 우열하나 "내용의 저렬(低劣)과 독소(毒素)는 타지보다 훨씬 심하다"고 비판했다.[108] 또 다른 필자도 『동아일보』에 대해 "무릇 무산자 계급의 이익을 위하는 일이라면 이를 악물고 거부"할 뿐만 아니라 "대중을 그들의 함정에 끌어넣기 위하여" 노력하고 있다고 비판했다.[109] 한 평자는 『동아일보』를 민족주의, 『조선일보』를 자유주의, 『조선중앙일보』를 사회주의 성향이 있다고 차별화시켜 평가하고 있다.[110] 그러나 이 시기에 『동아일보』와 『조선일보』의 차별성은 거의 없었고, 다만 『조선중앙일보』만이 조금 다른 정도였다고 보아야 할 것이다.

합법적으로 발행되는 잡지로서 일정한 한계를 지닐 수밖에 없었던 『비판』지의 민간지에 대한 비판과는 달리, 적색노동조합운동을 지도했던 주영하는 1935년경에 썼다고 알려진 글에서 민간지들과 일부 잡지들(『비판』은 거론되지 않음—저자)이 "자기의 주의 및 설계를 널리 군중에게 선동.선전하고, 군중 사이에 자기의 부패와 일본 제국주의자의 주구로서의 태도를 은폐하고 궤변이나 도덕적 언변으로 조선의 프로레타리

---

107 舌火子, 「신년호 3신문 槪評」, 『비판』, 1933.3, 40~43면.
108 覆面生, 「중앙.조선.동아 3신문 신년호평」, 『제일선』, 1933.2, 34~35면.
109 北海生, 「여운형의 부탁을 읽고」, 『신계단』, 1933.2, 82면.
110 鷲公, 「중앙의 躍起와 조선.동아 제패전」, 『삼천리』, 1936.4, 7면.

아 운동을 혼란시키고 기만하려 한다"고 주장하여 민간지들이 '일제의 주구'로까지 전락했다고 비판했다.[111] 또한 1934년에 사회주의자들이 '조선공산당 행동강령'으로 작성했던 자료에서는, "조선 부르조아는 (…중략…) 자기의 손발을 좌익적 공언(空言)으로 감추고, 근로민중 중에서도 노동자들에 대해 사회주의자로 자처하면서 그들의 획득에 노력하고 있는 『비판』, 『신계단』지 등의 제 그룹을 통해 조선민중의 민족해방운동을 탈취하려고 하고 있다"고 하여 『비판』 등의 좌파적 성향의 잡지들까지도 비판했다.[112]

이런 비판은 점차 『동아일보』 이외의 모든 민간지로까지 확대되었다. 신남웅은 『동아일보』를 포함한 모든 '뿌르조아' 신문은 "자계급의 확보 지지"를 위해 사회의 본질적인 문제를 덮어두려는, 대중에 대한 기만적인 행동을 하고 있다고 비판했다.[113] 또한 박만춘은 세 신문이 모두 '민중의 진실한 제 요구'를 외면하고 단지 극소수 "유산자군(有産者群)의 대변만을 자부"하는 '계급적 반동성'을 지니고 있고 따라서 점차로 '파쇼화'되고 있기 때문에 "그들에게 새로운 기대를 가질 것이 하나도" 없다고 주장했다.[114] 박승극은 결국 '뿌르조아 신문'으로서 '반동성'을 드러낸 『동아일보』와 『조선일보』는 민중을 무시한 채 자신들의 이익 추구에만 몰두하게 되었다고 비판했다.[115] 이렇듯 좌파 필자들은 민간

111 주영하, 「조선 민족개량주의자와의 투쟁과업」, 신주백 편, 『1930년대 민족해방운동론 연구』 1, 새길, 1989, 314면.
112 조선공산당 발기자그룹, 「조선공산당 행동강령」, 『코뮤니스트 인터내쇼날』 17, 1934.6(한 대회 편역, 『식민지시대 사회운동』, 한울림, 1986, 341면에서 재인용). 이 자료의 성격에 대한 해제는 다음을 참조하라. 임영태, 앞의 책, 382~384면.
113 신남웅, 「동아일보 사설, 퇴폐적 경향의 增長을 誅함」, 『전선』, 1933.5, 46면.
114 박만춘, 「조선 3신문 轉落相」, 『비판』, 1933.3, 49면.
115 박승극, 「동아·조선일보의 상쟁에 대한 소견」, 『비판』, 1935.11, 43면.

지들이 민족적 기대에 부응하는 역할을 하기보다는 자신들의 계급 이익을 온존시키기 위해 오히려 식민지 지배에 기여하고 있다는 관점에서 비판을 했다.

2) 기업화와 지나친 경쟁에 대한 비판

민간지들이 대자본을 토대로 완전히 기업화되어 이윤 추구에만 집착하던 현실 속에 신문의 기업화 자체보다는 그곳에서 파생되는 문제점에 대해 집중적인 비판이 가해졌다. 한 필자가 "언론수준은 이미 총독부에서 꼭 제한하여 놓은 것이 있으니 그 언론의 고저가 경제의 표준이 되지 못할 것이요, 오직 자웅을 다툴 전야(戰野)는 재원의 확충에 의한 지구전에 있을 뿐"이라고 주장했던 것처럼[116] 민간지들은 더 이상 일제의 언론통제에 저촉될 만큼의 논조는 거의 보이지 않은 채 단지 기업적 발전에만 집착하게 되었던 것이다. 대부분의 필자들이 지적했듯이 당시의 신문 운영에서 여전히 커다란 문제점은 높은 문맹률과 경제적 빈곤으로 인한 판매부수 증가의 어려움, 산업의 미발달로 인한 광고의 부족을 들 수 있을 것이다.[117] 이런 상황에서 민간지들은 판매부수와 광고수입의 증가를 위한 다양한 시도들을 했는데, 이런 과정에서 보여준 민간지들의 지나친 경쟁 양상에 대해 강력한 비판들이 뒤따랐다.

---

116 한양과객, 「3대 신문 참모장론」, 『비판』, 1934.8, 31면.
117 김경재, 앞의 글, 24면; 김계림, 앞의 글, 70면; 薛芦山, 「조선문 신문 발전에 대하여」, 『호남평론』, 1936.11, 23면.

신문 판매부수 증가를 위해 민간지들이 노력하고 있는 가운데 이들의 주도로 전개되었던 문자보급운동은 일종의 판매확장 운동이라는 비판이 제기되었다. 『조선일보』에 의해 시작되었지만 『동아일보』에 의해 본격화된 문자보급운동에 대해 한 평자는 "문자를 수여함으로써 그 기관지 『동아일보』를 널리 소화시키려는 의도"도 있고 또한 지면을 통한 '주장의 선전'도 있다고 비판했다.[118] 또 다른 필자도 문자보급운동은, 어느 정도 독자 증대의 의도가 내재되었던 것으로 민중들의 머릿속에 "가갸거겨와 함께 오히려 그보다는 『동아일보』 넉자를 주입시켜서" 글자를 해독하게 되면 자연스럽게 『동아일보』를 보도록 했던 것이라고 비판했다.[119] 또한 김경재도 민간지들이 "문맹타파운동을 일으키어 신시장(新市場)을 발견키에 주력"하고 있다고 지적했다.[120] 이렇듯 문자보급운동을 비판적으로 인식했던 것은, 이미 이윤 추구에만 집착하던 민간지의 활동에 대한 불신이 확산되어 있었기 때문이었다.

높은 문맹률이나 구매력 부족으로 판매수입 증대가 어려워지자 민간지들은 광고수입을 늘리기 위해 온 힘을 기울이게 되었다. 신문 운영에 있어서 광고의 중요성이 인식되면서, 한 필자는 "금후 신문의 성쇠(盛衰)는 강대한 자본전(資本戰)에 달려있다"고 하고 재원 확보에서 자본의 추가 투자나 부수 판매대금의 증대는 사실상 불가능하기 때문에 "광고 재원의 획득이 유일의 길"이 되는데 "광고라면 조선 내는 생산 공업이 유치함으로 자연히 그 고객을 동경, 대판 등 동양의 시카고(市俄古)요

118 홍일우, 「동아사는 어디로 가나?」, 『신계단』, 1933.1, 28면.
119 한양과객, 앞의 글, 32면.
120 김경재, 앞의 글, 27면.

만체스타-에 구하지 않을 수 없었다"고 지적했다.[121] 특히 민간지들은
증면경쟁에 따라 늘어난 지면의 광고를 채우기 위해 일본상품 광고 유
치를 위해 더욱 치열한 경쟁을 했고, 1930년대 중반 이후에는 점차 광
고료도 인상했다. 그러나 증면이 되고 광고료도 인상되자 "광고료의 인
상이란 말은 지면은 없고 광고량은 폭주하고 하니 부득이 광고요금을
올리겠소 하는 것인데 이제 증면을 행한다면 그 역으로 도로히 지면량
은 늘었음에 불구하고 광고 요금만 올려야 한다는 것이 되어 경제학설
사의 희소가치설을 부정하는 광고 미증유(未曾有)의 어불성설(語不成說)한
로직이 생긴다"는 날카로운 비판을 받기도 했다.[122] 이러한 상황에서
필자들은 민간지들이 일본상품 광고의 유치를 위해 일본인과 조선인
사이의 광고료까지 차별 적용하여 일본인에게는 할인과 함께 후불로
광고를 게재해 주었던 반면에 조선인들에게는 제 값을 받고 그나마도
선금 지불일 때에만 광고를 게재해 주었다고 비판했다.[123]

   이렇듯 민간지들은 광고료까지 차별하면서 일본 상품의 광고를 적
극적으로 유치하여 더욱 안정적인 운영을 할 수 있게 되었지만, 이는
대부분의 필자들로부터 비판을 불러일으켰다. 홍랑이라는 한 필자는
민간지들에 대해 "민족의 경제적 생활에 경종을 난타하는 그 후면에는
일본 상품의 거대한 식민지 진출을 의미하는 선전광고가 웃고 있다"고
비판했다.[124] 또한 『동아일보』 기자였던 오기영조차도 "물산장려, 조

---

121 한양과객, 앞의 글, 31면.
122 石兵丁記, 「도전하는 조선일보, 응전하는 동아일보」, 『삼천리』, 1935.2, 40~41면.
123 牧丹峯人, 「신문편집 裏面秘話」, 『개벽』, 1935.3, 95면; 채필렬, 「세 신문의 나체상」, 『비판』,
    1936.11, 32면.
124 洪浪, 앞의 글, 7~8면.

160 식민지 시기 언론과 언론인

선인 산업의 발달, 자력적 중흥을 사시로서 고창하면서도 그 자체를 살리기 위해서는 외래의 상품을 조선인에게 선전하고 그 여덕을 입을 수밖에 없는" 민간지들의 입장은 모순적인 것이라고 지적했다.[125] 마찬가지의 관점에서 한 필자는 "한 손에 조선 민족을 들고 한 손에 동경, 대판의 상품을 들고 나가는 것이 『동아일보』, 아니 조선의 제 신문이다. (…중략…) 신문지의 판매를 위하여는 조선 민족을 팔아야겠고 광고의 수입을 위하여는 동경, 대판 등지의 상품을 팔아야 하는 것이 조선 신문계의 딜레마이다"라고 지적했다.[126] 이보다 더욱 강한 어조로 김동인은 "대판(大阪)서 광고료로 만 원이 조선으로 건너오면 그 광고의 덕으로 조선인의 주머니에서 십만 원이 대판으로 건너가는 것"을 알면서도 신문들이 온갖 '교태'를 부리며 일본광고를 유치하는 것은 '조선 대중을 파는 것'이라고 비판했다.[127] 이렇듯 대부분의 평자들은 일본 상품 광고가 민간지의 경영에서 불가피하다는 점을 어느 정도 인정하면서도, 이의 유치를 위해 수단 방법을 가리지 않을 정도의 경쟁을 하던 민간지에 대해 '민족을 파는 행위'까지 하고 있는 것이라고 비판했다.

이렇듯 판매 수입과 광고료 수입의 증대를 위한 민간지의 노력에 대해서는 불가피성을 어느 정도 인정하면서도 그 정도가 지나치다는 점 때문인지 비판적인 논의들이 지배적이었다. 이런 비판적 인식은 『동아일보』와 『조선일보』와의 경쟁이 본격화되면서 더욱 확산되었다. 두 신문이 경쟁적으로 '3증(증자, 증축, 증면)'에만 몰두하자 이는 단순히 신문의

---

125 오기영, 앞의 글, 1934, 84~85면.
126 황태욱, 「조선 민간 신문계 총평」, 『개벽』, 1935.3, 16면.
127 琴童, 「媚媚孤獨 현 민간신문─한 문예가가 본 민간신문의 죄악」, 『개벽』, 1935.3, 42면.

기업적 성장에만 집착한 경쟁이라고 비판을 받게 되었다.[128] 한 필자는 이 두 신문의 경쟁은 "결국은 그들의 영업이야기"에 불과한 것이고 더욱이 '지방열'까지 부추기는 것이라고 비판했는데,[129] 특히 일부 필자들은 이러한 '시대 역행적인' 지방색의 심화에 따라 『동아일보』, 『조선일보』를 각각 '전라도신문', '평안도 신문'으로까지 부르기도 한다고 비판했다.[130] 이 두 신문은, 1935년에는 『동아일보』와 함께 김성수에 의해 운영되던 '보성전문학교의 부정 입학'건에 대한 『조선일보』의 보도를 계기로 저급한 공방전을 전개했는데, 한 필자는 이에 대해 "양사를 민족적 대표기관인 듯이 보아 가지고 양사의 싸움은 민족적 손실이라는 거룩한 관점은 더구나 기상천외의 일"이며 단지 "경제적 기구에서 불가피적 현상의 발로"일 뿐이라고 보아야 한다고 주장했다.[131] 『동아일보』, 『시대일보』, 『중외일보』, 『조선일보』에서 기자로 활동했고, 당시에는 『삼천리』를 발행하고 있던 김동환은 이런 맥락에서 두 신문의 경쟁을 "과거와는 달리 판매 부수 경쟁과 동경과 대판의 광고 제패전"에 불과한 것이라고 지적했다.[132] 이렇듯 『삼천리』와 복간 이후의 『개벽』에 게재된 대부분의 비평의 내용은 『동아일보』와 『조선일보』사이의 경쟁이 단순히 이윤 극대화를 위한 추악한 기업적 경쟁에 불과하다는 것이었다.

여기에서 더 나아가 좌파적인 한 필자는 두 신문의 경쟁은 그들의

---

128 石兵丁記, 앞의 글, 40~41면; 「동아일보 대 조선일보 신문전」, 『삼천리』, 1933. 10, 32면.
129 黃金山人, 「동아. 조선의 一騎戰」, 『호외』 1, 1933, 10~14면.
130 암행어사, 「신문전선 정찰기」, 『호외』 1, 1933, 2~4면; 壁上生, 「조선일보 대 동아일보 쟁패전」, 『별건곤』, 개벽사, 1933.11 · 12, 28~29면.
131 審判子, 「동아 대 조선전의 眞相 及 基批判」, 『쩌날리즘』 1, 1935, 44면.
132 김동환, 「반도 언론계」, 『삼천리』, 1935.8, 9면.

"상품에 대한 고객을 다수히 흡수키 위한" 것일 뿐이고, 이들 신문들은 이제 "조선민중이 걸어가는 길과는 다른 방향으로만 달음질"하고 있는 것이라고 비판했다.[133] 평론가 겸 소설가로서 카프에서 활동했던 박승극도 이들의 경쟁이 "조선의 민중을 무시한 것이고 한갓 타기(唾棄)할 악된 일이었으며 그것은 현재 그들 신문이 걷고 있는 사도(邪道)와 가지고 있는 정체의 폭로에 지나지 않는 것"이라고 비판했다.[134] 일제의 탄압이 더욱 강화된 1938년에 한 필자는 "요사이 신문의 상품화 경향은 너무도 노골적이다"라고 지적하고, 민간지들이 상품화에 따른 경쟁에만 몰두하면 "머지않아 만회할 수 없는" 상황에 이를 것이라고 비판했다.[135] 『비판』지를 중심으로 한 좌파 필자들은 이렇듯 민간지들이 기업화되어 이윤 추구에만 집착하게 되었다는 점을 비판하면서, 민간지들이 이제는 철저히 계급적 이익에만 집착하여 식민지 현실을 외면하고 있다고 비판했던 것이다.

이렇듯 대부분의 필자들은 두 신문의 경쟁은 신문의 기업화에 따른 필연적인 결과이고, 이런 경쟁은 결국 두 신문이 민족적 현실을 완전히 외면하고 기업적 이윤 추구에만 몰두하게 되었다는 것을 보여주는 것이라고 주장했다. 극예술연구회 동인 작가로서 당시에는 경성방송국에 근무하던 이석훈은 신문도 어느 정도 경영상의 안정을 추구하는 것은 이해할 수도 있지만 "신문으로서 장사치적 취기(臭氣)를 발산하는 것은 불쾌한 일이다"라고 지적했다.[136] 김동환도 "모든 문화 기관이 상품

---

133 舌火子, 「檢境에 비춘 동아·조선일보의 醜劇」, 『비판』, 1935.11, 42면.
134 박승극, 「동아·조선일보의 상쟁에 대한 소견」, 『비판』, 1935.11, 45면.
135 箭山生, 「신문월평」, 『비판』, 1938.4, 72면.
136 이석훈, 「신문에 대한 각계 인사의 불평, 희망−작가의 입장으로서」, 『개벽』, 1935.3, 78면.

화하여 감에 따라 스스로 대중과 유리하여 있으면서도 이를 부끄럽게
조차 알지 않는 말세적 경향"이 보인다고까지 극단적인 평가를 했던 것
이다.[137] 이렇듯 식민지라는 현실 속에서 기업적 경쟁에만 몰두했던 민
간지들에 대해서 대부분의 필자들이 매우 혹독한 비판을 가했던 것은,
최소한의 민족적 기대조차 저버린 민간지에 대한 분노의 표시였다고
할 수 있다. 좌파는 물론 이석훈이나 김동환 같은 우파 인물들까지도
'장사치적 취기'니 '말세적 경향'이니 하는 다소 거친 표현까지 사용했다
는 것은 민간지에 대한 당시의 비판적 인식이 얼마나 심각한 수준이었
는지를 보여주는 것이었다.

3) 상업주의적 논조에 대한 비판의 심화

위와 같이 민간지가 기업화되고 치열한 경쟁이 전개되자 이에 대한
비판이 나왔던 것과 마찬가지로 민간지 논조의 변질에 대해서도 비판
들이 가해졌다. 김경재는 민간지들이 보도적 임무만을 강조하는 것에
서 더 나아가 "보도적 방면에도 무의식한 민중의 호기심을 이끌기 위하
야 저급한 흥미본위의 보도에 치중"했는데, 이것은 "보도중심의 편집까
지도 영업에 의해 좌우"되는 것을 보여주는 것이라고 지적했다.[138] 이
런 지적에서처럼 흥미 위주의 보도태도는 1933년 세 신문의 경쟁이 본
격화되면서 더욱 심해져, 세 신문이 모두 정치적인 문제에 대한 보도보

---

137 김동환, 앞의 글, 12면.
138 김경재, 앞의 글, 25~26면.

다 주로 강도사건이나 조혼문제 등과 같은 보도에만 치중했다고 지적되었다.[139] 또한 일제하의 거의 모든 민간지와 총독부 기관지 『매일신보』에서 기자생활을 했던 유광열은 '사회의 암흑면(暗黑面)'에 대한 민간지들의 보도도 "대부분이 현 사회를 지배하는 사람의 암흑면이니 그것도 불가능하다"고 하여 권력이나 재력이 있는 사람들에게 불리한 기사는 제대로 보도조차 되지 않고 있다고 비판했다.[140] 이렇듯 민간지들이 흥미 위주의 보도에만 치중하게 되었고, 그나마도 "사회를 지배하는" 사람들에 대해서는 보도조차 못했다는 비난은 이미 1930년대 초부터 제기된 바 있었다.

신문 내용 중에서도 특히 사설에 대한 비판은 이전 시기보다 훨씬 더 강도가 높아졌다. 이여성은 "금일의 조선 신문 사설은 그 주관적, 객관적 조건이 아울러 결핍되어" 있고, 특히 "객관적 조건의 불리는 주관적 노력의 흥미를 삭감시키는 것"이라고 주장하여 일제의 탄압 하에서 사실상 사설이 제 역할을 할 수 없다고 비판했다.[141] 이러한 지적처럼 일제의 언론탄압에 대해 민간지 스스로가 굴복하기 시작한 것과 관련하여 한 필자는, "근래 신문사설이란 정말 사설다운 사설은 새벽별보다도 찾아보기 힘들다"고 지적하고, 이는 사설 집필자들이 "경영자의 비위를 고려함"도 하나의 원인이라고 주장했다.[142] 이런 상황에 놓인 민간지의 사설에 대해 이석훈은 "신문의 사설난이 하품을 하고 있다"고 비판하고 나아가 사설에 "능동성이 없고 투쟁성이 희박하다. 정열의 소연도 없고

---

139 聽診樓主人, 「세 신문의 편집타진」, 『호외』 1, 1933.12, 7~9면.
140 유광열, 「기자 생활의 고락」, 『쩌날리즘』 1, 1935, 17면.
141 이여성, 「사설에 대하여」, 『신동아』, 1934.5, 88~89면.
142 「삼대신문 검찰록―동아일보편」, 『신조선』, 1935.6, 62면.

문장의 매력도 없다. 천편일률이요 추상적이며 관념적이다"라고 비판했다.[143] 또한『동아일보』와『조선중앙일보』가 일장기 말소사건으로 정간중일 당시의『조선일보』사설에 대해 한 평자는 "구토물이 지면을 더럽히는" 지경이라고까지 혹독한 비판을 하였던 것이다.[144] 이런 주장들은 더 이상 존재의의조차 없을 정도로 사설의 논조가 변질되었다는 것이었다.

이런 상황에서 민간지들은 특히 신문 연재소설 같이 독자들의 흥미를 끌기 위한 문예물의 게재에 치중했다는 비판도 받았다.『동아일보』기자로 근무했던 이무영은 "저널리즘의 사도(使徒)가 되어버린 통속 작가들이 원고료를 목표로 신문 경영자의 판매 정책에 부합한 비속한 취미와 흥미 중심의 스토리로 그들의 구미를 맞추고 신문 독자는 이 불의의 행복을 마음껏 즐기게 된다"고 비판했다.[145] 김동인도 민간지들이 "독자의 환심을 사기위해서 하는 한 개의 서비스"로서 철저히 흥미 위주의 소설만을 게재하기 위해 노력했다고 지적했다.[146] 평론가로서 카프에 참여해 활동했던 안함광은 민간지들이 하나의 기업으로서 "다수의 소비자의 획득이 주안일 뿐으로 그 질은 다른 기업 일반이 그런 것과 마찬가지로 언제나 고객의 요구에 영합, 추종"하는 것이 되었으며, 문학은 이러한 대중에 영합하고자 하는 '저널리즘의 대중성' 획득을 위한 수단이 되었다고 주장했다.[147] 이렇듯 대부분의 필자들은 사설의 존재

---

143 이석훈, 앞의 글, 78면.
144 채필렬, 앞의 글, 34면.
145 이무영, 「신문소설에 대한 瞥見」,『신동아』, 1934.5, 90면.
146 쭉童, 앞의 글, 36~41면.
147 안함광, 「쩌낼리즘과 문학의 교섭」,『조선문학』, 1939.3, 131~132면.

의의가 완전히 상실되었던 반면에 흥미 위주의 보도와 대중적 인기에 영합하는 문예물에 치중하던 민간지들이 이제는 본격적으로 대중신문적인 성격까지 나타내게 되었던 것이라고 보았다.

4) 민간지 말기의 신문비평의 특징

앞에서 살펴본 것 같이 1933년 이후 대자본의 주식회사 체제로서 기업화가 정착되고 경쟁이 치열해지면서, 대부분의 필자들이 이에 대해 비판을 했다. 그러나 이 시기에는 이미 민간지들이 대자본의 기업으로 변화되어 있었기 때문에 민간지의 지도적, 비판적 역할의 소멸이나 기업화 또는 상품화 자체에 대한 비판은 별로 제기되지 않았고, 조선 사회의 특수성을 강조하며 민간지들이 민족적 현실과 관련된 지도적 역할을 해야 한다는 주장도 완전히 사라졌다. 즉, 대부분의 필자들이 민간지의 기업화와 경쟁의 심화라는 언론 현실의 변화를 기정 사실로 받아들였고 단지 그로부터 파생되는 문제점에 대해서만 비판을 하게 되었다는 것이다. 특히 일본 상품 광고의 게재와 『동아일보』와 『조선일보』의 지나친 경쟁이 기업화에 따른 필연적인 결과라고 인식하면서도, 대부분의 필자들은 이들 신문들이 기업적 이윤추구에만 집착하여 최소한의 사회적 책임조차 저버렸다고 비판했던 것이다. 좌파 필자들의 경우 막연히 민간지들이 반동성을 드러낼 것이라고만 보았던 이전 시기와는 달리 이제는 민간지들이 '뿌르조아'들의 지배하에 '파쇼화'되고 있고, 특히 식민지 체제의 온존을 통한 자신들 계급 이익의 유지를 위해 현실을 왜곡하고 대중을 기만하는 역할을 하고 있다고 비판하기에 이르렀다. 이는 민간지의 계급적 성격과 역할에 대한 좌파 필자들의 비판적 인식의 폭이 확대되었음을 보여준 것이다.

또한 이 시기에는 민간지의 보도중심주의와 흥미 위주의 논조에 대해 단순한 비판을 넘어서서, 민간지들이 본격적으로 대중신문적인 성격을 나타내게 되었다고 보는 인식도 등장했다. 1936년에 『동아일보』와 『조선중앙일보』가 정간되고 1937년에 중일전쟁이 일어나 언론탄압이 더욱 강화되면서 민간지의 기업화에 대한 비판이나 지도적 역할의 필요성에 대한 주장이 완전히 사라지고 단지 지엽적인 문제만이 지적되었다. 물론 친일적 경향까지 드러낸 신문들의 논조의 변질에 대한 비판도 전혀 없었다. 이것은 비판의 공간이었던 잡지들도 일제의 언론 탄압 아래서 그 역할이 매우 제한되었기 때문이었다.

이 시기에는 신문사에서 발행되었던 잡지들인 『신동아』나 『조광』이 있기는 했지만 이들이 신문에 관한 본격적인 비평을 거의 게재하지 않았기 때문에 『삼천리』, 『비판』, 『개벽』 등의 종합잡지들과 『호외』, 『쩌날리즘』 등의 언론전문지들이 주로 비평의 장으로서의 역할을 했다. 특히 김동환이 발행하던 『삼천리』와 한때 사회주의 운동을 했던 송봉우가 발행하던 『비판』이 다소의 차이에도 불구하고 민간지에 대한 비관적 진단을 공통적으로 내린 것은, 민간지의 사회적 역할에 대한 어떠한 기대도 의미가 없어졌음을 보여주는 것이었다.

5. 맺는 말

일제하 민간지들의 활동은 일제의 강력한 언론 탄압과 조선 민중들의 높은 기대라는 두 가지의 모순적 존재 조건에 의해 규정되었다. 즉, 민족적 현실과 관련된 민간지들의 최소한의 비판적 논조마저 억압하려는 일제의 언론탄압과 식민지라는 현실에서 비판적 논조를 통해 민간지들이 지도적 역할을 해주기를 바라는 민중들의 기대 사이에서 민간지들의 활동이 이루어졌다는 것이다.[148] 따라서 민간지들에 대한 비평도 이러한 조건의 어려움을 어느 정도 인정하면서 민간지들이 어떻게 나름의 역할을 하기 위해 노력했는가 하는 문제로 집중되었다.

1920년대까지는 민간지들이 어느 정도 '민족적 의사표현'기관으로서의 역할을 할 수 있었던 상황에서 대부분의 필자들은 대체로 식민지라는 특수성을 강조하며 민간지들이 이념적 분파에 따른 활동보다 전체 조선 민중을 지도하는 역할에 치중할 것을 강조하는 한편 신문의 기업화 또는 상품화 경향에 대해서는 매우 비판적인 주장을 했다. 그러나 1929년을 고비로 일제의 강력한 탄압에 따라 민간지의 논조가 변질되는 한편 점차로 민간지의 기업화가 진행되자, 필자들 사이에는 민간지의 지도적 역할의 약화를 인정하는 견해와 여전히 그 필요성을 강조하

---

[148] 『동아일보』 사주 김성수는 "일반 민중의 의사와 시대에 적당하도록 언론을 발휘하려면 당국 주의가 많고 당국의 주의를 아니 받는 범위 이내의 언론으로만 하면 민중이 환영치 않습니다"라고 했고, 『동아일보』 기자였던 고영환도 이런 상황에서 "어느 장단에 춤을 추어야 좋을는지" 모른다고 어려움을 토로했다. 김성수, 「3대 신문 경영자의 고심담—난관은 두 가지」, 『별건곤』, 개벽사, 1927.2, 12면; 고영환, 「신문사의 조직과 그 기능」, 『신동아』, 1934.5, 71면.

는 견해들이 모두 제기되었지만 신문의 기업화에 대해서는 대부분이 하나의 필연적인 추세로 받아들이는 경향이 생겼다. 1933년 이후 민간 지들의 기업화가 진전되고 경쟁이 더욱 치열해지면서, 대부분의 필자 들은 변화된 언론현실을 기정사실로 받아들여 민간지의 지도적 역할의 필요성에 대한 주장이나 민간지의 기업화 자체에 대한 비판은 거의 하 지 않았고, 단지 민간지들의 지나친 이윤추구 경향을 지적하며 민간지 들이 이제는 완전히 민족적 현실을 외면하는 단계로까지 나아갔다고 비판했다.

이런 일반적인 흐름과는 달리 좌파 필자들은 1930년대 이후에는 민 간지가 '민족 뿌르조아' 계급의 지배 하에서 완전히 기업화되면서 이제 는 단지 민족개량주의적인 '반동성'만을 드러내어 식민지 체제 속에서 자신들 계급 이익의 유지를 위해 대중을 기만하는 역할만을 하고 있다 고 비판했다. 이런 관점은 우파 필자들이 민간지의 지도적 역할에 대한 기대로부터 출발하여 비판적 인식으로 변화되어 나갔던 것과는 달리 민 간지의 지도적 역할을 전혀 인정하지 않고 처음부터 민간지의 계급적 성격에 대한 분석을 통해 민간지가 '기만적 역할'을 하고 있을 뿐이라고 비판했다는 점에서 큰 차이가 있었다. 그러나 좌파 잡지에 실린 비평에 도 신문들의 친일 논조에 대한 비판은 없었는데, 이것은 잡지들도 일제 의 검열의 대상으로서 친일 문제를 아예 거론할 수 없었기 때문이었다.

이런 입장의 차이에도 불구하고 대부분의 필자들은 민간지의 변화 에 따른 보도 중심주의적 경향과 흥미 위주의 논조에 대한 비판에서는 어느 정도 공통점을 보였다. 즉, 민간지의 '보도적 임무'의 중요성을 강 조하는 견해도 있기는 했지만 좌우를 막론하고 대부분의 필자들은 비판적 논조의 소멸과 현실적인 이해에 영향을 받는 보도의 편파성이나 흥미위주의 기사들에 대한 비판에서는 어느 정도 유사점을 보여주었다. 이것은 상당수의 필자들이 신문의 정론성(政論性)을 여전히 중요한 요소로 고려했기 때문이었다고 보아야 할 것이다. 물론 좌파 필자들의 경우 단순히 민간지의 논조가 초기와는 달리 점차로 민족적 현실을 외면하는 단계로 변화되었다고 비판했던 것은 아니다. 오히려 이들은 민간지의 논조가 처음부터 그들의 계급적 성격에 의해 규정되어 있었고, 변화 과정도 이런 계급적 성격에 따른 필연적인 결과라고 보았다는 점에서 차이가 있었다.

이런 일제하의 민간지에 대한 비평의 흐름을 보면 몇 가지 특징이 드러나는 것을 알 수 있다. 가장 먼저 지적할 수 있는 것은, 개화기 이래의 전통이라고 할 수 있는 신문의 지도적 역할의 필요성에 대한 주장이 민간지 초기에는 상당히 강하게 제기되었지만, 일제의 언론 탄압 강화와 민간지의 기업화라는 현실적인 변화 과정에서 결국 사라져 갔다는 것이다. 반면에, 신문의 기업화나 상품화를 비판하던 민간지 초기에도 이미 신문이 하나의 상품이라는 인식이 존재했고 언론 현실의 변화 과정에서 점차로 신문의 기업화나 상품화를 하나의 필연적인 추세로 보는 경향이 생겨났다는 것이다. 그러나 대부분의 경우 일관되게 민간지가 흥미 위주의 논조를 보이는 것, 즉 일종의 오락적 기능을 하는 것에 대해서는 상당히 비판적 경향을 보였다. 이런 전체적인 경향을 보면, 신문 비평의 필자들이 개화기 이래의 지적 전통으로부터 벗어나 점차로 신문에 대해 새로운 인식을 하게 되었다는 것을 알 수 있다. 특히, 좌파 성향 필자들이 신문을 하나의 자본주의적 기업으로 인식하여 계급적 성격과 그에 따른 이데올로기적 역할에 주목했다는 것은 특기할 만한 사실이다.

이상과 같이 다양한 관점을 통해 이루어진 일제하 민간지에 대한 비평의 귀결은 결국 민간지들이 일제 말기로 갈수록 민족적 현실을 외면하고 자신들의 기업적 이윤에만 집착하게 되었다는 것이다. 이런 내용들이 민간지에 대한 당시 사회적 인식의 일단을 드러내는 것이라고 한다면 이런 비평의 내용들은 일제하 민간지를 역사적으로 평가하는 데 매우 중요한 것이다. 그러나 비평의 필자들이 모두 잡지나 신문에 근무했던 언론인들이었고, 일부가 문인 또는 사회운동가 등의 지식인이었다는 점을 고려하면, 당시 일반 독자들은 과연 신문을 어떻게 인식했었는가 하는 문제는 여전히 남는다.[149] 따라서 일제강점기 일반 독자들의 신문에 대한 인식과 비판도 살펴볼 필요가 있고, 나아가 해방 이후의 신문에 대한 인식과 비판의 변화과정을 체계적으로 연구하는 것도 필요할 것이다.

---

[149] 『사상계』 발행인이었던 장준하는, 자신이 중학생이었던 1930년대 초반에도 농촌에서 신문을 보기만 해도 일제에 의해 '요주의 인물'로 감시받았고, 자신은 당시에 신문을 "나의 지도자적 존재, 아니 당시 우리 온 겨레를 지도하는 존재"로 보았다고 회고했다. 이것이 상당한 시간이 지난 뒤의 회고이고, 이 글이 실린 책이 『동아일보』 부사장 겸 주필이었던 고재욱의 화갑기념논총이었다는 점에서 다소 한계가 있기는 하지만, 이 회고의 내용처럼 민간지에 대한 지식인들의 비평과는 다른 일반 독자들의 인식이 있었다는 것만큼은 인정할 수 있을 것이다. 따라서 민간지에 대한 지식인들의 비평과는 달리 일반 독자들의 인식에 대한 연구도 민간지를 역사적으로 평가하는 데 필요하다. 장준하, 「일시민이 읽은 30년간의 신문」, 고재욱선생 화갑기념논총 편찬위원회, 『민족과 자유와 언론』, 일조각, 1963, 351~361면.

제4장

일제강점기 『시대일보』·『중외일보』·『중앙일보』에 관한 연구

창간배경과 과정, 자본과 운영, 편집진의 구성과 특성을 중심으로

1. 연구의 의의와 범위

일제강점기 언론에 대한 기존 연구들의 거의 대부분은 『동아일보』와 『조선일보』를 대상으로 한 것들이다. 이것은 이 두 신문이 현존하고 있으며 그동안 일제시기의 자료에 대한 접근도 상대적으로 더 쉬웠기 때문이었다. 또한 두 신문이 1920년부터 1940년까지 20년 동안 지속적으로 발행되었다는 점도 작용했다. 반면에 일제하의 다른 조선인 발행 신문들인 『시대일보』, 『중외일보』, 『중앙일보』, 『조선중앙일보』등 일련의 '제3의 민간지들'이나 총독부 기관지 『매일신보』에 대해서는 연구가 별로 이루어지지 않았다. 즉 일제강점기 거의 대부분의 시기에 이른바 '민간 3대지'와 『매일신보』가 함께 활동했다는 사실이 간과되고, 지나치게 『동아일보』와 『조선일보』에 대해서만 연구가 이루어져 왔던 것이다. 최근에 총독부 기관지 『매일신보』에 관한 연구는 비교적 활발히 이루어지고 있지만,[1] '제 3의 민간지들'에 대해서는 여전히 연구가 거의 이루어지지 않고 있다.[2]

1920년에 일제가 문화정치를 표방하면서 신문발행을 허가하여 『조선일보』, 『동아일보』, 『시사신문』 등의 민간지가 창간되었다. 그중에서 『시사신문』은 상해 임시정부에서 가장 악독한 친일파 중의 하나로 지목한 민원식이[3] 창간하여 친일적 논조로 민중들이 구독거부를 하여 커다란 어려움을 겪었다.[4] 『시사신문』은 관권을 이용한 강매와 총독부의 지원금에 의존하여 한동안 발행되다가[5] 민원식이 사망한 후인 1921년 3월에 폐간되었다. 그 뒤 한동안 『동아일보』와 『조선일보』만 발행되다가 1924년 3월 31일에 『시대일보』가 창간되었고, 이후 한 신문이 없어지면 뒤를 이어 다시 새로운 신문이 등장하는 방식으로 1926년 11월 15일에 『중외일보』, 1931년 11월 27일에 『중앙일보』, 1933년 3월 7

---

1 『매일신보』에 관한 가장 대표적인 연구로는 다음을 들 수 있다. 정진석, 『언론조선총독부』, 커뮤니케이션북스, 2005.
2 『시대일보』 등 일련의 민간지들에 관한 집중적인 연구로는 다음의 둘 정도를 들 수 있을 뿐이다. 김남미, 「시대일보·중외일보·중앙일보·조선중앙일보에 관한 고찰」, 이화여대 석사논문, 1982; 정진석, 「시대·중외·조선중앙일보考」, 『저널리즘』 13, 1979, 70~84면.
3 국사편찬위원회, 『일제침략하 한국 36년사』 5, 1970, 51면.
4 민중들이 모두 구독을 거부한다고 하여 『시사신문』을 '불견(不見)'신문이라고까지 불렀다고 한다. 신철, 「조선일보에 대하여」, 『개벽』, 1923.7, 47면. 따라서 『시사신문』은 대부분 무료로 배포되는 '기증지'가 많아서 실제 구독료 수입은 거의 없었다고 한다. 千葉了, 『朝鮮獨立運動秘話』, 帝國地方行政學會, 1925, 146면.
5 강동진, 『일제의 한국 침략 정책사』, 한길사, 1980, 221~222면.

일에 『조선중앙일보』(『중앙일보』 개제) 등의 '제3의 민간지들'이 창간되었다. 『시대일보』가 창간되어 세 신문이 정립하게 되면서 '민간 3대지'라는 용어가 당시 잡지들에서 자주 쓰이게 되었다.[6]

이런 신문들은 비록 오랜 기간 발행되지는 않았지만 각 시기마다 『동아일보』, 『조선일보』와 경쟁하며 중요한 역할을 했다. 특히 일제강점기에 사회운동과 신문 사이의 관계를 살펴보려면 일련의 민간지들에 대한 연구가 필요하다. 예컨대 조선공산당 창당을 포함하여 1920년대 중반의 사회주의 운동과 관련해서는 『시대일보』를 살펴볼 필요가 있고, 1927년에 창립된 신간회와 관련해서는 『중외일보』를 연구할 필요가 있다. 또한 사회주의 운동가 출신 언론인들이 1930년대에 어떻게 활동했는가를 보기 위해서는 『조선중앙일보』를 살펴볼 필요가 있다. 특히 이 시기에는 여러 민간지를 옮겨 다닌 기자들이 많았기 때문에, 이들에 대한 연구를 위해서도 제3의 민간지들에 대한 연구가 필요하다. 결국, 일제하 언론에 대한 총체적 연구를 위해서는 이들 신문들에 대한 관심과 연구가 필요하다고 할 수 있다.

또한 일제하 언론에 대한 기존 연구들은 소유주의 계급적 성격과 사설 등을 중심으로 한 논조의 변화에만 주목해왔다. 이렇듯 당시의 특수한 상황을 고려하지 않고 소유주의 계급적 성격과 신문 논조 사이의 관계를 파악하는 것은 문제가 있다. 일제하에서 신문에 대한 민중들의 기대는 매우 높았던 반면에 이런 기대를 충족시킬 수 없도록 제약하는 일제의 언론 통제는 매우 강력했다. 또한 일제하의 신문은 민족 운동의

---

6 XY생, 「현하 신문잡지에 대한 비판」, 『개벽』, 1925.11, 46면.

수단이며 동시에 기업적 성격을 지니고 있었고, 마찬가지로 이런 신문에는 민족 운동가적 기자들과 직업적 기자들이 함께 활동했다. 따라서 일제하 신문에 대한 연구는 자본과 경영의 특수했던 측면과 동시에 기자들의 사회적 특성도 함께 고려할 필요가 있다.

위와 같은 기존 연구들의 한계를 극복하고 일제하 언론에 대해 전체적인 조망을 하기 위한 시도의 한 부분으로 이 글에서는 일제하『시대일보』,『중외일보』,『중앙일보』등 일련의 민간지들에 대해 연구해 보고자 한다.[7] 본 연구에서는 첫째로 일제의 제3의 민간지 발행허가 배경과 신문의 창간 과정을 살펴볼 것이다. 둘째로 각 민간지들의 주요 출자자와 자본규모를 살펴보고 실제 경영상태를 파악해 보고자 한다. 셋째로는 편집진의 구성과 특성을 구체적으로 살펴볼 것이다. 이러한 연구를 통해 밝혀질 내용들은 '제3의 민간지'의 논조에 대한 구체적인 분석의 기초가 될 수도 있을 것이다. 본 연구에서는 당시의 신문과 잡지, 일제의 각종 문서,[8] 당시 활동했던 인물들의 회고 등을 종합적으로 활용하고자 한다.

---

7   『조선중앙일보』는 이 책의 3부 9장에서 여운형의 언론활동을 다룰 때 자세히 살펴볼 것이기 때문에 이 글에서는 제외할 것이다. 또한『시대일보』,『중외일보』,『중앙일보』세 신문이 주로 민족개량주의적 또는 친일적 인물들에 의해 발행되었던 반면『조선중앙일보』는 이와 달리 민족운동가들의 참여로 발행되었다는 점도 고려해, 이 글에서는『조선중앙일보』는 빼고 앞 시기의 세 신문만 다루고자 한다.

8   특히 경성지방법원검사국에서 작성한 '사상에 관한 정보철'에 수록된 각종 문서들은 경찰이 집회에 참석해 관찰한 내용이나 탐문해서 알아낸 내용을 정리해 보고한 것으로서, 신문보다 내용이 자세할 뿐만 아니라 총독부의 입장도 엿볼 수 있다는 점에서 매우 유용한 자료이다. '사상에 관한 정보철'에 수록된 자료들은 현재 한국역사정보통합시스템(www.koreanhistory.or.kr)이나 국사편찬위원회(www.history.go.kr)에서 원문을 볼 수 있다. 문서번호에 나온 '경종경고비(京鍾警高秘)'는 경성종로경찰서 고등계에서 작성한 비밀문서라는 것을 의미하며, '지검비(地檢秘)'는 경성지방법원검사국에서 작성한 비밀문서라는 것을 나타낸다. '지검비(地檢秘)'는 대부분이 '경종경고비(京鍾警高秘)'를 토대로 하거나 그대로 전재했기 때문에 제목이 같을 경우 내용도 같다. 같은 내용의 문서가 둘이 있을 때는 가능한 한 '경종경고비(京鍾警高秘)'를 활용했고, 판독이 더 유리한 경우에 한해 '지검비(地檢秘)'를 활용했다. 간혹

2. 『시대일보』의 특성과 활동

1) 창간배경과 과정

1921년 3월에 『시사신문』이 폐간된 이후 한동안 민간지로서는 『동아일보』와 『조선일보』만이 발행되었다. 이후 3년 정도 지난 1924년 3월 31일에 최남선과 진학문이 주간 잡지 『동명』을 개제하여 『시대일보』를 창간하면서 다시 세 신문이 정립하게 되었다. 『동명』은 1922년 9월에 창간되어 1923년 6월까지 41호를 발간한 후 중단되었고, 7월 17일 일간지 발행허가를 받아 『시대일보』가 창간되게 되었다. 『시대일보』의 창간에는 민족개량주의를 확산하고자 하는 일제의 의도가 개입되어 있었다.

친일단체에 의해 발행되었던 『조선일보』가 창간 초기 "그 논지는 온건 평명(平明), 불편부당하여, 진실로 조선 문화를 지도"할만 하다는 평가를 받았지만 민족운동가적 기자들의 활동으로 점차 항일적 논조를 보이자 총독부는 『조선일보』가 "『동아일보』 이상의 노골적인 불온기사를 게재"하고 있다고 지적했다.[9] 『시사신문』은 1921년 2월 16일에 사장이었던 민원식이 양근환에 의해 처단 당한 후에 한동안 계속 발행되었지

나오는 '경본고비(京本高秘)'는 경성본정경찰서 고등계에서 작성한 비밀문서라는 뜻인데, 이 문서번호에는 '경(警)'자가 빠져 있다. 앞으로 이 책에서 문서를 인용할 경우 문서번호, 문서제목, 면수 순으로 밝힐 것이다. 문서에는 원래 면수가 매겨져 있지 않은데, 본 연구에서는 본 보고서나 첨부 문서의 구분 없이 순서대로 번호를 매겨 면수를 밝혔다.

9 千葉了, 앞의 책, 145면.

만, 3월 3일부터 2주간 휴간을 한다고 했다가 결국 복간되지 못하고 완전히 사라졌다.[10] 이렇듯 『조선일보』가 어느 정도 항일적 논조를 보이고 『시사신문』은 폐간되었던 상황에서 총독부가 자신들의 식민지 지배 정책에 부합되는 신문 발행을 지원했을 가능성이 있었다는 것이다.

강동진은 『시대일보』가 민족개량주의를 선전, 유포하고 이러한 민족개량주의자들이 "생활비를 꾸려내는 곳"이 되도록 하기 위한 총독부의 지원으로 창간된 것이라고 주장했다.[11] 강동진의 이런 주장은, 최남선이 발행한 『동명』에 대해 총독부가 창간자금을 지원했다는 「재등실 문서(齋藤實 文書)」의 내용을 근거로, 『동명』을 개제한 『시대일보』도 당연히 이러한 경제적 지원 하에 민족개량주의자들이 '생활비'를 벌 수 있도록 신문이 창간되었다고 판단했다. 즉, 일제는 식민지 지배를 위한 언론 분야의 조선인 '파트너'로 직업적인 친일파보다는 어느 정도 명망이 있던 민족개량주의자를 선택하고자 했던 것이다.[12]

최남선은 3·1운동 관련으로 2년 6개월의 징역형을 선고받고 복역한 지 1년 1개월만인 1921년 10월에 '일제의 배려'로 가출옥으로 석방되었다. 가출옥 후 최남선이 『동명』을 발행하게 된 배경에 대한 비판은 바로 「재등실 문서」 중에서 아베 미츠이에[阿部充家]가 총독에게 보낸 서신(1922.1.24)의 다음과 같은 내용으로부터 비롯되었다.[13]

---

10 『동아일보』, 1921.3.4. 마츠다 도시히코[松田利彦]는 『대판조일신문 선만부록(大阪朝日新聞鮮滿附錄)』을 인용해 『시사신문』이 1921년 6월에 잠시 복간되었다가 폐간되었다고 주장했다. 마츠다 도시히코, 김인덕 역, 『일제시기 참정권문제와 조선인』, 국학자료원, 2004, 147면.
11 강동진, 앞의 책, 1980, 395~396면.
12 김동명, 『지배와 저항, 그리고 협력』, 경인문화사, 2006, 207면.
13 강동진, 앞의 책, 1980, 395면.

넌지시 돌려서 그들의 마음속 깊이에서 내키게 하는 고등정책으로 하지 않는다면 민심을 풀어 누그러뜨릴 수는 없다고 생각합니다. 최남선에 대한 잡지 허가의 건도 그대로 있습니다. 그 자금조달에 관해 美濃部(조선은행총재)총재에게도 양해를 얻어두었더니 진학문의 別紙 편지로는 "毒을 맡겼더니 서로 양보하면서 결판나기를 기다리는 격"이라는 눈치(밑에서 이리 밀고 저리로 돌려 붙이고 있어 결말이 나지 않고 있다는 말) (…중략…) 조금은 융통성을 넣어주어도 조선의 일을 위해서 손해는 안 될 것 …….

위의 문서내용처럼 총독부의 자금지원으로 『동명』이 창간, 운영될 수 있었던 것은, 민족개량주의를 확산시키고자 하는 의도뿐만 아니라 이러한 잡지가 민족개량주의자들이 생활비를 벌 수 있는 근거가 되도록 하려는 의도도 있었다. 이것은 「齋藤實 文書」 중에서 아베 미츠이에가 총독에게 보낸 서신(1922.6.1)의 다음과 같은 내용에서 잘 드러난다.[14]

최(최남선-인용자)의 잡지가 발행되면 내지의 건전한 출판물을 쉽게 조선어로 번역해서 소책자로서 알맞게 값싸게 팔아 출판업을 일으키게 해서 그것으로 조선사상계의 악화를 막고 또 진학문, 이광수 등의 생활비의 출처로 삼게 하도록 매번 말씀드립니다.

위의 서신에서 드러난 것처럼 『동명』과 이를 개제했던 『시대일보』가 민족개량주의를 확산시키려는 일제의 의도에 따라 발행되었다

---

14 강동진, 앞의 책, 1980, 396면.

면 여기에는 진학문의 역할이 컸다고 할 수 있다. 진학문은 『大阪朝日新聞』 기자를 거쳐 『동아일보』 창간에도 참여했었고, 『동명』과 『시대일보』의 창간과 운영에도 실질적인 영향력을 행사했다.[15] 진학문은 총독과 1919년 8월부터 1921년 사이에 7번, 1922년부터 1923년 사이에 10번, 1924년부터 1926년 사이에 13번이나 면회했을 정도로 긴밀한 관계를 지녔었다.[16] 1936년에는 일제가 만주에 세웠던 만주국의 참사관까지 지냈던 인물로서 '일제 문화정치의 하수인'이라는 비판까지 받았다.[17] 이렇듯 『시대일보』는 일제의 지원을 받으면서 최남선과 진학문 등 민족개량주의자들이 주도하여 창간되었다는 평가를 받았다.[18] 총독부는 민원식 같은 직업적 친일파가 발행했던 『시사신문』이 독자들로부터 외면당하는 것을 보며, 최남선처럼 어느 정도 민중들에게 신망이 있으면서도 민족개량주의 성향을 보이던 인물들에게 신문 발행을 허가하여, 이런 신문을 자신들의 정책 수행을 위해 활용하려고 했다.

그러나 창간 직후부터 매우 심각한 재정난을 겪었던 점을 고려하면, 총독부가 『시대일보』에 대해 운영 자금까지 지원했다는 주장에는 다소 무리가 있다.[19] 이보다는 총독부가 민족개량주의를 확산시키기 위

---

15 진학문은 자신이 『동명』과 『시대일보』의 발행을 위해서 매우 적극적 활동을 했다고 주장했다. 진학문은 스스로 주간지 『동명』이 "방대한 인쇄비와 인건비 등으로 경영이 안 되어 끝장이 났다"고 했을 정도로 재정이 궁핍한 상황이었음에도 더욱 큰 자본이 필요한 『시대일보』 창간을 결정하고, "여러 달을 쫓아다녔다"고 밝혔다. 진학문, 「호형호제 육당 최남선 씨」, 『순성 진학문 추모 문집』, 1975, 83~84면. 그는 발행 허가와 자본 유치를 위해 '여러 달' 활동했던 것으로 보인다.

16 강동진, 앞의 책, 1980, 169~170면.

17 오미일, 「진학문, 문화정치의 하수인」, 반민족문제연구소 편, 『친일파 99인』, 돌베개, 1993, 200~214면.

18 임종국, 「일제시대 민족개량주의운동의 계보와 논리」, 반민족문제연구소 편, 『임종국 선집 1―친일, 그 과거와 현재』, 아세아문화사, 1994, 144면.

19 구체적인 자료의 제시 없이, 총독부가 최남선의 회유를 위해 잡지와 신문의 경영자금 이외

해 최남선을 회유하고 다소의 창간자금을 지원하여 『동명』이나 『시대일보』가 창간되도록 했지만, 정작 운영자금까지 적극적으로 지원하지는 않았던 것으로 볼 수 있다. 한편 『시대일보』를 창간하며 최남선은 총독부의 지속적 지원을 어느 정도 기대했지만 이것이 제대로 이루어지지 않았던 것으로 볼 수 있을 것이다. 이것은 최남선이 자본금 마련에 대한 구체적인 계획도 없이 신문창간을 서둘렀던 것에서 어느 정도 드러난다. 이렇듯 일제가 민족개량주의적 또는 친일적 인물들에게 신문 발행을 허가하면서도 자금 지원을 적극적으로 하지는 않았던 것은 이후의 『중외일보』, 『중앙일보』의 경우에도 마찬가지였다.

2) 자본과 운영

최남선이 발행했던 『시대일보』는 『동명』의 부채 1만 원을 지닌 채 운영자금을 모집하는 과정에서부터 커다란 어려움을 겪었다. 즉, 최남선은 초기에 『시대일보』 운영을 위해 주식회사의 설립을 위한 발기인회를 조직하고 총 주수 2만 주(1주당 20원) 40만 원의 자본금 모집을 시도했으나 약간의 창간비용만 마련되었을 뿐, 주식회사의 설립은 이루어지지 않아 처음부터 재정난을 겪게 되었다.[20]

에도 생활비 명목으로 월 3만 원과 고급주택까지 주었다는 주장도 있다. 김삼웅, 『친일정치 100년사』, 동풍, 1995, 124면. 그러나 이런 주장은 다소 무리가 있다. 만약 매월 3만 원의 돈을 총독부로부터 받았다면, 최남선이 사회적 지탄을 받아가면서까지 1만 원을 받고 보천교에게 『시대일보』를 넘기려고 했을 리가 없기 때문이다.
20 일기자, 「문제의 시대일보 분규의 전말과 사회여론」, 『개벽』, 1924.8, 35면.

『시대일보』는 창간 초기 재정적인 어려움 속에서도 일시적으로 『동아일보』, 『조선일보』와 '백중세'를 이룰 정도로 활기를 보였고,[21] 특히 서울에서는 두 신문을 앞지를 정도로 인기가 높았다고 한다.[22] 특히 『시대일보』는 기존 신문과 달리 1면을 정치면이 아닌 사회면으로 구성했고, 여기에 '오늘일 래일일'이라는 시평 칼럼을 두어 특색을 살렸으며, 특약 계약을 맺어 '엉석바지'라는 미국만화를 연재하는 등 다른 신문과 다른 특성을 보이기도 했다. 이것은 기존신문들과 달리 "조선인에게 참정권이 없는 식민치하에서 독자들에게 거리감을 주는 딱딱한 정치기사보다는 연문체의 사회기사를 집중적으로" 다루는 것이 낫다는 판단 때문이었다.[23] 이런 편집 방침을 결정한 데는 일찍부터 『소년』이나 『청춘』 같은 잡지를 발행한 경험을 지녔던 최남선의 영향이 컸을 것이다.

그러나 『시대일보』는 결국 빈약한 재정으로 창간한 지 불과 2달 만에 신문을 남에게 넘길 지경에 이르렀다. 즉 1924년 6월 2일에 사교(邪敎)로 비난받던 보천교가 부채를 갚아주고 추가로 1만 원을 준다는 조건을 제시하자 최남선과 진학문은 이들에게 『시대일보』의 발행권을 넘기려고 했다.[24] 이런 와중에 최남선과 진학문이 신석우, 백관수, 조설현 등으로부터 5천 원을 받고 신석우를 이사로 앉히자 사우회의 반발이 거세졌

---

21 차상찬, 「조선신문발달사」, 『조광』, 1936.11, 51면.
22 김팔봉, 「한국 신문 수난사(중)」, 『사상계』, 1959.7, 293면. 일제 측의 자료인 『고등경찰요사』에 따르면 1924년에 경북지방에서 『동아일보』는 2,195부, 『조선일보』는 1,039부였던데 비해 『시대일보』는 992부에 불과했다. 비록 이 자료가 경북지방만을 대상으로 했고, 창간 직후에 조사된 자료인지의 여부도 불확실하지만, 적어도 『시대일보』가 다른 두 신문을 앞섰다는 주장은 다소 무리한 것이라는 것을 보여주기는 한다. 『신문평론』, 1974.3, 40면.
23 정진석, 앞의 글, 1979, 73면.
24 京鍾警高秘 第7594號 ノ2, 普天教會及時代日報社ノ動靜二關スル件(1924.6.14), 2면. 이 자료에는 보천교측이 최남선과 진학문에게 '권리금'조로 각각 5천 원씩, 총 1만 원을 주려고 했던 것으로 나와 있다.

다.[25] 최남선이 이렇게 실패했던 것은 본인이 "충분한 설비 없이 착수"했었고 외부에서는 "최남선의 명망에 쏠린 무리들이 몰려들어 출자를 약속해 놓긴 했으나 제각기 감투 다툼이나 하고" 투자는 제대로 하지 않았기 때문이었다.[26]

결국 1924년 7월 9일자로 발행인 명의가 보천교의 이성영으로 넘어갔지만 신문이 제대로 발행되지 못하고 한동안 휴간하게 되었다. 이에 대해 비난하는 사회 여론이 비등해지고 사우회도 완강히 반대하고 나섰는데, 사회단체로 구성된 '시대일보사건 토의회'는 결의문에서 "우리는 사회의 공기인 신문이 종문(宗門)이나 개인의 전유기관이 되는 것이 사회에 해독을 유(遺)함이 다대(多大)함을 인(認)하고 금번 시대일보가 보천교의 수중에 귀(歸)함을 절대로 반대"한다는 입장을 밝혔다.[27] 사회단체들로서는 단 3개밖에 없는 신문 중 하나가 사교로 지탄받던 종교단체의 기관지가 되는 것을 그냥 두고 볼 수 없었기 때문이다.

1924년 9월 1일에 사우회측과 보천교측의 타협이 이루어져 『시대일보』는 9월 3일에 속간되었지만 이후에도 계속되는 내분과 자본금 부족으로 안정적인 경영을 할 수 없었고, 한동안 사우회에서 경영을 주도하기는 했으나 재정난을 극복할 수는 없었다. 사우회측과 보천교측이 10

---

25 당시의 한 비평가는 신석우가 『시대일보』에 5천 원을 투자하고 이사가 되었을 뿐만 아니라 『동아일보』를 나온 이상협과 힘을 합쳐 발행권까지 인수하려 했다고 주장했다. 일기자, 앞의 글, 1924, 30~38면. 3달 뒤인 1924년 9월에 신석우와 이상협이 『조선일보』를 인수, 운영하게 되었던 점을 고려하면, 위의 주장대로 이들이 이미 『시대일보』 인수를 시도했었다는 주장은 가능성이 있다. 그러나 신석우 본인은 자신의 언론계 활동을 회고하는 글에서 『시대일보』 관련 사실에 대해서는 일체 언급하지 않고, 단지 주위의 권유로 경영이 어렵던 『조선일보』를 맡아 운영하게 되었다고만 밝히고 있다. 신석우, 「신문사장의 참회록」, 『개벽』, 1934. 12, 15면.
26 정진석, 『역사와 언론인』, 커뮤니케이션북스, 2001, 414~415면.
27 『동아일보』, 1924. 7. 16.

만 원씩을 출자해 주식회사를 만들기로 했지만,[28] 보천교측이 『시대일보』에 대한 투자 문제로 내부에 갈등이 생겼고,[29] 사원회측은 자금을 투자할 여력이 없었기 때문이다. "일절 경영권을 본사 사원 일동으로 조직된 사원회에서 임시 인계"하여 경영했지만,[30] 자본의 추가 유입 없이 버티기는 어려웠을 것이다.

이런 혼란 끝에 결국 『시대일보』는 1925년 4월부터 조준호의 출자에 의해 홍명희를 사장으로 하여 발행되기 시작했다.[31] 『동아일보』의 개혁을 위해 들어갔다가 실패하고 나왔던[32] 홍명희가 『시대일보』를 인수하면서 민족개량주의자에게 신문 발행을 허용했던 총독부의 의도는 실현되지 못하고 말았던 것이다. 홍명희가 『시대일보』 사장이 되면서 과거 '양반' 출신들이 신문사에 많이 입사하자 이를 두고 '양반신문'이라는 말까지 나왔다고 한다.[33] 그러나 차상찬이 "아무리 양반이 좋다한들 돈이 없는 데야 어찌하랴"고 지적했던 대로[34] 홍명희도 역시 재정적 기반을 확고하게 할 수 있는 방안을 갖지 못한 채 신문경영에 나서 처음부터 어려움을 겪었다.

---

28 京鍾警高秘 第10144號 / 18, 時代日報續刊二關スル件(1924.9.2), 2면.
29 『동아일보』, 1924.9.11.
30 『시대일보』, 1925.1.24.
31 김팔봉 등의 회고에는 1925년 4월에 이범세가 잠시 사장이었고, 그 후 이석구(동덕여고 설립자)를 거쳐 홍명희가 사장이 되었다고 한다. 김팔봉, 「기자물 안 들려고 애쓴 18년」, 『언론비화50편』, 한국신문연구소, 1978, 214면; 이승복선생 望九頌壽 기념회, 『三千百日紅』, 인물연구소, 127~133면. 홍명희는 이범세 사장 시절에는 편집국장, 이석구 사장 시절에는 부사장이었다고 한다. 그러나 『시대일보』부터 『조선중앙일보』까지 역대 사장을 정리한 다음의 자료에는 홍명희만 사장으로 나와 있다. 「鬪志滿腹의 歷代巨頭」, 『삼천리』, 1933.4, 26~27면.
32 장신, 「1924년 동아일보 개혁운동과 언론계의 재편」, 『역사비평』 75, 역사비평사, 2006, 256~264면.
33 임우성, 「조선신문사」, 『비판』, 1938.8, 9면; 차상찬, 앞의 글, 1936, 51면.
34 차상찬, 앞의 글, 1936, 51면.

홍명희가 사장이 되면서 『시대일보』는 20만 원의 합자회사 설립을 시도했다.[35] 그러나 약속되었던 출자가 제대로 이루어지지 않아 실제로 불입 자본금의 액수는 얼마 안 되었다. 특히 조준호가 전무이사 취임 조건으로 5만 원의 출자를 약속했지만, 실제로는 1만 원만 출자하여 경영상의 어려움이 클 수밖에 없었다.[36] 이후 운영자금의 대부분을 상무이사 이승복이 출자자들을 설득하여 끌어들였다고 하는데, 유진태의 동생 유진웅, 이승복의 동생 이창복의 처남인 이정희(이상설의 아들), 이석구, 김인현 등이 주요 출자자였다[37] 조준호, 이석구 등 주요 출자자들이 더 이상 출자하지 않았고 여기에 방만한 경영까지 겹쳐[38] 재정적 어려움이 극에 달하자 부사장 이관용은 신문을 살리기 위하여 정인보를 통해 '영남 재벌'을 끌어들이려고 했으나 성사되지 않았다.[39] 이런 상황에서 1925년 10월에 『조선일보』에서 물러났던 이상협과 김형원이 『시대일보』를 매수하기 위한 시도를 하기도 했다.[40]

이러한 과정에서 사원들이 반발하고 정상적인 신문발행이 되지 않은 채 한동안 사원회에 의해 납본만 하며 근근이 운영되다가 경무국이 "신문은 납본하는 것으로서 발행되는 것이 아니고 독자에게 배포되는 것으로서 발행되는 것"이라고 하며, "30일 이상 발행하지 아니 하면 자동

---

35 다음의 자료들에는 『시대일보』가 20만 원의 합자회사라고 나와 있다. 그러나 여기에는 공칭자본금만 나와 있기 때문에, 얼마의 자본이 불입되었는지는 알 수 없다. 『日本新聞年鑑』(1925년판), 96면; 『新聞總覽』(1925년판), 486면.

36 이승복선생 망구송수 기념회, 앞의 책, 128면.

37 위의 책, 127~133면.

38 특히 이승복 등이 "유한한 출자에서 무한한 향락비용소비"를 하여 재정난이 가중되고 신용저하로 더 이상의 출자도 없게 되었다는 주장도 있었다. 한남생, 「조선일보와 이승복」, 『제일선』, 1932.6, 95면.

39 이승복선생 망구송수 기념회, 앞의 책, 134면.

40 京鍾警高秘 第14110號ノ1, 時代日報社買收陰謀ニ關スル件(1925.12.12), 1면.

소멸된다"는 규정에 의해『시대일보』의 발행권은 자동으로 소멸된 것으로 결정했다고 한다.[41] 이와 같이『시대일보』는 1926년 8월경까지 명맥만 유지하며 발행되다가 사라지게 되었던 것이다.[42] 이렇듯 창간 당시부터 재정난이 시작되어 이후 계속 어려움만 겪다가 폐간된『시대일보』에 대해 한 필자는 "태내에서부터 기갈(飢渴)에 곤핍(困乏)하든 아체(兒體)는 겨우 분만은 하였으나 백병(百病)이 침신(侵身)하야 기구한 풍상을" 겪다가, '선천기형'에 '후천빈혈'로 결국 폐간되고 말았다고 비유했다.[43]

3) 편집진의 구성과 특성

창간 당시『시대일보』의 인선은 최남선, 진학문, 염상섭 등이 주도했다.[44] 청년연합회에서 활동하다가 창간 당시 정치부 기자로 입사했던 신태악의 회고에 따르면, 최남선이 직접 각 단체의 주요 인물들을 불러 면담하고 채용했다고 한다.[45] 이러한 인선의 결과로 구성된 창간 당시의 편집진은 아래와 같다.[46]

---

41 김팔봉, 앞의 글, 1959, 295면.『시대일보』는 1926년 9월 18일에 '허가 실효'되었다.『한국언론연표』, 415면.

42 종간일이 언제인지 정확하지는 않다. 그러나『諺文新聞差押記事輯錄』(시대일보·중외일보)를 보면 1926년 8월 16일에 '末世'라는 시가 압수된 것으로 되어 있는 것을 보아 최소한 이 시기까지 신문 발행이 계속된 것으로 볼 수 있다. 朝鮮總督府 警務局 圖書課,『諺文新聞差押記事輯錄』(시대일보·중외일보), 1932, 160~162면.

43 목춘상인,「평림의 평림, 신문의 신문」,『신민』, 1927.6, 41~42면.

44 이 세 명의 관계에 대해서는 다음의 두 글을 참조하라. 김윤식,『염상섭 연구』, 서울대 출판부, 1987, 127~131면; 조용만,『30년대의 문화예술인들』, 범양사, 1988, 159~160면.

45 신태악,「그때와 지금의 기자상」,『신문평론』, 1978.8, 84~85면.

46 정진석,『한국 언론사』, 나남, 1990, 416~417면.

편집국장 진학문, **논설반** 안재홍 · 주종건 · 변영만

정치부장 안재홍, 기자 신태악 · 박석윤 · 이시목,

경제부장 김철수, 기자 어수갑 · 이건혁

사회부장 염상섭, 기자 현진건 · 나빈 · 김달진 · 유지영 · 유연화

지방부장 김정진, **학예조사부장** 진학문, **정리부장** 최원식

위의 명단에서는 빠졌지만 다른 자료를 통해 창간 직후에 『시대일
보』에 근무했다고 확인할 수 있는 사람들로는 변희용,[47] 박찬희[48] 등이
있다. 창간 당시 기자들 중에는 이미 주요 사상단체에 참여했거나 나중
에 조선공산당 결성에 참여하게 되는 사회주의자들이 많았다. 이러한
사람들로는 주종건, 어수갑, 유연화, 변희용, 박찬희 등이 있었다. 이렇
듯 민족개량주의적 성향의 최남선이 발행했던 『시대일보』에 다수의
사회주의자들이 입사할 수 있었던 것은 특이한 일이었다. 이것은 각 분
야의 인물들을 두루 뽑고자 했던 최남선의 개인적 야심과[49] 진보적 사
상에 대한 독자들의 요구가 컸던 시대 상황에서 이에 부응하기 위해 민
족운동가적 기자들을 채용하려고 했던 전략 때문이었다. 한편 민족운
동가들이 생계를 유지하면서도 계속 활동할 수 있는 공간으로서 신문

---

47 변희용은 본인이 『시대일보』를 경영했다고 주장했으나 실제로는 창간 초기 잠시 학예부장
   을 맡은 적이 있었을 뿐이다. 변희용, 「행동을 쏟았던 젊음의 정열」, 일파 변희용선생 유고
   간행위원회 편, 『일파 변희용선생 유고』, 성균관대 출판부, 1977, 298면.
48 박찬희는 일본 유학을 마치고 돌아와 자진하여 『시대일보』 창립준비사무소에서 일하다가,
   창간할 때 기자가 되었다고 주장했다. 박찬희, 「나의 취직경험담-오직 나의 힘으로」, 『혜
   성』, 1932.2, 80~81면. 박찬희의 이름은 1924년 8월 보천교의 판권인수에 반대하는 사원회
   대표명단에서도 확인할 수 있다. 『동아일보』, 1924.9.3. 또한 창립준비사무소에서 일하다
   가 기자가 되었던 이건혁도 박찬희가 창간 당시 경제부 기자로 입사했다고 회고했다. 이건
   혁, 「넌 나를 몰라도 나는 너를 안다」, 『언론비화 50편』, 한국신문연구소, 1978, 195면.
49 신태악, 앞의 글, 84~85면.

사를 선호했던 것도 크게 작용했다.[50] 그 결과 『시대일보』에는 비타협적 민족주의자라고 할 수 있는 안재홍과 사회주의자였던 주종건이 사설을 집필하여 빈번하게 압수, 삭제처분을 당했다고 한다.[51]

1925년 4월에 홍명희, 한기악, 이승복 등이 『시대일보』를 인수하여 운영하게 되면서 편집진에도 커다란 변화가 있었다. 즉 최남선, 진학문 계열의 인물들이 대부분 『시대일보』를 떠나고 그 대신 다수의 사회주의자들이 들어와 활동하게 되었다. 홍명희가 사장이 된 이후의 편집진은 아래와 같다.[52]

> **편집국장** 한기악, **논설부장** 구연흠, 기자 조규수
>
> **비서부장** 홍남표, 기자 김인수, **계획부장** 홍명희, 기자 홍성희 · 이정희
>
> **조사부장** 김정진, 기자 신성호 · 유시영
>
> **정치부** 기자 조규수 · 이관용 · 염상섭
>
> **경제부** 기자 이호태 · 정수일
>
> **사회부장** 조강희, 기자 유완희 · 김동환 · 박순병 · 서범석 · 임봉춘
>
> **지방부** 기자 어수갑 · 유연화
>
> **정리부** 기자 최성우 · 장종건 · 이우종 · 안장수

---

50 박용규, 「일제강점기 사회주의 언론인에 관한 연구」, 김민환 · 박용규 · 김문종, 『일제강점기 언론사 연구』, 나남, 2008, 123~125면.
51 김팔봉, 앞의 글, 1959, 293~294면.
52 이 명단은 『신문총람』(1926년판) 65면과 488면을 정리한 것으로 1925년 4월 홍명희가 사장이 된 직후의 편집진 구성과 반드시 일치하지는 않을 것이다. 1925년 5월의 전조선 기자대회 당시 『동아일보』 소속이었던 김동환 · 안석주 · 유완희 · 장종건, 『조선일보』 소속이었던 서범석, 『매일신보』 소속이었던 김기진 등이 위의 자료에는 모두 『시대일보』 기자로 나와 있다. 따라서 위 자료의 명단은 1925년 말 정도의 것이라고 볼 수 있다. 박용규, 「일제하 민간지 기자 집단의 사회적 특성의 변화 과정에 관한 연구」, 서울대 박사논문, 1994, 276~278면.

학예부 기자 김기진 · 안석주

부인기자 황신덕

위의 명단에서는 빠졌지만 다른 자료를 통해 홍명희가 사장이 된 이후에 『시대일보』에 근무했다고 확인되는 사람들로는 강호, 마호, 조이환, 조명희, 한징, 이유근, 이태운 등이 있다.[53] 홍명희가 사장이 된 이후 편집국 인원이 과거의 18명에서 31명으로 크게 늘어났고, 특히 기존에는 없던 학예부가 신설되고 김기진과 안석주가 기자로 활동하게 되었다.

위의 명단 등을 통해 파악된 『시대일보』 기자들 중에서 1, 2차 조선공산당 결성에 참여했던 사람들로는 홍남표, 조이환, 구연흠, 유연화, 어수갑, 박순병 등을 들 수 있고, 이전에 『시대일보』 기자였던 주종건도 조선공산당 결성에 참여했었다. 또한 김기진, 안석주, 김동환, 조명희 등은 카프 계열로서 사회주의적 성향을 지녔던 문인 기자들이었다.[54] 이렇듯 『시대일보』에 다수의 사회주의 성향의 기자들이 입사할 수 있었던 것은 홍명희나 이승복이 한때 화요회에서 활동했다는 인연과[55] 화요회계 사회주의자들이 조직적으로 신문사에 침투하려고 했던 전략의 결과였다고 할 수 있다.[56]

---

53 위의 글, 280~289면.
54 박용규, 앞의 글, 2008, 125~139면.
55 홍명희는 1925년 5월에 결성된 조선공산당에 당원으로 입당했다가 1926년 말에 출당되었다는 주장들도 있다. 이균영, 『신간회 연구』, 역사비평사, 1993, 154면; 「조선 각계 인물 총평」, 『혜성』, 1931.9, 55면.
56 1차 조선공산당에 참여했던 김찬의 진술에 따르면, 조선공산당은 『시대일보』와 『조선일보』에 야체이카를 두어 "공산당 사상의 선전에 관하여는 신문지를 발행하고, 각 신문기관을 조종, 이용"하려고 했다고 한다. 김준엽 · 김창순, 『한국공산주의운동사』 2, 청계연구소 출판국, 1986, 209~211면.

이런 기자들의 특성은 논조를 통해 어느 정도 드러났다. 홍명희가 사장이 된 후, 『시대일보』도 사회주의적 성향이 더욱 강화되었지만, 더욱 많은 수의 사회주의자들이 활동했던 『조선일보』와 비교해서 상대적으로 성향이 뚜렷하지 않다고 하며, "민족간판의 『동아일보』, 사회주의를 전내로 모시던 『조선일보』, 무언지 알 수 없는 『시대일보』"라는 지적을 받기도 했다.[57] 그러나 1926년 초에는, 1925년 10월의 정간으로 사회주의자들이 모두 떠난 후 『조선일보』는 '우경 혹은 몽롱상태'에 있는 반면 『시대일보』는 오히려 '좌경의 기미'를 보이고 있다고 평가받기도 했다.[58] 이것은 『조선일보』를 통한 선전활동이 불가능해지면서 조선공산당이 『시대일보』를 이용한 활동에 더욱 주력했기 때문이라고 볼 수 있다. 그러나 『시대일보』가 "좌익민족주의자적 진영에 소속케 되어 일시는 이 역(亦) 사회주의자 등의 기술까지를 이용하는 것처럼" 보였을 뿐이라는 비판을 받을 정도로 한계가 있는 것이었다.[59] 어쨌든 『시대일보』는 한동안 사회주의적 성향의 기자들이 주도하여 저항적 논조를 보였다고 할 수 있다. 이런 『시대일보』의 논조는 결국 총독부가 창간을 허용할 때 가졌던 의도가 실현되지 못 했음을 보여주는 것이었다.

57 XY생, 「현하 신문잡지에 대한 비판」, 『개벽』, 1925.11, 46면.
58 경운동인, 「조선 신문잡지의 신년호」, 『개벽』, 1926.2, 59면. 『諺文新聞差押記事輯錄』에 실린 『시대일보』의 차압 기사를 보면 1925년 11월과 12월 사이에만 4건이 러시아 혁명이나 레닌을 다룬 것들이다. 조선총독부경무국도서과, 앞의 책, 126~129면. 『조선일보』에 대한 무기정간 조치가, 1925년 9월 8일의 '조선과 노국(露國)과의 관계'라는 사설이 문제 되었던 점을 감안하면, 『시대일보』의 이런 논조도 '좌경의 기미'를 드러낸 것으로 볼 수 있을 것이다.
59 박만춘, 「조선 3신문 전략상」, 『비판』, 1933.3, 478면.

3. 『중외일보』의 특성과 활동

1) 창간배경과 과정

『시대일보』의 발행권이 취소된 이후 새로 신문을 발행하려던 많은 사람들 중에서 총독부가 발행권을 허가한 사람이 바로 이상협이었다. 이상협은 1926년 9월 18일자로 총독부로부터 발행허가를 받아 제호를 『중외일보』로 바꾸어 11월 15일부터 새로 신문을 발행하게 되었다. 특히 『중외일보』는 새로 창간하는 형식으로 지령을 1호부터 시작했다.

이상협은 총독부 기관지인 『매일신보』를 거쳐, 자신의 이름으로 『동아일보』 발행권을 허가받았고 이후 『조선일보』, 『중외일보』를 거쳐 나중에는 다시 『매일신보』에 들어가 박석윤의[60] 뒤를 이어 2대 부사장까지 되었던 사람이다. 이상협은 이미 『동아일보』 창간 당시부터 총독부와 긴밀한 관계를 지녔고,[61] 나중에는 『매일신보』의 부사장이 되었다는 이유 때문에 친일적인 인물로 평가되고 있다.[62]

『조선일보』에서 물러나와 있던 이상협은 『시대일보』가 발행권 취소를 당하자, "그 기회를 타서 (…중략…) 기민하게 활동"하며[63] 『중외일

---

60 박석윤은 『시대일보』 창간 당시 정치부 기자를 지냈고, 이후 영국 유학을 다녀와 『매일신보』 부사장을 지냈으며, 후에 국제연맹 일본대표 수행원, 만주국 외교부 촉탁, 외무국 조사처장, 폴랜드 총영사 등을 지낸 친일파였다. 정진석, 『인물 한국 언론사』, 나남, 1995, 170면.
61 이상협은 1919년 8월부터 1921년 사이에 3번, 1922년부터 1923년 사이에 4번 총독과 면회를 했다. 강동진, 앞의 책, 1980, 169~170면.
62 박찬, 「이상협－친일언론인의 대부」, 반민족문제연구소 편, 『청산하지 못한 역사』 2, 청년사, 1994, 252~261면.
63 차상찬, 앞의 글, 1936, 51~52면.

보』를 창간하려고 했는데, 당시 경무국장이었던 미쓰야 미야마쓰三矢宮
松가 이를 알고 이상협에게 『중외일보』의 발행을 허가해 주었던 것이
다.[64] 총독부의 발행허가 배경은 다음의 판결문에 잘 드러난다.[65]

　　조선총독부 당국자는 동 피고(이상협 – 인용자)의 인품을 알고 조선에 있
어서의 민중의 취향 및 사회의 여론을 알기 위하여는 동 피고와 같은 공정
한 인물로 하여금 신문을 발행케 함과 같지 못하다고 하여 대정 15년(1926
년 – 인용자) 중에 당시의 경무국장이었던 三矢宮松으로 하여금 피고를 종
용하여 본건의 『중외일보』의 발행허가를 출원케 하여 동년 11월중 허가를
줌으로써 피고는 재력의 곤핍을 불구하고 당국의 호의에 감격하여 단독의
힘으로 경영의 책임을 맡은 이래 발행회수 450호에 이르렀음은 항상 근신
한 자세로 경영에 임하고 奇激한 언론은 피함으로써 아직 1회도 기사에 대
하여 訴追를 받은 일이 없는 것이다.

　위의 판결문에서도 나타나듯이 일제는 친일적인 성향의 이상협에게
신문의 발간을 적극적으로 권유했고, 마침 새로운 신문 발행을 의도하
고 있던 이상협도 "당국의 호의에 감격하여" 이를 받아들임으로써 『중
외일보』가 창간되었던 것이다. 그러나 『중외일보』가 창간 초기부터 재
정난으로 어려움을 겪었던 점을 보면, 일제가 『시대일보』와 마찬가지

64　목춘상인, 앞의 글, 42면.
65　1928년 2월에 이정섭이 집필한 '세계일주 기행문'의 필화로 인해 이정섭과 함께 이상협이
　　재판을 받을 당시의 고등법원 판결문에 나타난 내용으로, 이상협은 판결문에 나타난 이러
　　한 상황이 참작되어 체형을 받지 않고 200원의 벌금형을 받았을 뿐이다. 독립운동사편찬위
　　원회, 『독립운동사 자료집』 12(문화투쟁사 자료집), 1977, 1087면.

로 친일적 성향의 인물들에게 신문발행을 허가해주었지만 적극적인 자금 지원을 하지는 않았던 것으로 볼 수 있다.

따라서 일제가 『시대일보』나 『중외일보』를 친일적 성향의 인물에게 발행하도록 종용했던 것은, 이런 신문들이 민족주의자나 사회주의자에 의해 발행되는 것을 막고 가능하다면 이런 신문들이 민족개량주의를 유포하는 역할도 해주기를 원했기 때문이었다. 특히 이 두 신문이 발행되던 시기에 사회운동이 매우 활발했기 때문에, 가능하면 이런 신문들이 사회운동의 직접적인 수단이 되지 못하도록 하기 위해 친일적 인물들에게 신문 창간을 종용하기는 했지만, 신문발행을 원하는 다수의 사람들이 있던 상황에서 막대한 자금지원까지 하며 신문발행을 지원할 필요성을 느끼지는 않았던 것 같다.

2) 자본과 운영

1926년 9월 18일에 이상협 명의로 발행허가를 받아 11월 15일에 창간된 『중외일보』는 전북의 대지주로 여러 기업들의 중역이나 친일 단체의 임원으로 활동했고, 1927년에는 중추원 참의가 되기도 했던 백인기의[66] 출자에 의해 운영되었는데 출자금의 규모가 작아 처음부터 재정적인 어려움을 겪었다. 창간 초기에 대략 3만 원 내지 4만 원 정도의 운영자금이 있었다고 하는데 아마 이 자금을 백인기가 출자했던 것으로 볼 수 있을

66　오미일, 「한국 자본주의 발전에서 政商의 길 ― 백남신, 백인기의 자본 축적과 정치사회활동」, 『역사와 경계』 57, 부산경남사학회, 2005, 137~153면.

것이다.[67] 이상협 명의의 발행 허가와 백인기의 자금 출자를 보면, 『중외일보』가 친일적 성향의 인물들에 의해 주도되었음을 알 수 있다.

당시 『동아일보』나 『조선일보』는 조·석간 6면 발행에 월정구독료 1원을 받았던데 비해 『중외일보』는 4면 발행에 월정구독료 60전을 받으며 '최양최렴(最良最廉), 즉 '값싸고 좋은 신문'을 표방하고 나섰다. 1924년 9월 신석우의 출자로 『조선일보』를 혁신했을 당시에도 흥미 있는 읽을거리를 제공하려고 다양한 시도를 했던 이상협은 이제 자신이 직접 운영하게 된 『중외일보』에서 더욱 본격적으로 그런 시도들을 하게 되었다. 즉 『중외일보』에서는 '박보(博譜), 기보(棋譜), 만화' 등을 게재하기도 했는데, 이에 대해 "일부 식자층의 비난도 있은 듯하나 독자에게 신취미(新趣味)를 주는 동시에 그것으로 인하여 신문에 취미를 갖게 될 수 있는 등 독자개척과 동시의 큰 효과가 있다"는 평가를 받기도 했다.[68]

그러나 『중외일보』는 창간 후 4개월이 지난 뒤부터 임금을 제대로 지불하지 못할 정도로 재정난을 겪었고, 이런 상황에서 사진반까지 포함한 편집국원 18명은 정상적인 월급 없이 매일 1원씩 나누어 갖는 생활을 하였다.[69] 재정난이 더욱 심각해지자, 1927년 5월에는 결국 월정 구독료를 75전으로 인상하였다. 『중외일보』의 재정난은 자본금이 적었다는 이유뿐만 아니라 낮은 월정구독료에도 불구하고 판매부수가 크게 신장하지 않았고 타 신문사보다 높은 임금을 주어 인건비 부담이 상대

---

67 서경학인, 「휴간 중외일보론」, 『철필』 2(1), 1931, 4면. 당시 백인기의 부채 상황에 대한 자료를 보면, 『중외일보』에 4만 7천 원을 투자했던 것으로 나와 있다. 오미일, 앞의 글, 145면.
68 서경학인, 앞의 글, 4면.
69 김기진, 앞의 글, 1978, 212면; 서경학인은 이렇게 1원씩 나누어 가진 돈을 '분배금'이라고 했는데, 1929년 4월까지 약 2년간 기자들이 월급 없이 이런 분배금만으로 살았다고 한다. 서경학인, 앞의 글, 5면.

적으로 더 컸기 때문이었다. 이런 상황에서 "그날그날의 신문발행이 기적적이었다"는 지적까지 나왔던 것이다.[70]

이렇듯 재정적으로 어려움을 겪는 가운데 『중외일보』는 1928년에 두 번의 필화를 겪었다. 1928년 2월에는 이정섭이 썼던 세계일주기행문의 내용이 문제가 되었고, 1928년 12월에는 민태원이 썼던 '직업화와 추화'라는 사설이 문제가 되었다. 전자의 경우 필자 이정섭은 징역 6월에 집행유예 2년, 이상협은 벌금 200원, 후자의 경우 민태원은 징역 3월에 집행유예 3년, 이상협은 벌금 200원형을 받았다. 특히, 『중외일보』는 "무전병(無錢病)에 걸려서 한창 고통을 받는 중에 설상가상"격으로 1928년 12월에는 필화로 무기정간처분까지 받게 되었던 것이다.[71]

다음해인 1929년 2월에 정간 해제로 속간된 이후 동년 3월에는 경남 의령의 대지주로, 안희제가 설립한 백산무역 주식회사에도 참여했던 이우식이[72] 투자하여 조합제가 되었다가 9월부터는 자본금 15만 원의 주식회사로 전환되었다.[73] 정간 해제 직후인 1929년 2월에는 이우식이 사장을 맡았다가,[74] 내부의 알력으로 물러나고[75] 9월부터는 안희제가 사장이 되어 운영하게 되었다.[76] 안희제가 사장이 되었다는 것은 『중외

---

70 서경학인, 앞의 글, 4~5면.
71 차상찬, 앞의 글, 1936, 52면.
72 조기준, 『한국기업가사』, 박영사, 1973, 296면.
73 서경학인, 앞의 글, 6면.
74 京鍾警高秘 第1572號, 株式會社中外日報狀況ニ關スル件(1929.2.6), 1면.
75 채백, 「일제기 부산지역 언론인 연구」, 『한국언론정보학보』 56, 한국언론정보학회, 2011, 140면.
76 안희제를 중심으로 하는 경상도 인맥들은 1920년에도 지방신문의 창간을 의도했으나 총독부의 불허로 뜻을 이루지 못했다고 한다. 이후 이들은 『동아일보』의 창간에 참여했지만 신문의 운영에서는 완전히 배제되었다고 한다. 이러한 주장의 근거는 아마도 경주의 최준 같은, 안희제와 가까운 인물들이 『동아일보』 창간 초에 발기인이나 주주로서 참여한 데 근거를 두고 있는 것 같다. 채필렬, 「십자가상의 동아일보」, 『비판』, 1935.11, 52면.

일보』가 총독부의 애초의 의도와는 달리 민족주의 진영으로 넘어왔다는 것을 의미했고, 또한 경상도 출신들이 최초로 중앙의 민간지에 진출했다는 것을 의미하기도 했다.

안희제가 사장이 된 이후인 1929년 9월 17일에 『중외일보』는 다른 신문들도 시도하지 못하던 8면 발행을 단행하여,[77] 마지못해 다른 신문들도 따라오게 했으나 "결국은 중외일보 자체가 힘이 모자라서 먼저 넘어지고" 말았다는 비판을 듣게 되었다.[78] 즉 "오늘에 여러 신문이 모두 경영곤란에 빠지고 『중외일보』 자체가 유지하기 어렵게 된 것"이 무리한 8면 증면 때문이라는 비난까지 나왔던 것이다.[79] 그러나 증면에도 불구하고 『중외일보』의 발행부수는 크게 늘어나지 않았다. 1929년 말의 경우 발행부수가 12,267부로 『동아일보』의 37,802부나 『조선일보』의 23,486부 보다 상당히 적었다.[80] 한편 안희제가 사장이 되면서 '영남 몰로주의'가 등장하여 인사상의 난맥상이 드러나고, 무리하게 사원 수가 증가하여 인건비 부담만 커졌다.[81]

이렇듯 『중외일보』는 증면을 하는 등 적극적인 운영을 시도했으나, 주식회사 설립 시 일시불로 불입되기로 결의된 15만 원의 자본금이 제대로 불입되지 못했기 때문에 재정난이 해소되지 못했다.[82] 이에 따라 1929년 12월부터 다시 임금 지급이 안 될 정도로 재정난이 심화되었

---

77 정진석, 앞의 책, 2001, 275~280면.
78 이적봉, 「민간신문 죄악사」, 『제일선』, 1932.8, 47면.
79 일기우생, 「문제 중의 문제인 중외일보는 어떻게 될까」, 『별건곤』, 개벽사, 1931.4, 17면.
80 정진석, 앞의 책, 1990, 553면.
81 壁上生, 「중앙일보·조선일보의 그 뒤 소식」, 『제일선』, 1932.12, 30면.
82 아래 글의 필자는 이러한 주식회사가 '헛 手形(수표―인용자) 가지고 만든 유령회사'라고 하며 처음에 약속되었던 이우식과 안희제의 출자가 제대로 이루어지지 않았던 점을 비판했다. 漫談子, 「조선의 신문들을 도마에 올려 놓고」, 『제일선』, 1932.9, 64면.

다.[83] 이런 재정난을 타개하기 위해 1930년에 들어서서 10만 원의 자본금 증자가 결의되었지만, 실제 자본금 불입은 거의 이루어지지 않았다.[84] 재정난에 시달리던 『중외일보』는 결국 1930년 10월 15일에 10일간의 예정으로 휴간했다가 속간할만한 재정적 능력의 부족으로 다시이를 연장하여 4개월가량 휴간했다가 1931년 2월 13일에야 속간될 수있었다.[85]

속간 이후 편집국장을 맡은 김형원은 마지막까지 『중외일보』를 살리기 위해 노력했다.[86] 김형원은 이건혁, 서승효, 신상우 등과 함께 납본을 하며 신문을 계속 발행하려 노력했고[87] 원세훈, 김찬성, 김남주, 임유동 등은 다른 자본주를 끌어들이려고 시도했다.[88] 이렇듯 김형원에 의해 신문발행이 계속되었지만, 이는 "명목상뿐이니 발행권을 유지하기 위한 것에 불과"했고 그나마도 4월까지만 계속되다가 다시 휴간했고 결국 9월 2일에는 주주총회에서 주식회사 『중외일보』가 해산되는 지경에 이르렀다.[89] 이렇듯 재정난에 시달리던 『중외일보』는 1931년 6월 19일자에 마지막 호를 낸 후 자진 휴간한 끝에 5, 6만 원 정도의부채만 남긴 채[90] 결국 주식회사까지 해산하고 사라지게 되었다.

83 서경학인, 앞의 글, 8면.
84 서경학인의 글에는 1930년 중반에 10만 원의 자본금 증자가 결의된 것으로 나오는데, 아래의 자료들에는 45만 원이 증자되어 공칭자본금이 60만 원이 된 것으로 나와 있다. 이것으로보아 실질적인 자본금의 불입 없이 형식적인 증자만을 했다는 것을 알 수 있다. 서경학인, 앞의 글, 8면; 『日本新聞年鑑』(1931년판), 93면; 『新聞總覽』(1931년판), 482면.
85 서경학인, 앞의 글, 2면.
86 낙양산인, 「동아·조선·중외 3사 편집국장 만평」, 『혜성』, 1931.5, 122면.
87 이건혁, 앞의 글, 197면.
88 舌火子, 「檢鏡에 비친 중앙일보와 노정일」, 『비판』, 1932.6, 56면.
89 靑光, 「세 동채 가는 중앙일보의 신 진영」, 『동광』, 1931.12, 84~85면.
90 일기우생, 앞의 글, 16면.

3) 편집진의 구성과 특성

『중외일보』의 기자들은 대부분『시대일보』출신들이었다. 이것은
총독부가 "될 수 있는 대로 실업자를 내어 주지 말아 달라고 신신 부탁"
했고 이를 이상협이 받아들였기 때문이었다.[91] 이에 따라 일부 간부진
들을 제외한 일선 기자들의 대부분이『시대일보』에서『중외일보』로
옮겼고, 일부는 새로『중외일보』에 입사한 사람들이었다. 창간 직후
『중외일보』에는 사진반을 제외하고 16명 정도의 기자가 있었다고 한
다.[92] 그중에서『시대일보』를 거쳐『중외일보』에 입사했던 사람들로
는, 김기진, 황신덕, 최성우, 김동환, 이건혁, 서승효, 신상우, 서범석 등
이 있었고 다른 민간지를 거쳤거나 또는『중외일보』에서 언론계에 첫
발을 내디뎠던 사람들로는 민태원, 김형원, 유광열, 정인익, 이윤종, 노
수현, 최상덕, 최학송, 김남주 등이 있었다.[93] 또한 문일평과 이정섭이
촉탁으로 논설을 집필했다.[94] 이외에도 나중에『중외일보』기자로 입사

---

91 김팔봉, 앞의 글, 1959, 296면.
92 김팔봉, 앞의 글, 1978, 217면; 황신덕, 「한 알의 밀알 구실을 한 여기자들」, 『언론비화 50편』,
    한국신문연구소, 1978, 148면.
93 『중외일보』전체 기자명단이 정리된 것은 없다. 따라서 여러 가지 자료를 종합하여 명단을
    파악할 필요가 있었다. 여기에 사용된 주요 자료들은 다음과 같다. 『한국언론연표』, 관훈
    클럽신영연구기금, 1979; 유광열, 『기자 반세기』, 서문당, 1969; 대한언론인회, 『한국언론인
    물사화』상·하, 1992; 신문편집인협회, 『신문백년 인물사전』, 1988; 한국신문연구소, 『한
    국언론인물지』, 1981. 이외에도 개인별로 다양한 자료들을 통해 비교, 확인했지만 양이 너
    무 많아 개인별로 일일이 근거를 모두 밝히지는 못했다. 이러한 전체 자료의 정리 결과는 다
    음을 참조하라. 박용규, 앞의 글, 1994, 280~289면.
94 사설을 집필했던 문일평이나 이정섭이 모두 신간회에 참여했던 것은『중외일보』의 논조에
    커다란 영향을 주었다. 이 둘이 모두 민족주의적인 성향을 지녔기 때문인지『중외일보』사
    설의 논조는 대체로 '민족적 연합전선'의 필요성을 주장하면서도, 사회주의 세력의 주도에
    는 반대하는 입장을 보였다고 한다. 정대철, 「신간회와 민간지의 관계에 대한 고찰」, 『언론
    학보』 2, 한양대 언론문화연구소, 1981, 164면.

했던 사람들로는 마춘식, 이순재, 김말봉, 홍종인, 신경순, 이상호, 이태준, 이하윤, 이종명, 임인식, 권경완 등이 있었다.[95]

1927년에 결성된 신간회에는 『중외일보』 기자들 중에서 창립발기인으로 문일평, 이정섭이, 경성지회 간사로서 황신덕이 참여했다.[96] 또한 1927년 10월 27일에 결성되어 '의식분자'들을 망라했다고 평가되었던 '전위기자동맹'에 『중외일보』의 김남주, 서범석, 정인익, 김기진 등이 『조선일보』의 김동환, 박팔양, 이호태, 안석주 등과 함께 참여했다.[97] 이 단체는 강령으로 "봉건적, 소시민적 관념의 극복", "대중의 당면이익 획득을 위한 투쟁", "투쟁적 기자단과 국제적 결성" 등을 내세웠다. 그러나 『중외일보』에는 과거 사상단체나 사회주의 운동에 적극적으로 참여했던 기자들은 거의 없었다. 단지 카프에서 활동했던 기자들로 김기진, 김동환, 최학송, 권경완 등이 있었을 뿐이다.

이렇듯 일부나마 『중외일보』 기자들은 신간회나 전위기자동맹에 참가하여 활동하기도 했지만, 사회운동에 직접 적극적으로 참여한 기자들은 별로 없었다. 이런 이유 때문인지 『중외일보』는 신간회에 대한 논조에 있어서 "동아의 그것과는 다소 그 정치적 방향을 달리한바 있었지만은 그 색채가 그리 선명하지 못하였었다"는 평가를 받았다.[98] 이것은 『조선일보』가 신간회의 '기관지'라는 평을 들을 정도로 적극적이었고 『동아일보』가 신간회에 대해 다소 부정적 입장에 있었다면, 『중외일

---

95 1929년 말 경에 민태원, 이정섭, 이시목, 김형원, 이윤종, 서범석, 정인익, 신경순, 이태준, 홍종인, 이상호, 박인식, 노수현, 최학송, 최상덕, 이하윤, 김말봉 등이 근무하고 있었다. 「인재순례―신문사측」, 『삼천리』, 1930. 1, 31~32면.
96 박용규, 앞의 글, 1994, 195면.
97 『조선일보』, 1927. 10. 29.
98 박만춘, 「조선 3신문 전략상」, 『비판』, 1933. 3, 48면.

보』는 두 신문의 중간 정도의 입장을 지녔고 논조도 그와 같은 수준을 보였다고 할 수 있다.[99] 그러나 일제가 『중외일보』에 대해 "총독의 시정을 비난, 공격하고 세계 약소민족의 독립운동을 빙자하여, 조선이 독립운동을 하지 않으면 안 된다는 것을 풍자하고, 매사를 편견과 중상을 바탕으로 한 집필을 감행"했다고[100] 평가했을 정도로 초기에는 전체적으로 어느 정도 비판적 논조를 보였다고 할 수 있다.[101]

한편 『중외일보』의 편집간부 자리는 이상협과 함께 『매일신보』에서 근무했던 민태원, 김형원, 유광열 등이 차지했다. 이것은 1927년부터 1930년까지 편집간부들의 명단을 보면 잘 나타난다.[102]

> **1927년** : 편집국장 민태원, 편집국장 대리 유광열, 정치부장 이윤종, 사회부장 김형원, 지방부장 서승효
>
> **1928년** : 편집국장 민태원, 편집국 차장 김형원, 정치부장 이윤종, 사회부장 정인익, 지방부장 서승효
>
> **1929년** : 편집국장 민태원, 편집부장 김형원, 정치부장 이윤종, 사회부장 정인익, 경제부장 김봉기, 지방부장 서승효, 조사부장 이시목
>
> **1930년** : 편집국장 민태원, 편집부장 김형원, 정치부장 이윤종, 사회부장 정인익, 경제부장 김봉기, 지방부장 서승효, 조사부장 이시목

---

99 정대철, 앞의 글, 159~178면. 클락 박사라는 성경번역가는 이상재가 사장이었던 『조선일보』나 신축사옥 낙성식에 외국인들을 초대했던 『동아일보』에 대해서는 비교적 우호적 평가를 한 반면에 『중외일보』에 대해서는 '기회주의'적이라고 비판했다. 이것은 사실상 논조의 일관성 부재를 지적하는 것이었다. ―記者, 「외국인이 본 조선 언론계」, 『현대평론』, 1928.1, 36면.
100 정진석, 앞의 글, 1979, 79면.
101 일제는 『중외일보』가 특히 '문예난'과 '사회 시사보도'를 통해 학생들의 '학교 투쟁'을 선동하고 '계급사상'을 주입하는 논조를 보였다고 지적했다. 慶尙北道警察局, 앞의 책, 167면.
102 정진석, 앞의 책, 1990, 423면.

위에서 보는 것처럼 1929년에 안희제가 사장이 되던 해에 김봉기와 이시목이 각각 경제부장과 조사부장을 맡게 되었다. 이것은 경상도 출신의 안희제, 이우식 주변 인물들이 득세하게 되었다는 것을 드러내는 것이었고, 이후에도 계속 안희제, 이우식 계열의 사람들이 대거 입사하여 한 때 편집국 인원이 37명이나 되었다.[103] 더욱이 1930년 1월에 편집국장 민태원을 편집고문으로, 조사부장 이시목을 편집국장 사무취급으로, 사회부장 정인익을 학예부장으로, 사회부 기자 서범석을 퇴사시키고 또한 2월에는 정인익, 정치부의 최학송, 학예부의 최상덕을 일시에 퇴사하는 '대사변'이 발생했다.[104] 이우식과 동향인 이시목이 다른 기자들에 비해 일천한 경력임에도 불구하고 "사계(斯界)에 있어서 이처럼 급진, 아니 돌진적 출세를 한 이"는 없었다는 지적까지 받으며 편집국장 대리로 임명되었다는 것은[105] 지방색이 인사에 얼마나 심각한 영향을 주는가를 보여주는 단적인 예였다. 이러한 파행적인 인사조치는 『중외일보』의 어려움을 더욱 가중시켰다. 이시목이 물러난 후, 속간과 함께 김형원이 편집국장이 되었지만[106] 신문이 제대로 되살아나지 못하고 휴간 끝에 사라지게 되었던 것이다.

---

103 서경학인, 앞의 글, 6면. 안희제가 사장이 된 이후, 『중외일보』에는 '경상도 재벌'들의 '親屬 심지어 숨音[마름]'까지 사원이 될 정도였다고 한다. 임우성, 「조선신문사」, 『비판』, 1938.8, 10면. 따라서 자질이 떨어지는 사람들이 기자가 된 경우도 적지 않았을 것이고, 이로 인해 신문의 질은 떨어지고 인건비 부담만 커졌을 것이다.
104 서경학인, 앞의 글, 8면. 정인익, 최상덕, 최학송 등은 모두 새로 부사장이 된 박석윤을 통해 『매일신보』에 입사하게 되었다. 김을한, 『한국신문사화』, 탐구당, 1975, 238~239면.
105 최상덕, 「민간 3대신문 편집국장 인상기」, 『철필』 1(2), 1930, 42~43면.
106 낙양산인, 「동아·조선·중외 3사 편집국장 만평」, 『혜성』, 1931.5, 122면.

4. 『중앙일보』의 특성과 활동

1) 창간배경과 과정

『시대일보』나 『중외일보』의 경우에서 나타나듯이 일제는 친일적인 성향의 인물들에게 신문의 발간을 적극적으로 권유, 지원했다. 이것은 『중외일보』가 폐간된 다음 이를 개제한 『중앙일보』를, '총독의 양자'라고 할 정도의 친일적 행위로 일반 민중들로부터 지탄을 받던 노정일에게 허가하였다는 점에서도 잘 드러난다.[107] 강동진은 「재등실 문서(齋藤實 文書)」의 '노정일 보고서류'의 내용을 통해 노정일이 기존의 민간지들에 대한 간섭과 억압을 강화해야 하고 "민족지의 소론(所論)과 맞서 싸우며 민심을 바로 인도할 언론기관을 세우는 것이 제일 필요하다"고 총독부에 건의를 해서 사이토(齋藤實) 총독으로부터 '사상전도'의 명분으로 신문발행의 원조를 받았다고 주장했다.[108]

노정일이 위의 보고서를 1930년 4월 26일에 썼던 것을 감안하면, 그가 신문 발행에 많은 관심을 가지고 있었던 것은 분명하다.[109] 그러나 처음부터 노정일이 총독부로부터 발행권을 허가받았던 것이 아니었고 창간 초기부터 재정난으로 어려움을 겪었다는 점에서 총독부의 자금지

---

107 노정일은 평안도 출신으로 미국 네브래스카 대학에서 철학박사를 받고 귀국해 연희전문학교에서 강의를 했다. 舌火子, 앞의 글, 1932, 55~59면. 사회적 비난과 지탄 때문인지 『중앙일보』 사장에서 물러난 후 노정일은 더 이상 특별한 활동을 하지 못했다. 노정일의 행적은 본인이 쓴 다음의 책에 잘 나타나 있다. 노정일, 『國士와 정치인』, 국사원, 1958, 254~255면.
108 강동진, 앞의 책, 195면.
109 『齋藤實文書』16, 고려서림, 1999, 285~318면.

원에 대한 강동진의 주장은 다소 한계가 있다. 최초로 『중외일보』의 판권을 인수하기 위해 시도했던 사람들은 김찬성과 김남주였다. 진주 출신으로 신문사 운영에 관심이 많았던 김찬성과 『중외일보』 기자였던 김남주는 재정적인 능력부족으로 판권 인수가 어렵게 되자, 공주 출신의 갑부인 정한민과 사돈으로 그의 자본을 끌어들일 수 있었던 노정일이 공동으로 『중외일보』 발행권을 인수하려고 시도했던 것이다. 당시 『중외일보』 발행권을 가지고 있던 안희제는 신문을 복간할 수 있는 재정적 능력이 없었다. 김찬성과 김남주는 신문복간과 함께 과거 사원들을 모두 다시 채용하겠다며 안희제에게 접근해 발행권을 인수했고, 안희제는 결국 김찬성의 간교한 술책에 속아 한 푼의 돈도 받지 못하고 발행권을 넘겨주게 되었다.[110]

안희제로부터 김찬성이 발행권을 인수하고 1931년 10월 14일 『중앙일보』로 개제하여 총독부로부터 발행허가를 받은 이후, 노정일은 정한민의 자본을 제대로 끌어들이지 못했고, 김찬성도 전혀 자본을 끌어들이지 못하게 되자 둘 사이에 발행권 쟁탈을 위한 내분이 심화되었다.[111] 이런 과정에서 노정일은 김찬성이 조선공산당 사건으로 옥고를 치르고 나온 김약수 등과 어울리는 등 사회주의자로서 '위험한 인물'이라고 밀고하여 김찬성 손에 있던 발행권을 넘겨받게 되었다.[112] 이렇듯 노정일은 김찬성을 내세워 발행권을 인수하고 나서, 총독부와의 밀착된 관계를 이용하여 발행권을 빼앗아 버린 것이다.

---

110 정태철, 「饑饉든 언론계의 殘穗」, 『제일선』, 1932.12, 101~102면.
111 「노정일과 중앙일보」, 『제일선』, 1932.6, 67~68면.
112 정태철, 앞의 글, 102면.

이렇듯 결과적으로 『시대일보』의 최남선이나 『중외일보』의 이상협보다 더 친일적인 인물에게 발행권을 허가했던 것은 과거 두 신문이 총독부의 의도대로 활동하지 않았던 현실을 감안한 결과였을 것이다. 어쨌든 친일적 행위 등으로 당시에 사회적 비난의 대상이 되어, "그러한 사람이 민중의 공기(公器)인 신문기관을 맞게 된다는 것은 일반 민중에게 대하여도 면목이 없는 일"이라는 지적까지 받았던[113] 사람에게 일제가 신문 발행을 허가했다는 것은 일제의 언론정책의 본질적 성격을 잘 드러내주는 것이었다.

2) 자본과 운영

노정일은 1931년 11월 17일에 『중앙일보』를 창간하면서 자본금 20만 원을 확보하기 위해 노력했으나[114] 출자가 원만히 이루어지지 않았고 노정일의 사돈인 공주의 대지주 정한민이 출자한 3만 원을 가지고 개인회사 형태로 운영되게 되었다.[115] 『중앙일보』는 3만 원으로 건물과 기본설비를 확보한 이후 추가의 자본금이 전혀 없이 지국보증금이나 건물을 저당하여 얻은 돈으로 근근이 운영을 해나갔다.[116] 실제로 노정일은 신문사 사옥을 담보로 대출한 2만 4천 원을 가지고 운영해나갔다.[117]

---

113 黎曉生, 「중앙일보는 어디로 가나?」, 『별건곤』, 개벽사, 1932.6, 14~16면.
114 靑光, 앞의 글, 85면.
115 「노정일과 중앙일보」, 『제일선』, 1932.6, 67면.
116 璧上生, 「중앙일보·조선일보의 그 뒤 소식」, 『제일선』, 1932.12, 31면.

위와 같은 재정적인 어려움 속에서, 신문편집이나 내용도 매우 유치하여 다른 민간지들의 경쟁상대조차 되지 못한다는 평가를 받았고[118] 특히 사설은 "중학교 1학년의 작문"이라는 평가를 받을 정도였다[119] 이렇듯 신문 내용의 질적 수준이 매우 낮았기 때문에, 4면 발행에 월정 구독료 60전으로, 1원을 받는 다른 신문에 비해 매우 저렴했음에도 판매부수가 크게 확장될 수 없었다.

『중앙일보』는 창간된 다음해인 1932년 초부터 월급이 제대로 지급되지 않았다. 이런 가운데 3월 20일부터는 노정일의 전횡과 자금유용으로 인한 여러 가지 문제가 발생하다가, 4월부터는 사원대회 등이 개최되었고, 급기야 5월 4일에는 월급의 지급을 요구하며 사원들이 단식농성까지 벌였다.[120] 특히 『중앙일보』 사원들의 사원대회와 철야농성은 편집국장 이하 모든 기자들과 영업국, 공무국 사원과 배달원까지 참여했다는 점에서 특이한 경우였다. 1932년 4월까지는 공장 직공들이 임금지불을 요구하며 태업을 하면 기자들이 돈을 모아 이들에게 식사를 제공하며 신문발행을 해나갔으나, 노정일의 휴간 선언 이후 기자들도 함께 농성에 참여하게 되었다. 결국 『중앙일보』는 재정난과 체불로 인한 파업 등으로 결국 5개월여 만인 5월 4일에 "전대미문의 더러운 역사를 남기고" 휴간하게 되었다.[121]

---

117 정진석, 앞의 책, 2001, 284면.
118 壁上生, 「4신문 신년호평」, 『혜성』, 1932.2, 92면.
119 「노정일과 중앙일보」, 『제일선』, 1932.6, 66면.
120 『동광』의 기사에는 전 사원이 철야 농성하고 다음날부터 공장 직공들만 단식 농성한 것으로 되어 있다. 박상호, 「돌연 휴간한 중앙일보 분규사건의 이면」, 『동광』, 1932.6, 32면. 그러나 『동아일보』 기사에는 편집국장 이하 전사원이 단식 농성한 것으로 나와 있다. 『동아일보』, 1932.5.6.
121 박상호, 앞의 글, 26~31면; 黎曉生, 앞의 글, 14~17면; 임우성, 앞의 글, 10면.

휴간 직후 노정일은 속간을 위한 노력을 포기하고 판권을 매도하려고만 했다. 『중앙일보』사원들은 이에 반대하면서 자체적으로 판권을 인수하여 자율적으로 신문을 발행하려고 시도하였다. 『중앙일보』사원들은 자신들이 신문사에 입사한 제일의 목적은 생활을 위한 것이지만, 제이의 목적은 조선 언론계를 위한 것이므로 월급을 포기하고서라도 신문을 계속해서 발행할 수 있도록 전체사원 명의로 판권을 넘겨달라고 요구했다.[122] 그러나 신문발행권 매도에만 관심이 있던 노정일에 의해 사원들의 자율적인 신문경영 시도는 무산될 수밖에 없었다.

노정일이 휴간 이후 노골적으로 판권 장사를 시작하여 3만 원만 내면 누구에게나 판권을 넘기겠다는 입장을 밝히자[123] 다양한 세력들이 『중앙일보』의 판권을 인수하려고 시도했다. 특히 조병옥과[124] 지국장들이 중심이 되어 『중앙일보』의 판권을 인수하려고 시도했지만[125] 자금 부족으로 실패하고, 결국 『조선일보』의 주요 출자자였던 최선익과 공주 출신 지주였던 윤희중에게 판권이 인수되어 1932년 10월 31일부터 속간될 수 있었다.[126] 이것은 하루라도 빨리 판권을 매도하려는 노정일과

---

122 黎曉生, 앞의 글, 14~15면.
123 이현우, 「최근 신문계 만담」, 『비판』, 1932.9, 18면.
124 조병옥은 회고록에서 『중앙일보』의 판권을 인수하기 위해 적극적으로 활동했던 것에 대해서는 단 한마디도 언급하지 않았다. 단지 옥고를 치르고 나온 후, 친구의 권유로 재정난에 빠져 있던 『조선일보』를 인수해 운영하기로 결심했다고만 기록하고 있다. 조병옥, 『나의 회고록』, 민교사, 1959, 113면. 그러나 이런 주장과는 달리 흥사단 계열이었던 조병옥과 주요한은 신문 발행에 관심이 많았고, 이에 따라 처음에는 『중앙일보』를 인수하려고 하다가 좌절되자마자 재정난에 빠져 있던 『조선일보』를 인수해 운영하게 되었던 것이다. 壁上生, 「중앙일보·조선일보의 그 뒤 소식」, 『제일선』, 1932.12, 31면.
125 京鍾警高秘 第6743號 /3, 中央日報社二關スル件(1932.6.11), 1~12면.
126 정태철, 앞의 글, 65~66면. 권리금으로 노정일에게 6천 원 또는 1만 원 정도가 주어졌다고 한다. 滄浪客記, 「時急뉴-쓰, 조선, 중앙, 兩新聞 부활내막」, 『삼천리』, 1932.12, 특별 7면.

『조선일보』의 내분에 지쳐 다른 신문의 운영에 관심을 가졌던 최선익의 의도가 맞아떨어진 결과였다.[127]

3) 편집진의 구성과 특성

『중앙일보』는 출발할 때부터 재정적인 어려움을 겪었고, 사장인 노정일이 신문 운영에 적극적인 노력을 하지 않았기 때문에 편집국의 인원수가 적었고 기자들의 자질도 다른 신문에 비해 떨어졌다. 『중앙일보』의 편집진 구성은 아래와 같다.[128]

편집국장 강매, **학예부장** 박영희, **지방부장** 유광열

정경부장 배성룡, 기자 임영달

사회부장 박팔양, 기자 김세용 · 신경순 · 이상호

정리부장 김남주, 기자 이홍직 · 이풍규

위에서 보는 것처럼 『중앙일보』는 창간 당시 편집진이 12명으로, 『동아일보』의 28명, 『조선일보』17명보다 매우 적은 숫자였다.[129] 이 시기에는 『조선일보』도 재정난으로 정상적인 운영을 못하던 시기였다는 점을 고려하면, 『중앙일보』의 경우 비록 4면 발행이었다 하더라도

---

127 壁上生, 「중앙일보 · 조선일보의 그 뒤 소식」, 『제일선』, 1932.12, 32면.
128 『중앙일보』, 1932.10.31; 『新聞總攬』(1932년판), 464면; 『동광』, 1931.12, 16면.
129 『동광』, 1931.12, 82~85 · 106면.

정상적인 신문제작을 하기 어려울 정도의 인원이었다.

위의 편집진 구성을 보면 대체로『조선일보』의 내분 과정에서 안재홍, 이승복에 반대해 퇴사했다가 옮긴 기자들과[130]『중외일보』출신 기자들로 나누어 볼 수 있을 것이다. 전자의 경우는 유광열, 배성룡, 박팔양, 이홍직, 이풍규 이렇게 5명이었고, 후자의 경우로는 신경순, 이상호, 김남주 이렇게 3명이 있었다. 그 외의 사람으로 강매는 노정일의 배재고보 은사였던 인연으로, 언론계 경력도 없이 편집국장이 되어, "교원 생활 20년에 월약(越躍) 중앙일보 편집국장은 조선신문사에 특기할 재료"라는 평가까지 받았다.[131] 위와 같은 편집진 인선은 김찬성이 맡아서 한 것으로,[132]『중외일보』출신들을 그대로 채용하겠다던 안희제와의 약속이 제대로 지켜지지 않았던 것이다. 그러나 사회주의 운동을 했던 배성룡, 김세용, 이상호와[133] 카프에 참여해 활동했던 박영희, 박팔양 등이 입사했던 것에서 김찬성의 성향을 짐작해 볼 수 있다. 특히 박영희는『중앙일보』의 지면에 카프계열 문인들의 글을 게재하도록 하는 적극적인 역할을 하기도 했다.[134]

『중앙일보』는 창간하기도 전인 1931년 11월 15일에 김세용, 임영달을 해고했고, 창간한지 얼마 지나지 않아서는 배성룡, 유광열, 채만식 등을 계속해서 해고했다.[135] 한편 화요회계 사회주의자로 조선공산당

---

130 녹안경, 「중앙일보가 조선일보 간부 재만 동포 구제금 사건을 왜 폭로하였는가?」,『별건곤』, 개벽사, 1932.5, 10면, 15면; 정태철, 「신구 양간부의 세력전으로 문제 많은 조선일보사」,『별건곤』, 개벽사, 1931.9, 21면.
131 관상자, 「신년 지상 대원탁회」,『혜성』, 1932.1, 119면.
132 舌火子, 앞의 글, 1932, 59면.
133 박용규, 앞의 글, 208, 140~148면.
134 박영희, 「초창기의 문단 측면사」,『현대문학』, 1960.4, 임규찬·한기형 편,『카프시대에 대한 회고와 문학사』, 태학사, 1989, 385면.

사건으로 옥고를 치르고 나온 홍덕유가 정치부 기자로, 임원근은 대판 특파원으로 입사하여 활동하기도 했고[136] 모스코바 공산대학 출신으로 옥고를 치르고 나왔던 고명자도 부인기자로 입사하여 잠시 활동했다.[137] 또한 우승규도 새로 입사해서 기자로 활동하기도 했다.[138] 이렇듯 사회운동에 참여했던 기자들이 상당히 많았지만, 이들은 신문발행이 제대로 되지 않았기 때문에 본격적인 언론 활동을 하지는 못했다. 이런 편집진의 구성은 총독부나 노정일의 의도가 애초부터 관철되기 어려웠다는 것을 잘 보여주고 있다.

5. 요약과 결론

일제강점기 언론에 대해 총체적으로 이해하기 위해서는 『조선일보』와 『동아일보』에 집중되어 있던 연구 경향에서 벗어나 당시의 다른 신문들에 대해서도 체계적으로 살펴볼 필요가 있다. 이 연구에서는 일제하에 발행되었던 민간지들 중에서 『조선일보』와 『동아일보』 외에 '제3의 민간지'라고 할 수 있는 『시대일보』, 『중외일보』, 『중앙일보』 등 일련의 민간지들의 창간배경과 과정, 자본과 운영, 편집진의 구성과 특

---

135 「노정일과 중앙일보」, 『제일선』, 1932.6, 68면.
136 관상자, 앞의 글, 119~120면.
137 「여류기자 인물총평」, 『여성』, 1938.6, 60면.
138 우승규, 『나절로 만필』, 탐구당, 1978, 80~83면.

성을 구체적으로 살펴보았다.

먼저 창간배경과 과정에서 드러난 내용들을 보면, 제일 먼저 일제가 대부분 민족개량주의적이거나 친일적 성향의 인물들에게만 신문발행을 허가했다는 것을 알 수 있다. 이것은 신문이 민족주의자나 사회주의자들에게 장악되어 민족운동의 수단이 되는 것을 막고, 나아가 이런 신문들이 식민지 지배를 정당화해주는 역할까지 해주기를 원했기 때문이었다. 그러나 이런 인물들 중에서 신문 발행을 원하는 사람들이 많았기 때문에, 창간에 필요한 최소한의 자금지원은 해주었을지 모르지만 운영 자금까지 전적으로 지원하지는 않았다고 할 수 있다. 타협적이거나 친일적 인물에게 창간을 허용했지만 이들이 재정난으로 민족주의 세력에게 발행권을 넘기는 것을 그대로 용인했던 것을 보아도 일제가 직접 신문에 대해 재정 지원을 하지는 않았다는 것을 잘 알 수 있다.

자본과 운영의 측면에서 볼 때, 가장 커다란 특징으로는 주로 기호지방 출신 사람들이 운영을 주도했다는 점과 대부분 영세한 자본으로 운영에 커다란 어려움을 겪었다는 점을 들 수 있다. 특히, 『시대일보』, 『중외일보』의 경우 기호지방 출신들이 신문운영을 주도했다. 이들 신문들은 자본금 규모에서 『동아일보』나 『조선일보』에 미치지 못했고 판매부수 등에서도 열세를 면치 못했다. 특히, 3개의 신문만 발행될 수 있던 상황에서 대부분이 신문 발행권을 마치 일종의 이권으로 인식하고 신문 발행에 참여했다는 것이 가장 큰 문제점이었다. 따라서 투자가 제대로 이루어지지도 못했고, 효과적인 경영도 할 수 없었던 것이다. 이렇듯 당시에 지방색과 자본의 영세성은 신문운영에 커다란 한계로 작용했다.

그러나 창간배경과 과정, 자본과 운영의 측면에서 드러난 문제점에도 편집진의 구성이나 특성의 차원에서는 『동아일보』, 『조선일보』 같은 다른 두 민간지에 비해 손색이 없었고, 오히려 민족운동가 출신의 기자들이 더 많은 시기도 있었다. 각 시기마다 다소의 차이는 있지만 대체로 다른 두 민간지들에서 활동할 수 없었던 민족운동가적 기자들이 제3의 민간지에 입사하는 경우가 많았기 때문이다. 따라서 비록 경영진이 민족개량주의적이거나 친일적 성향의 인물들이었음에도 불구하고 논조는 비교적 저항적인 특성을 보일 수 있었던 것이다.

　위와 같은 점들을 통해 볼 때, 『시대일보』, 『중외일보』, 『중앙일보』 등 일련의 민간지들은 비록 일제의 억압적인 언론정책과 이에 순응했던 경영진들의 타협적 또는 친일적 성향에도 불구하고 때로는 일제에 대해 상당히 저항적 논조를 보였다는 것을 알 수 있다. 이것은 소자본으로 불안정한 경영 상태에 놓여 있던 제3의 민간지들이 비교적 경영이 안정되어 있던 『동아일보』나 『조선일보』와 경쟁하기 위해 오히려 더욱 저항적 논조를 보이려고 했던 것으로 볼 수도 있다. 또한 이런 제3의 민간지들에 민족운동가적 기자들이 많았던 요인도 작용했을 것이다.

　따라서 각 시기의 상황에 따라 『시대일보』, 『중외일보』, 『중앙일보』가 다른 두 민간지인 『동아일보』나 『조선일보』와 어떻게 유사성과 차별성을 보였고, 이것은 어떤 요인에 의한 것인지를 밝히는 구체적인 연구가 필요할 것이다. 즉 제3의 민간지들의 논조를 분석하고 『동아일보』나 『조선일보』와 비교하는 것이 필요하다. 이들 민간지들의 논조에 대한 체계적 분석은 일제하의 언론을 보다 전체적으로 조망할 수 있도록 해줄 것이며, 본 연구는 그런 연구들의 토대가 될 수 있을 것이다.

제5장

일제강점기 지방신문의 현실과 역할

1. 서론

1) 연구의 필요성과 의의

한국 언론사 연구는 그 동안 서울에서 발행되었던 몇몇 신문만을 대상으로 이루어졌다고 해도 과언이 아니다. 이런 현상은 언론사 연구가 전체적으로 부진한 가운데 '지방 언론'[1]의 역사에 대해서는 관심을 기울

---

1 '지방언론'보다는 '지역 언론'이라는 용어를 사용하는 것이 더 적절하다는 주장들이 있다. 유종원·김송희, 「미군정기 지역 언론의 특성에 관한 연구—광주지역 신문을 중심으로」, 『언론과학연구』 5(2), 한국지역언론학회, 2005, 277면. 이미 역사학 분야에서도 이와 유사하게 '지방사'냐 '지역사'냐 하는 논쟁이 있었다. 신주백, 「지방사 연구방법—실제, 역사교

일 여력조차 없었기 때문이다. 또한 지방 언론에 대한 언론학계 일반의 관심 부족도 지방 언론사 연구가 제대로 이루어지지 않는 데 크게 작용했다. 그 결과 지방 언론의 역사에 대한 연구는 거의 황무지 상태나 다름없는 실정이다.

지방신문사의 경우 사사(社史)류를 제외한다면, 연구 성과가 별로 많지 않았다. 그동안의 연구들은 주로 전국의 모든 지방신문의 역사를 다루었거나 또는 특정 지역의 신문을 통사적으로 살펴본 것들이다. 전자의 논문들이 주로 전국의 지방신문을 통사적으로 간략하게 살펴본 것들이라면, 후자의 저서들은 주로 언론인 출신들이 특정 지역의 언론을 개괄하여 살펴 본 것들이다. 전자의 경우 연구 대상이 지나치게 넓기 때문에 깊이 있는 고찰이 이루어지기 어려웠다면, 후자의 경우 상당수가 학술적인 체계를 제대로 갖추지 못했다는 점에서 한계가 있었다.

더욱 큰 문제는 지방 자치제 실시 이후 지방 언론의 현실에 대한 관심이 비교적 높아졌음에도, 지방 언론의 역사에 대한 연구는 부진에서 벗어나지 못했다는 점이다. 1990년대 중반 이후 지방 언론의 현실과 역할에 대해서는 어느 정도 관심을 기울여 왔지만, 지방 언론의 현실을 올바로 진단하고 바람직한 역할을 모색하는 데 반드시 필요한 역사적 접근은 별로 해 오지 않았다. 최근 들어 특정 시기 지방신문의 역사를 심층적으로 다룬 논문들이 나왔고, 특정 지역 언론의 역사를 체계적으로 다룬 단행본이 나온 것은 의미가 크다고 할 수 있다.[2]

육」, 『한국근현대사연구』 28, 한국근현대사학회, 2004, 146~149면. '지방'이 담고 있는 부정적 의미를 극복하기 위해서는 '지역'이라는 단어를 사용하는 것이 필요하다는 문제의식에 동의하지만, 이 글에서는 일제시기 경성을 제외한 나머지 지방의 신문을 전체적으로 살펴본다는 점에서, '지방신문'이라는 용어를 사용하는 것이 더 적절하다고 판단했다.

앞으로는 언론사 연구자나 지방 언론 연구자들이 모두 지방 언론의 역사에 대해 더욱 큰 관심을 기울이고 체계적인 연구를 시도할 필요가 있다. 하지만 그 동안 지방 언론사 연구가 별로 이루어지지 않았었기 때문에 우선은 지방 언론의 전체적인 변화 과정을 조망해보는 연구가 여전히 필요하다고 할 수 있다. 즉, 전국적으로 지방 언론이 어떻게 생성, 변화되어 왔는가를 살펴보는 연구가 일차적으로 필요하다는 것이다.

본 연구는 바로 이런 문제의식을 가지고 일제강점기 지방신문을 전체적으로 살펴보려고 하는 것이다. 일제강점기 지방신문은 거의 대부분 일본인에 의해 일본어로 발행되었고,[3] 신문 소재지 거주 일본인의 이익을 대변하는 역할을 했는데, 이런 신문들은 조선인에 대한 모욕적 보도를 해서 조선인 발행 신문과 논전을 벌이기도 했다. 또한 일제강점기 지방신문에는 조선인 독자들이나 사원들이 일부 있었고, 특히 일제 말기에 가서는 다수의 조선인 독자들을 확보하며 이들에게 적지 않은 영향을 주었다. 이런 점을 고려할 때 일제강점기의 언론을 좀 더 총체적으로 이해하기 위해서는 이 시기의 지방신문을 살펴볼 필요가 있다. 또한 해방 이후의 지방신문들이 일제강점기 지방신문의 물적 · 인적 자원을 이용해 발행되었다는 점에서도,[4] 일제시기의 지방신문에 대한 체계

---

2 박용규, 「구한말(1881~1910) 지방신문에 관한 연구」, 『한국언론정보학보』 11, 1998, 한국언론정보학회, 108~140면; 박창원, 「일제강점기 대구지방 한글신문의 실태 연구」, 『커뮤니케이션 이론』 7(1), 한국언론학회, 2011, 107~150면; 장신, 「한말 · 일제 초 재인천 일본인의 신문발행과 조선신문」, 『인천학 연구』 6, 인천대 인천학연구원, 2007, 289~311면; 채백, 『부산언론사 연구』, 산지니, 2012.

3 '일본인 발행 지방신문'이라고 제목을 달지 않은 이유는, 『남선경제일보』나 『북선일일신문』같이 조선인 발행 지방신문들이 있었기 때문이다. 다만 이 둘이 지방신문 중에서도 부수가 적은 편이었고, 특히 『북선일일신문』의 경우 조선인이 사장을 맡은 기간이 짧았기 때문에 일제강점기 지방신문의 전체적인 특성을 일본인이 발행했다는 점에서 찾아야 한다는 것은 분명하다. 또한 이 글에서는 지방에서 발행된 '일간지'만을 연구대상으로 할 것이다.

적인 연구가 필요하다고 할 수 있다.

본 연구는 일제강점기 지방신문의 변화과정을 구체적이고 체계적으로 살펴봄으로써 해방 이후 지방신문의 발전과정을 역사적인 맥락 속에서 올바로 파악할 수 있는 토대를 마련하는 데 기여할 것이다. 또한 본 연구를 통해 지방언론에 대한 역사적 연구의 필요성을 부각시킴으로써 지방 각 지역의 언론에 대해 깊이 있는 연구가 이루어질 수 있는 기반도 제공할 수 있다. 나아가 일제강점기의 지방신문을 연구함으로써, 지방 언론사 연구는 물론 지방사 연구의 지평을 넓히는 데도 기여할 수 있을 것이다.

2) 연구의 시각과 내용

과거에 일제시기에 관한 연구는 일제의 지배 정책이나 이에 맞섰던 민족 운동에 대한 연구가 주류를 이루었고, 언론사 연구도 그 영향을 받아 일제의 언론 정책과 소위 '민족지'의 언론 활동에만 중점을 두어 왔다. 1990년대 이후 일제시기에 대한 연구는 근대성 또는 근대의식이나 식민지의 일상생활에 대해서 관심을 기울이기 시작했다. 지배와 저항이라는 단순한 이항적 대립의 틀을 넘어서서, 식민지 시기의 삶과 사회에 대해 좀 더 폭넓게 이해하고자 하는 시도들이었다. 그 연장선상에서

---

4   김민환, 『한국언론사』, 나남, 1996, 341~345면; 박정규, 「한국지방신문의 역사」, 김세철 외, 『지역사회와 언론』, 커뮤니케이션북스, 1997, 77~81면; 정진석, 「한국의 지방언론 발달사」, 『신부 전달출 회장 화갑기념논총』, 매일신문사, 1992, 209~211면.

최근에는 일제시기 조선에 살고 있던 일본인들에 대해서도 본격적으로 연구가 이루어지기 시작했다.[5] 일제시기 조선이라는 동일한 시·공간을 살았던 '식민자'들을 제대로 알지 못하고는, '피식민자'들에 대한 이해에도 한계가 있을 수밖에 없다는 이유 때문이다. 언론사 연구도 이제는 지배와 저항이라는 틀을 넘어서서, 일제시기의 언론을 좀 더 폭넓은 시각에서 바라볼 필요가 있다. 특히 민족지들과의 비교를 위해서나 또는 조선인들에게 미친 부정적 영향을 밝히기 위해서 친일 신문이나 일본인 경영 신문에 대해서도 본격적으로 연구를 할 필요가 있다.[6]

일제하의 지방신문을 이해하기 위해서는 총독부의 언론 정책뿐만 아니라 신문 발행 주체였던 조선 거주 일본인들의 특성도 함께 파악할 필요가 있다. 때로는 조선 거주 일본인들이 자신들의 이익을 앞세워 총독부의 의도와는 다른 방향으로 활동하는 경우도 없지 않았기 때문이다. 당시 '지방'이라는 공간에서는 총독부 정책의 영향은 상대적으로 덜 미치고, 조선 거주 일본인들의 이해는 더 강하게 작용했다고 보아야 할 것이다. 즉, 지방 거주 일본인들은 일제의 지배 정책보다도 자신들의 지역적 이익을 더 강하게 앞세우는 경우도 있었다는 것이다.

일제의 지배 방식의 가장 기본적인 특성은 조선인의 민족성과 민족의식을 말살하여 완전한 일본인으로 만들려는 동화정책을 일관되게

---

5   일제시기 재조선 일본인에 대한 한국과 일본에서의 연구 경향은 다음을 참조할 수 있다. 高崎宗司, 이규수 역, 『식민지 조선의 일본인들』, 역사비평사, 2006, 6~8면; 정혜경, 「매일신보에 비친 1910년대 재조 일본인」, 수요역사연구회 편, 『식민지 조선과 매일신보』, 신서원, 2003, 125~168면.

6   정진석, 『언론 조선총독부』, 커뮤니케이션북스, 2005, 3~13면; 홍순권, 「일제강점기 신문사 연구의 현상과 향후의 과제―식민지 일본인 경영의 신문 연구의 진척을 위한 제언」, 『석당논총』 52, 동아대 석당학술원, 2012, 19~21면.

실시했던 것이다. 이런 일제의 동화주의 정책이란 민족의식 말살정책에 불과했고, 일제는 식민사관과 열등 민족성론을 통해 동화정책을 정당화하려고 했다.[7] 일제의 동화정책에 있어서 가장 중심적인 역할을 한 것이 바로 언론이었다. 일제는 동화주의 정책에 따라 언론을 통제하거나 이용하였는데, 일본인이 발행하던 신문에 대해서도 때로는 통제를 가하고 때로는 이용하기도 했다. 총독부의 지배정책의 방향과 조선 거주 일본인들의 이해가 항상 일치하는 것은 아니었기 때문이다.

일제시기 조선 거주 일본인들은 "식민지의 지배민족으로서 군림하는 존재이자 아울러 본국인 제국으로부터 소외된 존재"였다.[8] 조선에서의 생활은 "본국에서의 보잘 것 없었던 생활 대신에 화려한 지배자의 삶을 보장"해주었으나, 속지주의에 따라 조선에 거주하고 있다는 이유로 제국의회에 참정권이 없는 본국으로부터 유리된 존재가 되게 만들었다.[9] 본국에 있는 자들에게 느끼는 열등의식을 '피식민자'인 조선인에 대한 민족 차별과 멸시를 통해 극복하려는 듯한 행동들을 했다. 때로는 내선일체를 내세우던 총독부와 입장을 달리 할 정도로 오로지 자신들의 이익 추구에만 몰두하며, 조선인들과 심각한 갈등과 대립을 겪기도 했다.[10] 특히 경성보다는 지방에서 이런 경향이 더 강했기 때문에 경성에서 발행되던 일본인 신문들이 대체로 총독부의 지배정책이라는 큰 틀 내에서 활동을 했던[11] 반면 지방에서 발행되던 일본인 신문들은 조선 거

---

7 서중석, 『한국현대 민족운동 연구』(2판), 역사비평사, 1992, 75~87면.
8 정혜경, 「매일신보에 비친 1910년대 재조 일본인」, 수요역사연구회 편, 『식민지 조선과 매일신보』, 신서원, 2003, 125~168면.
9 윤건차, 「식민지 일본인의 정신구조」, 『현대일본의 역사의식』, 한길사, 1990, 13~48면.
10 손정목, 『한국 지방제도·자치사 연구』, 일지사, 1992, 235~300면.
11 경성에서 발행되던 일본인 신문 중에서 총독부 기관지인 『경성일보』는 1925년 11월 3회에

주 일본인들의 사회적 특성에 더 큰 영향을 받았다고 보아야 할 것이다.

이 논문에서는 일제의 지방 언론 정책의 성격과 조선 내 지방 거주 일본인의 사회적 특성을 감안하며, 일제하 지방신문의 구조적 특성과 사회적 역할에 대해 살펴보고자 한다. 먼저 일제하 지방신문의 구체적 현실을 이해하기 위해 본 연구에서는 일제의 언론 정책이 지방신문에 미친 영향을 살펴보고, 다음으로는 이런 신문들은 누가 발행했고 경영 상태는 어떠했는가를 살펴볼 것이다. 마지막으로는 이를 토대로 해서 일제하의 지방신문이 구체적으로 어떤 역할을 했는가를 살펴보고자 한다. 특히 이 논문은 단순히 일제의 지배와 이에 맞서는 조선인이라는 대립구도를 넘어서서, 지방에서 총독부의 정책과 재조선 일본인의 이해, 그리고 조선인의 협력과 저항이 어떻게 얽혀 있었는지를 종합적으로 살펴보고자 한다.

이 논문에서는 일제시기에 발행되었던 총독부 자료, 부사(府史),[12] 신문, 연감, 인터넷 사이트,[13] 각종 언론 관련 문헌은 물론이고 해방 이후

___

걸쳐 '조선통치의 근본의(根本義)'라는 글을 통해 조선인에게 자치권을 허용해야 한다는 주장을 하기도 했다. 물론 이런 주장이 조선의 독립을 주장하는 것은 결코 아니었다. 1926년 6월에는 사설들을 통해 독립을 기도하는 것은 망상이라는 주장을 했던 것에서도 그 기본 입장이 잘 드러난다. 정진석, 앞의 글, 2005, 126~127면. 『경성일보』는 지배정책에 대한 기사들로 비판을 받기도 했지만, 지방신문들 같이 일본인들의 직접적 이익만을 노골적으로 앞세우거나, 자극적인 표현으로 조선인을 모욕하는 기사는 별로 게재하지 않았다.

12 일제하에 각 도마다 행정단위로서 1~2개 정도씩 있었던 府 지역에서 주로 지방신문이 발행되었는데, 이런 각 지역의 府廳에서 발행한 府史는 대부분의 경우 그 지역 언론의 역사를 살피는 데 매우 중요한 사료로서의 가치를 지닌다.

13 이 글은 역사정보통합시스템(www.koreanhistory.or.kr)을 통해 큰 도움을 받았다. 특히 각 신문의 참여 인물을 밝히는 데 결정적인 도움이 되었다. 각 신문명을 키워드로 하여 자료를 조사하면, 관련 인물들에 대한 정보들을 얻을 수 있다. 여기에는 일제하의 주요 인명록들인 『조선인사흥신록』, 『조선공로자명감』은 물론이고 총독부 기념 표창자 명단, 지방의회 의원명단 등을 망라하고 있다. 또한 국사편찬위원회(www.history.go.kr) 사이트로부터도 많은 도움을 받았다.

간행된 연표나 회고록 등의 사료들을 중심으로 하는 문헌연구방법을 사용하고자 한다. 다만 본 연구가 일제하 전 시기를 대상으로 하고 있고, 또한 경성을 제외한 나머지 지방의 신문들을 모두 대상으로 하고 있기 때문에 각 지방신문의 활동을 구체적으로 살펴보기에는 한계가 있을 것이다. 또한 일제하의 지방신문들 중 거의 대부분이 남아 있지 않고, 극히 일부 지역의 신문만 부분적으로 남아 있다는 점도 고려했다.

현재 일제강점기의 지방신문 중에서 활용 가능한 것으로는 『부산일보』와 『조선신문』을 들 수 있다. 『부산일보』는 1915년 1월부터 1944년 2월까지의 자료가 부산시립도서관에 소장되어 있고, 마이크로필름으로도 이용할 수 있다. 그러나 자료의 중간에 결호가 적지 않고, 다른 신문인 『조선시보』가 섞여있어 이용에 혼선을 빚기도 한다.[14] 인천에서 1908년 12월에 창간되어 1919년 12월에 본사를 경성으로 옮긴 『조선신문』도 경성으로 이전하기 전의 자료를 영인본으로 볼 수 있다.[15] 그 외 일제하 지방신문이 일본의 몇몇 도서관에 소장되어 있지만, 극히 일부만이 남아 있는 정도이다.[16] 전국의 지방신문을 대상으로 하는 이 논문에서는 그 연구대상이 광범위해 모든 신문을 분석할 수 없기 때문에 신문 논조에 대한 분석은 조선인 발행 신문에 보도된 내용을 근거로 할 수

---

14 정영진, 「일제강점기 부산의 음악」, 『항도부산』 15, 부산광역시사 편찬위원회, 1998, 347~375면; 홍선영, 「일본어 신문 『부산일보』와 『조선시보』의 문예란 연구」, 『일본학보』 57(2), 일본학회, 2003, 543~552면; 홍순권, 「일제시기 '부제'의 실시와 지방제도 개정의 추이―부산부 일본인사회의 실시 논의를 중심으로」, 『지역과 역사』, 14, 부경역사연구소, 2004, 241~281면.
15 『조선신보 / 조선신문 영인본』은 인천직할시 화도진도서관이 일본국립국회도서관에서 소장하고 있는 마이크로필름을 구입한 것을 한국교회사문헌연구원에서 사용허가를 받아 2008년에 제작한 것이다. 『조선신문』의 일본 내 소장 현황은 다음의 논문을 참조할 수 있다. 장신, 앞의 글, 2007, 290면.
16 미즈노 나오키, 「식민지기 조선의 일본어 신문」, 『역사문제연구』 18, 역사문제연구소, 2007, 262~266면.

밖에 없었다. 이와 같은 분석만으로 일제하 지방신문의 논조를 제대로 파악하기는 어렵겠지만, 본 연구의 범위나 자료 수집의 한계를 감안할 때 이런 한계는 불가피했다.

2. 일제의 언론정책과 지방신문

일제는 강점 직후 조선인 발행 신문들을 모두 없앤 것은 물론 일본인 발행 신문들에 대해서도 통제를 강화했다. 즉 강점 이후 일제는 총독부에 대해 일체의 비판을 봉쇄하려는 언론정책을 실시했다.[17] 또한 일제는 강점 직후 한동안은 일본인에 대해서도 새로운 신문의 발행을 허가하지 않았다. 조선 내 일본인의 경우 '신문지 규칙'에 따라 신고만 하면 허가하도록 되어 있었음에도 1919년 이전까지는 일본인에 대해서도 새로운 신문 발행을 허가하지 않았던 것이다.

1910년 강점 당시 이미 18개의 지방신문이 있었는데, 이 중에서 진주에서 발행되던 『경남일보』를 제외하고 나머지는 모두 일본인이 발행하는 것들이었다. 1909년 10월에 창간되었던 『경남일보』는 정치적인 문제를 피하고 '민지(民智) 개발'과 '실업 장려'라는 목적에만 치중했기 때

---

17 『東京朝日新聞』은 1911년 4월 16일자에서 "조선총독은 첫째로 많은 중립 또는 반대 신문을 매수하여 이를 폐간하고, 둘째로 그 매수에 불응하는 신문에 대하여는 발행을 금지하고, 셋째로 어용신문을 개혁해서 이를 단순한 총독 찬양기관으로 탈바꿈시켰다"고 비판했다. 강동진, 『일본 언론계와 조선』, 지식산업사, 1987, 116면.

표 5-1 : 일제하 지방신문의 변천

소재지	제호(1910년)	강점 이후의 제호 변경 또는 창간	통폐합 결과
경기 인천	『朝鮮新聞』	『朝鮮新聞』1919.12 서울 이전, 1921.8 『仁川新報』창간. 1922.4. 『朝鮮每日新聞』으로 개제	폐간되어 경성으로 흡수통합
충남 대전	『三南新報』	1912.6 『湖南日報』로 개제, 1932.5 『朝鮮中央新聞』으로 개제 1935.4 『中鮮日報』로 다시 개제	『中鮮日報』
경남 부산 부산 마산 진주	『朝鮮時報』 『釜山日報』 『馬山新報』 『慶南日報』	같은 제호로 지속 같은 제호로 지속 1911.3 『南鮮日報』로 개제 1914 폐간	『釜山日報』로 통폐합
경북 대구 – – –	『大邱新聞』 – – –	1913.3 『朝鮮民報』로 개제 1928.10 『大邱日報』창간 1924.10 『大邱商報』창간, 1926.10 『南鮮經濟日報』로 개제 1939.3 旬刊 『大邱實業新聞』과 합병해 『南鮮實業新報』로 개제	합병하여 『大邱日日新聞』창간
전남 광주 목포	『光州新報』 『木浦新報』	1912.11 『光州日報』로 개제 같은 제호로 지속	합병하여 『全南新報』 창간
전북 전주 – 군산	『全州新報』 – 『群山日報』	1912.5 『全北日日新聞』으로 개제, 1920.11 『全北日報』로 개제 1920.11 『東光新聞』창간, 1933년 말. 주간으로 전환 같은 제호로 지속	합병하여 『全北新報』 창간
평남 평양 평양 – 진남포	『平壤日報』 『平壤新聞』 – 『鎭南浦新報』	1912.2 『平壤日報』와 『平壤新聞』이 합병해 『平壤日日新聞』창간 1915.5 폐간, 1920.4 진남포의 『西鮮日報』를 흡수해 『平南每日新聞』창간, 1922 『平壤每日新聞』으로 개제 1913.2 『西鮮日報』로 개제, 1920. 『平南每日新聞』에 흡수되어 폐간, 1923.10 『西鮮日報』라는 제호로 재창간	『平壤每日新聞』으로 통폐합
평북 신의주	『鴨江日報』	같은 제호로 지속	『鴨江日報』
함남 원산 함흥 –	『元山每日新聞』 『民友新聞』 –	같은 제호로 지속 1912.6 『咸南新報』로 개제, 1914.5 일간으로 전환, 1929 『北鮮時事新報』로 개제	합병하여 『北鮮每日新聞』창간
함북 청진 나남	『北韓新聞』 –	1912 『北鮮日報』로 개제 1919.12 주간 『北鮮日日新聞』창간, 1920.5 일간으로 전환	합병하여 『淸津日報』 창간
황해 해주	–	1938.3 『黃海日報』창간	『黃海日報』

주 : 1910년 당시 민우신문만 격일간, 나머지는 모두 일간.
출처 : 『朝鮮總督府統計年報』(1910年版), 654~655면; 『新聞總攬』(1920~1943년판); 『日本新聞年鑑』(1922~1941년판), 각 지역에서 발행된 부사(府史)를 모두 정리.

문인지, 일제의 강점 이후에도 한동안 계속 발행될 수 있었지만, 결국 강점된 지 4년만인 1914년 말에 폐간되고 말았다.[18] 이외에도 1919년 3

---

18 최기영, 「진주의 경남일보－유일의 지방지」, 『대한제국시기 신문연구』, 일조각, 1991, 143~193면.

월 이전에 평양의 두 신문이 합병되고, 1919년 12월에 인천의 『조선신문』이 서울로 옮겨가는 등의 변화가 나타났다. 일제가 문화정치를 실시하게 된 1919년부터는 신문의 신규 발행이 허가되면서, 1920년대부터는 신문 수가 다소 늘어나게 되었다. 〈표 5-1〉에 나타난 대로 1919년 이후 대구 2개, 인천 1개, 전주 1개, 나남 1개, 해주 1개, 총 6개의 신문이 새로이 창간되었다.

일제는 강점 이전에 일본인 발행 지방신문들에 대해 지원을 해주었던 것과는 달리,[19] 강점 이후에는 별 다른 지원을 해주지는 않았다. 다만 경영상태가 매우 나쁜 일부 신문들에 대해서는 총독부 일본어 기관지인 『경성일보』가 매수(買收)해 경영을 대행해 주는 경우가 있었을 뿐이다. 『경성일보』는 대전에서 발행되던 『삼남신보』가 경영난을 겪자 1912년 6월에 이를 매수해 『호남일보』로 개제하여 운영했는데, 1918년 11월에 가서 『호남일보』는 다시 『경성일보』로부터 독립해 운영하게 되었다.[20] 또한 일제는 강점 직후 마산에서 발행되던 『마산신보』가 경영난을 겪자 이를 매수해 『경성일보』로 하여금 무상으로 위탁해 운영하도록 해주었고, 『마산신보』는 1911년 3월에 『남선일보』로 개제해 발행하게 되었다.[21]

또한 일제는 특정 지방에서 과당경쟁으로 인해 물의가 빚어질 경우에 나서서 이를 조정하는 역할을 하기도 했다. 즉 평양과 진남포의 일본인들이 신문발행을 둘러싸고 지나친 경쟁을 하자 평양 부윤이 나서

---

19 최준, 「군국 일본의 대한 언론정책」, 『한국 신문사 논고』, 일조각, 1976, 214~264면.
20 『新聞總攬』(1926년판), 506면.
21 諏方史郎, 『馬山港誌』, 朝鮮史談會, 1926, 160~161면.

서 이를 조정하여 신문의 통합을 추진했다.[22] 또한 각 지방에서는 도청이 지방신문을 지원하며 이용하는 경우가 있었는데, 1937년에 전북도청이 기존의 기관지가 폐간되자 조선어와 일본어를 모두 사용하던 기존의 『동광신문』을 기관지화 하여 적극적으로 이용했던 것이 그 대표적 예라 할 수 있다.[23] 또한 1928년에 창간된 『대구일보』는 아예 일본인 도지사가 "조선 민족의 통렬한 공격에 대항하여 정면으로 반격하는 태도를 취하기 위해서 창립"했다고 한다.[24]

이렇듯 지방신문에 대해 적극적인 지원을 하지 않았던 이유는, 강점 이후에는 일제가 지방신문들에 대해 적극적으로 지원까지 하면서 이용해야 할 필요성을 별로 느끼지 못했기 때문이었다. 총독부는 강점 이후 주로 기관지를 활용하려고 했고, 또 지방신문들이 특별히 지원을 하지 않아도 일제의 지배정책을 잘 따를 것이라고 판단했던 것이다. 즉 각 지역의 일본인 유지들이 발행하는 지방신문들이 자신들의 지배정책의 틀을 벗어나지 못할 것이라고 믿었다는 것이다.

총독부는 때때로 일본인이 발행하던 신문에 대해서도 통제를 가하곤 했다. 심지어는 총독부 기관지에 대해서도 통제를 가한 사례도 있다.[25]

---

22 平壤商業會議所, 『平壤全誌』, 1927, 960~963면; 鎭南浦府, 『鎭南浦府史』, 1926, 390면.

23 全州府, 『全州府史』, 全州府, 1943, 891면.

24 역사정보통합시스템에서 『대구일보』를 키워드로 하여 조사된 인물 중에, 뒤에 사장이 되는 가와타니 시즈오(河谷靜)처라는 인물이 있다. 그에 관한 내용 중에 바로 일본인 도지사가 신문 창간을 주도한 것으로 나와 있다. 조사된 인물 중에는 1928년 당시 경북경찰부장을 지낸 미쿠라 사스가(美座流石)이라는 인물도 있다. 그에 관한 내용을 보면, 1928년 3월부터 경찰부장을 지내며 "대구일보를 계획하고 경무국을 움직여 신문을 창간"하도록 한 것으로 나와 있다. 이 둘을 종합해보면, 경찰부장이 실질적으로 신문 창간을 의도했고, 도지사가 이를 받아 적극 추진했던 것으로 볼 수 있다. 국사편찬위원회 사이트에서 근현대신문자료 해제의 『대구일보』 부분을 보면, 도지사의 전임과 자금 부족으로 결국 지역 자산가들을 대주주로 끌어들여 신문을 창간할 수 있었다고 나와 있다. 즉 총독부가 창간을 허락해주기는 했지만, 적극적인 자금 지원은 하지 않았던 듯하다.

강점 직후인 1911년 1월에는 부산에서 발행되던 『조선시보』와 『진남포신보』가 발행정지를 당할 정도로 강력한 통제를 가하기도 했다.[26] 문화정치기 이후에는 통제가 다소 완화되기는 했지만, 여전히 통제를 실시하기는 했다. 특히 지방신문 중에서는 발행부수가 비교적 많은 『부산일보』, 『대구일보』, 『평양매일신문』, 『조선매일신문』의 행정처분 사례가 비교적 많은 편이었다.[27] 일본인 민간인들이 발행한 신문의 경우 다소나마 비판적인 논조를 보인 것이 탄압의 빌미를 준 경우도 전혀 없지는 않았겠지만, 거의 대부분은 사소한 편집상의 실수가 그 사유가 되었다.[28] 그중에는 총독부에 대한 비판적 논조로 행정 처분을 받는 경우도 꽤 있었다.[29]

일제는 1939년 말부터 언론통제 계획의 일환으로 신문사 통폐합을 추진하기 시작했다. 총독부가 직접 나서서 경기도를 제외한 나머지 지방에서 '1도 1지'를 도청소재지에서 발행시킨다는 원칙 아래 신문사 통폐합을 추진하였다. 〈표 5-1〉에 나타난 대로 신문사가 하나인 지역은 그대로 존속시켰고, 둘 이상인 지역에서는 모든 신문을 폐간시켜 완전히 새 신문을 창간시키거나 또는 한 신문에 다른 신문을 흡수시켜 버렸다. 이러한 통폐합은 1941년에 완료되었고, 이때부터 지방신문은 더욱 철저히 총독부의 선전수단으로서의 역할을 하게 되었다.[30]

---

25 정진석, 『한국언론사』, 나남, 1990, 450~453면.

26 『한국언론연표』, 218면.

27 『한국언론연표』의 1929년부터 1939년까지의 내용 중 해당 연도 끝 부분을 보면, 각 신문에 대한 행정처분의 수가 잘 정리되어 있다.

28 김형윤, 『마산야화』, 태화출판사, 1973, 249~250면.

29 1922년에 오사카大阪의 한 신문 경성지국 기자가 조선 내 신문들의 일본 내 정당관계, 총독부에 대한 태도 등을 조사해 본사에 보고한 내용에는 『부산일보』와 『평양매일신문』의 총독부에 대한 태도가 '반대'라고 나와 있다. 김규환, 『일제의 대한 언론·선전정책』, 이우출판사, 1978, 207면.

30 일제 말기 지방신문의 상황은 당시 기자로 활동했던 사람들의 증언을 통해 잘 알 수 있다.

3. 일제하 지방신문의 소유와 경영

일제 초기부터 일본인들이 얼마 되지 않는 지역에서도 신문이 발행되었다. 수익성이 거의 없었음에도 이미 1910년 강점 당시 강원도, 충청북도, 황해도를 제외한 나머지 모든 도에 1~2개 정도의 신문이 발행되었을 정도였다. 초기 일본인 발행 지방신문 경영진 중 상당수는 침략의 선봉에 섰던 대륙낭인집단에 속해 있었는데, 부산에서 발행되던 『조선시보』나 『부산일보』의 경영진들이 대표적인 경우였다.[31] 강점 이후 일제하의 지방신문은 점차 지역 유지라고 할 수 있는 상업회의소나 지방의회 관계자들에 의해 발행되었다. 조선에 거주하는 일본인들에게는 지방신문들이 지역 공동체의 의사소통수단이자 이익관철 수단으로서 매우 중요한 의미를 지니고 있었기 때문이다.[32]

〈표 5-2〉를 보면 대부분의 지역에서 상업회의소나 지방의회 의원들이 신문사 경영진으로 참여하고 있었다는 것을 알 수 있다. 일부 지역의 경우에는 신문사 경영진이 상업회의소나 지방의회 의원은 아닌 것으로 나타났지만, 이런 경우에도 대체로 여러 지역단체에 직, 간접적으로 참

일제하 지방신문에서 기자로 활동했던 사람들은 상당히 많다. 그중에서 당시 활동을 간단하게라도 기록으로 남겨놓은 경우는 많지 않다. 1930년대에 『남선일보』에서 기자로 활동했던 김형윤, 1939년 8월에 『부산일보』에 입사한 김형두, 1942년 봄에 『북선매일신문』에 입사한 구상, 1943년경에 『전남신보』에 입사한 김남중 등이 일제시기 지방신문에서의 기자활동을 언급하고 있다. 일제 말기에 활동했던 인물들의 회고를 통해 당시 지방신문의 현실을 엿볼 수 있다.

31 김태현, 「광복 이전 일본인 경영 신문에 관한 연구」, 한국외대 석사논문, 2006, 42~49면; 배병욱, 「일제시기 부산일보 사장 아쿠타가와 타다시[芥川正]의 생애와 언론활동」, 『석당논총』 52, 동아대 석당학술원, 2012, 4~12면.
32 河井朝雄, 『大邱物語』, 大邱: 朝鮮民報社, 1931.

표 5-2 : 일제하 지방신문의 주요 참여자

소재지	성명	주요 언론계 활동	주요 지역 활동
경기 인천	萩谷籌夫 後藤連平 今井省三	『조선신문』 사장 『조선매일신문』 사장 『조선매일신문』 전무	상업회의소 서기장 부회 부의장, 도회 의원 상업회의소 의원
충남 대전	富士平平 坂上富藏	『중선일보』 사장 『중선일보』 부사장	상업회의소 회장 강경 번영회장, 면장, 읍장
경남 부산	香椎源太朗 福永政治郎 芥川浩 川島喜彙 山野秀一	『부산일보』 사장 『부산일보』 취체역 『부산일보』 사장 『조선시보』 사장 『부산일보』 감사역	상업회의소 회장 상업회의소 평의원 부회 의원 부회 의원 상업회의소 의원
경남 마산	岡庸一	『남선일보』 사장	상업회의소 서기장
경북 대구	濱崎喜三朗 한익동	『대구일보』 사장 『남성경제일보』 사장	거류민단 의원, 상업회의소 의원 상업회의소 부회장
전남 광주	坂口喜助	『목포신보』·『광주일보』 이사	도회 의원
목포	福田有造 松井邑次朗 奈良次朗	『목포신보』·『광주일보』 사장 『목포신보』·『광주일보』 이사 『목포신보』·『광주일보』 이사	상업회의소 의원, 부회 의원 상업회의소 부회장, 부회 의원, 도회 의원 상업회의소 부회장, 부회 의장
전북 전주	松波千海	『전북일보』 사장	번영회 회장, 시민회 부회장
평남 평양	大橋恒藏 稻葉善之助	『평양매일신문』 사장 『평양매일신문』 사장	상업회의소 의원, 부회 의원, 도회 의원 부회 의원
평북신의주	加藤鐵治朗 小川延吉 神保信吉 橫江重助	『압강일보』 사장 『압강일보』 직원 『압강일보』 부사장 『압강일보』 이사	상업회의소 의장 부회 의원 상업회의소 의원, 부회 의원 부회 의원, 도회 의원
함남 원산	西田常三朗	『원사매일신문』 사장	상업회의소 부회장, 도회 의원
함북 청진	岡本常次朗 飯澤淸	『북선일보』 이사 및 지배인 『북선일보』 중역	상업회의소 의원, 부회 의원, 도회 의원 상업회의소 의원, 부회 의원
나남	홍종화 野口壓次朗 윤석필	『북선일일신문』 사장 『북선일일신문』 감사 『북선일일신문』 무산지국장	상업회의소 의원, 읍회 의원, 도회 의원 상업회의소 회장, 면협의회의원, 도회 의원 면협의회 의원, 도회 의원

출처 : 역사정보통합시스템(www.koreanhistory.or.kr)의 해당 신문 검색결과와 국사편찬위원회(www.history.go.kr)의 한국 근현대 신문자료 해제 내용 등을 정리.

여하고 있었다고 볼 수 있다. 〈표 5-2〉에 나타난 많은 인물들은 언론계에서 활동하다가 지방의회 의원이 된 경우도 있었고, 상업회의소에서 활동하다가 신문사 경영에 참가한 경우도 있었다. 이들에게 본격적인

표 5-3 : 일제하 지방신문의 발행부수

소재지	1929년		1939년	
	신문명	부수	신문명	부수
경기 인천	『朝鮮每日新聞』	3,521 (126)	『朝鮮每日新聞』	4,408 (951)
충남 대전	『湖南日報』	2,181 (92)	『中鮮日報』	4,902 (911)
경남 부산	『朝鮮時報』	5,174 (321)	『朝鮮時報』	4,039 (824)
부산	『釜山日報』	14,195 (1,086)	『釜山日報』	18,107 (3,678)
마산	『南鮮日報』	1,057 (41)	『南鮮日報』	1,919 (327)
경북 대구	『朝鮮民報』	7,031 (3,334)	『朝鮮民報』	9,903 (2,246)
–	『大邱日報』	4,815 (595)	『大邱日報』	8,002 (1,634)
–	『南鮮經濟日報』	535 (364)	『南鮮實業新報』	1,571 (451)
전남 광주	『光州日報』	2,208 (270)	『光州日報』	3,225 (979)
목포	『木浦新報』	1,435 (79)	『木浦新報』	2,824 (646)
전북 전주	『全北日報』	1,468 (285)	『全北日報』	2,559 (687)
	『東光新聞』	–	『東光新聞』	4,919 (4,809)
군산	『群山日報』	3,660 (200)	『群山日報』	4,265 (455)
평남 평양	『平壤每日新聞』	2,741 (340)	『平壤每日新聞』	7,980 (1,678)
진남포	『西鮮日報』	1,983 (61)	『西鮮日報』	1,925 (507)
평북 신의주	『鴨江日報』	2,266 (200)	『鴨江日報』	3,608 (697)
함남 원산	『元山每日新聞』	2,554 (188)	『元山每日新聞』	5,342 (925)
함흥	『北鮮時事新報』	1,867 (219)	『北鮮時事新報』	2,480 (1,017)
함북 청진	『北鮮日報』	2,516 (251)	『北鮮日報』	6,962 (1,314)
나남	『北鮮日日新聞』	2,050 (193)	『北鮮日日新聞』	5,346 (1,241)
황해 해주	–		『黃海日報』	4,847 (2,652)

주 : *( )안은 조선인 독자 수   **『동광신문』은 1929년에 휴간 중, 1939년에는 주간으로 전환
출처 : 『한국언론연표』, 538~539면, 845~848면.

언론인으로서의 역할을 기대하기는 어려웠다. 당시 경성 소재 일본인 발행신문들의 경우 경영진들이 상업회의소나 지방의회 의원으로 참여하는 경우가 많지 않았고, 언론인들 중 상당수가 언론계 경력을 갖고 있었던 것과는 상당히 다른 면을 보였다. 실제로 이런 소유 구조가 수익성이 별로 없는 신문의 발행을 지속하도록 만들어 주었고, 그 역할에도 큰 영향을 주었다.

일제하 지방신문들은 광고시장은 물론이고 판매시장도 너무 좁았기 때문에 심각한 경영난을 겪을 수밖에 없었다. 광고의 경우에는 상당 부분을 일본 본토 상품의 광고로 충당했지만, 판매의 확장에는 한계가 있

을 수밖에 없었다. 〈표 5-3〉에 나타난 대로 어려운 여건 속에서도 전반적으로 일본인 발행 지방신문들의 발행부수는 일제 말기로 갈수록 어느 정도 늘어나기는 했다. 특히 신문 소재지의 일본인 인구가 많은 부산, 대구, 평양 등의 지역에서 신문발행 부수가 상당히 늘어났다.

일제하의 지방신문들은 소재지가 있는 도 지역 전체는 물론 인근 도 지역까지 대상으로 활동했지만, 소재지의 일본인 인구가 많을수록 독자를 확보하기가 훨씬 더 쉬웠다고 보아야 할 것이다.[33] 다만 인천의 경우 소재지의 인구가 많은 편임에도 발행부수가 비교적 적은 것으로 나타났는데, 이는 경성의 신문들에게 많은 독자를 빼앗겼기 때문이었다. 반대로 평양의 경우는 과열경쟁으로 인해 오히려 한동안 소재지의 인구에 비해 발행부수가 적은 편이었다가, 점차 경영이 안정되면서 발행부수가 크게 늘어난 경우라고 볼 수 있다.

일제하 지방신문은 지역 내의 일본인 독자들을 확보하기 위해서는 일본 본토에서 들어 온 신문들이나 경성의 일본인 발행신문들과 경쟁을 해야 했고, 조선인 독자들을 둘러싸고는 경성의 조선인 발행 신문들과도 경쟁을 해야 했다. 특히 『大阪朝日新聞』과 『大阪每日新聞』이 조선

---

33 1939년 말 현재 지방신문 소재 지역의 일본인 인구는 인천 14,593명, 대전 9,472명, 부산 51,802명, 마산 5,689명, 대구 20,735명, 광주 7,878명, 목포 8,587명, 전주 5,933명, 군산 9,540명, 평양 25,652명, 진남포 6,523명, 신의주 8,861명, 함흥 9,615명, 원산 10,205명, 청진 15,733명, 해주 6,080명이었다. 『조선연감』(1942년판), 75~76면. 그러나 〈표 5-3〉의 발행부수는 신문 소재 지역만이 아니라 모든 지역에 배포된 신문을 합쳐놓은 것이다. 현재 신문사가 위치한 부(府) 지역만의 보급부수를 알 수 있는 자료는 없고, 단지 해당 신문사가 소재한 도 지역의 보급부수만을 알 수 있을 뿐이다. 따라서 해당 부 지역의 일본인 인구 대비 지방신문 구독률을 계산할 수 있는 방법은 없다. 또한 각 부 지역의 일본인들 중에서 상당수는 일본 본토의 신문을 보았기 때문에 지방신문 구독률을 계산하는 것은 큰 의미가 없어 보인다. 그럼에도 불구하고 소재 지역 일본인 인구와 지방신문의 보급부수와 상당히 밀접한 관계가 나타나고 있는 점만은 분명하다.

에 대해 적극적인 시장공략을 하여 지방신문들에게 더 큰 타격을 주었고,[34] 이들은 대부분의 지방에서 일본인 발행 지방신문보다 더 많은 부수를 확보하게 되었다. 이들 신문들은 일본이나 해외 뉴스를 보도하는 본지에다 부록으로 '만선판(滿鮮版)'이나 '조선판(朝鮮版)'을 발행했고, 나중에는 '남선판(南鮮版)'과 '북선판(北鮮版)' 등 지역별로까지 지역판을 만들어 조선에 사는 일본인들을 독자로 확보하기 노력했다.[35]

　1939년에 일본인 발행 지방신문들의 독자가 가장 많았던 경남의 경우를 보면 이 점을 잘 알 수 있다. 1939년 경남 지역의 독자만을 보면, 『부산일보』는 일본인 독자 9천 698명과 조선인 독자 2천 678명이 있었고, 『조선시보』는 일본인 독자 2천 377명과 조선인 독자 719명이 있었다. 한편 『대판조일신문(大阪朝日新聞)』은 일본인 독자 9천 376명과 조선인 독자 1천 130명으로 나타났고, 『대판매일신문』은 일본인 독자 7천 831명과 조선인 독자 1천 432명으로 나타났다. 이렇듯 일본에서 들어온 두 신문의 독자 수가 지방신문 중 가장 많은 부수를 발행하던 『부산일보』의 독자 수에 거의 육박할 정도였고, 다른 지역에서는 지방신문의 부수를 훨씬 능가하는 수준이었다. 한편 경성에서 발행되던 일본어 신문인 『경성일보』의 경남지역 일본인 독자는 1천 222명, 조선인 독자는 576명으로 나타났고, 『조선신문』은 일본인 독자 560명과 조선인 독자 98명으로서, 이 두 신문은 일본인 발행 지방신문에 결정적인 영향을 주지는 않은 것으로 나타났다.[36]

34　정진석, 앞의 책, 1990, 552면; 岩永九二一, 『半島の新聞』, 新評論社, 1931, 1~3면.
35　미즈노 나오키, 앞의 글, 257~258면.
36　『한국언론연표』, 845~853면.

이런 현실 속에서 일본인 인구가 얼마 되지 않으면서도 두 신문이 발행되어 과열경쟁을 하던 지역의 신문들은 경영상태가 더욱 좋지 못했다고 볼 수 있다.[37] 여기에다가 『부산일보』 외의 나머지 신문들은 대부분이 구독료나 광고료가 낮은 수준에 머물렀기 때문에 더욱 심각한 경영난을 겪을 수밖에 없었다.[38] 1929년의 경우 『부산일보』는 구독료 1원에 1행당 광고료가 1원 30전이었으며, 1939년에는 구독료 1원 20전에 1행당 광고료 1원 50전을 받았지만, 나머지 신문들은 대부분이 발행부수도 훨씬 적고 『부산일보』보다 20전 내지 30전이 적은 구독료나 광고료를 받았기 때문에 경영상 더 큰 어려움을 겪을 수밖에 없었던 것이다.[39] 따라서 1930년대 말까지 부산, 평양, 대구, 인천 등 일본인이 비교적 다수 거주하던 지역을 제외한 나머지 대부분의 지방신문들은 "근근이 유지해나가는 상태"를 거의 벗어나지 못했다.[40]

이렇듯 경영상태가 좋지 못한 가운데 일부 신문들은 다른 신문을 자매지로 흡수하거나 새로이 자매지를 창간하는 시도를 하기도 했다. 『목포신보』는 1919년 4월에 『광주일보』를 인수해 자매지로서 계속 발행되도록 했고,[41] 『전북일보』는 1920년 11월에 자매지로서 조선어를 사용하는 『동광신문』을 창간했다.[42]

37 柳川勉, 「新聞界の批判」, 『朝鮮之事情』其二, 朝鮮事情社, 1927, 24~44면.
38 『부산일보』는 1920년대 중반에도 이미 서울의 『경성일보』나 『조선신문』에 필적하는 신문이라는 평을 들었다. 『日本新聞年鑑』(1925년판), 77면. 실제로 광고게재 행수에서도 1929년에는 조선 내에서 발행되던 일본어, 조선어 신문을 통틀어서 『경성일보』에 이어 2위를 차지했고, 1939년에는 『경성일보』, 『조선일보』에 이어 3위를 차지했을 정도였다. 『한국언론연표』, 542면, 854면.
39 『日本新聞年鑑』(1930년판), 84~87면, 1940년판, 135~139면.
40 김형윤, 앞의 책, 248면; 임경일, 『신문』, 야담사, 1938, 79면.
41 木浦府, 『木浦府史』, 1930, 536~537면.
42 1920년 2월에 『호남신문』이라는 제호로 조선어 신문의 창간을 준비하다가 취소되고 결국 같

또한 이미 강점 직후부터 여러 지방신문들이 조선인 독자 확보를 위해 조선어로 일부 지면을 발행하기도 했다. 『진남포신보』가 1910~1912년까지, 『조선신문』은 1911~1916년까지,[43] 『부산일보』는 1917년에 한동안 조선어판(당시에는 諺文版으로 불림)을 발행했다.[44] 『광주신보』는 1910년에 한동안, 『평양신문』은 1910년,[45] 『평양일일신문』은 19142년경에 조선어판을 발행했다고 한다.[46] 1920년대 말에는 『군산일보』, 『평양매일신문』, 『서선일보』, 『북선일일신문』 4개의 일본인 발행 지방신문들이 조선인 독자를 확대하기 위해 일본어와 조선어를 모두 사용해 신문을 발행하기도 했고,[47] 1924년 10월에 대구에서 한익동에 의해 창간된 『대구상보』(1926년 『남선경제일보』로 개제)도 일본어와 조선어를 모두 사용해 발행되었다.[48] 일본인 독자의 확대에는 한계가 있었기 때문에 조선인을 상대로 독자를 확대하려는 전략의 일환으로 조선어를 사용하기도 했던 것이다.

일제하 지방신문의 조선인 독자는 꾸준히 늘어나 1939년에 일부 지역에서는 『동아일보』나 『조선일보』의 독자 수를 위협하는 수준에 이

은 해 11월에 『동광신문』이라는 제호로 창간되었다. 『新聞總覽』(1920년판), 893면; 全州府, 앞의 책, 889면. 창간 후 얼마 지나지 않아 발행이 중단되었던 이 신문은 1928년에 복간되었는데 이때부터는 조선어와 일본어를 혼용해 발행된 것으로 보인다. 『한국언론연표』, 498면.

43 장신, 앞의 글, 2007, 300면. 『조선신문』에는 조선어판 담당자로 최원식이 있었다.
44 배병욱, 앞의 글, 21면.
45 김태현, 앞의 글, 58면, 67면. 『평양신문』에는 조선어판 담당자로 선우순과 김환이 근무했다.
46 『동아일보』, 1930.4.3. 『동아일보』 창간 멤버였던 장덕준이 조선어판 부주간으로 근무했다.
47 1929년의 자료를 보면 단지 일본인이 발행하는 신문 중에서 전북의 2개, 평남의 2개, 함북의 1개 신문이 일본어와 조선어를 모두 사용해 신문을 발행하는 것으로 나타나 있다. 『한국언론연표』, 537면. 또 다른 자료에는 『동광신문』, 『군산일보』, 『평양매일신문』, 『서선일보』, 『북선일일신문』 5개의 신문명이 구체적으로 나타나 있다. 『朝鮮年鑑』(1934년판), 430면.
48 김진화, 『일제하 대구의 언론 연구』, 영남일보사, 1978, 66~67면; 박창원, 「일제강점기 대구지방 한글신문의 실태 연구」, 『커뮤니케이션 이론』 7(1), 한국언론학회, 2011, 130~135면.

르게 되었다. 『부산일보』의 경우 경남지역의 조선인 독자 수가 2천 676명이었는데, 이 지역 독자 수가 『동아일보』는 3천 579명이고 『조선일보』는 2천 937명이었다. 『조선민보』의 경우 경북지역 조선인 독자 수가 1천 796명이었고, 이 지역 『동아일보』의 독자 수는 3천 351명, 『조선일보』의 독자 수는 3천 87명이었다. 나머지 지역 중에서도 조선인 독자 수가 『동아일보』나 『조선일보』 독자 수의 약 반 정도가 되는 신문들이 상당 수 있었다.[49] 1930년대 들어서서 지방신문의 일본인 독자 수는 별로 늘지 않은 데 반해 조선인 독자 수는 크게 늘어났기 때문이었다.

이런 현상은 일제가 조선인에 대해 일본어 교육을 강화하고 사용을 강제했던 것은 물론 일제의 조선인에 대한 동화정책이 주효했던 결과이기도 했다.[50] 특히 1930년대 말에 가면 총독부 기관지로서 조선어를 사용했던 『매일신보』가 서울보다 지방에서 더 급격히 부수가 늘어났던 것을 보면 일본어의 보급만이 아니라 일제의 동화정책이 지방에서 더 큰 성과를 거두었던 결과라는 점을 잘 알 수 있다. 조선어 기사도 함께 실었던 『동광신문』, 『평양매일신문』, 『북선일일신문』의 경우에 다른 신문보다 비교적 많은 조선인 독자를 확보한 것으로 나타난 것은, 역시 조선어 기사의 덕택이었다고 보아야 할 것이다. 또한 지방에서 경제 활동 등을 할 때 지방신문이 제공하는 정보가 조선인들에게도 현실적으로 유용할 수 있었다는 점도 작용했을 것이다. 지방신문 경영진 중 상당 수가 상공업자들이었고, 실제 신문의 내용 중 경제 정보가 적지 않았기

---

49 『한국언론연표』, 845~949면.
50 김영희, 「일제 지배시기 조선인의 신문접촉 경향」, 『한국언론학보』 46(1), 한국언론학회, 2001, 59~61면.

때문이다. 그 결과 그만큼 지방신문의 역할이 커졌고, 조선인에 대한 영향력도 어느 정도 강화되었다고 할 수 있다.

4. 일제하 지방신문의 역할

일제하의 지방신문은 "총독정치에의 협조와 거류일본인의 권익을 옹호하는 것을 목표"로 했다.[51] 이 둘은 대부분이 조화를 이루었지만, 때로는 충돌하기도 했다. '거류 일본인의 권익'이 지나치게 앞세워져서, 총독부와 갈등을 겪는 경우도 없지 않았다는 것이다. 일제하의 일본인 발행 지방신문은 당연히 일본의 조선 지배를 위한 '국가주의'적이고 '식민주의'적인 역할을 했지만, 경성에서 발행되었던 신문과는 달리 자신들 지역의 이익을 강력히 앞세우는 '지역주의'적인 색채를 드러내기도 했다.[52] 초기에 국가주의적 입장에서 활동하던 신문들이 강점 이후 점차 지역의 일본인 자본가와 상인들의 입장을 대변하는 지역주의적 성격을 드러냈던 것이다.[53] 또한 일제하 일본어 신문들은 "모국 일본과의 연대의식을 배태"시켜 '일본인으로서의 아이덴티티'를 유지시켜 주는 역할을 했는데,[54] 일본어신문의 이런 역할이 경성보다는 오히려 지방

51 김진화, 앞의 책, 63면.
52 배병욱, 앞의 글, 22~41면.
53 장신, 앞의 글, 305~306면.
54 허석, 「해외이주 일본인들의 디아스포라적 특성에 대한 연구—이주지에서의 일본어신문 발행

에서 더 잘 나타날 수 있었다.

경영진이 상업회의소 임원이나 지방의회 의원이었던 일제하의 지방 신문들은 그 무엇보다도 지역 거주 일본인의 이익을 관철시키는 것을 주된 목적으로 삼아 활동했고, 그 일차적 목표는 일본인만의 '자치제 실시'였다. 지방 거주 일본인들에게 자치제란 정치적·경제적 의미를 동시에 지니는 것이었고, 신문은 바로 자치제를 요구하는 지방 거주 일본인 공동체의 가장 중요한 의사소통수단이었다. 따라서 일본인의 이익을 어느 정도 보장하면서도, 조선인의 참여를 완전히 배제할 수는 없었던 총독부를 향해 단순한 참정권의 확대가[55] 아닌 명실상부한 자신들만의 자치제 실시를 요구하는 논조를 보였던 것이다. 『부산일보』는 1914년에 부제(府制)가 실시되면서 거류민단이 폐지된 이래 지속적으로 자치제 실시를 요구했는데, 이는 자치제 철폐로 일본인들이 조선인들과 '동등의 치하(治下)'에 놓이게 된 것을 받아들일 수 없기 때문이라고 주장했다.[56]

과 국민적 아이덴티티 유지를 중심으로」, 『일본어문학』 31, 일본어문학회, 2006, 568~575면.

55 총독부는 1914년에 행정단위로서 부제(府制)를 실시하면서 부협의회를 설치했고, 이후 1920년과 1930년에 각각 한 번씩 지방참정제도를 개편하여 실시했다. 김동명, 「일본제국주의와 식민지 조선의 근대적 참정제도」, 『국제정치논집』 42(3), 한국국제정치학회, 2002, 282~285면. 1914년의 부협의회는 관선이었고, 자문기관에 불과했다. 1920년의 개정으로 도평의회, 부협의회, 면협의회가 설치되었는데, 선거권·피선거권이 제한되고, 자문기관에 머물렀지만, 선거에 의해 선출되는 변화를 보였다. 1930년의 개정으로 도회·부회·읍회로 명칭이 바뀌고 의원 수도 다소 늘어나고, 의결기관으로서의 역할도 어느 정도 할 수 있게 되었다. 물론 뒤로 갈수록 조선인의 지방의회 진출도 늘어났다. 손정목, 『한국 지방제도·자치사 연구』, 일지사. 〈표 5-2〉에서는 자료의 한계 때문에 어느 시기에 지방의원을 지냈든 도회·부회 의원으로 표기했다.

56 이런 주장을 담은 기사는 『부산일보』에서 상당히 많이 찾아볼 수 있다. 『부산일보』 사장 아쿠다가와 다다시[芥川正]는 1927년 '자치제 실시의 급무'라는 대담기사를 통해 "자치행정이야말로 도시 번영의 원동력이었다"고 자치제를 요구하기도 했다. 뒤에 『부산일보』 사장이 되는 카시이 겐타로[香椎源太朗]도 1925년에 "대부산을 건설하는 요체는 특별시제를 시행하여 자치를 부활하는 것"이라고 주장했다. 홍순권, 앞의 글, 2004, 241~281면.

특정 지역에 거주하는 일본인들의 이익을 관철시키는 과정에서 다른 지역 거주 일본인들과 충돌이 빚어지기도 했는데, 이럴 경우에도 지방신문들은 그 수단으로서의 역할을 하였다. 평남과 같은 일부 지방에서는 지역 간 또는 지역 내부 세력들 간에 신문 발행을 둘러싼 치열한 경쟁이 벌어지기도 했는데,[57] 이는 결국 평양과 진남포의 각 세력들이 신문을 활용하여 지역 내 주도권을 장악하려고 다툼을 했기 때문이었다.[58] 이는 일본인들이 이익 관철을 위해 다른 지역의 일본들과도 치열한 경쟁을 했고, 그 수단으로서 신문을 적극적으로 이용했다는 것을 잘 보여주는 것이었다. 한편 마산에서는 신마산 지역의 일본인들의 입장을 대변하던 『남선일보』에 대해 구마산 지역의 일본인들이 조선인과 함께 강력히 항의하고 불매운동을 벌이는 일도 벌어졌다.[59] 지역적 이해관계가 걸려 있는 문제에 대해서는 일본인들끼리도 대립했고, 각 지역의 신문들이 일본인들의 그런 지역적 이해를 관철시키는 중요한 수단이 되었던 것이다.

이렇듯 철저하게 지역 내 일본인의 이익을 관철시키는 수단으로서 활동했던 만큼 일제하의 지방신문은 경성에서 발행되던 신문에 비해 상대적으로 조선인에 대해 민족 차별 또는 모욕적인 기사를 더 많이 게재했다. 일본 본국의 일본인에 대한 열등감이 더 강하고, 현실적인 이해관계에서 조선인과 충돌하는 일이 더 많은 지방 거주 일본인의 욕구를 충족시켜주어야 한다는 점도 작용했다. 『동아일보』는 1920년 8월 1

---

57 平壤商業會議所, 앞의 책, 958~963면; 鎭南浦府, 앞의 책, 390면.
58 柳川勉, 앞의 글, 34~37면.
59 채백,『한국 언론수용자 운동사』, 한나래, 2005, 101~106면.

표 5-4 : 일제하 지방신문의 조선인 관련 보도

소재지	신문명		보도 내용
경기 인천	『朝鮮每日新聞』	1933.1	조선인에게 참정권을 주는 것은 도적에게 열쇠를 주는 것이라고 하며 조선인을 모욕하는 보도
경남 부산	『朝鮮時報』	1925.9	경남 학무과장의 조선 여성에 대한 비하 발언 보도
		1930.7	조선 여성을 잔인한 성격으로 표현
경남 부산	『釜山日報』	1920.6	대구조선인 청년회를 모욕하는 보도
		1925.11	'산업중산과 조선'이란 기사에서 조선인을 멸시
		1926.6	조선인 학무국장의 임명을 부적절한 것이라고 보도
		1927.2	조선인 도 협의회 의원을 멸시하는 보도
		1927.10	일본인의 조선인 살해에 대한 왜곡보도
		1933.9	조선 여성들은 첩되기를 관습적으로 여긴다고 보도
경남 마산	『南鮮日報』	1926.9	도립 마산고보 설립 기성회 조선인 임원 중상보도
		1927.6	구마산역 운수노동조합 파업시 일본인 회사 비호보도
		1927.8	조선인 노동자들의 소작쟁의 지원 활동을 왜곡보도
		1927.8	우체국 이전과 관련 구마산 측의 조선인 중상보도
경북 대구	『大邱日報』	1929.5	조선인은 담배와 막걸리에만 관심이 있다고 보도
전남 광주	『光州日報』	1928.1	조선인 도평의회원을 공격하는 기사 게재
		1929.11	광주학생운동에 대한 허위·선동보도
전북 전주	『全北日報』	1930.6	조선인은 도적 근성이 있고 거짓말을 잘한다고 보도
평남 평양	『平壤每日新聞』	1927.4	민립 대학기성회 평양지부 간부 기부금 횡령 허위보도
		1928.1	조선인 여인숙업자들이 거짓말을 잘 한다는 투고 게재
평남 진남포	『西鮮日報』	1929.12	조선인 부 협의회 의원을 어리석다고 멸시하는 보도
함남 원산	『元山每日新聞』	1928.7	조선인의 교육과 관련해 민족적 모욕기사
함북 청진	『北鮮日報』	1927.4	신간회 등 조선인 사회단체에 대한 모욕기사
		1930.1	호조 없는 조선인을 야인이라고 하는 멸시하는 보도

출처 : 『한국언론연표』와 역사정보통합시스템(www.koreanhistory.or.kr)을 정리, 채백, 『부산언론사 연구』, 산지니, 2012, 205~213면.

일 사설에서 "'일본문 신문의 조선인에 대한 논조'는 일본인들에게 '대조선인 감정의 악화를 고조시키는 경향"이 있고, "나아가 지방의 소신문에 있어서는 일인들에게 영합하는 나머지 조선인을 모욕하는 일이 수 없어 조선인을 야만인에 비하거나 금수에 비하여 독설을 퍼붓고 괴재(怪哉)를 부르는 일도 허다하다"고 하며, 총독부가 "조선인 모욕기사를

허용하는 것은 편파적"이라고 비판했다.[60]

강점 직후부터 이미 지방신문들의 조선인 모욕기사는 상당히 많았을 것이다. 물의가 일어나서 조선어 신문에 보도된 것들만 본다 하더라도, 지방의 일본인 발행 신문에 게재된 조선인에 대한 차별적이고 모욕적인 기사는 상당히 많다. 대부분이 1920년대 중반부터 1930년대 초까지의 시기에 집중적으로 나타나고 있다. 〈표 5-4〉에 나타난 보도 내용들은 크게 조선인의 민족성에 대한 모욕적 기사 게재, 특정 사건과 관련된 조선인 또는 조선인 단체에 대한 허위·왜곡 보도, 조선인 관료나 지방의회 의원을 무시하고 폄하하는 보도 등으로 나누어 볼 수 있다.

첫째, 조선인의 민족성에 대한 모욕적 기사로는 『조선시보』, 『부산일보』, 『대구일보』, 『전북일보』, 『북선일보』 등의 기사를 들 수 있다. 『조선시보』와 『부산일보』는 특히 조선 여성을 비하하여, 전자는 조선 여성이 매우 잔인한 성격을 갖고 있다고 주장했고, 후자는 "조선 여자는 남의 첩되기를 추호의 기탄과 수치를 불감할 뿐만 아니라 관습적으로 여긴다"고 보도하였다.[61] 『대구일보』는 조선인들이 술과 담배에만 관심이 있다고 보도했고, 『전북일보』는 조선인이 도적 근성이 있고 거짓말을 잘 한다고 모욕했으며, 더 나아가 『북선일보』는 아예 조선인을 짐승에 비유하기까지 했다. 이 중 『전북일보』와 『북선일보』의 보도는 조선인에 대한 모욕과 멸시가 가장 극명하게 드러난 것으로서 사회적으로 가장 큰 물의를 일으켰다. 지방의 일본인 발행 신문들은 조선인을 모욕하고 멸시하는 보도를 통해, 재조선 일본인들이 본국의 일본인에

---

60 김규환, 앞의 책, 217~218면.
61 『동아일보』, 1933.10.8.

대해 갖는 열등감을 조선인에 대한 우월감으로 극복하도록 하는 역할을 하기도 했던 것이다.

둘째, 특정 사건과 관련된 조선인 또는 조선인 단체에 대한 허위·왜곡 보도로는『부산일보』,『남선일보』,『광주일보』,『평양매일신문』등의 기사를 들 수 있다.『부산일보』는 일본인이 조선인을 살해한 사건에 대해 왜곡보도로 일관했고,『남선일보』는 일본인과 조선인의 이해관계가 얽힌 사건이 발생할 때마다 일본인들의 이익을 위해 허위·왜곡 보도 행태를 보여주었다.『광주일보』는 광주학생운동 당시 일본인 소학교 학생들이 조선인에 의해 부상당했다는 허위 보도를 하여 사태를 악화시키는 결과를 가져왔다.[62]『평양매일신문』은 조선인들이 스스로 대학을 설립하려고 시도했던 민립대학운동과 관련해 기성회의 평양지부간부가 기부금을 횡령했다는 허위보도를 하였다. 이와 같은 보도 행태는 일본인의 이익을 관철시키기 위한 것으로서, 실제로는〈표 5-4〉에 나타난 것보다 훨씬 더 많았을 것이다.

셋째, 조선인 관료나 지방의회 의원을 무시하고 폄하하는 보도의 예로는『조선매일신문』,『조선시보』,『부산일보』,『광주일보』,『서선일보』등의 보도를 들 수 있다.『부산일보』는 총독부 학무국장을 조선인이 맡자, 이는 '심히 부적합한 것'이라고 하여 총독부의 정책까지 비판

---

62 압수당한『동아일보』1929년 11월 27일자 기사에는 "이 문제의 해결책으로서 도 당국과 사법 당국은 싸움 쌍방의 주모자 수 명을 처분함으로써 해결을 지으려는 의향이었는데, 광기가 된 일본 신문의 행동 및 일본신문의 선동적 기사는 드디어 관청을 움직여 5일 이른 아침부터 지사실에서 도지사 및 때마침 내방한 경성고등법원장도 귀경을 연기하면서 경찰부장, 내무부장, 학무과장이 오며 네 시까지 회의를 했다"고 나와 있다. 정진석 편,『일제시대 민족지 압수기사모음』1, LG상남언론재단, 1998, 593면. 광주학생운동이 심각한 사태로 치달은 데는『광주일보』의 선동적 기사가 크게 작용했다는 것을 알 수 있다.

하는 기사를 게재하였다. 『부산일보』는 도평의회 조선인 의원들이 자질을 문제 삼는 기사를 게재하기도 했고, 『서선일보』도 부협의회 조선인 의원을 어리석다고 보도하였다. 『광주일보』는 일본인 도평의회 의원에 대해 비판한 조선인 의원을 공격하는 기사를 게재했다.[63] 『조선매일신문』은 "박춘금 대의사가 의회에서 조선인에게 참정권을 달라고 절규하고 있으나, 조선인에게 참정권을 주는 것은 도적에게 열쇠를 주는 것보다도 위험한 것"이라고 보도했다.[64] 친일적인 성향을 지녔다고 보이는[65] 조선인 관료나 지방의회 의원 등의 자질을 문제 삼는 것은, 이들이 때로는 조선인의 이익을 위해 활동했기 때문이기도 하겠지만, 이보다는 일본인들이 어떤 경우에도 조선인들이 자신들과 동등한 지위해 오를 수 없음을 강조하기 위한 것이었다고 보인다.

조선인 전체를 모욕하거나 멸시하는 보도에 대해서는 매우 강력한 비판적 활동이 이루어졌고, 특정 사건에 대한 왜곡보도나 조선인 관료 및 지방의회 의원에 대한 폄하보도에 대해서도 관련자들의 항의가 뒤따랐다. 사회단체들을 중심으로 각종 집회가 열려 항의를 하는 것은 물론 관계자의 처벌과 신문의 폐간을 요구하는 경우도 있었다. 또한 때로는 불매운동이 벌어지기도 했는데, 경우에 따라서는 항의나 처벌 요구보다 불매운동이 더 효율적인 경우도 있었을 것이다. 특히 그중에서도 『북선일보』와 『전북일보』의 경우에는 상당한 기간 동안 전국적으로 성토와 응징의 목소리가 높았다.[66] 친일적이라고 평가될 만한 인물들

---

63 손정목, 앞의 책, 226~227면.
64 『동아일보』, 1933.2.5.
65 정태헌, 「1930년대 조선인 유산층의 친일논리와 배경」, 민족문제연구소 편, 『친일파란 무엇인가』, 아세아문화사, 1997, 78~101면.

에 대한 보도에 대해서도 다수의 조선인들이 함께 나서 항의한 것은, 상황에 따라서는 일본인에 대한 대타의식이라는 측면에서 어느 정도 공동의식을 갖고 있었기 때문이었을 것이다.

『조선일보』는 시평 「돌(咄)! 전북일보」라는 글을 통해 "근자 지방에서 발행하는 일문지의 태도는 왕왕 상궤를 벗어남이 있어서 물의를 일으킴이 적지 않다"고 하고, 그들은 "마치 국민적 적개심을 일부러 도발하는 주전(主戰)적인 황색지 식"의 보도태도를 보이고 있다고 비판했다.[67] 『동아일보』는 조선여성을 모욕하는 『부산일보』의 1933년 보도가 나간 직후 지방논단 '부산일보의 망동(妄動)을 박함'이라는 글을 통해 『북선일보』와 『전북일보』의 조선인 모욕기사에 대한 기억이 사라지기도 전에 다시 『부산일보』가 조선인을 모욕하는 '경거망동'을 보였다고 하며 비판하기도 했다.[68] 지방의 일본인 발행 신문들의 위와 같은 보도 행태는 재조선 일본인들의 우월감을 만족시키고, 이익을 관철시킬 목적에서 비롯된 것이었다. 또한 일본인 발행 지방신문에 근무하던 언론인들의 수준이 낮은 것도 지방신문의 보도가 문제를 일으키는 데 어느 정도 영향을 주었을 것이다.[69]

대부분의 경우 총독부는 일본인에 대한 비난이 확산되는 것을 막기

---

66 『한국언론연표』, 548~567면.

67 『조선일보』, 1930.6.21.

68 『동아일보』, 1933.10.8.

69 일제하에 『조선일보』와 『매일신보』에서 기자로 활동했던 김을한은 조선에서 활동하던 일본인 기자들에 대해 "그들은 본국에서 있지를 못하고 식민지까지 흘러온 사람들인 만큼 질은 대체로 좋지 못하였"고, "기사를 쓰는 일보다 하고 한날 어디 국물이 없나를 찾기에만 정신이 없었"다고 비판했다. 그들 중에서 『대판조일신문(大阪朝日新聞)』이나 『대판매일신문(大阪每日新聞)』의 조선 주재 기자들의 경우는 예외였지만, 지방신문의 기자들은 "말이 아니었다"고 할 정도로 더 심각한 문제를 드러냈다고 한다. 김을한, 『신문야화』, 일조각, 1971, 214~215면. 일제시기 지방신문에 근무하던 일본인 기자들의 행태는 조선인들에게 분노를 일으키는 한 요인이 되었을 것이다.

위해 조선인들의 항의 집회를 금지시키는 등 억압적 조치를 취했다. 다만 내선일체를 내세우던 총독부 당국으로서는 때로는 이러한 지방신문의 보도 행태가 부담이 되기도 했을 것이다. 자신들이 임명한 관료와 자신들에게 협조적인 조선인에 대한 비판적 보도나 조선인의 민족성을 폄하하고 조선인을 멸시하는 보도가 조선인의 강력한 반발을 초래함으로써 자신들이 추진하는 동화주의 정책 추진에 방해가 될 수도 있다고 판단하여 마지못해 일본인 발행 지방신문에 대해 통제를 가하기도 했던 것이다. 실제로 조선인을 짐승에 비유한 『북선일보』 사장이 재판에 회부되어 6개월 형을 구형받았던 것은 이런 상황을 잘 드러내준다.[70] 또한 부윤의 주선으로 『서선일보』 사장이 조선인 의원들에게 사과한 것도 같은 맥락으로 이해할 수 있을 것이다.[71]

1930년대 중반 이후 일본인 발행 지방신문의 조선인에 대한 보도로 인해 물의가 일어났다는 조선어 신문의 보도를 찾아볼 수 없게 되었다. 일본인 발행 신문들의 유사한 보도 행태가 계속되었음에도 이에 대한 조선인들의 비판적 활동이 약화되었거나, 조선인들의 비판적 활동을 조선어 신문들이 보도하지 않은 것일 수도 있다. 일본인 발행 지방신문들의 논조가 크게 변하지 않았을 가능성이 크다는 점을 감안한다면, 1930년대 중반 이후 조선인들의 의식이 점차 변화했을 뿐만 아니라 조선인 신문들에 대한 탄압도 더 강화되었기 때문이라고 보아야 한다. 한편 일제 말기로 갈수록 지방신문들의 역할도 '총독정치에의 협조'가 '거류일본인의 권익을 옹호하는 것'보다 훨씬 더 중요해졌음은 말할 필요조차 없을 것이다.

---

70 『조선일보』, 1930.6.20.
71 『동아일보』, 1930.1.19.

5. 요약과 결론

　1910년 강점 당시 이미 황해도, 강원도, 충청북도를 제외한 10개 도에 1개 내지 2개의 신문이 발행되고 있었고, 규제가 완화된 1920년대 이후에는 그 수가 더 늘어났다. 이렇게 지방신문의 발행이 활발했던 것은 지방에 거주하는 일본인들이 자신들의 권익을 관철시키기 위해 적극적으로 신문을 활용하려고 했기 때문이다. 일본인 인구가 얼마 되지 않는 지역에까지 신문이 발행되었다는 것은 일본인들이 얼마나 신문을 중요한 수단으로 인식하고 있었는지를 잘 보여준다. 총독부는 이러한 지방신문에 대해 거의 지원을 해주지는 않았고, 단지 지방신문이 존속될 수 없을 지경에 이르렀을 때만 부분적으로 지원해주었을 뿐이다.

　극히 일부를 제외한 대부분의 지방신문들은 경영상태가 매우 좋지 못했다. 광고시장이나 판매시장이 협소했고, 그나마도 서울의 일본어 신문이나 조선어 신문은 물론이고, 일본에서 발행되던 신문들과도 경쟁해야 했기 때문이다. 제한된 시장의 한계를 넘어서기 위해 조선인 독자를 확대하기 위한 노력을 기울였고, 그 결과 어느 정도 성과를 보이기도 했다. 그러나 이런 노력에도 불구하고 근본적으로 경영상의 어려움을 해결할 수는 없었다. 이런 어려움 속에서도 신문이 계속 발행될 수 있었던 것은, 지역 내의 유지라고 할 수 있는 상업회의소 임원이나 지방의회 의원들이 신문을 발행하며 일본인들의 이익을 관철시키는 수단으로 활용하려고 했기 때문이다.

　이렇듯 일제하의 지방신문은 매우 열악한 조건 속에서도 상당히 오랜 기간 지속적으로 발행되었지만, 거의 대부분이 일본인에 의해 발행되었고, 그 역할도 철저하게 일본인의 이익을 대변하는 수준에 머물렀다. 열악한 조건 속에 발행되던 일본인 발행 지방신문들은 경성의 일본인 발행 신문보다 더 노골적으로 조선인을 멸시하고 비하하는 보도를 일삼기도 했다. 때로는 내선일체 정책을 표방하던 총독부의 지배정책에 장애가 될 정도의 보도를 하는 경우도 없지 않았다. 조선인 관료나 지방의회 의원에 대한 모욕적 기사는 그 대표적인 경우라고 할 수 있다. 일본인 발행 지방신문에 대한 조선인들의 비판과 응징의 목소리가 터져 나왔지만, 일제 말기로 갈수록 점차 사라졌다.

비록 일본인들의 이익을 위해 발행되었고, 또 조선인들에게 부정적인 영향력을 행사했지만, 적어도 이런 신문들이 지방에 거주하는 조선인들에게 지방신문의 필요성에 대한 인식은 심어주었을 것이다. 그러나 일제는 경성에서 최소한의 조선어 신문 발행을 허용한 것 외에는 절대로 조선인에 의한 조선어 신문의 발행을 추가로 허용할 의도가 없었기 때문에 일제하에 지방에서 조선인이 신문 발행을 하기는 어려웠을 것이다.[72] 일본인이 발행한 지방신문들은 지방 거주 조선인들에게 지방신문의 필요성과 함께 그 역할에 대한 부정적 인식도 심어놓았다고 할 수 있다. 일제시기 지방신문이 보여준 행태가 결코 바람직한 것은 아니었기 때문이다.

어쩌면 지방신문에 대한 이러한 복합적 인식은 해방 이후까지 상당

---

72 1924년 10월에 대구에서 창간된 『대구상보』, 1926년에 개제된 『남선경제일보』는 경제신문이었고, 또 사장인 한익동이 상업회의소 부회장을 지낸 친일적 성향의 인물이었음에도 총독부는 조선인의 이익을 위한 신문으로 보고 불온시하는 듯한 평가를 내렸다.

부분 영향을 주었을 것이다. 지방신문의 필요성에 대한 인식 때문에 해방 직후 일본인 발행 지방신문의 물적·인적 자원들을 갖고 서둘러 신문을 창간했지만, 이런 신문들도 결국 일제시기 지방신문에 대해 갖고 있던 지방주민들의 부정적 인식을 불식시킬 수 있는 활동을 보여주지는 못했다. 민족적 모욕만 사라졌을 뿐 신문을 특정 집단의 이익을 관철시키기 위한 수단으로 활용하려고 했다는 점에서는 큰 차이가 없었기 때문이다. 이런 점에서 일제시기 지방신문의 특성과 역할을 밝히는 것은, 지방신문을 역사적인 맥락 속에서 새롭게 이해하는 데 큰 의미를 지닌다.

또한 지방신문은 때로는 자신들의 현실적 이익을 관철시키는 데만 급급함으로써 총독부의 동화주의 정책 수행에 부분적으로 장애가 되기도 했다. 친일적인 조선인조차 단지 조선인이라는 이유로 차별하고 멸시하는 일본인과, 친일적인 조선인들을 통해 동화주의 정책을 실현하려는 총독부 사이의 입장 차이가 지방신문의 보도를 통해 드러나는 경우가 있었다는 것이다. 이러한 일제시기 지방신문의 보도는 일본인에 대한 대타의식이라는 측면에서 적어도 지방 거주 조선인들 사이에 어떤 공동의식이 있었을 가능성을 보여준다. 일제시기 지방신문에 대한 연구는 당시 지방에서 일본인과의 '동화와 이화'라는 끊임없는 모순과 요동 속에 조선인들이 어떻게 존재하고 살아갔는가를 이해하는 데도 도움을 줄 수 있을 것이다.

제6장

일제 말기(1937~1945)의 언론통제정책과 언론구조 변동

1. 서론

1) 연구의 필요성과 의의

일제는 식민지지배 기간 동안 줄곧 언론을 통제하거나 이용하려는 정책을 실시했다. 다만 시기에 따라 지배방식이 부분적으로 바뀐 것과 마찬가지로 언론통제 방식도 다소의 변화를 보여주었을 뿐이다. 일제는 3·1운동의 여파로 1920년대에 문화정치를 내세우며 표면적으로나마 어느 정도 언론자유를 허용하는 듯했던 것과는 달리 1930년대에 들어서서는 매우 강력한 언론통제를 가하기 시작했다. 특히 1937년에 중일전쟁이 발발하면서 일제는 전시동원 체제 구축의 일환으로서 언론통제를 더욱 강화했다.

일제는 조선인 발행 신문과 일본인 발행 신문에 대해 모두 통제를 강화했지만, 언론통제의 의도나 방식에는 다소 차이가 있었다. 즉 일제는 민족말살 정책에 따라 조선인의 언론활동은 아예 봉쇄하려는 정책까지 실시했다. 일제의 강력한 언론통제로 인해 1937년 이후 조선인 발행 신문들의 논조가 급격히 변질되다가, 급기야 1940년 8월에는 신문이 아예 폐간되고 말았다. 또한 일제는 일본인 발행신문들에 대해서도 통제를 더욱 강화하다가 결국 신문을 통폐합해버렸다.

이렇듯 중일전쟁 발발 이후 일제가 실시한 언론통제정책은 단순히 신문들의 논조를 위축시키는 것을 넘어서서 언론구조를 완전히 개편하는 방식으로 전개되었다. 이런 일제 말기의 언론통제 정책으로 인해 조선인의 언론활동이 사실상 완전히 사라지고 총독부 기관지 등 일본인 발행신문들이 급성장할 수 있었다. 따라서 일제말기의 언론통제정책에 대해 체계적인 연구를 하지 않고는 일제하의 언론과 그 유산을 제대로 파악하기 어렵다고 할 수 있다.

그럼에도 일제 말기의 언론통제 정책에 관한 연구는 별로 많지 않다.[1] 일제하의 언론에 대한 연구는 주로 일제가 문화정치를 표방하던

---

1   일제의 언론·선전정책을 전반적으로 다룬 것으로는 김규환의 연구가 있고, 일제의 검열과 통제를 심층적으로 다룬 연구로는 정진석의 연구를 들 수 있다. 일제 말기의 언론정책을 집중적으로 다룬 경우로는 최유리, 최영태, 성주현의 연구가 있다. 김규환, 『일제의 대한 언론·선전정책』, 이우출판사, 1978; 성주현, 「1930년대 이후 한글신문의 구조적 변화와 기자들의 동향」, 『한국민족운동사연구』 58, 한국민족운동사학회, 2009, 153~204면; 정진석, 『극비 조선총독부의 언론검열과 탄압』, 커뮤니케이션북스, 2007; 최영태, 「조선일보 폐간

1920년대를 중심으로 일제의 언론탄압과 이에 대응하는 조선인 발행 신문들의 활동만을 다루어 왔을 뿐이다.[2] 1930년대의 언론을 언급한 연구도 대체로 조선인 발행신문들의 논조에 나타난 변화에만 주목했을 뿐 이런 변화에 영향을 준 일제말기의 언론통제정책에 대한 구체적인 분석은 결여하고 있다.[3] 더욱이 조선인 발행신문들이 폐간된 1940년 이후의 시기나 총독부 기관지 등의 일본인 발행신문에 대해서는 연구 가 전혀 이루어지지 않고 있는 실정이다.[4]

이렇듯 기존 연구의 대상 시기나 신문이 제한되면서 일제하의 언론 을 총체적으로 이해하는 데 많은 한계를 드러내고 있다. 우선 연구시기 가 1920년대에 집중됨으로써 일제하 언론의 변화과정을 체계적으로 이해하는 데 문제점을 드러내고 있다. 특히 일제하의 언론이 1930년대 이후 어떻게 변모되어 나갔고, 그 결과 일제하의 언론은 어떤 유산을 남

을 둘러싼 논란과 진실」, 『역사비평』 66, 역사비평사, 2004, 216~241면; 최유리, 「일제 말기 언론정책의 성격」, 『이화사학연구』 20 · 21합집, 이화사학연구소, 1993, 189~203면

2 일제하의 조선인 발행 신문들을 '민족지'로 부를지 아니면 '민간지'로 불러야 하는지에 대한 논란과 일제하의 언론에 대한 기존 연구의 대체적인 경향은 김민환의 연구를 참조할 수 있 다. 이 글에서는 『동아일보』나 『조선일보』를 주로 조선인 발행 신문으로 부르고자 한다. 일 제는 형식상 발행인이 조선인이라는 이유로 총독부 기관지인 『매일신보』도 조선인 발행신 문으로 분류했지만, 이 글에서는 일본인 발행신문으로 분류할 것이다. '민간지'는 총독부 '기관지'인 『매일신보』나 『경성일보』와 구분하기 위해 사용한 용어이다. 김민환, 「일제시 대 언론사의 시기구분」, 『언론과 사회』 1, 언론과사회사, 1993, 46~66면.

3 1930년대를 포함해 신문의 논조를 분석한 경우로는 최민지와 김민환의 연구를 들 수 있고, 1930년대의 신문을 심층적으로 분석한 것으로는 박용규와 최혜주의 논문을 들 수 있다. 김 민환, 「일제시대 민족지의 사회사상」, 『언론과 사회』 4, 언론과사회사, 1994, 6~26면; 박용 규, 「일제의 지배정책에 대한 신문들의 논조 변화」, 『한국언론정보학보』 28, 한국언론정보 학회, 2005, 111~140면; 최민지, 『일제하 민족 언론사론』, 일월서각, 1978; 최혜주, 「1930 년대의 한글신문에 나타난 총독정치」, 『한국민족운동사연구』 58, 한국민족운동사학회, 2009, 23~71면.

4 조선인 발행 신문이 폐간된 이후인 1940년 이후의 신문에 대해서도 연구한 것으로는 정진 석의 연구를 들 수 있을 뿐이다. 정진석, 『언론 조선총독부』, 커뮤니케이션북스, 2005.

기게 되었는지를 파악하기 어렵게 만들고 있다는 것이다. 또한 조선인 발행신문들만을 대상으로 연구가 이루어지면서 일제하 언론의 전체적인 변화양상을 파악하는 데도 한계가 있다. 즉 일본인 발행신문들이 조선인 발행신문들과 갈등을 빚거나 경쟁을 했을 뿐만 아니라, 1940년 이후에는 조선인 독자들도 일본인 발행신문을 볼 수밖에 없었던 당시 현실을 제대로 파악하기 어렵게 만들고 있다는 것이다.

위와 같은 문제점들을 감안할 때 일제하의 언론을 총체적으로 파악하기 위해서는 연구대상 시기나 신문을 좀 더 확장할 필요가 있다고 할 수 있다. 그중에서도 우선 일제 말기의 언론정책에 대한 체계적 연구를 통해 일제하의 언론이 어떻게 변화되고 귀결되었는지를 밝혀낼 필요가 있다. 또한 일제 말기의 언론통제 정책이 조선인 발행 신문을 말살시키고 총독부 기관지를 중심으로 하여 일본인 발행 신문들의 영향력을 강화하려고 했다는 점을 고려해, 일본인 발행신문들도 포함해 연구를 하는 것이 필요할 것이다.

이러한 일제 말기의 언론통제 정책에 대한 연구를 통해 일차적으로는 일제의 식민지 지배정책과 밀접한 관련을 갖는 언론통제 정책의 본질적 성격을 좀 더 명확히 밝혀낼 수 있을 것이다. 다음으로는 일제 말기의 언론통제 정책으로 인해 일제하의 언론이 어떻게 변화되어 나갔고, 그 결과 해방 이후 어떠한 유산을 남기게 되었는가를 밝히는 데 기여할 수 있을 것이다. 그중에서도 특히 조선인 발행신문들의 논조의 변질이나 폐간 과정을 체계적으로 파악함으로써 일제강점기의 조선 언론에 대한 올바른 역사적 평가를 하는 데도 기여할 수 있을 것이다.

2) 연구의 내용과 방법

본 연구는 일제 말기의 언론통제 정책을 체계적으로 살펴보기 위해 그 연구대상 시기를 중일전쟁이 발발하던 1937년부터 해방되던 1945년까지로 한정하고자 한다. 이 글에서 1937년부터 살펴보고자 하는 것은 중일전쟁 발발 이후 전시동원 체제 구축의 일환으로 이전보다 훨씬 더 강력한 언론통제가 실시되었다고 보기 때문이다. 즉 일제강점기의 언론을 연구하기 위해서는 관점에 따라 다양한 시기구분을 할 수 있겠지만, 일제의 언론통제정책을 다루고자 하는 이 글에서는 우선 1937년 이후를 살펴보는 것이 반드시 필요하다고 판단했다는 것이다.

특히 이 글에서는 일제 말기 신문사의 통폐합에 주목하고자 한다. 1937년부터 언론통제를 급격히 강화했던 일제가 결국 자신들의 필요에 따라 신문을 통폐합하고, 이를 통해 전시동원체제에 부합되는 언론구조를 만들었다고 보기 때문이다. 따라서 이 글은 1937년 이후 일제의 언론통제가 어떻게 강화되어 나갔고, 이의 연장선상에서 신문사의 통폐합은 어떻게 이루어졌으며, 그 결과 어떤 언론구조가 만들어졌는가를 밝히고자 하는 것이다.

이와 같은 이 글의 연구문제를 정리해보면 아래와 같다. 첫째, 중일전쟁 발발 이후 1940년까지 일제의 언론통제는 어떻게 강화되어 나갔고, 당시 신문들은 어떤 현실에 처해 있었는가? 둘째, 일제의 신문사 통폐합 정책은 어떤 목적으로 계획이 수립되었고, 어떤 방식으로 시행되었는가? 셋째, 통폐합 이후인 1940년대에 일제는 어떻게 언론을 통제하거나 이용하였고, 언론구조는 어떻게 변화되었는가?

첫째 연구문제는 주로 중일전쟁이 발발한 1937년부터 통폐합이 본격적으로 시행되기 전인 1940년 이전까지의 언론통제 정책과 언론계의 현실을 살펴보려는 것이다. 둘째 연구문제는 1940년부터 1941년까지 시행된 신문사 통폐합을 고찰하려는 것이다. 셋째 연구문제는 통폐합이 본격적으로 시행된 1941년 이후의 언론통제 정책과 언론계의 구조 변화를 분석해 보고자 하는 것이다.

이런 연구문제에 답하기 위해 본 연구에서는 일제강점기에 발행되었던 총독부 자료, 연감, 잡지 등과 해방 이후 간행된 연표, 평전, 회고록 등의 사료들을 중심으로 하는 문헌연구방법을 사용하고자 한다. 특히 『조선출판경찰개요(朝鮮出版警察槪要)』나[5] 통폐합에 관한 일제하의 극비 문서들은[6] 일제 말기의 언론통제정책은 물론 신문들의 변화과정을 살펴보는데도 매우 유용한 자료이다. 결국 본 연구는 이런 자료들

---

5 조선총독부 경무국 도서과가 발간한 이 자료 중 연구대상 시기에 해당하는 1937년판과 1940년판은 민족문제연구소가 편찬한 『일제하 전시체제기 정책사료총서』 38권에 실려 있고, 1939년판은 김근수가 편찬한 『일제하 언론출판의 실태』에 실려 있다. 현재 1938년판은 자료가 남아 있지 않다. 인용에서는 1937년의 내용을 다루고 있고, 발행은 1938년에 이루어진 것을 『朝鮮出版警察槪要』(1937년판)로 표기하고, 위의 자료집의 면수를 밝힐 것이다. 이런 『朝鮮出版警察槪要』세 권과 「諺文新聞統制案」은 2007년 한국교회사문헌연구원에 의해 영인되어 『극비 조선총독부 언론탄압 자료총서』 4권으로 묶여 나왔다. 이 자료에 대한 자세한 설명은 다음의 책을 참조할 수 있다. 정진석, 앞의 책, 2007, 165~172면.

6 1980년대 말 일본 국회도서관 헌정자료실에 기증된 '오노(大野綠一郎) 문서' 중에는 일제 말기 언론통제 정책을 파악하는 데 매우 중요한 자료들이 포함되어 있다. 그중에서 극비문서인 「언문신문통제안(諺文新聞統制案)」은 민족문제연구소가 편찬한 『일제하 전시체제기 정책사료총서』 37권에도 실려 있다. 또한 「제국의회설명자료(帝國議會說明資料)」 중 경무국 항도 중요한데, 본 연구에 필요한 73회(1937년) 자료는 위 사료총서 2권에, 79회(1941년) 자료는 14권에, 84회(1943년) 자료는 19권에 실려 있다. 이 자료들을 인용할 때는 자료명과 해당 자료집의 면수만을 밝힐 것이다. 「諺文新聞統制案」과 마찬가지로 1939년에 작성된 것으로 보이는 「朝鮮ニ於ケル言論機關ノ統制指導策」은 오노 문서에도 포함되어 있지 않은 자료이다. 이 두 자료를 인용할 때는 자료명과 면수만을 밝힐 것이다.

을 활용해 일제 말기 언론통제정책의 내용과 그 영향을 살펴보고자 하는 것이다.

2. 중일전쟁 발발과 언론

1) 중일전쟁 발발과 언론통제 강화

1931년에 일제는 만주를 침략하면서 조선에 대한 식민지 지배체제를 강화했고, 이에 따라 언론에 대한 통제도 1920년대에 비해 더욱 강화되었다. 1930년대 말부터 일제는 더 나아가 조선의 총체적 해체와 완전한 일본화를 목적으로 하는 노골적인 '민족말살정책'을 전개했다.[7] 특히 1936년 8월에 미나미 지로(南次郎)가 총독으로 부임하고, 1937년 7월에 중일전쟁이 발발하면서 일제는 전쟁 수행을 위해 조선을 병참기지화 하는 동시에 조선인을 내선일체(內鮮一體)라는 이념 하에 황국신민화(皇國臣民化) 하려는 정책을 실시했다.[8] 이런 정책 수행 과정에서 당연히 언론통제도 강화되었는데, 일제의 언론통제는 크게 보도내용에 대한 규제의 강화와 언론구조의 개편으로 나타나게 되었다.[9]

---

7 강창일, 「일제의 조선지배 정책」, 『역사와 현실』 12, 한국역사연구회, 1994, 48면.
8 최유리, 『일제 말기 식민지 지배정책연구』, 국학자료원, 1997, 10면.
9 김규환, 『일제의 대한 언론·선전정책』, 이우출판사, 1978, 320면.

이미 1931년의 만주침략 이후 언론통제를 강화했던 일제는 중일전쟁 발발 직후 언론통제를 더욱 강화하고 체계화하려는 정책을 실시했다. 우선 일제는 1937년 7월 22일에 정무총감을 위원장으로 하고 총독부 및 군부의 주요 인물들이 위원으로 참여했던 조선중앙정보위원회를 결성하여 효율적인 선전정책을 실시하고자 했다.[10] 특히 이 위원회 간사회 사무국인 관방문서과에 보도계를 신설했던 것은, 전쟁수행을 위해 언론을 더욱 적극적으로 이용하려고 했다는 것을 잘 보여준다.[11] 또한 일제는 1938년 4월 1일 공포된 국가총동원법을, 칙령 316호에 의해 5월 5일부터 조선에서도 시행했다.[12] 이 법 20조는 국가총동원상 지장이 있는 기사의 게재를 제한 및 금지할 수 있고, 신문 등을 발매·반포 금지하거나 차압할 수 있도록 규정했다.

일제는 중일전쟁 발발 이후 신문에 대해 매우 구체적인 지시사항을 내려 보냈다. 그중 1939년 6월에 경무국 도서과가 지시한 '편집에 관한 희망 및 주의사항'의 내용을 보면 우선 일본 '황실의 존엄'을 높이고 조선의 역사를 비하해 표현하도록 한 점이 눈에 띈다. 또한 내선일체에 관한 기사를 '성의를 가지고' 다루며 그 양도 늘릴 것을 요구했다. 특히 조선인 발행 신문들의 경우 '내선(內鮮) 관계'에 대한 표현에 주의할 것을 요구하고, 일본어 사용을 늘릴 것도 요구했다.[13] 이렇듯 중일전쟁 발발

---

10 김규환, 앞의 책, 265~266면; 이연, 『일제하의 조선중앙정보위원회의 역할』, 서강대 언론문화연구소, 1993, 44~47면.
11 일제는 1939년에는 정보선전국 또는 홍보국을 신설하고, 그 밑에 정보과, 검열과, 선전과를 설치하는 안을 세운 바 있다. 이 안은 관방문서과 보도계의 선전 업무와 경무국도서과 검열계의 검열 업무 등을 통합하고자 했던 것인데, 실제로 추진되지는 않았다.「朝鮮ニ於ケル言論機關 / 統制指導策」, 20면. 경무국 도서과는 1943년 12월 1일에 폐지되고, 이후 조선군 보안과에서 검열 업무를 담당했다. 정진석, 앞의 책, 2007, 91면.
12 임종국, 『일제하의 사상탄압』, 평화출판사, 1985, 174~175면.

이후 일제는 단순히 보도에 제한을 두던 것에서 더 나아가 적극적으로 언론을 선전활동에 동원하고자 하는 정책을 실시했다.[14]

또한 일제는 언론의 장악을 위해 1938년 2월에 주요 신문·통신 25개사의 대표자들로 구성된 조선춘추회를 결성하도록 했다.[15] 조선춘추회는 총독부 경무국 도서과나 조선군 보도반과 긴밀한 관계를 가지며 언론통제에 보조를 맞추기 위한 단체였다. 이후 일제는 필요할 때마다 조선 내 발행 신문은 물론 일본에서 발행되어 이입되는 신문의 관계자들까지 모아서 보도 범위 및 방향에 대한 지침을 내렸다.[16] 이렇듯 통제가 강화되면서 조선인 발행신문은 물론 일본인 발행 신문들의 활동도 크게 위축될 수밖에 없었다.

나아가 일제는 일부 일본인 발행 민간지를 개편하는 조치도 취했다. 일제는 1937년 11월에 총독부에 대해 비교적 비판적 논조를 보이던 『조선신문』의 진용을 개편했다.[17] 일본 중의원 의원으로서 사장이었던 마키야마 코조[牧山耕藏]가 회장으로 물러앉고, 친일파로서 중추원 참의였던 문명기가 사장으로 취임했다. 비록 경영권 이양과정에서 마키야마와 문명기가 "동근(同根)에서 싹이 돋은 양자"라고 표현되기도 했지만, 실제로는 총독부가 『조선신문』의 비판적 논조를 문제 삼아[18] 경영진을 바꾸도록 압력을 가한 것이었다.[19] 1938년 5월에는 문명기와 마찬가지

---

13 최준, 『한국신문사』(중판), 일조각, 1982, 309~310면.
14 이민주, 「일제시기 조선어 민간신문의 검열에 대한 연구」, 서울대 박사논문, 2010, 163~169면.
15 『한국언론연표』, 809~809면.
16 『朝鮮出版警察概要』(1939년판), 363~366면.
17 『한국언론연표』, 793~795면.
18 『朝鮮出版警察概要』(1937년판), 604~623면.
19 문명기가 『조선신문』 사장에 취임하자 일부 일본인들이 불평을 토로했는데, 군부는 그만

로 중추원 참의였던 김갑순이 사장으로 취임하여 폐간 때까지 계속 자리를 지켰다.[20] 또한 1937년에 전북도청이 일본어와 조선어를 혼용하던 일본인 발행 주간지 『동광신문』을 기관지화 했던 일도 있었다.[21]

한편 일제는 총독부 기관지에 대해서는 적극적인 강화 정책을 실시했다. 일제는 총독부 조선어 기관지인 『매일신보』를 일본어 기관지인 『경성일보』로부터 독립시켜 강화하는 정책을 실시했다. 『매일신보』는 『경성일보』가 출자한 45만 원 등 총 100만 원의 자본금을 가지고, 사장 최린, 부사장 이상협의 진용을 갖추고, 제호까지 『매일신보(每日申報)』에서 『매일신보(每日新報)』로 바꿔 1938년 4월 16일에 새로 출범했다.[22] 일제가 일본어 상용을 표방하면서도 조선어 기관지를 강화했던 것은, 일본어를 제대로 해독하지 못하는 대다수의 조선인을 상대로 선전활동을 하기 위해서는 불가피했기 때문이었다.[23]

이렇듯 1930년대 말에 통제가 강화되면서 신문들의 논조는 더욱 위축되었다. 조선인 발행 신문들은 1936년에 『동아일보』가 정간을 당하고,[24] 1937년에 중일전쟁이 발발하면서 논조가 대폭 변화되어 일제로

큼 헌납 잘하는 조선인이면 좋지 않느냐고 오히려 반박했다고 한다. 김학민·정운현 편, 『친일과 죄상기』, 학민사, 1993, 295면.

20 김갑순이 사장을 맡고 있었지만 실제 대부분의 신문사 업무나 조선춘추회 등의 대외 활동은 부사장인 노자키 신조(野崎眞三)가 맡아서 처리했다.

21 全州府, 『全州府史』, 全州府, 1943, 891면.

22 정진석, 『언론조선총독부』, 커뮤니케이션북스, 2005, 156~168면.

23 일본어를 '약간 해독 및 보통회화 가능자'가 1933년에 7.81% 1941년 16.61%였다고 한다. 일본어 신문을 제대로 읽으려면 여기에 나와 있는 것보다는 더 높은 수준의 일본어 실력이 필요했을 것이다. 김영희, 「일제 지배시기 조선인의 신문접촉 경향」, 『한국언론학보』 46(1), 한국언론학회, 2001, 47면.

24 총독부는 『동아일보』 정간 직후 『조선일보』의 사장과 편집국장을 불러 보도할 때 더욱 주의할 것을 명령했다. 『朝鮮出版警察槪要』(1937년판), 584~585면. 『동아일보』에 대해서는 정간 해제의 조건으로 '각 방면의 근본적 쇄신'을 요구했다. 「73回 帝國議會說明資料」, 1937, 256~261면.

부터 '국책에 순응'해 논조를 개선했다는 평가까지 들었다.[25] 이후 논조
는 더욱 변화되어 '국책'을 지지하는 논조를 보인다는 평가를 받았고,
다만 간혹 "소극적 민족의식을 암시"하는 경우가 있다고 지적되기도 했
다.[26] 또한 그나마 총독부에 다소 비판적이었던 『조선신문』까지 총독
부의 압력으로 진용이 바뀌면서, 이제 모든 일본인 발행 신문들의 논조
는 지극히 온건·착실하다는 평을 듣게 되었다.

2) 1930년대 말 언론계의 현실

1937년 말 현재 신문지 규칙에 의한 일본인 발행 신문은 32개였고,
그중 일간지는 22개였다. 한편 신문지법에 의한 조선인 발행 신문은 총
7개였고, 그중 일간지로는 『동아일보』와 『조선일보』, 형식적으로 발행
인이 조선인으로 되어 있던 총독부 기관지 『매일신보』, 대구에서 발행
되며 일본어와 조선어를 혼용했던 경제지 『남선경제일보』가 있었다.[27]
1939년 말 현재 일간지로는 1938년 3월에 『황해일보』가 추가로 창간된
정도였다.[28] 1939년 말 현재 신문의 발행현황은 〈표 6-1〉에 잘 나타나
있다. 1939년에 조선인 수가 2천 3백 80만 명이었고, 일본인 수가 65만

---

25 『朝鮮出版警察槪要』(1937년판), 479~483면.
26 『朝鮮出版警察槪要』(1939년판), 312~317면.
27 『朝鮮出版警察槪要』(1937년판), 486~497면.
28 1938년 4월에 『경성일보』 자매지로 일간 『경일소학생신문』이 창간되었지만 〈표 6-1〉에서
   는 제외했다. 1939년 말에 일본인발행 신문 수는 총 35개, 조선인발행 신문 수는 22개로 늘
   어났다. 늘어난 조선인발행 신문의 거의 대부분은 『매일신보』가 각 지방에서 발행한 호외
   들이었다.

명 정도였던 것을 감안하면[29] 조선어 신문 발행부수 21만 1천 310부는 일본어 신문 발행부수 20만 3천 930부에 비해 너무 적은 편이었다. 이런 결과는 일제가 조선인의 신문 발행에 대해서는 엄격히 제한했던 반면 일본인의 신문 발행에 대해서는 비교적 쉽게 허용했고, 또한 조선인의 신문 구독 능력이 일본인에 비해 현저히 떨어졌기 때문이었다.

1930년대 말에 신문들은 용지난과 물가인상 등으로 인해 제작비는 상승했던 반면에 판매나 광고시장의 확대에는 한계가 있었기 때문에 대부분이 경영상 어려움을 겪을 수밖에 없었다. 특히 이미 일본에서는 1938년부터 용지 부족으로 '신문용지 공급 제한령'에 따른 용지 할당제가 시행되었고,[30] 식민지였던 조선에서도 용지 부족이 매우 심각한 상태였다.[31] 다만 경영상 어려움의 구체적 원인에는 조선인 발행 신문과 일본인 발행 신문들 사이에 차이가 있었고, 일본인 발행 신문들 중에도 총독부 기관지와 민간지, 중앙지와 지방지 사이에 다소 차이가 있었다.

우선 조선인 발행 신문들의 경우 1930년대 중반 이후 판매부수가 정체되어 있었다. 『동아일보』의 경우 1935년에 5만 5천 923부, 1939년에는 5만 5천 977부였고 『조선일보』의 경우 1935년에 4만 3천 118부, 1939년에 5만 9천 394부로 나타났다. 조선인의 교육 및 경제 수준이 낮았고, 그나마 조선인 중에 일본인 발행 또는 일본 내 발행 신문을 보는 사람들이 늘었기 때문이다.[32] 또한 주로 일본광고에 의존했던 광고수

---

29 경성일보사 · 매일신보사, 『朝鮮年鑑』(1942년판), 경성일보사, 1941, 73~74면(이하 『조선연감』으로만 표기).
30 山本文雄 外, 김재홍 역, 『일본 매스 커뮤니케이션사』, 커뮤니케이션북스, 2000, 209면.
31 동아일보사사 편찬위원회, 『동아일보사사』 1, 동아일보사, 1975, 386면; 조선일보 70년사 편찬위원회, 『조선일보 70년사』 1, 조선일보사, 1990, 346면.
32 정진석, 앞의 글, 1978, 272면.

표 6-1 : 일제 말기 신문의 현황

소재지	1939년의 신문명	사용 문자	발행 부수	
			1929년	1939년
경기 경성	『동아일보』	국문	37,802 (337)	55,977 (254)
경성	『조선일보』	국문	24,286 (243)	59,394 (473)
경성	『매일신보』	국문	23,015 (413)	95,939 (652)
경성	『京城日報』	일문	26,352 (2,086)	61,976(15,795)
경성	『朝鮮新聞』	일문	18,437 (1,153)	24,783 (5,417)
경성	『朝鮮日日新聞』	일문	4,696 (130)	8,103 (1,635)
경성	『朝鮮商工新聞』	일문·국문	2,312 (91)	4,854 (1,236)
인천	『朝鮮每日新聞』	일문·국문	3,521 (126)	4,408 (951)
충남 대전	『中鮮日報』	일문	2,181 (92)	4,902 (911)
경남 부산	『朝鮮時報』	일문	5,174 (321)	4,039 (824)
부산	『釜山日報』	일문	14,195 (1,086)	18,107 (3,678)
마산	『南鮮日報』	일문	1,057 (41)	1,919 (327)
경북 대구	『朝鮮民報』	일문	7,031 (3,334)	9,903 (2,246)
대구	『大邱日報』	일문	4,815 (595)	8,002 (1,634)
대구	『南鮮實業新報』	일문·국문	535 (364)	1,571 (451)
전남 광주	『光州日報』	일문	2,208 (270)	3,225 (979)
목포	『木浦新報』	일문	1,435 (79)	2,824 (646)
전북 전주	『全北日報』	일문	1,468 (285)	2,559 (687)
군산	『群山日報』	일문·국문	3,660 (200)	4,265 (455)
평남 평양	『平壤每日新聞』	일문·국문	2,741 (340)	7,980 (1,678)
진남포	『西鮮日報』	일문·국문	1,983 (61)	1,925 (507)
평북 신의주	『鴨江日報』	일문	2,266 (200)	3,608 (697)
함남 원산	『元山每日新聞』	일문	2,554 (188)	5,342 (925)
함흥	『北鮮時事新報』	일문	1,867 (219)	2,480 (1,017)
함북 청진	『北鮮日報』	일문	2,516 (251)	6,962 (1,314)
나남	『北鮮日日新聞』	일문·국문	2,050 (193)	5,346 (1,241)
황해 해주	『黃海日報』	일문	–	4,847 (2,652)

주 : * ( )안의 숫자는 조선어 신문은 일본인 독자, 일본어 신문은 조선인 독자의 수
　** 『조선일일신문』, 『남선실업신보』, 『중선일보』의 1929년 당시 제호는 각각 『경성일일신문』, 『남선경제일보』, 『호남일보』
자료 : 『朝鮮出版警察槪要』(1939년판), 280~285면; 정진석, 「일제하의 언론출판연구(상)」, 『신문연구』 19(1), 관훈클럽,
1978, 254~267면.

입도 1930년대 말에는 거의 늘지 않았다.[33] 이런 가운데 발행 면수의 감소로 인해 광고수입은 더욱 줄어들 수밖에 없는 반면에 용지의 가격인상 등 제작원가는 상승하게 됨으로써 경영난을 겪게 되었다.[34]

반면에『매일신보』의 발행부수는 1935년에 3만 937부였지만, 1939년에는 9만 5천 939부로 크게 늘어났다.『매일신보』의 발행부수가 이렇게 크게 늘어난 데는 물론 총독부의 적극적인 지원이 작용했다. 그렇다 하더라도『매일신보』의 독자수가 증가한 것이『동아일보』나『조선일보』의 독자수 정체에 어느 정도 영향을 주었을 것이다.[35] 또한『매일신보』는 조선인 발행 신문과는 달리 1939년에 들어서서 광고수입도 크게 늘어나는 경향을 보여주었다.[36]

한편 일본어 신문의 경우 극히 일부를 제외하고는 조선어 신문보다 더 심각한 경영난에 처해 있었다. 〈표 6-1〉에 나타난 것처럼『경성일보』,『조선신문』,『부산일보』는 발행부수도 비교적 많고, 광고수입도 상당해서 어느 정도 안정적인 운영을 할 수 있었다.[37] 그러나 나머지 대부분의 신문들은 발행부수가 1만 부 미만이고, 심지어는 불과 1~2천 부에 머무르는 경우도 있을 정도였다. 이러한 대부분의 일본인 발행 지방신문들은 "근근이 유지해나가는 상태"를 벗어나기 힘들었다.[38]

---

33 동아일보사 편찬위원회, 앞의 책, 409면; 정진석, 「광고사회사(II)」,『광고연구』12, 한국방송광고공사, 1991, 356~358면.
34 「朝鮮ニ於ケル言論機關ノ統制指導策」, 16면.
35 『매일신보』의 부수 증가가 조선인의 '민심의 전향'에 의한 것이라기보다는 총독부의 막대한 지원 덕택이라는 평가도 있었고, 조선인의 '사상적 격변' 등으로 인한 자연스런 결과라는 평가도 있었다. 「諺文新聞統制案」, 265~267면; 「朝鮮ニ於ケル言論機關ノ統制指導策」, 12면.
36 정진석, 앞의 글, 1991, 354면.
37 광고량을 보면 1938년과 1939년 모두 조선 내 발행 신문 중에서『경성일보』가 1위,『부산일보』가 3위,『조선신문』이 4위를 차지했을 정도였다. 광고량 2위는『조선일보』였다. 『한국언론연표』, 828~829면, 854면.

이렇듯 일본인 발행 신문들이 조선인 발행 신문보다 전체적으로 더 심각한 경영난을 겪었던 것은 일본인 수에 비해 지나치게 신문이 많이 발행되었기 때문이다. 여기에다 일본에서 발행되던 주요 신문들이 적극적인 공세로 조선 내 일본인 독자는 물론 조선인 독자까지 확대함으로써 더 큰 어려움을 겪을 수밖에 없었다.[39] 〈표6-1〉에 나타난 대로 일부 신문들이 조선인 독자 확대를 통해 발행부수를 다소 늘렸지만, 이런 노력에도 한계가 있었다. 이에 따라 일본인 인구가 얼마 되지 않으면서 두 개 이상 신문이 발행되던 지방의 경우 경영난을 겪었으며,[40] 1930년대 말로 갈수록 그 상태가 더욱 심각해졌다.[41]

---

38 1930년대에 진남포에서 발행되던 『서선일보』에서 경제부장을 지냈던 임경일의 주장이나, 마산에서 발행되던 『남선일보』의 기자로 활동했던 김형윤의 회고는 지방의 일본인 발행 신문의 경영난이 얼마나 심각했는지를 잘 보여준다. 김형윤, 『마산야화』, 태화출판사, 1973, 248면; 임경일, 『신문』, 야담사, 1938, 79면.

39 1939년의 경우 조선 내에서 『大阪每日新聞』의 독자는 일본인 6만 8천 956명, 조선인 1만 4천 319명이었고, 『大阪朝日新聞』의 독자는 일본인 6만 272명, 조선인 1만 2천 527명이었다. 이 두 신문 외에 500부 이상 이입되는 신문이 12개나 더 있었다. 『朝鮮出版警察槪要』(1939년판), 401~406면.

40 柳川勉, 앞의 책, 24~44면.

41 『朝鮮出版警察槪要』(1939년판), 373~377면.

3. 신문사의 통폐합

1) 조선어 신문의 통폐합

(1) 조선어 신문의 통폐합 계획

일제는 중일전쟁이 발발한 후 전쟁이 장기화될 기미를 보이자 용지 부족 등 물자난을 해소하는 것은 물론 언론을 효율적으로 통제하고 전쟁수행에 적극적으로 이용하기 위해 신문사의 통폐합을 추진했다. 우선 일제는 1938년부터 일본의 약소지와 지방지의 통폐합을 시행했다. 이후 일제는 1941년 5월 일본신문연맹을 설립하고, 이를 내세워 대규모 신문사들도 '1현(縣) 1지(紙)'의 원칙하에 통폐합을 추진했다.[42]

1939년 말부터 일제는 조선에서도 언론사 통폐합을 구체적으로 구상하기 시작했다. 일본에서 통폐합 조치가 시작된 지 얼마 되지 않은 1939년 말에 조선에서도 통폐합 계획이 구체적으로 수립된 데는 일본과는 다소 다른 요인들도 어느 정도 작용했다. 특히 조선어 신문에 대한 통폐합 조치야말로 민족말살정책의 일환으로 이루어진 것으로서 식민지인 조선의 현실을 가장 잘 드러내주는 것이었다.

일제는 조선어 신문의 통폐합이 필요한 요인으로 가장 먼저 '문화공작상'의 이유를 들었다.[43] 즉 일제는 조선인 발행 신문들이 내선일체의 실현, 즉 조선인을 황국신민화하는 데 여전히 장애물이 되고 있다고 판

---

42 山本文雄 외 · 김재홍 역, 앞의 책, 208~212 · 228~231면.
43 「諺文新聞統制案」, 261~262면.

단했던 것이다.[44] 그러나 1930년대 말 조선인 발행 신문들의 논조는 이미 총독부 기관지인『매일신보』와 큰 차이를 보이지 않을 정도였다.[45] 일제도 조선인 발행 신문들의 논조에 대해 중일전쟁 발발 직후에 비해서도 '180도 전환'했다고 평가했다. 다만 일제는 여전히 부분적으로 민족적 편견을 드러내는 기사가 없지 않다고 지적하기도 했다.[46] 이렇듯 논조가 크게 변질되었음에도 일제가 통폐합을 구상하게 된 원인은 바로 조선인 발행 신문의 '존재 자체'가 조선인의 민족의식에 영향을 준다고 보았기 때문이었다.[47] 즉 일제는 기사의 내용이 아니라 조선인 발행 신문이 갖는 '상징성'이 문제가 될 수 있다고 보았던 것이다.[48]

또한 일제는 언론을 "국책수행에 충실한 협력자"의 역할을 하도록 만들어야 한다고 판단하고, 이를 위해 우선 "비교적 실행이 용이한" 조선어 신문을 총독부 기관지 하나로 통폐합해 "전체주의적 편집방침 준행의 모범"을 보이고자 했다.[49] 즉 일제는 단순히 언론을 통제하는 것을 넘어서서 적극적으로 이용하려고 했고, 이를 위해 우선 조선어 신문의 통폐합을 시도하고자 했던 것이다.

일제가 내세운 또 다른 이유로는 일본어 보급 장려와『매일신보』강화의 필요성을 들 수 있다.[50] 일제는 1938년의 3차 교육령 개정을 통해

---

44 윤치호는『동아일보』와『조선일보』의 폐간이 "민족주의에 대한 미련을 완전히 뿌리 뽑기" 위한 것이라고 주장했다. 김상태 편역,『윤치호 일기』, 역사비평사, 2001, 469면.
45 이런 주장은 일제하의 조선인 발행 신문에 대해 비판적인 연구에서만 나타나는 것이 아니다. 김규환, 앞의 책, 291면; 정진석,『한국 언론사』, 나남, 1990, 538면; 최민지, 앞의 책, 234면; 최준, 1993, 284~285면.
46 『朝鮮出版警察槪要』(1940년판), 745~746면.
47 「諺文新聞統制案」, 262~263면.
48 최유리, 앞의 글, 1993, 194면.
49 「諺文新聞統制案」, 263~264면.
50 「諺文新聞統制案」, 264~267면.

일본어 상용을 결정하고, 가능하면 조선어 신문을 없애려고 했다. 하지만 1939년까지 일본어 보급률이 13.8%정도였기 때문에[51] 당분간 조선어 신문을 존속시키되, 『매일신보』하나로 통폐합해 남긴다는 방침을 세웠던 것이다.[52] 또한 『매일신보』를 강화하는 것만으로 조선인 발행 신문들을 약화시키는데 한계가 있기 때문에 조선인 발행 신문들을 아예 정리하는 것이 필요하다고 판단했을 수도 있다.

이외에도 일제는 광고주와 구독자의 부담 경감, 지면의 획일화에 따른 유사신문 병존의 필요성 상실, 신문용 자재의 절약, 신문의 경영난 등을 조선어 신문 통폐합이 필요한 이유로 들었다.[53] 그러나 이런 문제들은 비단 조선어 신문만이 안고 있었던 것은 아니었고, 오히려 일본어 신문의 경우가 더 심각했다고 보아야 할 것이다. 따라서 일제가 이런 이유들을 내세웠던 것은 조선어 신문의 통폐합을 위한 다양한 명분 찾기에 불과했던 것이다.

결국 일제의 조선어 신문 통폐합은 조선인 발행 신문을 없애고『매일신보』를 강화하는데 중점을 두었던 것으로, 이는 일제의 통폐합 방식에 대한 구상에 잘 나타났다.[54] 일제가 구상한 첫 번째 방법은 모든 조선어 신문을 정리, 통합해 『매일신보』하나만을 남기는 것이었다. 둘째 방법은 『조선일보』를 평양에, 『동아일보』를 대전으로 이전시켜 지방지로 전환하는 것이었다. 셋째는 『조선일보』와 『동아일보』를 통합해

51　京城日報社・每日新報社, 『朝鮮年鑑』(1945년판), 京城日報社, 1944, 130면.
52　일제는 조선인 중에 일본어 해독 인구가 늘어나도 조선어 신문이 자멸하기보다는 오히려 더 발전할 가능성이 있다고 보았다. 『朝鮮出版警察槪要』(1939년판), 317~319면.
53　「諺文新聞統制案」, 267~274면.
54　「諺文新聞統制案」, 275~279면.

새로운 민간지를 만들어 『매일신보』와 병존시키는 방법이었다. 넷째는 『동아일보』를 산업경제시사를 보도하는 특수신문으로, 『조선일보』를 일본어 신문으로 만드는 방법이었다. 다섯째는 『동아일보』와 『조선일보』를 매수, 합병해 새로 산업경제시사를 보도하는 특수신문으로 만들되, 『매일신보』의 자회사로 두는 방법이었다.

이렇듯 조선어 신문의 통폐합에 대해 다양한 방법이 검토되었던 이유는, 필요성은 매우 높았지만 그만큼 민감한 문제였기 때문이다. 즉 일제는 조선인 발행 신문의 폐간이 가져올지 모를 조선인의 '악감정'을 염려했던 것이다. 이 때문에 일제는 한때 『동아일보』와 『조선일보』를 없애는 대신 매수, 합병해 특수신문으로 만드는 다섯 번째 방법을 유력하게 검토했었다.[55] 그러나 일제는 결국 『동아일보』와 『조선일보』를 매수해 『매일신보』에 합병시키는 첫 번째 방법을 선택했던 것 같다[56] 특히 일제는 『동아일보』가 매수 교섭에 응하지 않을 때의 대책도 마련해 둘 필요가 있다고 판단했다.

일제는 조선인 발행 신문의 인수에 필요한 비용을 미리 산출해 놓았다.[57] 『조선일보』의 경우 영업권 16만 원, 건물과 기계 등의 유체재산 64만 원, 『동아일보』의 경우 영업권 14만 원, 유체재산 56만 원. 기타 신문의 경우 영업권 1만 5천 원을 산정해 놓았다. 일제는 『동아일보』나 『조선일보』의 유체재산 매수 여부에 따라 총 매수비용에는 차이가 있을 것이라고 예측하고, 이런 매수 자금을 조달하기 위해 『매일신보』가 100만

---

55 일제는 통폐합 이후 『동아일보』와 『조선일보』를 합병한 특수신문을 일간 8면으로 발행하고, 4만 1천 부를 목표로 한다고 사업계획을 수립해 놓았다. 「諺文新聞統制案」, 284~285면.
56 「朝鮮ニ於ケル言論機關ノ統制指導策」, 12~13면.
57 「諺文新聞統制案」, 279~282면.

원을 증자하고 부족할 경우 차입하여 해결하려고 했다. 또한 일제는『동아일보』나『조선일보』에 근무하던 직원의 전직에 대한 나름대로의 대책도 세워 놓았다.[58] 일제는 '매수비'로서『조선일보』는 80만 원,『동아일보』는 50만 원을 최종적으로 책정하고 매수 교섭에 나섰다.[59]

(2) 조선어 신문의 통폐합 시행

일제는 1939년 말부터『동아일보』와『조선일보』의 매수 교섭에 나서 은근히 두 신문의 자진폐간을 종용하다가,[60] 1940년 1월 15일에는 총독부 경무국장 미쯔하시 고사부로(三橋孝三郎)가『동아일보』사장 백관수와 고문 송진우,『조선일보』사장 방응모를 불러 들어 직접 자진폐간을 요구했다. 미쯔하시는 용지 사정과 '전시보국 체제'라는 점을 들어 일본의 건국기념일인 2월 11일까지 두 신문을 폐간해『매일신보』와 통합하라고 종용했다.[61] 미쯔하시는 자진폐간 요구에 응하면 전 사원의 1년간 봉급을 지급하고 윤전기 등 시설 일체를 매수하겠다고 밝혔다.[62]

자진 폐간요구를 받은 두 신문은 나름대로 대응책을 모색하기 시작했다. 특히『동아일보』는 폐간을 막기 위해 매우 적극적으로 나서서 1940년 1월 하순에 송진우가 일본에 건너가 총독부 고위관료 출신들의

---

58 「諺文新聞統制案」, 282~283면.
59 「朝鮮ニ於ケル言論機關ノ統制指導策」, 13면.
60 총독부가 언제 처음으로 자진폐간을 종용하기 시작했는지에 대해서는 '11월 상순'(고하선생 전기편찬위원회편, 앞의 책, 277면), '11월 하순'(동아일보사사 편찬위원회, 앞의 책, 382면), '12월 상순'(김을한, 앞의 책, 1975, 136면), '12월 중순'(인촌기념회, 앞의 책, 411면) 등으로 자료마다 다소 다르게 나와 있다. 이것들을 종합해 보면 대략 총독부가 1939년 말부터 폐간을 종용했다는 것을 알 수 있다.
61 동아일보사사 편찬위원회 앞의 책, 383면.
62 인촌기념회, 앞의 책, 412면.

모임인 조선중앙협회의 주요 인물 등을 만났다.[63] 또한『동아일보』측은 윤치호를 통해 미나미 총독에게 폐간 결정을 철회해 줄 것을 간청해 달라고 부탁하기도 했다.[64] 이런 시도들을 통해 일본 정계 내부에서 논란이 되기도 하면서 일단 두 신문은 폐간 기한인 2월 11일을 넘기게 되었다.[65] 하지만 일제는 다시 1940년 2월 말까지 폐간할 것을 종용했으나 역시 실현되지는 않았다.[66]

이렇듯 조선인 발행 신문에 대한 폐간이 제대로 시행되지 못하던 가운데 1940년 3월 22일 조선춘추회는 간사회에서 협의를 한 후 경무국장을 만나 자신들의 입장을 전달했다. 조선춘추회 간사들이 조선인 발행 신문의 폐간을 포함해 신문사 통폐합 정책을 강력히 추진할 것을 요구하자, 미쯔하시 경무국장은 실시 시기는 확답할 수 없으나 원래의 방침대로 추진할 것임을 밝혔다. 일본의 일부 반대 여론 때문에 잠시 주춤하던 총독부는 두 신문의 창간 20주년 행사가 끝나는 4월 말쯤부터 다시 폐간을 추진하겠다는 입장을 내비쳤다.[67]

이후 일제는 폐간의 빌미를 찾기 위한 다양한 시도들을 했는데, 강력한 폐간 반대 움직임을 보인『동아일보』가 그 주된 대상이 되었다.[68] 총독부는 6월 초부터 신문 파지를 통제가격 이상으로 팔아서 경제 통제

---

63 동아일보사사 편찬위원회, 앞의 책, 383~384면.
64 김상태 편역, 앞의 책, 453~454면.
65 일본의 '우익 계통' 신문인『東亞日日新聞』은 1940년 2월 20일자에서 이런 논란에도 불구하고 총독부가 강력하게 대처해야 한다고 주장했다. 「諺文新聞東亞日報に對する內地新聞の主張」, 『사상휘보』, 1940.3, 165~166면.
66 김상태 편역, 앞의 책, 455면.
67 「기밀실−민간신문 문제 진상」, 『삼천리』, 1940.5, 13~16면.
68 윤치호는 1940년 4월 11일자 일기에서 이미 총독부가 "동아일보를 문 닫게 할 구실을 얼마든지 찾아낼 수 있다"고 했다. 김상태 편역, 앞의 책, 459면.

령을 위반했고, 신문사의 이익금을 개인 명의로 저축하고 이중 일부를 보성전문학교에 대여해서 탈세와 배임을 저질렀다는 이유로『동아일보』의 주요 간부들을 구속했으며,[69] 비밀결사를 조직하려고 했다고 몰아세우기도 했다.[70] 이런 압력 끝에『동아일보』는 7월 26일에 폐간을 최종 결정했고,『조선일보』도 뒤따라 곧 폐간을 결정했다.[71]

성주현은 언론통제를 직접 지휘한 오노 로쿠이치로(大野綠一郎) 정무총감 및 방응모의 담화,『동아일보』사설 등을 종합해서 "『조선일보』의 경우 국책으로 언론통제의 필요와 통제 → 조선일보사와 간담협의 → (조선일보사의) 자진하여 국책에 순응 →『동아일보』와 동시 폐간 희망"이라는 입장을 보였던 반면에 "『동아일보』의 경우에는 당국 협의에 대한 오해 → 협의 진척 어려움 → 당국 방침 수용 → 자진 폐간"이라는 방식으로 대응했다고 하며, "이 구도에 의하면『조선일보』가 좀 더 실리를 취하고자 하였던 것"을 알 수 있다고 주장했다.[72]

1940년 8월 10일에 '강압'에 의해 '자진 폐간'하면서『동아일보』와『조선일보』는『매일신보』로부터 각각 15만 원과 20만 원을 받았다.[73] 이 돈은 '매수비'가 아니라 두 신문이 없어진 뒤 그 '독자망과 광고지반'이 자연히『매일신보』에 넘어오고, 그에 따라 수익이 늘어날 것을 감안한 '수익세' 또는 '취득세' 격으로 지불한 것이었다. 즉 두 신문의 영업권

---

69 「특보─조선일보·동아일보 자진폐간 진상과 금후」,『삼천리』, 1940.9, 15면.
70 동아일보사사 편찬위원회, 앞의 책, 384~388면.
71 1940년 8월 10일의 담화에서 미쓰하시는『조선일보』가 이미 "시국의 대세를 양해하고 자진하여 국책에 순응하려는 태도"를 보이며,『동아일보』와 "동시 폐간을 희망하고 낙의(諾意)를 표"한 바 있다고 했다. 최민지, 앞의 책, 219~220면.
72 성주현, 앞의 글, 178~180면.
73 「특보─조선일보·동아일보 자진폐간 진상과 금후」,『삼천리』, 1940.9, 11~16면.

에 대한 보상금을 지불한 것이라고 보아야 할 것이다.[74] 『매일신보』는 『동아일보』와 『조선일보』에 지급한 35만 원을 독자적으로 마련할 능력이 없었기 때문에 식산은행에서 융자를 받아 지출하고, 나중에 자본금 50만 원을 증자하여 해결하였다.[75]

『동아일보』는 『매일신보』로부터 받은 15만 원에다가 회사에서 15만 원을 더 내 30만 원을 만들어 215명의 사원에 대해 2년간 봉급에 해당하는 퇴직금을 지급했다. 또한 『조선일보』도 『매일신보』로부터 받은 20만 원으로 270명의 사원에 대해 1년간의 생활비를 지급하고, 5만 원을 보태서 3년 이상 근무한 사원에 대해 법정 퇴직금을 지급했다. 『동아일보』는 사원, 준사원, 공장종사원 202명에게 19만 7천 747원을 지급했고, 『조선일보』는 사원, 준사원, 공장종사원 290명에게 23만 2천 451원을 지급했다.[76] 양 신문사의 퇴직자 중에 상당수는 『매일신보』로 옮겨가 활동하기도 했다.[77]

또한 폐간되고 나서 일제는 두 신문의 시설 인수 비용으로[78] 『동아일보』에 50만 원, 『조선일보』에 80만 원을 지급했다.[79] 시설 인수 논의과

---

[74] 일제가 통제계획을 세울 당시에 두 신문의 영업권에 대한 보상액은 『동아일보』 14만 원, 조선일보』 16만 원이었다. 「諺文新聞統制案」, 279면. 그러나 실제 집행되면서 액수가 다소 늘어난 것 같다.

[75] 정진석, 앞의 책, 2005, 185~186면. 『매일신보』가 두 신문의 매수를 위해 35만 원을 내놓은 사실이 다음의 두 자료에 모두 나타나 있다. 그러나 그 자금 마련 방법에 대해서는 두 자료에 다소의 차이가 있다. 『삼천리』, 1940.9, 16면; 『日本新聞年鑑』(1941년판), 120면.

[76] 京高秘第2756號, 廢刊兩諺文紙ノ社員退職金支給現況ニ關スル件(1940.10.15), 2면. 개인별 인건비 내용은 다음에 정리되어 있다. 성주현, 앞의 글, 181~184면.

[77] 정진석, 앞의 책, 2005, 188~189면.

[78] 『동아일보』와 『조선일보』를 폐간시키면서 바로 시설 인수가 이루어지지 않으면서 인수비도 늦게 지급된 것 같다. 폐간된 뒤에 발행된 한 잡지는 두 신문의 윤전기 등의 시설 정리가 아직 결정되지 않았다고 보도하고 있다. 「신문사의 정황」, 『삼천리』, 1940.10, 15~16면.

[79] 최준은 '조선총독부 경무국 소관사무 서첩'이라는 자료에 근거해 총독부가 매수비로서 두 신문에 대해 각각 50만 원과 80만 원을 지급했다고 주장했다. 최준, 앞의 책, 329면. 당시

정에서『동아일보』는 고속윤전기를『매일신보』에 넘기라는 총독부의 지시에 불응하고 오사카의『일간공업신문』에 16만 원에 매각했다.[80] 『조선일보』의 경우 마리노식 윤전기 2대 중 1대는 대만으로, 1대는『만선일보』로 넘겨졌고, 고속윤전기는『경성일보』에 강제 매각되었다.[81] 이미 통폐합 계획을 수립할 당시 일제는 시설 인수비용으로『동아일보』56만 원,『조선일보』64만 원을 책정했다가,[82] 다시 50만 원과 80만 원으로 책정한 바 있었는데,[83] 시설 인수과정에서 다소 차질이 있었음에도 불구하고 뒤에 책정된 액수대로 지급했던 것 같다.

2) 일본어 신문의 통폐합

(1) 일본어 신문의 통폐합 계획

일제의 신문사 통폐합 계획에는 조선인 발행 신문뿐만 아니라 당연히 일본인 발행 신문도 포함되어 있었다. 하지만 일본인 발행 신문에 대한 통제 사유는 조선인 발행 신문들과는 다소 달랐다. 일제는 대체로 일본인 발행 신문들의 논조가 '온건'하다고 평가하고 있었다.[84] 따라서 일본인 발행 신문에 대한 통폐합은 주로 경영상의 어려움을 해결해주

『조선일보』에 근무했던 유봉영도 회고를 통해 같은 내용을 밝혔다. 조선일보 70년사 편찬위원회, 앞의 책, 374면. 그러나『동아일보』는 시설 인수비조로 51만 원을 받았다고 주장하고 있다. 동아일보사사 편찬위원회, 앞의 책, 393면.

80 동아일보사사 편찬위원회, 앞의 책, 393면.
81 계초전기 간행회,『계초 방응모전』, 조선일보사, 1980, 179면.
82 「諺文新聞統制案」, 280면.
83 「朝鮮ニ於ケル言論機關ノ統制指導策」, 13면.
84 『朝鮮出版警察概要』(1940년판), 740~741면.

고, 이를 통해 신문들을 전쟁수행의 효율적 도구로 동원하고자 하는 목적에서 비롯된 것이었다고 보아야 할 것이다.

일제는 물가가 크게 오르고, 자재의 통제는 강화되던 가운데 일본 내 유력지들까지 진출함으로써 조선 내 일본인 발행 신문들의 경영난이 매우 심각하기 때문에 '합리적 강화'를 위한 군소 신문의 통폐합이 필요하다고 판단했다.[85] 또한 일제는 극히 일부나마 '자유주의적' 색채를 보이는 신문들에 대한 통제도 강화할 필요가 있다고 생각했다.[86] 결국 일제는 군소 신문과 '자유주의적' 신문을 정리함으로써 신문들이 정책수행에 적극적으로 협조할 수 있도록 하는 '통제지도체계'를 완성하고자 했던 것이다.[87]

일제는 일본인 발행 신문에 대한 통폐합 계획을 중앙지와 지방지로 나누어 수립했다. 중앙지의 경우 『조선신문』과 『조선일일신문』을 합병한 새 신문이 『경성일보』와 상호 견제하도록 하고, 지방지의 경우 1도 1지를 원칙으로 하되 대도시가 있는 도의 경우는 2개지를 인정할 수 있다는 방침을 세웠다.[88] 일제는 대체로 중앙지는 2개 정도, 지방지는 각 도에 1개씩 남겨 놓는다는 방침을 세워놓았던 것이다.[89]

일제는 통폐합 방법으로서 자진 폐간을 종용하고 매수하는 것을 원칙으로 하되, 이에 응하지 않을 경우 재정적 압박을 가하거나 용지공급

---

85 「79回 帝國議會說明資料」, 1941, 97면.
86 총독부에 다소 비판적이던 서울의 『조선신문』과 부산의 『조선시보』가 주된 대상이었다.
87 「朝鮮ニ於ケル言論機關ノ統制指導策」, 1~2면.
88 위의 글, 5면.
89 이미 1940년 초반에 총독부가 중앙의 일본어 신문 4개는 2개로 통합하고, 지방의 신문 중 7개는 폐간시키려는 방침을 세웠다는 보도가 있었다. 「기밀실 – 민간신문 통제설」, 『삼천리』, 1940.3, 21면.

을 제한하여 자멸하도록 한다는 계획을 세웠다. 일제는 통제자금으로 국비와 도비를 사용하거나 『경성일보』의 자본금을 200만 원으로 늘리는 방안을 세웠다. 또한 일제는 통폐합 후 지방신문의 배포지역을 인접지역까지로 제한하고, 신문이 없는 강원도는 『경성일보』 지방판으로, 충청북도는 충청남도의 『중선일보』나 『경성일보』 지방판으로 '지원지 (地元紙)'의 기능을 하도록 한다는 방침을 세웠다[90] 이렇듯 일본어 신문의 통폐합에는 『경성일보』를 강화하고자 했던 목적도 상당 부분 작용했던 것이다.

(2) 일본어 신문의 통폐합 시행

일제는 1939년 말부터 조선인 발행 신문과 함께 일본인 발행 신문의 통폐합도 추진하기 시작했지만 제대로 성과를 거두지는 못했다.[91] 이에 따라 일제는 우선 시행이 비교적 용이한 조선인 발행 신문의 통폐합을 강행하면서, 동시에 경기도를 제외한 지역에 1도1지를 도청소재지에 남겨 놓는다는 방침 하에 일본인 발행 신문에 대한 통폐합도 강력히 추진하기 시작했다.[92] 원래 신문이 하나밖에 없던 충청남도, 평안북도, 황해도와 신문이 발행되지 않던 강원도와 충청북도를 제외한 8개 도의 신문들이 통폐합 대상이었다.[93]

---

90 「朝鮮ニ於ケル言論機關ノ統制指導策」, 6~7면.
91 김규환, 앞의 책, 314면.
92 『79回 帝國議會説明資料』, 1941, 154면.
93 일본인 발행 신문에 대한 통폐합 결과는 다음의 두 자료에 정리되어 있다. 위의 책, 155~161면; 「全國新聞の整理經過」, 『新聞總覽』(1942년판), 日本電報通信社, 1942, 2부 27~28면 (이하 『新聞總覽』으로만 표기). 두 자료는 통폐합 일자 등에서 다소 차이가 나는데, 이럴 경우 더 정확하다고 판단되는 전자의 자료를 따랐다.

우선 함경북도에서는 청진의 『북선일보』와 나남의 『북선일일신문』이 지나친 경쟁으로 모두 경영이 곤란하고 사회적 폐해가 많다고 하여, 각각 1940년 10월 21일과 23일에 폐간한 후 합병시켜 새로이 『청진일보』를 발행하도록 했다. 다음으로 평안남도에서는 진남포에서 발행되던 『서선일보』를 경영난에 처해 있다는 이유로 1940년 10월 31일에 폐간시켜 『평양매일신문』에 통합시켰다.[94]

1941년에 들어서서 다시 전라남도를 시작으로 통폐합이 이루어지기 시작했다. 전라남도에서는 동일자본에 의한 『광주일보』와 『목포신보』 중 『목포신보』를 폐간시키고 『광주일보』를 『전남신보』로 개제하여 1941년 2월 10일부터 발행되게 했다. 함경남도에서는 자본 등에서 앞서 있던 『원산매일신문』이 함흥에서 발행되던 『북선시사신보』를 매수한 후 함흥으로 옮겨 『북선매일신문』으로 개제해 1941년 5월 1일부터 발행하도록 했다. 경상북도에서는 대구에서 발행되던 『조선민보』와 『대구일보』를 통합해 『대구일일신문』을 만들어 1941년 5월 27일부터 발행하도록 했다. 조선인이 발행하던 『남선실업신보』는 기사가 여러

---

94 『新聞總覽』에는 1940년 1월에 『서선일보』가 폐간되어 『평양매일신문』에 합병되었다는 내용과 1940년 2월에 『평양매일신문』이 『서선일보』를 매수(買收)하고, 1941년 4월 주식회사 체제로 변경했다는 내용이 함께 나와 있다. 반면에 조선총독부 경무국이 79회 제국의회에 제출한 설명 자료에는 『서선일보』가 1940년 10월 31일에 폐간되어 총독부의 주선으로 『평양매일신문』에 통합된 것으로 나타나 있다. 『日本新聞年鑑』에도 조선어 신문이 먼저 통폐합되었다고 나와 있고, 『서선일보』는 그냥 폐간되었다고만 나와 있지 『평양매일신문』에 통합되었다는 내용은 없다. 김규환도 조선어 신문의 통폐합이 먼저 시행되었다고 주장했다. 본 연구에서는 조선총독부 경무국의 자료가 더 정확하다고 생각해서, 『서선일보』가 『평양매일신문』에 통합된 시기를 1940년 10월로 보았다. 다만 여러 자료들을 비교, 검토해 보았을 때 『서선일보』가 1940년 10월 이전에 이미 발행을 중단한 상태로 있다가 1940년 10월에 최종적으로 『평양매일신보』에 통합되었다고 볼 수는 있을 것이다. 김규환, 앞의 책, 314면; 『新聞總覽』(1942년판), 2부 28면, 5부 163면; 『日本新聞年鑑』(1941년판), 120면; 『79回帝國議會說明資料』, 1941, 155면.

표 6-2 : 일본어 신문의 통폐합 결과

지역	기존 신문	통폐합 완료	통폐합 결과
경기도	『京城日報』,『朝鮮新聞』,『朝鮮每日新聞』, 『京城日日新聞』,『朝鮮商工新聞』	1942.2.28	『京城日報』 『朝鮮商工新聞』
충청남도	『中鮮日報』	-	『中鮮日報』
경상남도	『朝鮮時報』,『釜山日報』,『南鮮日報』	1941.6.1	『釜山日報』
경상북도	『朝鮮民報』,『大邱日報』,『南鮮實業新報』	1941.5.27	『大邱日日新聞』
전라남도	『光州日報』,『木浦新報』	1941.2.10	『全南新報』
전라북도	『全北日報』,『群山日報』,『東光新聞』	1941.6.1	『全北新報』
평안남도	『平壤每日新聞』,『西鮮日報』	1940.10.31	『平壤每日新聞』
평안북도	『鴨江日報』	-	『鴨江日報』
함경남도	『元山每日新聞』,『北鮮時事新報』	1941.5.1	『北鮮每日新聞』
함경북도	『北鮮日報』,『北鮮日日新聞』	1940.10.23	『淸津日報』
황해도	『黃海日報』		『黃海日報』

자료 : 『79회 제국의회자료』, 1941, 155~161면; 『신문총람』(1942년판), 2부 27~28면.

번 문제가 되었다는 이유로 이미 1941년 1월 31일에 폐간되었다.

전라북도의 경우 전주에서 동일 자본에 의해 발행되던 『전북일보』와 주간지 『동광신문』, 그리고 군산에서 발행되던 『군산일보』를 모두 폐간해 1941년 6월 1일부터 『전북신보』를 발행시켰다. 경남의 경우 『부산일보』가 부산의 『조선시보』와 마산의 『남선일보』를 통합하기로 하고 영업권을 매수해 1941년 6월 1일부터 속간하도록 했다. 경남의 경우를 보면 애초에 대도시가 있는 도의 경우 2개지를 허용할 수도 있다는 방침과는 달리 다른 도와 마찬가지로 1도 1지 원칙이 적용되었음을 알 수 있다.

경기도의 경우 일본어 신문의 통폐합은 다른 지역보다 많이 늦어졌다. 일제는 『조선신문』과 『조선일일신문』을 합병해 새로운 신문을 만들겠다던 애초의 계획과는 달리 1942년 2월 28일에 이 두 신문과 인천에서 발행되던 『조선매일신문』을 모두 폐간시켰다. 반면에 『조선일일신문』과 동일 자본에 의해 운영되던 『조선상공신문』을 경제지에서 일반신문으로 바꾸어 발행하도록 했다.

일제는 일본어 신문을 통폐합하면서 우열 구도가 확실한 지역에서는 우세한 신문이 열세인 신문을 합병하도록 했고, 대등하게 경쟁하던 지역에서는 아예 모든 신문을 통합해 새로운 신문을 창간하도록 했다. 이러한 통폐합의 결과 〈표 6-2〉에 나타난 것처럼 일반 일본어 신문은 12개가 남게 되었다.[95]

4. 통폐합 이후의 언론

1) 전쟁수행을 위한 도구화 정책

1940년대에 들어서서 일제는 신문들을 더욱 철저히 통제하고 이용할 수 있는 정책들을 실시했다. 일제는 1941년 1월 10일에 국가총동원법 20조의 시행규정이라고 할 수 있는 '신문지 등 게재 제한령'을 칙령제37호로 공포했다. 또한 1941년 12월 13일에는 칙령 제1107호인 '신문사업령'을 공포했다.[96] 전자가 신문기사를 더욱 강력하게 규제하겠

---

95 이외에 일본어 일간지로는 『경성일보』의 자매지인 『소국민신문』과 『황민일보』, 그리고 전문지인 『조선미비(米肥)일보』와 『조선증권일보』 등 4개가 더 있었다.

다는 내용이었다면, 후자는 신문사업 전반에 대해 강력한 통제 권한을 부여한 것이었다.[97] 또한 일제는 1941년 11월에 정보과를 신설해 정보 선전활동의 강화를 의도하기도 했다.[98]

통폐합이 완결된 이후에도 일제는 언론에 대해 더욱 강력한 통제를 가했다. 미쓰하시 경무국장은 신문사 통폐합을 완료하면서 "보도보국의 전념(專念)하에 신문통제에 의한 소기의 목적 달성을 위하여 기여할 것을 절망(切望)"한다고 표현하기도 했다.[99] 일제는 이후 더욱 구체적으로 신문의 '금지기사 사항'을 명령하였는데, 그 내용은 전쟁수행에 다소라도 장애가 될 수 있는 기사는 철저하게 금지시키겠다는 것들이었다.[100]

또한 일제는 신문에 대해 효율적인 통제를 가하기 위한 인사 조치를 하기도 했다. 일제는 1941년 6월 13일에『매일신보』의 인사를 개편했는데, 새로 사장으로 취임한 이성근(창씨명 金川聖)을 포함해 주요 간부 3명이 모두 경찰 출신이었다.[101] 또한『부산일보』도『조선시보』와『남선일보』를 흡수, 통합해 새로 출발하면서 경찰 출신의 부사장을 맞이했다.[102]

일제는 1941년 12월에 태평양전쟁에 돌입하면서 언론통제를 더욱 강화하여, 1942년 5월 1일에는 기존의 조선춘추회 대신 조선신문회를 결성하도록 했다.[103] 총독부 경무국장과 군 보도부장이 참석한 가운데

---

96 임종국, 앞의 책, 175~176 · 181~182면.
97 특히 신문사업령은 '통제적 견지'에서 양도 · 양수 · 합병을 명령할 수 있도록 규정함으로써 경기도의 일본어 신문이 통폐합되는 데 결정적 영향을 주었다. 김규환, 앞의 책, 315면.
98 위의 책, 321면.
99 이해창, 『한국 신문사 연구』(개정증보판), 성문각, 1983, 149~150면.
100 김규환, 앞의 책, 318~321면.
101 「매일신보 신진영」, 『삼천리』, 1941.7, 70~71면.
102 『新聞總覽』(1942년판), 67면.

창립총회가 열려『경성일보』사장 미타라이 다쯔오[御手洗辰雄]가 회장을,『매일신보』사장 이성근이 부회장을 맡았다. 조선신문회는 전쟁 수행을 위해 언론을 더욱 효과적으로 통제하고 이용하기 위한 조직에 불과했다.[104] 또한 일제는 1945년 6월 8일에는 "성전 완수에 매진"하고 "내선일체 이상을 구현"하는 것을 목적으로 한다는 조선언론보국회를 결성하도록 했다.[105]

통폐합 이후 살아남게 된 13개의 일간지들은 이런 통제하에서 기관지나 민간지 할 것 없이 모두 일본어 보급이나 징병제 권유 등 "시국의 요청에 부응"하는 '보도보국(報道保國)'의 역할을 적극적으로 수행하게 되었다.[106] 특히『경성일보』나『매일신보』같은 총독부 기관지들은, 기사는 말할 것도 없고,[107] '교화(教化) 선전차'를 이용한 선전활동을 하거나 강연회, 좌담회를 개최하는 등 전쟁 수행 도구로서의 역할을 적극적으로 수행했던 것이다.[108] 즉 1940년대의 총독부 기관지는 오로지 전쟁 수행을 위한 도구적 역할만을 했으며, 경우에 따라서는 직접 총독부의 특명을 받아 활동하기도 했다.[109] 또한『경성일보』와『매일신보』의 언론인들은 조선언론보국회 등의 각종 친일단체에서 주도적인 역할을 하기도 했다.

103『한국언론연표』, 884면.
104 정진석, 앞의 책, 2007, 88~89면.
105 임종국, 앞의 책, 173~176면.
106『新聞總覽』(1943년판), 156~179면.
107 최준, 앞의 책, 331~333면.
108『新聞總覽』(1943년판), 156~161면; 임종국, 앞의 책, 65면.
109 1941년에『매일신보』정치부장이 되었던 이원영은 총독부 정무총감과 경무국장이 직접 불러 특별 지시를 내리는 경우도 있었다고 회고했고, 기자였던 조풍연은 당시의 신문에는 "미영(米英)격멸과 멸사봉공, 그리고 호국충성을 구가하는 말이 기사 속에 반드시 끼여 있었다"고 회고했을 정도도 신문이 전쟁 도구화되어 있었다. 이원영, 「신익희 씨의 정치자금 3백만 원과 성토」,『언론비화 50편』, 한국신문연구소, 1978, 95면; 조풍연, 「부끄러운 기자생활―연단만은 소득」,『언론비화 50편』, 한국신문연구소, 1978, 287면.

2) 통폐합 이후 언론계의 변화

일제가 신문사 통폐합을 추진한 중요한 목적 중의 하나가 바로 총독부 기관지를 강화하고자 하는 것이었다. 따라서 일제는 신문사 통폐합 계획을 수립할 때부터 『매일신보』와 『경성일보』를 중심으로 하는 통폐합 방안뿐만 아니라 통폐합 이후 두 신문의 발전 방안도 미리 강구해 놓았다. 즉 일제는 이런 정책을 통해 총독부 기관지를 중심으로 하는 선전활동을 강화하고자 했던 것이다.

우선 『매일신보』의 경우에 『사진특보』를 확장하고, 간이 일본어 신문을 발행하며, 주요 도시에서의 호외 발행을 강화하려는 계획을 세웠다.[110] 『경성일보』의 경우에는 자본금을 200만 원으로 늘리고, 경영·인사 방식을 대폭 개선하려고 했다. 또한 지방판을 늘리고 호외발행을 허가하며, 판매망도 타사와의 경쟁에서 유리하게 직영 또는 전매점 제도로 바꾸는 계획을 세웠다. 그리고 당시 11개 법원의 등기공고가 신문의 중요한 재원임을 감안해, 기존과는 달리 11개 법원이 모두 『경성일보』와 『매일신보』에는 반드시 등기공고를 하도록 했다.[111]

위와 같은 일제의 총독부 기관지 강화 계획은 극히 일부를 제외하고는 거의 그대로 시행되었다. 우선 일제는 『매일신보』나 『경성일보』의 자매지를 발행하여 선전활동을 더욱 강화하고자 했다. 『매일신보』의 경우 이미 1939년부터 일본어 주간지 『국민신보』, 지방의 『매일신보호외』, 『사진순보』 등을 발행하기 시작했다. 이후 1942년 7월에 『국민

---

110 『朝鮮二於ケル言論機關ノ統制指導策』, 13~14면.
111 위의 글, 7~11면.

신보』를『국어교실』로 개제해 발행하기 시작했고, 1945년 5월에는『새소식』이라는 타블로이드 일간지를 창간했다.[112] 『경성일보』는 1938년에 창간된『소국민신문』을 1942년 4월에『소학생신문』으로 개제해 발행했으며, 같은 해 6월에는『황민일보』를 창간했다. 또한 1943년 12월에는『월간소국민』과『연성(錬成)화보』를 창간했다.[113]

또한 일제는 총독부 기관지에 반드시 등기공고를 하도록 하여 광고 수입을 늘릴 수 있게 만들었고,[114] 지방판을 확충하고 지방의 판매망도 강화해 발행부수도 늘리도록 했다.[115] 다만『매일신보』가 통폐합 이후 증자하여 자본금이 150만 원이 되었던 반면에『경성일보』는 애초의 계획과 달리 증자하지는 않았다.

이와 같은 시도들은 총독부 기관지의 발행부수 증가로 나타났다. 『매일신보』는『동아일보』와『조선일보』가 폐간된 직후부터 바로 부수가 증가하기 시작하여,[116] 〈표 6-3〉에 나타난 대로 1944년 9월에는 38만 8천 337부가 되었다. 이 같은 발행부수는 1939년 말 현재『매일신보』의 부수인 9만 5천 939부의 네 배쯤 되는 것이고, 1939년 말 현재 『동아일보』와『조선일보』를 포함한 조선어 신문 전체 부수인 21만 1천 310부의 거의 두 배에 도달한 것이다. 이후『매일신보』의 부수는 더 늘어나 1945년 6월에는 50만 부에 이르게 되었다.[117] 급격한 발행부수 증

---

112 임종국, 앞의 책, 51면; 최준, 앞의 책, 303~304면.
113 김규환, 앞의 책, 332~333면; 최준, 앞의 책, 305~306면.
114 정진석, 앞의 글, 1991, 362~363면.
115 『新聞總覽』(1943년판), 156~161면.
116 일제는 1940년 말 현재『매일신보』의 발행부수가 3만 4천 786부 늘어났다고 했다.『朝鮮出版警察概要』(1940년판), 733면. 다른 자료에는『동아일보』와『조선일보』가 폐간된 지 1개월 반 정도 지나『매일신보』의 발행부수가 기존에 비해 약 80%가 늘어났다고 나타나 있다. 『삼천리』, 1940.10, 14면.

표 6-3 : 통폐합 이후 신문의 발행부수 변화

지역		통폐합 전 부수	통폐합 후 신문명	통폐합 후 부수
경기도	조선어	211,310	『매일신보』	388,337
	일본어	104,124	『경성일보』	373,158
			『조선상공신문』	20,658
충청남도		4,902	『중선일보』	26,953
경상남도		24,065	『부산일보』	69,482
경상북도		19,476	『대구일일신문』	28,403
전라남도		6,049	『전남신보』	13,934
전라북도		6,824	『전북신보』	12,381
평안남도		9,905	『평양매일신문』	38,828
평안북도		3,608	『압강일보』	21,639
함경남도		7,822	『북선매일신문』	24,339
함경북도		12,308	『청진일보』	32,775
황해도		4,847	『황해일보』	11,812

주 : * 통폐합전 부수는 해당 지역 발행 신문의 1939년 부수를 모두 합친 것임
　　** 통폐합 후 부수는 1944년 9월 말 현재 발행 부수임.
자료 : 『朝鮮出版警察槪要』(1939년판), 280~285쪽; 宮田節子·이영낭 역, 『조선민중과 황민화 정책』, 일조각, 1997, 4면.

가는 "불안한 전국(戰局)을 조금이라도 더 많이 알기 위해"[118] 조선인들이 불가피하게 『매일신보』를 읽게 되었기 때문이었다.[119] 『매일신보』는 부수 증가 등으로 인해 1939년에 비해 1944년에는 총수입이 네 배 이상으로 크게 늘어났다.[120]

또한 통폐합 이후 『경성일보』의 발행부수도 크게 늘어나 1941년 말에는 18만 부를 발행하게 되었다.[121] 18만 부는 불과 2년 전인 1939년 말

---

117 최준, 앞의 책, 332면.
118 정비석, 「어용기관의 우국기자들 일 패망 점쳐」, 『언론비화 50편』, 한국신문연구소, 1978, 456면.
119 이 점은 1940년대에 조선인 라디오 청취자 수가 늘어난 것과 마찬가지 현상이라고 이해할 수 있다. 宮田節子, 앞의 책, 3면.
120 정진석, 앞의 책, 1991, 354~355면
121 김규환, 앞의 책, 332면.

『경성일보』 발행부수 6만 1천 976부의 세 배쯤 되는 것이었고, 경기도 내 일본어 신문의 총 부수인 104,124부의 두 배 가까운 것이었다. 〈표 6-3〉에 나타난 것처럼 『경성일보』의 발행부수는 1944년 9월에는 다시 37만 3천 158부로 늘어났다. 『경성일보』가 발행부수를 늘릴 수 있었던 것은 조선인 독자들을 확대할 수 있었기 때문이었다.[122] 총독부 기관지에는 미치지 못했지만 〈표 6-3〉에 나타난 대로 지방 일본어 신문들의 발행부수도 통폐합 이전보다 크게 늘어났고, 일본 내 발행신문의 이입 부수도 꽤 늘어났다.[123] 일본어 신문의 부수 증가는 일본어 보급이 확대되고 동화정책의 영향이 크게 작용한 결과라고 보아야 할 것이다.

이렇듯 통폐합 이후인 1940년대에는 안정적인 재정 기반까지 확보한 총독부 기관지가 완전히 지배하는 언론구조가 만들어졌다. 『매일신보』나 『경성일보』 뿐만 아니라 이들이 발행했던 자매지들까지 수 십만 부 발행되었다고 하는 점을 감안하면,[124] 총독부 기관지의 영향력은 매우 커졌다고 할 수 있다. 하지만 조선인에 대한 신문 보급률이 그리 높지 않았고, 조선인의 매스미디어에 대한 불신이 컸기 때문에 총독부 기관지의 영향력이 절대적이었다고 단정하기는 어렵다.[125] 다만 "반대 선

---

122 "시국의 변천과 더불어 민간 지식 계층에서는 국문판 매일신보보다도 오히려 '경일(京日)'을 보는 경향과 풍조가 생겼다"고 한다. 대체로 『경성일보』의 독자 중 40%가 일본인이라면 조선인은 60% 정도를 차지했다고 한다. 최준, 앞의 책, 334~335면.
123 1943년 9월 현재 이입 부수가 『大阪朝日新聞』은 10만 9천 670부, 『大阪每日新聞』은 10만 6천 266부였다. 「84회 帝國議會說明資料」, 1943, 44면.
124 해방 직전에 『매일신보』가 발행하던 『사진순보』는 1만 부, 『국어교실』은 10만 부, 『새소식』은 20만 부가 발행되었고, 『경성일보』가 발행하던 『소학생신문』은 13만 5천 부, 『황민일보』는 35만 부, 『월간소국민』은 10만 부, 『연성화보』는 5만 부가 발행되었다고 한다. 최준, 앞의 책, 335면.
125 宮田節子, 앞의 책, 1~28면; 변은진, 「일제 전시 파시즘기(1937~1945) 조선 민중의 현실인식과 저항」, 고려대 박사논문, 1998, 40~48면.

전에 접하는 기회가 거의 봉쇄되어" 있던 당시 현실에서 지배적인 언론 매체로서 총독부 기관지들이 조선인들에게 미친 영향은 상당히 컸다고 보아야 할 것이다.[126]

5. 요약과 결론

1931년의 만주침략 이후 언론통제를 강화했던 일제는 1937년의 중일전쟁 발발 이후 전시동원체제 구축의 일환으로서 신문의 보도내용에 대한 통제를 훨씬 더 강화하고, 통제체제도 더욱 체계화시켰다. 여기에서 더 나아가 일제는 일부 신문에 대한 개편 작업과 함께 총독부 기관지를 강화하는 정책도 실시했다. 당시 신문들이 겪던 용지부족과 경영난은 일제의 이런 언론통제정책이 더욱 강화되는 빌미가 되었다.

일제는 1939년 말부터 본격적으로 언론사 통폐합을 구상하기 시작했다. 조선어 신문의 경우 조선인 발행 신문을 총독부 기관지인『매일신보』에 통합시키려는 계획을 세웠다. 이미 논조가 크게 문제될 것은 없었지만, 조선인이 발행하고 있다는 점 자체가 지니는 상징성이 혹시라도 문제가 될 것을 고려한 것이었다. 또한『매일신보』를 중심으로 조선어 신문을 통폐합함으로써 총독부 기관지를 강화하고자 하는 의도도

---

126 김규환, 앞의 책, 348면.

가지고 있었다. 일제는 '온갖 압력을 행사'해 결국 1940년 8월 10일 『동아일보』와 『조선일보』를 '자진폐간 형식'으로 폐간하게 만들었고, 두 신문의 영업권과 시설에 대한 보상을 해주기도 했다.

일제는 동시에 일본어 신문에 대한 통폐합도 추진했다. 일본어 신문의 통폐합에는 주로 경영 합리화의 기반을 마련해준 후 이들 신문을 통해 선전활동을 강화하고자 했던 목적이 크게 작용했다. 또한 총독부 기관지 『경성일보』의 영향력을 확대하고자 하는 목적도 어느 정도 작용했다. 이런 통폐합 결과 『경성일보』를 포함해 12개의 일본어 신문이 남게 되었다.

일제는 통폐합 이후 더욱 강력한 언론통제를 실시하며, 언론을 철저히 전쟁수행을 위한 도구로 활용하는 정책을 실시했다. 통폐합 후 살아남게 된 신문들은 모두 이런 정책을 충실히 따르며 이른바 '보도보국' 활동에 전력하게 되었다. 통폐합 이후 총독부 기관지인 『매일신보』와 『경성일보』의 발행부수가 급속히 늘어나, 사실상 두 신문이 완전히 지배하는 언론구조가 만들어졌다. 전쟁수행의 충실한 도구였던 이러한 두 신문이 조선인에게 끼친 부정적 영향은 매우 컸다고 할 수 있다.

이러한 일제 말기의 언론통제 정책은 병참기지화 정책과 내선일체 이념에 따른 황국신민화 정책의 산물이자, 이런 정책을 더욱 효율적으로 추진하기 위해 기반을 조성하기 위한 것이기도 했다. 일제는 1937년 이후 언론통제를 급격히 강화하다가, 1939년부터는 아예 언론사 통폐합을 시행하여 더욱 효율적으로 언론을 통제하고 이용할 수 있는 체제를 만들어냈던 것이다. 이후 패전할 때까지 일제는 지배적인 위치를 차지하게 된 총독부 기관지를 전쟁수행의 적극적인 도구로 이용했다.

일제 말기 언론통제정책이 남겨 놓은 부정적 유산은 결국 다음의 두 가지라고 할 수 있다. 첫째는 1937년 이후 강력한 언론통제를 실시해 조선인 발행 신문의 논조를 더욱 변질되도록 했다는 점이다. 비록 강력한 통제로 어쩔 수 없었다 하더라도 일제 말기에 조선인 발행 신문들이 보여 준 논조는 총독부 기관지와 별반 차이가 없는 수준이었다는 것이다.[127] 둘째로는 통폐합을 통해 조선인의 언론활동을 아예 봉쇄해버렸을 뿐만 아니라 철저하게 친일적 의사 표현만 가능한 언론구조를 구축해놓았다는 점이다. 특히 일제 말기에 지배적 위치를 차지하게 된 총독부 기관지들은 조선인들에게 매우 부정적인 영향력을 행사했다.

일제 말기의 언론에 대한 연구는 일제하의 언론에 대해 올바른 역사적 평가를 하고, 일제하 언론이 남겨 놓은 유산을 제대로 청산할 수 있는 작업으로 이어져야 한다. 이를 위해서는 우선 일제 말기에 언론통제가 강화되면서 조선인 발행 신문의 논조가 어떻게 변화되어 나갔는가를 구체적으로 분석하는 연구가 필요하다. 특히 앞으로 단순히 논조가 변질되었다는 것을 분석하는 차원을 넘어서서, 그런 변질된 논조에 내재된 논리가 무엇이었는지를 밝히는 연구가 활발하게 이루어질 필요가 있다. 또한 통폐합 이후인 1940년대에 총독부 기관지 등의 신문들이 조선인에게 미친 영향을 구체적으로 밝히는 것도 필요하다. 즉, 1940년대의 5년 동안 총독부 기관지나 일본인 발행 신문들의 논조는 어떠했고, 그것이 조선인들에게 어떤 영향을 주었는가를 구체적으로 밝힐 필요가 있다는 것이다.

---

127 일제 말기 『동아일보』와 『조선일보』의 논조를 살펴보면, 폐간되지 않고 계속 발행되었다면, 오히려 해방 이후 두 신문이 다시 발행되거나 이 두 신문을 기반으로 하는 정치세력이 활동하기가 훨씬 더 어려웠을 것이라는 주장을 쉽게 이해할 수 있다. 서중석, 『한국현대 민족운동연구』(2판), 역사비평사, 1992, 87면.

제3부

식민지 시기의 언론인

제7장

1920년대 중반(1924~1927)의 신문과 민족운동
민족주의 좌파의 활동을 중심으로

1. 연구의 목적과 내용

일제하의 신문은 단순히 하나의 기업이 아니라 민족운동의 주요한 수단이었다. 당시의 한 필자는 『동아일보』, 『조선일보』, 『시대일보』세 신문에 대해 "전에 보지 못하던 3개의 정부"라고 부르고는, 이런 3개의 정부는 곧 "이른바 무관재상들이 모여 여론을 구성하고 지도한다고 칭하는 신문정부"라고까지 주장했다.[1] 즉 "신문주체들은 민중의 지지를 받는 중앙권력이 존재할 수 없었던 상황에서, '현실로 존재하는 식민권

---

[1] XY생, 「현하 신문잡지에 대한 비판」, 『개벽』, 1925.11, 46면.

력'과 '상상적으로 상정된 반식민권력으로서의 신문'이라는 가상의 대
립구도를 설정"하면서, "신문은 피식민지인의 '대리정부'로서의 위상을
자칭"하고 나섰던 것이다.[2]

 '신문정부'라 불릴 만큼 신문의 영향력이 컸기 때문에 다양한 민족운
동 세력들은 신문을 직접 경영하거나 또는 조직적으로 참여해 기자로
활동하려고 했다. 민족주의 운동세력이 직접 신문을 운영하며 이런 신
문을 중심으로 자신들의 세력을 형성해 나갔다면, 사회주의 운동세력
은 조직적으로 신문에 참여해 자신들의 주장을 펼치려고 하였다. 따라
서 일제하의 신문을 총체적으로 이해하기 위해서는 반드시 민족운동과
의 관계를 구체적으로 파악할 필요가 있다. 특히 민족운동이 활발하게
전개되고, 민족운동 세력 사이에 분열과 대립이 나타나던 1920년대 중
반 신문들의 활동을 이해하기 위해서는 반드시 민족운동과의 관계를
고려해야만 한다.

 일제하의 민족운동은 크게 민족주의 운동과 사회주의 운동으로 나
눌 수 있다. 민족주의 세력은 다시 민족주의 우파와 민족주의 좌파로
나뉘고,[3] 사회주의 내에는 화요회 · 북풍회 · 서울청년회 등 다양한 분
파가 존재했다.[4] 1920년대 중반에 민족주의 세력 내부에 분열이 생겼

---

2 박헌호, 「문화정치기 신문의 위상과 반-검열의 내적 논리」, 『대동문화연구』 50, 2005, 217면.
3 '부르주아 민족주의 좌파와 우파', '부르주아 민족운동 좌파와 우파' 등 대체로 민족주의 세
   력을 둘로 나누어보고 있다. 진보적 민족주의 등과의 구별을 위해 일부 연구에서는 굳이 부
   르주아 민족주의 좌파와 우파라고 표현하고 있지만, 많은 연구들은 그냥 민족주의 좌파와
   우파라고 표현하기도 한다. 박찬승은 "필자를 포함해 1990년대부터 학계에서 흔히 '민족주
   의 우파', '민족주의 좌파'라는 용어를 쓸 때, 그것은 '부르주아민족주의 우파', '부르주아민족
   주의 좌파'를 줄여서 쓴 것"이라고 했다. 김명구, 「1920년대 부르주아 민족운동 좌파 계열의
   민족운동-안재홍을 중심으로」, 『한국사학보』 12, 2002, 171~173면; 박찬승, 「부르주아 민
   족주의, 우파민족주의, 문화민족주의」, 『역사비평』 75, 2006, 289면; 박찬승, 『민족주의의
   시대』, 경인문화사, 2007, 149~164면.

는데, 일제에 타협적인 세력을 '민족주의 우파', 비타협적인 세력을 '민족주의 좌파'라고 불렀다. 전자는 자치운동에 찬성하며 대자본가 중심의 자본주의를 지향한 반면에 후자는 자치론에 반대하여 소상품생산자 중심의 자본주의를 지향했다. 또한 사회주의에 대해 전자가 극히 부정적인 것으로만 간주한 반면에, 후자는 그 불가피성을 인정하면서도 계급주의 우선으로 흐르는 것을 비판했다. 흔히 민족주의 우파를 '타협적 민족주의' 또는 '민족개량주의'라고도 불렀고, 민족주의 좌파를 '비타협적 민족주의'라고도 불렀다.[5]

　흔히 일제하의 신문 중에서 『동아일보』는 민족주의 우파, 『조선일보』는 민족주의 좌파 세력에 의해 발행되었다고 주장되어 왔다. 즉 민족주의 우파의 주축이 '『동아일보』계열'과 천도교 신파 인사들이었다면, 민족주의 좌파의 중심은 '『조선일보』계열'과 천도교 구파 인사들이었다는 것이다.[6] 그러나 『동아일보』나 『조선일보』가 처음부터 민족주의 우파와 민족주의 좌파 진영을 대표했던 것은 아니다. 1920년대 중반에 민족운동이 분화·대립하고, 이합집산하는 과정에서, 두 신문이 각각 민족주의 우파와 좌파의 중심지가 됐던 것이다. 『동아일보』가 1924년 말 이후 비교적 일관되게 민족주의 우파의 중심적 역할을 했다면, 『조선일보』는 1924년 9월에 혁신된 이후 3년가량의 세월이 흐르고

4　1920년대 중반 "국내에는 북풍파, 서울파, 화요파 등의 세 분파가 커다란 세력을 이루고 있었고, 그들은 이 시기 민족해방과 계급해방을 열망하면서 때로는 연합을 때로는 대립을 벌이면서도 일제에 대항하는 치열한 투쟁을 벌여나갔다"고 한다. 이들은 언론을 둘러싸고도 치열한 다툼을 벌였다. 전명혁, 『1920년대 한국 사회주의운동 연구』, 선인, 2006, 182~183면.
5　김명구, 앞의 글, 171~173면; 이지원, 「일제하 안재홍의 현실인식과 민족해방운동론」, 『역사와 현실』 6, 1991, 48~56면.
6　박찬승, 앞의 책, 2007, 161~162면.

난 뒤인 1927년 초에 가서야 비로소 민족주의 좌파 세력을 결집하는 공간이 됐다.

이렇듯 1920년대 『동아일보』와 『조선일보』 두 신문의 특성은 민족운동과의 관계 속에서 구체적으로 파악해야만 한다. 그러나 기존 연구 중에서 신문과 민족운동의 관계를 집중적으로 연구한 논문은 거의 없다. 단지 몇몇 연구들이 『동아일보』나 『조선일보』가 각각 민족주의 우파나 민족주의 좌파의 활동에서 중요한 역할을 했음을 언급했을 뿐이다. 대표적인 것은 민족주의 우파에 대한 박찬승(1992)의 연구, 신간회를 집중적으로 분석한 이균영의 연구, 민족주의의 분화를 다룬 박찬승(2007)의 연구를 들 수 있다.[7] 세 연구는 『동아일보』와 『조선일보』가 민족운동이 분화되고 연대하는 과정에서 나름대로 중요한 역할을 했음을 밝히고 있다.

신문과 민족운동과의 관계에 대한 본격적인 연구로는 『동아일보』 주도층의 정치경제사상을 다룬 김경택의 연구와 1924년 4월에 벌어진 『동아일보』 개혁운동을 다룬 장신의 논문을 들 수 있다.[8] 김경택의 연구는 『동아일보』 주도층이 하나의 정치세력으로 조직화되어 있었음도 밝히고 있다. 장신의 논문은 『동아일보』가 민족주의 우파의 중심지가 되어 가는 과정을 잘 밝혀주고 있다. 두 논문에 와서야 비로소 신문과 민족운동과의 관계에 대한 구체적인 문제의식이 형성되었다고 할 수

---

7   박찬승, 『한국근대정치사상연구』, 역사비평사, 1992; 박찬승, 앞의 책, 2007; 이균영, 『신간회연구』, 역사비평사, 1993.

8   김경택, 「1910·1920년대 동아일보 주도층의 정치경제사상 연구」, 연세대 박사논문, 1999; 장신, 「1924년 동아일보 개혁운동과 언론계의 재편」, 『역사비평』 75, 역사비평사, 2006, 242~272면.

있다. 또한 김명구의 연구들도 민족주의 우파와『동아일보』, 민족주의 좌파와『조선일보』관계를 이해하는 데 도움을 주고 있다.[9]

그러나 여전히 신문과 민족운동과의 관계에 대한 연구가 전반적으로 부족하고, 특히 민족주의 좌파의 활동과 신문과의 관계에 대한 연구는 거의 없다. 민족주의 우파의 주축인『동아일보』계열 인사들이 어느 정도 조직화 되어 있었고 나름의 일관된 사상적 특성을 보였기 때문에 이들의 집단적 활동이나 사상을 다룬 연구들이 어느 정도 이루어진 반면에 민족주의 좌파의 한 축을 이룬『조선일보』계열 인사들의 경우 하나의 틀로 묶는 끈이 비교적 약하고 통일된 사상적 경향을 명확히 보여주지 못했기 때문에 특정 개인에 대한 연구가 이루어질 수밖에 없었다. 따라서 신문과 민족주의 좌파와의 관계는 안재홍 개인에 대한 연구를 통해 어느 정도 윤곽을 파악할 수 있는 정도이다.[10] 그러나 안재홍이 민족주의 좌파의 대표적 언론인이라 하더라도 그에 관한 연구만으로 신문과 민족주의 좌파의 관계를 전체적으로 파악할 수는 없을 것이다.

본 연구는 1924년에『동아일보』가 민족주의 우파의 중심지가 된 때부터 1927년에『조선일보』가 민족주의 좌파의 결집지가 되는 기간까지를 다루고자 한다. 이 시기가 신문이 민족운동과 실질적인 관계를 맺고 활동해나간 기간이라고 보기 때문이다. 특히 민족주의 세력이 분화

---

9 김명구, 앞의 글; 김명구,「1920년대 국내 부르주아 민족운동 우파 계열의 민족운동론-동아일보 주도층을 중심으로」,『한국근현대사연구』20, 한국근현대사학회, 2002, 163~196면.
10 안재홍에 대한 연구는 상당히 활발한 편이다. 일제하의 민족주의 좌파가 해방 후에는 중도우파로 활동했는데, 그 중심에 안재홍이 있었기 때문이다. 또한 그가 신문을 근거지로 활동했기 때문에 남겨놓은 글이 많다는 점도 어느 정도 영향을 주었다. 정영훈,「근대 한국 민족주의의 정치사상(2)-1920~1940년대 합작 통일운동의 정치사상」,『동양정치사상사』6(2), 동양정치사상사학회, 2007, 171~197면.

되기 시작한 1924년부터 신간회가 결성된 1927년까지 민족주의 좌파가 신문과 어떤 관계를 맺으며 형성되었고, 또 이들이 신문을 근거지로 해서 어떻게 민족운동을 했는가를 밝히려고 한다. 구체적으로는 1927년 신간회 창립 당시『조선일보』계열로 분류된 민족주의 좌파'의 형성과정과 활동내용을 살펴보려는 것이다. 이런 연구를 위해서는 민족주의 좌파가 민족주의 우파나 사회주의 세력과 때로는 대립하고, 또 때로는 연대하며 활동했다는 것을 염두에 둘 필요가 있다.

본 연구에서는 제일 먼저 1924년에 벌어진『동아일보』의 개혁운동이 좌절되고『조선일보』가 혁신되는 과정을 다룰 것이다. 이에 대한 분석을 통해 민족주의 우파와 갈라져 민족주의 좌파가 형성되기 시작하고, 민족주의 좌파가『조선일보』를 새롭게 변화시켜 나가는 과정을 밝힐 수 있을 것이다. 다음으로는『동아일보』가 민족주의 우파 세력에 의해 확실하게 주도되고,『동아일보』를 이탈한 민족주의 좌파 세력이『시대일보』를 운영하게 된 과정을 살펴볼 것이다. 이런 분석을 통해『동아일보』가 민족주의 우파의 중심지가 되고,『시대일보』를 중심으로도 일군의 민족주의 좌파 세력이 형성되었음을 밝힐 것이다. 마지막으로 1925년 10월 정간해제를 위해 이루어진『조선일보』의 기자 해고와 1927년 초에 이루어진『조선일보』의 새 인물 영입과 신간회의 참여과정을 살펴볼 것이다. 이를 통해『조선일보』가 사회주의 세력이나 민족주의 우파 세력을 배제하면서 민족주의 좌파 세력의 중심지가 되었던 과정을 밝힐 수 있을 것이다.

이 글에서는 다양한 사료들을 연대기적으로 체계를 잡아 기술한 뒤이를 비판적으로 분석하는 역사적 연구방법을 사용하고자 한다. 이 글에서는 당시의 신문이나 잡지는 물론 각종 총독부 문서들을 활용하고 자 한다. 특히 경성지방법원검사국에서 작성한 '사상에 관한 정보철'에 수록된 각종 문서들은 경찰이 집회에 참석해 관찰한 내용이나 탐문해 서 알아낸 내용을 정리해 보고한 것으로서, 신문보다 내용이 자세할 뿐 만 아니라 총독부의 입장도 엿볼 수 있다는 점에서 매우 유용한 자료이 다.[11] 또한 민족주의 좌파로서 언론계에서 활동했던 인물들에 대한 평 전이나 연구논문 등도 최대한 활용하고자 한다.

2. 『동아일보』의 개혁 시도와『조선일보』의 혁신

1)『동아일보』에 대한 비판과 개혁 시도

1924년에 들어서서『동아일보』는 사회적으로 비판을 받고, 내부적 으로 개혁을 요구받는 상황에 직면했다.『동아일보』가 다양한 세력들 에 의해 비판을 받게 된 사건들로는 '연정회 결성 사건'과 '민족적 경륜 파문'을 들 수 있다.[12] 1923년 가을경부터『동아일보』의 김성수와 송진 우, 천도교의 최린, 그리고 신석우 등이 여러 번 모여 민족단체의 조직 에 대해 협의해 왔다. 1924년 1월 중순에는 범위를 넓혀 16, 7명 정도가

---

11 '사상에 관한 정보철'에 대한 설명은 이 책 2부 4장의 각주8을 참조하라.
12 박찬승, 앞의 책, 1992, 330~335면.

모여 논의를 했는데, 여기에는 신석우와 안재홍 같이 비타협적 독립운동을 구상한 인물들도 일부 참석했다. 이 모임이 뒤에 '타협적 민족단체'인 연정회 결성 시도를 위한 것이었다는 비판을 들었다. 『동아일보』는 1924년 1월 2일부터 5회에 걸쳐 이광수가 쓴 사설 '민족적 경륜'을 게재했다. '타협적 자치운동'을 주장한 이 글이 나가자 비판 여론이 일었지만, 『동아일보』는 변명으로 일관해 불매운동까지 초래했다.

'민족적 경륜'이 게재된 이후 사회주의 진영을 중심으로 『동아일보』에 대한 불매운동이 벌어지기 시작했다. 1924년 1월 10일부터 13일까지 경남 진주에서 열린 경남노농운동자간친회, 3월 4일 개최된 전라노농연맹회, 3월 8일에 열린 남선노농연맹회 등에서는 『동아일보』를 '민족운동에 해가 되는 유산계급의 기관지'로 규정하고, '이천만 민중의 표현기관'이란 표현을 취소할 것을 요구하며 불매운동을 결의했다.[13] 또한 1924년 2월 10일 동경유학생 학우회 등 11개 단체는 『동아일보』가 '굴종적인 타협 운동을 종용'하고 있다고 성토하고, '민족적 경륜'의 취소와 집필자 이광수의 퇴사를 요구했다.[14] '민족적 경륜'의 게재가 타협적 민족단체의 결성 의도에서 비롯됐다는 의혹이 불매운동으로까지 이어졌던 것이다.

1924년 4월 20일에 발족한 조선노농총동맹은 『동아일보』에 대해 강력한 비판을 가했다. 이 단체는 『동아일보』의 그동안의 행적은 도저히 용서할 수 없다고 하며, "민원식이가 경영하는 시사신문에 조금도 다를

---

13 장신, 앞의 글, 250~251면.
14 채백, 「일제강점기의 신문불매운동—1920년대 중반을 중심으로」, 『한국언론정보학보』 28, 한국언론정보학회, 2005, 221~228면.

것이 없다"고까지 비판했다. 이 단체는 행동강령으로서 『동아일보』의 주요 간부와 그 옹호파를 이 사회에서 매장시키고, 비매동맹을 전개하며, 4월 28일에 각지에서 성토강연을 벌일 것을 결정했다.[15] 이에 대해 『동아일보』는 사설을 통해 "본사 또는 본지가 일찍 일보도 창간 시에 민족에게 공약한 주의 정신에 벗어나는 행동이나 언론을 고의로 한 일이 없음은 우리와 및 공정한 만천하 독자의 양심이 승인할 것이다"라고 반박했다.[16]

'식도원 사건'은 잠복 중이던 『동아일보』사원들의 불만을 수면 위로 끌어올리는 계기가 됐다. '식도원 사건'은 친일단체인 각파유지연맹에 대해 『동아일보』가 두 번에 걸쳐 비판적 사설을 게재하자, 1924년 4월 2일에 각파유지연맹의 박춘금이 식도원으로 송진우와 김성수를 불러내 협박한 사건이었다.[17] 『동아일보』가 자신들을 비판한 것에 대해 사과하라고 협박을 가하자, 송진우는 "주의주장은 반대하나 인신공격한 것은 온당치 못한 줄로 인함"이라고 써주었다.[18] 식도원 사건은 송진우 개인은 물론 『동아일보』의 명성에도 큰 타격을 주었다.[19]

조선노동총동맹의 비매동맹 결의가 나오고, 식도원 사건으로 외부의 비난이 거세지자 『동아일보』 내부에서도 경영진에 대한 비판의 목소리가 나오기 시작했다. 4월 23일 『동아일보』 편집 겸 발행인 설의식, 인쇄인 최익진, 기자 7인이 회의를 열고, "사장 송진우씨는 사직할 일,

---

15 『조선일보』, 1924.4.22.

16 『동아일보』, 1924.4.23.

17 최민지, 『일제하 민족언론사론』, 일월서각, 1978, 133~137면.

18 『시대일보』, 1924.4.8; 『조선일보』, 1924.4.8.

19 장신, 앞의 글, 252~253면.

신 간부를 조직할 때는 반드시 사원의 의사를 경과할 일, 사내에 대하여 일어나는 중요 사건에 대하여는 사원과 협의할 일" 등을 결의한 바 있다. 또한 24일에 편집국원 일동은 사장 송진우를 비롯하여 간부 5명과 '논설반 기자 모씨'의 불신임안 등을 결의하고 24일 오후 4시부터 24시간 이내에 회답할 것을 요구했다.[20] '기자측 요구사항'의 전체 내용은 아래와 같다.[21]

1. 사장 이하 재경성 취체역의 책임 퇴사
2. 종래 저지른 동아일보의 죄(예 : 안창남 기사, 김동성 호외, 이광수의 사설, 각 단체에 자금을 불출(拂出)한 일 등)를 들어 다시 이 같은 행동에 나서지 않을 것을 민중에 맹세하여 방향의 전개(轉開)를 도모할 것
3. 새 간부를 임명할 때는 미리 기자 일동의 동의를 얻을 것
4. 간부와 기자는 동등의 지위로서 논의하고 간부의 행동 등을 모두 기자에게 모(謀)할 것(일반 기자에게 사내 참정권을 준다는 뜻)
5. 사원의 진퇴는 전 기자의 동의를 필요로 하고 간부의 전단(專斷)을 허용하지 않음

요구 사항의 핵심은 지면을 쇄신하여 방향성을 새롭게 하자는 것과 경영진의 전횡을 막고 사원들의 의견을 반영할 수 있도록 하자는 것이

---

20 『시대일보』, 1924.4.27.
21 장신은 이와 같은 내용이 '사원회의'의 요구사항이라고 했는데, 문서 내의 제목이나 내용을 보아도 기자 일동의 요구사항이라고 보는 것이 더 타당할 것이다. 京鍾警高秘 第4831 /3號, 東亞日報幹部 /退職二關スル件(1924.4.26), 3~5면. 그러나 『매일신보』기사에는 "사원과 직공들이 결속하여 간부 일동에게 사직을 핍박"이라고 나와 있는 것으로 보아서, 기자 이외 사원들의 의견까지 수렴할 것이었을 가능성은 있다. 『매일신보』, 1924.4.27.

었다.[22] 사회주의 진영에 의한 외부에서의 비판이『동아일보』의 영향력을 줄이는 데 목적이 있었던 반면에 기자들을 중심으로 한 내부에서의 활동은『동아일보』가 진정으로 '조선 전민중의 충실한 표현기관'으로 역할을 수행케 하자는 의도에서 시작된 것이었다.

기자회가 열려 요구사항을 전달한 지 하루만인 4월 25일에 임시중역회의가 열려 취체역(取締役, 오늘날의 이사) 송진우, 신구범, 이상협, 김성수, 장두현의 사임원이 수리되고, 새로운 중역이 선임될 때까지 감사역 허헌이 사내의 직무를 대리하기로 했다. 동시에 '만천하 독자에게 고함'이라는 사설을 통해 이 사실을 알리며, 이런 조치가 '일반 민중의 기대'에 부응하기 위한 '자성자책의 태도'에서 비롯됐다고 주장했다.[23] 결국 첫 번째 요구사항만 받아들여진 셈이었다.

1924년 5월 14일에 개최된 임시주주총회에서는 새 취체역으로 홍명희, 이승훈, 허헌, 윤홍렬, 양원모가 선출되었다.[24] 이어서 열린 중역회의에서는 이승훈이 전무 및 상무 겸임의 사장으로 선임되었고, 홍명희와 양원모는 편집국장과 영업국장으로 임명되었다. 이와 같은 결과는 김성수와 송진우 등 '대주주'의 의견이 반영된 것이었다.[25] 김성수와 송진우가 3·1운동 당시 33인 중의 한 명인 이승훈과 사회주의·민족주의 양 진영으로부터 인망이 있었던 홍명희를 끌어들여 기자들의 요구

---

22 장신, 앞의 글, 254~256면.
23 『동아일보』, 1924.4.27.
24 임시주주총회에서의 표결 결과를 보면, 홍명희 6천 253표, 이인환(이승훈) 6천 235표, 허헌 6천 98표, 윤홍렬 6천 6표, 양원모 5천 898표로 나타났다. 특이한 것은 개혁 운동에 나섰던 홍증식이 차점자로 5천 828표를 얻었다는 점이다. 京鍾警高秘 第5817號, 東亞日報社臨時株主總會及重役選任ニ關スル件(1924.5.15), 2면.
25 京鍾警高秘 第5819ノ2號, 東亞日報幹部ノ動靜ニ關スル件(1924.5.15), 2~3면.

를 묵살하고 위기를 모면하려고 했던 것이다.[26]

이와 같은 결정이 사원들의 요구를 무시한 것이라고 반발하며 기자는 물론 직공까지 사직서를 제출했다.[27] 중역회의 직후 논설부장 김양수, 정치부장 민태원, 사회부장 유광렬, 지방부장 김형원, 조사부장 김동성, 정리부장 최영목, 기자 서승효, 공장장 최익진, 영업국장 홍증식 등이 사직서를 제출했다.[28] 결국 최종적으로 결정된 퇴사자는 송진우, 김성수, 신구범, 이상협, 홍증식, 이광수, 김동성, 유용택, 민태원, 노자영, 이서구, 김형원, 김동혁 등이었다.[29] 그러나 사직서 제출자 중에 유광렬과 최익진은 퇴직하지 않았고, 개혁 운동에 적극적이었던 이봉수와 설의식도 그대로 남았다.

결과적으로 이상협과 가깝다고 알려진 인물들이 주로 퇴사하면서 『동아일보』의 개혁운동이 단지 '내분' 또는 '자중지란'으로 평가되기도 했던 것이다.[30] 또한 이상협이 개혁운동에 편승해 활동을 벌이면서 마치 송진우와 이상협의 갈등이 개혁운동의 원인인 양 잘못 비쳐졌던 것이다.[31] 그러나 진행과정을 보면 『동아일보』가 제 역할을 하지 못하는

---

26 최민지, 앞의 책, 138면.
27 『조선일보』, 1924.5.16.
28 『시대일보』, 1924.5.16.
29 일제측 문서에는 최종 퇴직자 명단에 최영목과 서승효가 포함되어 있지만, 『동아일보사사』에는 최영목과 서승효는 유광렬, 노수현, 최익진 등과 함께 1924년 9월에 퇴사한 것으로 나와 있다. 인사기록 자료에 근거한 후자의 내용이 더 정확하다고 보아야 할 것이다. 최영목과 서승효는 최초의 사직 의사를 철회했던 것으로 보인다. 京鍾警高秘 第5819 / 4號, 東亞日報社社員交涉 / 件(1924.5.18), 3면; 동아일보사사 편찬위원회, 『동아일보사사』 1, 동아일보사, 1975, 414~419면.
30 동아일보사사 편찬위원회, 앞의 책, 229~235면.
31 유광렬은 "당시 편집국장이던 이상협씨와 사장이던 송진우씨와 내쟁이 생겨 대규모의 동맹 파업을 하자 나는 그만 동아를 사(辭)하고 말았"다고 밝혔다. 유광렬, 「신문기자 10년 파란사 —상해의 권총위협」, 『삼천리』, 1932.7, 28~29면. 이런 주장은 원인과 결과를 혼동한 것이다. 갈등으로 파업이 일어난 것이 아니라 개혁운동으로 인해 내재되어 있던 두 사람의 갈등

현실에 대한 사원들의 비판적 문제의식이 개혁운동을 촉발시켰다고 볼 수 있다. 특히 김형원이 자신들이 사직하더라도 난국을 잘 수습하여 『동아일보』가 "참으로 사회의 거울이 되고, 공평한 그릇이 되기만 충심으로 바"란다고 한 데서도 진정성을 어느 정도 엿볼 수 있다.[32]

'타협적 자치론'의 입장으로 기울어가는 『동아일보』를 개혁하고자 했던 시도는 별 결실을 거두지 못하고 실패를 했다. 그러나 『동아일보』개혁 운동의 실패는 다른 신문이라도 민족운동을 위해 제 역할을 할 수 있도록 해야 한다는 인식을 심어주었다는 점에서 전혀 의미가 없었던 것은 아니다. 특히 『동아일보』를 주도하던 민족주의 우파와 입장이 명확히 갈라지기 시작했던 민족주의 좌파로서는 다른 신문의 인수에 관심을 가질 수밖에 없었다. 민족주의 우파에 맞서기 위해서는 신문을 중심으로 활동할 필요가 있다는 점을 새삼 깨달았기 때문이다.

2) 민족운동 세력에 의한 『조선일보』의 인수

김성수와 송진우는 뒤에 '연정회 결성'을 위한 것이었다는 비난을 받은 모임을 1923년 가을경부터 1924년 초까지 여러 번 주도한 바 있는데, 이 모임에는 신석우와 안재홍도 참여하고 있었다. 이러한 "1924년 초의 정치결사 조직을 위한 모임은 이처럼 비타협적인 독립운동을 구상한

이 불거져 나왔던 것으로 보아야 한다. 이상협은 물론 민태원, 김형원, 서승효 등이 모두 총독부 기관지인 『매일신보』 출신이다. 정진석, 『인물 한국언론사』, 나남, 1995, 157~158면.
32 『시대일보』, 1924. 5. 16.

측과 자치운동을 구상한 측의 동상이몽에 의해 마련"되었던 것이다. 이 모임은 "그들 내부의 의견 차이와 '민족적 경륜'에 대한 좋지 않은 여론 때문"에 실패할 수밖에 없었다.[33]

신석우는 상해에서 돌아온 후 한때『동아일보』에 입사하려고 했지만 거절당했던 적도 있었고, 개혁운동이 본격화되기 전에 김동성, 설의식과 힘을 합쳐 자신의 자금을 바탕으로『동아일보』의 발행권을 인수하려다 실패한 적도 있었다.[34] 신석우는 이런 과정에서『동아일보』를 나온 이상협과 손을 잡았다. 신석우에게는 신문 실무를 아는 인물이 필요했고, 이상협에게는 자금을 대줄 사람이 필요했기 때문이었다.[35] 이들이 처음 관심을 가진 대상은 바로『시대일보』였다. 당시의『시대일보』는 재정적 어려움으로 인해 사교로 지탄받던 보천교의 자금까지 끌어들였다가 혼란에 빠져 있었다. 발행권을 둘러싸고 사우회 및 발기인회와 보천교가 대립하고 있는 상황에서 신석우는 1924년 6월 초에 5,000원을 투자하여 발행권 인수를 시도했으나 또 실패하고 말았다.[36]

신석우와 이상협은 이번에는 송병준이 운영하던『조선일보』의 인수를 위해 나섰는데, 송병준은 이미 경영난으로 인해 매각 의사를 갖고 있었기 때문에 신석우는 85,000원에 손쉽게 발행권을 양도받을 수 있었다. 송병준은 이미 "다달이 들어가는 돈이 아까웠든지 어디 팔아버린다

---

33 박찬승, 앞의 책, 1992, 333~335면.
34 地檢秘 第510號, 東亞日報社ニ關スル件(1924.4.28), 7~8면.
35 신석우의 자금력은 민족주의 좌파의 언론활동의 가장 큰 기반이 되었다. 신석우는 자신이 8년 여 언론활동을 하는 동안 42만 원 정도를 썼다고 밝혔다. 일제강점기『동아일보』의 불입 자본금이 35만 원에 불과했다는 점을 감안하면, 신석우가 얼마나 많은 자금을 내놓았는지를 쉽게 짐작할 수 있다. 신석우, 「신문사장의 참회록」, 『개벽』, 1934.12, 16면.
36 일기자, 「문제의 시대일보, 분규의 전말과 사회여론」, 『개벽』, 1924.8, 36~37면.

는 등 새로이 주식회사를 조직한다는 등 여러 가지 말"을 많이 했기 때문에 『조선일보』의 매각은 별 어려움 없이 이루어질 수 있었다.[37] 아마 신석우가 가장 마지막에 『조선일보』의 인수를 시도했던 것은 친일파 송병준이 발행하는 신문이라는 부정적 이미지 때문에 가능하면 다른 신문을 인수해보고 싶었기 때문일 것이다.

그래서인지 『조선일보』를 인수하며 홍덕유와 이석을 제외하고는 기존 사원들을 모두 해고하였고, 나머지는 대부분 『동아일보』에서 옮겨온 기자들로 그 자리를 채웠다. 1924년 9월 13일자의 문서에 따르면,[38] 『동아일보』에서 옮겨 온 사람들로는 이상협, 홍증식, 김형원, 민태원, 김동성, 김양수, 노자영, 최영목, 서승효 등이 있었고, 이외에 『시대일보』에서 옮겨왔거나 처음 기자가 된 인물로는 안재홍, 김달진, 이건혁, 이윤종, 이길용 등이 있었다. 이외에도 혁신 직후에 『동아일보』출신으로서 유광열, 박팔양, 이서구 등이 합류했고, 논설반 기자로 김준연과 신일용이 참여했다.

『조선일보』의 혁신이 갖는 가장 큰 의미는 민족주의 좌파의 중심적 인물로 부상하던 신석우와 안재홍이 힘을 합쳐 신문을 인수하고, 민중들의 신망이 높던 이상재를 사장으로 해서 새로이 출발했다는 점이다. 신석우는 1913년에 상해에서 결성된 독립운동단체 '동제사(同濟社)'에 가입해 활동한 바 있고,[39] 1919년에는 상해 임시의정원 의원, 의원 심의위

---

37 『시대일보』, 1924.9.14.
38 이런 내용을 담고 있는 문서의 제목에는 『시대일보』라고 나와 있지만, 신석우가 송병준으로부터 인수했다는 것을 포함해 모든 내용이 명백히 『조선일보』에 관한 것이다. 아마 문서의 제목을 적는 과정에서 착오가 있었던 듯하다. 京本高秘 第7327號, 時代日報讓渡ノ件 (1924.9.13), 1~2면.
39 김희곤, 「동제사의 결성과 활동」, 『한국사 연구』 48, 한국사연구회, 1985, 180면.

원 등을 지냈었다.[40] 안재홍도 1913년에 상해로 가서 동제사에 참여했고, 1919년에는 임시정부의 활동을 돕기 위한 '대한민국청년외교단'에 가입하여 활동하다가 옥고를 치렀다.[41] 신석우와 안재홍은 모두 일본 와세다 대학을 다녔고, 상해에 가서 동제사에서 활동했다는 공통점을 지니고 있었으며, 1924년에 들어서서 민족운동 단체의 결성에 관심을 갖고 함께 활동하기도 했다.[42]

신석우가 『조선일보』를 인수하며 『시대일보』에 근무하던 안재홍을 영입한 것은 신문 실무를 모두 이상협에게만 맡겨 놓을 수는 없다고 판단했기 때문이었다. 비록 편집은 이상협에게 맡긴다 하더라도 논조만큼은 자신과 같이 민족주의 좌파의 입장을 갖고 있던 안재홍이 맡아야 한다고 생각했던 것이다. 한편 안재홍은 보천교와의 분쟁으로 혼란스런 『시대일보』를 떠나 새로운 곳에서 활동하고자 하는 생각을 갖고 있었을 것이다. 처음부터 안재홍이 일제에 대해 타협적인 최남선이나 진학문과는 다른 생각을 갖고 있었다는 점도 작용했다.[43]

신석우는 안재홍 외에 백관수를 이사로 영입했다. 김성수, 송진우와 같은 고향 출신으로 막역한 사이였던 그가 『동아일보』가 아닌 『조선일

---

40 대부분의 자료에 명확한 출처도 없이 신석우가 임시정부의 교통총장을 지냈다고 나와 있다. 그러나 임시의정원 기사록(紀事錄)을 보면, 그가 문창범을 교통총장으로 선거하자고 동의한 것으로만 나와 있을 뿐 어디에도 그가 교통총장을 지냈다는 기록은 없다. 그의 이름이 1919년 7월경의 해임의원 명단에 나와 있는 것으로 보아서 그의 활동기간은 그리 길지 않았다는 것을 알 수 있다. 국사편찬위원회, 『한국독립운동사』 2, 국사편찬위원회, 1971.
41 김인식, 『중도의 길을 걸은 신민족주의자─안재홍의 생각과 삶』, 역사공간, 2006, 29~44면; 정윤재, 『다사리 공동체를 향하여─민세 안재홍 평전』, 한울, 2002, 34~43면.
42 박찬승, 앞의 책, 1992, 334~335면.
43 『시대일보』 창간 당시 참여했던 염상섭은 "인사에 있어서 안민세가 논설반으로서 정치부장을 겸한 것이 좀 소홀히 대접한 듯이 생각되어 은근히 염려를 하였었는데, 과연 반년이 못가서 보천교의 출자문제로 분규가 일어났을 때 선봉으로 들고 나선 사람이 민세와 좌익 출신의 주모군이었다"고 주장했다. 조용만, 『육당 최남선』, 삼중당, 1964, 200면.

보』에 입사했던 데는 사장 이상재와의 인연이 작용했던 듯하다. 이상재가 YMCA 총무로 청년들을 지도할 때, 백관수는 YMCA 간사로서 함께 활동했다.[44] 백관수는 상무이사를 맡아 신석우와 함께 경영에 참여했다. 이상재, 신석우, 안재홍, 백관수 등 민족주의 좌파가 신문을 주도하게 되면서『조선일보』는『동아일보』와 적극적인 경쟁을 하게 되었다.[45] 민족주의 좌파들은『조선일보』를 민족주의 우파가 발행하던『동아일보』와 차별화시키기 위해 노력했다.

　1925년 4월에 전조선기자대회 준비가 본격화되면서, 집행위원 중에 지도자급에 해당하는『조선일보』의 안재홍과 이석,『동아일보』의 송진우, 개벽사의 김기전과『천도월보』의 이종린, 해방운동사의 신철 등 6명이 모여 은밀하게 의견을 교환하는 모임을 가졌다.[46] 좌우익이 모두 참여했던 이런 모임은 일종의 '민족통일전선기구'적 성격을 드러내주는 것이었다. 1925년 4월 15일부터 3일간 열렸던 기자대회에서 민족개량주의적 성격을 드러내던『동아일보』측은 사실상 배제되고,『조선일보』가 주도적인 역할을 하게 되었다. 신문사와 잡지사의 본사 및 지사 사원 등 총 703명이 참여한 이 대회에서『조선일보』는 307명이 참가 신청하여, 156명이 신청한『동아일보』나 84명이 신청한『시대일보』를 훨씬 앞섰다.[47] 첫 날에 기자대회의 의장과 부의장으로『조선일

44　조선일보사 사료연구실,『조선일보 사람들 - 일제시대 편』, 랜덤하우스 중앙, 2004, 101～102면.
45　김을한,『신문야화』, 일조각, 1971, 68～88면.
46　京鍾警高秘 第2755 ノ3號, 朝鮮新聞雜誌記者大會ニ關スル件(1925.4.7), 1～2면; 임경석,「1925년 전조선기자대회 연구」,『史林』44, 수선사학회, 2013, 27～52면.
47　박용규,「일제하 민간지 기자집단의 사회적 특성의 변화과정에 관한 연구」, 서울대 박사논문, 222～223면.

보』의 이상재와 안재홍이 선출되었는데, 이에 대해 "두 분의 인물로는 아무도 이의가 없었지만은 조선일보 일사에서 두 의장의 좌석을 점하게 된 것은 다른 사에서 조금 섭섭한 생각이 없지 않은 것 같았다"는 지적도 나왔다.[48]

그러나 신문 제작진은 대부분이 홍증식을 통해 들어 온 사회주의 계열 인물들이거나 이상협 계열의 민족주의 우파 성향의 인물들이어서 『조선일보』가 민족주의 좌파의 입장을 대변하는 데는 한계가 있었다. 1924년 9월의 혁신 당시 살아남은 홍덕유와 이석, 그리고 혁신 직후 입사한 김단야, 김재봉, 홍남표 등은 모두 화요회계 사회주의자로서 조선공산당 창당에 관여했던 인물들이다. 여기에다가 북풍회계의 손영극과 서범석, 서울청년회계의 신일용, 사회주의 성향의 김준연까지 가세했다.[49] 한편 민태원, 김형원, 유광렬, 이서구 등은 모두 이상협과 가까운 인물들이었다. 이런 상황에서 『조선일보』의 논조는 사회주의적 색채가 강해서, "조선일보는 조선공산당에 가장 호의적이고 거의 당 기관지로 간주되었다"는 평가까지 나왔다.[50] 사회주의자들과 연대는 하되 주도권을 놓치지는 않아야 하는 민족주의 좌파들은 『조선일보』가 자신들의 입장을 철저히 대변하는 신문이 되도록 만들어야 한다는 과제를 안게 되었다.

---

48 일참관자, 「조선기자대회잡관」, 『개벽』, 1925. 5, 60면.
49 박용규, 「일제강점기 사회주의 언론인에 관한 연구」, 김민환·박용규·김문종, 『일제강점기 언론사연구』, 나남, 2008, 125~139면.
50 이 내용은 『동아일보』 기자로서 조선공산당 결성에 참여했던 조동호가 코민테른에 보고를 하는 과정에서 나온 것이다. 1925년 8월의 보고서에서 그는 『조선일보』, 『동아일보』, 『시대일보』에 각각 4명, 1명, 3명의 당원이 있었다고 밝혔다. 전명혁, 앞의 책, 231면.

3. 『동아일보』의 기성체제 강화와 『시대일보』의 변신

1) 『동아일보』의 신규세력 축출과 기성체제의 강화

1924년 5월 주필 겸 편집국장이 된 홍명희는 나름대로 『동아일보』를 개혁하기 위해 애를 썼다. 그가 쓴 것으로 보이는 1924년 5월 17일자 사설 '독자제위에게 고하노라'에서 그는 『동아일보』는 "결코 한 두 개인의 영리욕을 만족시키지 위하여 경영하는 것이 아닌 공리공복을 위해 존재"해야 한다고 주장했다.[51] 이 사설의 내용은 대주주의 입장만을 대변하던 신문에서 벗어나야만 독자들의 신뢰를 받을 수 있다는 것이었다.

이를 위해 홍명희는 자신과 가까운 인물들을 『동아일보』에 입사시켰다. 홍명희와 함께 1924년 5월에 입사한 인물들로 이승복, 이관용, 정인보, 홍성희 등을 들 수 있다.[52] 조사부장으로 입사한 이승복은 홍명희의 동생인 홍성희가 "신문사에 입사해서 민족운동을 해보자"고 권유해서 입사했다고 한다.[53] 이승복은 한기악과 함께 상해 등으로 다니면서 민족운동에 참여했고, 1923년에는 홍명희와 함께 신사상연구회에 참여했다.[54] 논설위원으로 입사한 정인보는 홍명희와 "평생을 지기로 지내며 간담(肝膽)을 상조(相照)할 만큼 의기가 투합"하는 사이였으며, 만주와 상해를 다니며 여러 민족운동가들과 어울렸다.[55] 촉탁기자로 입사

---

51 장신, 앞의 글, 264면.
52 동아일보사사 편찬위원회, 앞의 책, 423~425면.
53 이승복선생 망구송수기념회, 『삼천백일홍』, 인물연구소, 1974, 124면.
54 위의 책, 102~121면.

한 이관용은 '홍명희와 죽마고우' 사이로서[56] 상해 임시정부 파리위원부의 부위원장과 위원장 대리로 활동했고[57] 사상적으로는 사회주의에 공명하는 경향을 보였다.[58]『동아일보』창간 때 입사했던 한기악은 이승복과 절친한 친구사이로 홍명희와도 가까웠고, 입사 전에는 상해 임시의정원 의원과 법무위원을 지낸 바 있다.

또한 홍명희가 주필 겸 편집국장이 되면서 조동호, 구연흠, 박헌영,[59] 임원근 등 조선공산당에 참여하는 화요회계 인물들도 입사했다.[60] 홍명희가 신사상연구회와 그 뒤를 이은 화요회에 참여했던 것을 감안하면,[61] 이들의 입사에 홍명희가 어느 정도 영향을 주었다는 것을 쉽게 짐작할 수 있다. 일제는 이렇듯『동아일보』기자로 민족주의 좌파나 사회주의자들이 입사하자, 신임 간부들이 "전과자 또는 공산주의의 요주의 인물"을 채용했다고 하며 경계심을 나타냈다.[62]

이런 활동을 지켜보던 김성수와 송진우는 1924년 9월부터 홍명희를

---

55 김영, 「위당 정인보론」,『민족문학사연구』38, 민족문학사연구소, 2008, 400~408면.
56 강영주,『벽초 홍명희 연구』, 창작과비평사, 1999, 160면.
57 윤선자, 「이관용의 생애와 민족운동」,『한국 근현대사 연구』30, 한국근현대사학회, 2004, 9~13면.
58 이관용은 맑스주의에 대해 관심을 갖고 있었다고는 하지만 실제 사회주의 운동에 참여한 적은 없다. 이러한 이관용을 이균영은 '민족 좌파' 박찬승은 '진보적 민족주의자'라고 부르고 있다. 사상적으로는 약간의 차이가 없지는 않았지만, 이관용을 민족주의 좌파의 일원으로 보아도 큰 무리는 없을 것이다. 박찬승, 앞의 책, 2007, 157면; 이균영, 앞의 책, 280면.
59 박헌영만 한 달 전인 1924년 4월에 입사했다. 이때 그는 기자가 아니라 판매부 직원으로 입사했다. 그가 언제 기자로 직종을 전환했는지 확인할 수 있는 자료는 없다. 동아일보사사편찬위원회, 앞의 책, 423면.
60 위의 책, 423~425면.
61 홍명희의 조선공산당 참여 여부는 여전히 논란이 되고 있다. 참여 여부 자체가 불확실하지만, 설사 한때 참여했다 하더라도 적극적인 활동을 하지는 않았고, 활동기간도 짧았던 듯하다. 강영주, 앞의 책, 1999, 224~237면.
62 京鍾警高秘 第5819ノ5號, 東亞日報新任記者ニ關スル件(1924. 5. 19), 1~2면.

고립시키고 무력화시키는 조치들을 취하기 시작했다. 『동아일보』에 남아 있던 이상협 계열의 인물들이 마저 퇴사하고, 『조선일보』가 혁신된 직후에 중역회의에서 김성수를 고문으로 추대했다.[63] 1924년 10월 21일에 열린 주주총회에서는 이승훈을 물러나게 하고 김성수를 사장으로 추대했으며, 이승훈과 송진우는 고문으로 추대했다.[64] 여론무마용으로 내세웠던 이승훈을 고문으로 밀어내고 김성수가 사장으로 들어앉아 경영과 편집에서 전권을 행사하게 되었다.[65]

1924년 10월 이후 홍명희의 활동은 크게 위축되었다. 김성수는 3명 이상이면 중역회의를 할 수 있는 규정을 이용해 '자기 복심(腹心)'인 양원모, 이승훈, 허헌과 수시로 회의를 하며 홍명희를 배제시켰다. 송진우의 고문 추대를 두고 홍명희와 김성수는 격론을 벌였고, 이 둘 사이의 반목은 갈수록 심해졌다. 홍명희는 송진우의 복귀가 조선 민중의 기대를 저버리는 조치라고 보았던 것이다. 이런 상황을 보며 일제는 홍명희의 퇴사가 멀지 않았다고 평가했다.[66] 1924년 12월부터 1925년 3월까지는 한기악이 편집국장 대리로서 그의 역할을 대신하기도 했다.[67]

이런 상황 속에서도 그와 가깝다고 알려진 인물들이 새로『동아일보』에 입사했다. "홍명희를 따르던 젊은 문인들인"[68] 심대섭(1924.10), 김동환(1924.10), 안석주(1924.11) 등이 새로 입사했다.[69] 홍명희와 함께 충북

---

63 장신, 앞의 글, 264면.
64 京鍾警高秘 第13147 ノ2號, 東亞日報社株主定期總會 ノ件(1924.10.22), 1~2면.
65 최민지, 앞의 책, 133~139면.
66 地檢秘 第848號, 東亞日報 ノ內訌ニ關スル件(1924.11.7), 2~3면.
67 동아일보사사 편찬위원회, 앞의 책, 413~414면.
68 강영주, 앞의 책, 161면.
69 동아일보사사 편찬위원회, 앞의 책, 425면.

괴산에서 만세시위를 주도했고, 신사상연구회에도 함께 참여했던 이재성(1924.12)과 임원근의 부인이자 허헌의 딸인 허정숙(1925.1)도 입사했다.[70] 그러나 『매일신보』에 근무하던 김기진이 홍명희에게 『동아일보』입사를 부탁했지만 안 되었다는 것을 보면[71] 홍명희의 영향력만으로 앞에서 언급한 인물들이 모두 입사했다고 단정하기는 어렵다. 허정숙의 경우처럼 허헌의 개입도 있었다고 할 수 있다. 한편 홍명희와 가까웠던 인물 중에 정인보는 1924년 8월, 이승복은 1924년 12월, 이관용은 1925년 2월에 퇴사했고, 이재성은 1925년 2월에 사망했으며, 구연흠은 1925년 3월에 퇴사했다. 이들은 자신들의 생각을 제대로 펼칠 수 없는 상황에서 불가피하게 퇴사를 선택했던 것이다.

1925년 4월에 결국 홍명희가 사직을 하자 송진우가 주필을 맡아 1927년 10월까지 역임했고, 편집국장은 1926년 11월까지 공석으로 두었지만 사실상은 송진우가 그 역할을 했다.[72] 1925년 5월 사회부 기자들의 모임인 철필구락부가 임금인상을 결의하고 각 사에 요구하자 『동아일보』만이 이를 즉시 거절했고, 이에 기자들은 동맹파업을 결행했다.[73] 경영진이 지국 기자를 불러다 신문을 제작하며 강경하게 나오자 파업을 했던 기자들은 모두 퇴사했다.[74] 『동아일보』는 이번 기회에 '불량분자를 일소'하겠다는 의사를 갖고 강경하게 대응했던 것이다.[75] 그 결과 사회부 소속의 임원근, 김동환, 유완희, 심대섭, 안석주, 허정숙 6

---

70 강영주, 앞의 책, 160면.
71 김기진, 『김팔봉 문학전집』 2, 문학과지성사, 1988, 356면.
72 장신, 앞의 글, 271~272면.
73 『조선일보』, 1925.5.13.
74 KWH, 「신문기자의 盟罷」, 『삼천리』, 1931.5, 33~34면.
75 京鍾警高秘 第5674ノ2號, 諺文新聞記者盟休ニ關スル件(1925.6.5), 1~2면.

인과 정치부의 조동호, 정리부의 장종건, 지방부의 박헌영 등 총 9인이 퇴사했다. 이런 기자들의 동맹파업과 뒤이은 집단퇴사는 김성수, 송진우 중심의 『동아일보』 기성체제를 더욱 강화하는 계기가 됐다. 이들의 퇴사로 인해 생긴 공백은 지국 기자, 영업부 직원, 그리고 같은 재단 산하인 중앙학교 출신의 신입기자로 충원했다.

2) 『시대일보』의 판권 변동과 특성의 변화

홍명희는 『동아일보』를 퇴사하면서 바로 『시대일보』를 인수해 경영에 참여했다.[76] 『동아일보』에서 실현하지 못했던 '신문을 통한 민족운동'을 제대로 해보고자 하는 의도가 작용했을 것이다. 1925년 4월에 이범세가 잠시 『시대일보』의 사장이었고 그 후 이석구가 사장을 지냈으며, 1926년 3월경에 홍명희가 사장이 되었다.[77] 자금력이 없었던 홍명희가 이범세나 이석구를 설득해 투자를 하도록 했던 것이다. 홍명희는 이범세 사장 시절에는 편집국장, 이석구 사장 시절에는 부사장이었다.

홍명희와 함께 『동아일보』에서 근무했던 다수의 인물들이 『시대일보』로 옮겨와 활동하게 되었다. 1925년 4월 이전에 퇴사했던 이승복, 이관용, 구연흠 등과 4월에 홍명희와 함께 퇴사한 한기악, 홍성희 등이 『시대일보』 인수 당시부터 활동했다. 또한 1925년 5월에 『동아일보』에서 동맹파업으로 퇴사했던 유완희, 김동환, 안석주 등의 기자들도 뒤따

---

76 『조선일보』, 1925.4.4.
77 김기진, 앞의 책, 358면; 이승복선생 망구송수기념회, 앞의 책, 127~133면.

라 입사해서 활동하기 시작했다.[78] 이들 중 다수가 홍명희와 함께 민족주의 좌파 진영에서 계속 활동하게 된다. 결과적으로 홍명희의 『동아일보』에서의 활동이 민족주의 좌파 언론인 집단이 형성되는 중요한 계기가 되었던 것이다.

『시대일보』기자들 중에 1, 2차 조선공산당 결성에 참여했던 사람들로는 홍남표, 조이환, 구연흠, 유연화, 어수갑, 박순병 등을 들 수 있고, 카프 계열로서 사회주의 성향을 지녔던 문인기자로는 김기진, 안석주, 김동환, 조명희 등을 들 수 있다.[79] 특히 조선공산당 결성에 참여한 인물들 다수가 『시대일보』에 들어갈 수 있었던 것은 한때 화요회에서 활동했던 홍명희나 이승복과의 인연도 어느 정도 작용했겠지만, 이보다는 화요회계 사회주의자들이 조직적으로 신문사에 침투하려고 했던 전략의 산물이었다고 할 수 있다.[80]

이런 기자들의 특성은 논조를 통해서도 어느 정도 드러났다. 홍명희가 인수한 이후인 1925년 10월경 쓰인 글에서는 "민족간판의 동아일보, 사회주의를 전내로 모시던 조선일보, 무언지 알 수 없는 시대일보"라는 지적을 받기도 했다.[81] 그러나 1926년 초에는 『조선일보』가 1925년 10월의 정간으로 사회주의자들이 모두 떠난 후 '우경 혹은 몽롱상태'에 있는 반면에 『시대일보』는 오히려 '좌경의 기미'를 보이고 있다고 평가받

78　『新聞總攬』(1926년판), 65・488면.
79　박용규, 앞의 글, 2008, 125~139면.
80　1차 조선공산당에 참여했던 김찬의 진술에 따르면, 조선공산당은 『시대일보』와 『조선일보』에 야체이카를 두어 "공산당 사상의 선전에 관하여는 신문지를 발행하고, 각 신문기관을 조종, 이용"하려고 했다고 한다. 김준엽・김창순, 『한국공산주의운동사』 2, 청계연구소 출판국, 1986, 209~211면.
81　XY생, 「현하 신문잡지에 대한 비판」, 『개벽』, 1925.11, 46면.

기도 했다.[82] 이것은 1925년 10월 이후 『조선일보』를 통한 선전활동이 불가능해지면서 조선공산당이 『시대일보』를 이용한 활동에 더욱 주력했기 때문이었다.[83]

『시대일보』가 "좌익 민족주의자적 진영에 소속케 되어 일시는 이 역(亦) 사회주의자 등의 기술까지를 이용하는 것처럼" 보였을 뿐이라는 비판을 받기도 했지만,[84] 어쨌든 『시대일보』는 한동안 사회주의적 성향의 기자들이 주도하였고, 논조 면에서도 그런 특성이 어느 정도 나타났다고 할 수 있다. 다수의 사회주의 성향의 기자들이 들어오면서 민족주의 좌파들이 주도권을 갖고 논조를 펼치지 못했던 것이다. 홍명희나 이관용이 조선사정조사연구회나 태평양문제연구회 조선지회 같은 민족주의자들의 모임에 참여했지만,[85] 정작 신문의 논조에는 사회주의자들의 영향이 더 크게 나타나 '좌경의 기미'를 보였다는 평가를 들었던 것이다.[86]

홍명희가 『시대일보』 사장이 되면서 과거 '양반' 출신들이 신문사에 많이 입사하자 이를 두고 '양반신문'이라는 말까지 나왔다고 한다.[87] 한홍구는 "시대일보는 한마디로 반일적인 성향의 기호 남인들을 중심으로 발간된 양반신문"이었다고 주장했다. 또한 "시대일보의 재출발은

---

82 경운동인, 「조선신문잡지의 신년호」, 『개벽』, 1926. 2, 59면.
83 『諺文新聞差押記事輯錄』에 실린 『시대일보』의 차압기사를 보면 1925년 11월과 12월 사이에만 4건이 러시아 혁명이나 레닌을 다룬 것들이다. 朝鮮總督府警務局, 『諺文新聞差押記事輯錄』 時代日報・中外日報, 1932, 126~129면. 『조선일보』에 대한 무기정간 조치가 1925년 9월 8일의 '조선과 노국(露國)과의 관계'라는 사설이 문제가 되었던 점을 감안하면, 『시대일보』의 이런 논조도 '좌경의 기미'를 드러낸 것으로 볼 수 있다.
84 박만춘, 「조선 세 신문 전략상」, 『비판』, 1933. 3, 47면.
85 박찬승, 앞의 책, 2007, 154~158면.
86 경운동인, 앞의 글, 59면.
87 차상찬, 「조선신문발달사」, 『조광』, 1936. 11, 51면.

좋게 보면 반일적 성향이 강한 민족주의자들이 가까운 사람들끼리 모여 자기들의 신문을 내보자는 것이고, 비판적으로 평가한다면 당시의 비타협 민족주의자들이 아직도 당파와 양반의식을 완전히 버리지 못하고 비슷한 성향과 배경의 사람들끼리 일하는 것을 편하게 생각하고 있었다는 증거"라고 평가하고 있다.[88] 이런 '양반' 출신의 민족주의 좌파들이 신문을 제대로 운영해 나가기 어려웠던 것이다.

홍명희가 사장이 되면서 『시대일보』는 20만 원의 합자회사 설립을 시도했다.[89] 특히 대지주 출신의 조준호가 전무이사의 취임조건으로 5만 원의 출자를 약속했지만, 실제로는 1만 원만을 출자하여 경영상의 어려움이 커졌다.[90] 이후 운영자금의 대부분을 상무이사 이승복이 출자자들을 설득하여 유입했다고 하는데, 유진태의 동생 유진웅, 이승복의 동생 이창복의 처남인 이정희(이상설의 아들), 이석구, 김인현 등에게 자금을 끌어다 간신히 운영해 나갔다.[91] 결국 차상찬이 "아무리 양반이 좋다 한들 돈이 없는 데야 어찌하랴"고 지적했던 대로[92] 홍명희는 재정적 기반이 확고하지 못한 채 신문경영에 나섰다가 큰 어려움을 겪고, 자신이 구상했던 활동을 제대로 펼쳐 보이지도 못했다.

경영상의 어려움이 커지자 부사장 이관용은 신문을 살리기 위하여 정인보를 통해 '영남재벌'을 끌어들이려고 시도했으나 성사되지 않았다.[93] 이러한 과정에서 사원들이 반발하고 정상적인 신문발행이 되지

---

88 한홍구, 「원주의 역사적 인물─월봉 한기악(1898~1941)」, 『평론 원주』 6, 평론원주사, 2001, 333면.
89 『매일신보』, 1926.3.21.
90 이승복선생 망구송수기념회, 앞의 책, 128면.
91 위의 책, 127~133면.
92 차상찬, 앞의 글, 51면.

않은 채 한동안 사원회에 의해 납본만 하며 근근이 운영되다가 경무국이 "신문은 납본하는 것으로서 발행되는 것이 아니고 독자에게 배포되는 것으로서 발행되는 것"이라고 하며, "2개월을 과(過)하여 발행치 아니하는 시(時)는 발행허가의 효력을 실(失)함"이라는 규정을 들어 『시대일보』의 발행권이 자동으로 소멸된 것으로 결정했다. 민족주의 좌파들이 자금력도 없이 뛰어들었던 신문 경영 시도는 1년여 만인 1926년 8월경에 실패로 돌아가고 말았다.[94]

4. 『조선일보』의 인적 개편과 신간회 참여

1) 사원 대량해고의 배경과 결과

1924년 9월 혁신 이후 『조선일보』에는 다수의 사회주의 성향의 언론인들이 입사해 활동했다. 1925년 5월 이전에 홍덕유, 이석, 김재봉, 김단야, 홍남표, 서범석, 손영극, 신일용, 김준연 등이 근무했고, 1925년에 5월에는 『동아일보』를 퇴사한 박헌영과 임원근도 입사했다. 특히 화요회계 사회주의자들이 많았던 것은 화요회의 주요 인물이었던 홍증식이 영업국장으로 근무하고 있었기 때문이었다.[95] 총독부가 펴낸 『治

---

93 이승복선생망구송수기념회, 앞의 책, 134면.
94 김기진, 앞의 책, 359~360면.

安槪況』에는 "최근에는 많은 사회주의자를 기자로 입사시킨 관계로 논지가 항상 온건을 결하여, 간부 이하에 대하여 수차 엄중한 경고를 가했"다고 기록하고 있다.[96] 이렇듯 사회주의 성향의 기자들이 다수 활동하던 『조선일보』는 1925년 9월 8일자 사설 「조선과 노국과의 정치적 관계」라는 제목의 사설이 문제가 되어 무기정간 처분을 받는다. 이 사설을 쓴 신일용은 서울청년회계 사회주의자였다.[97]

무기정간 직후부터 『조선일보』는 정간 해제를 위해 다양한 노력을 기울였다. 정간 바로 다음 날인 9월 9일 이상협, 민태원, 이상철이 경무국에 출두해 사죄를 했고, 신석우는 자택에서 영업국장 홍증식과 '밀담'을 나누었다. 『조선일보』는 정간 수일 전에 이미 경영난을 해결하기 위한 '대정리의 필요' 때문에 '경비 5천 원 감액 계획'을 세우고 편집국 6명 등 총 33명을 해고하기로 방침을 세우고 논의 중이었다.[98] 무기정간 후 일부 지역에서 정간해제를 위한 독자대회가 열리자, 『조선일보』는 영업국장 홍증식 명의로 정간해제를 위한 '조선일보 독자대회'에 대해 감사하기는 하지만, "해정(解停)운동에 불편한 점"이 생길지 모르니 자제해 달라고 요청하는 '통문'을 지국장들에게 보냈다.[99] 이런 움직임을 보면 『조선일보』가 정간해제를 요구하되 가능하면 총독부 당국을 자극하지 않으려 했다는 것을 알 수 있다.

무기정간 해제를 위해 활동하는 과정에서 『조선일보』내부의 세 분

---

95 박용규, 앞의 글, 2008, 125~139면.
96 김준엽 · 김창순, 앞의 책, 336면에서 재인용.
97 전명혁, 앞의 책, 142면.
98 京本高秘 第5316號, 朝鮮日報停刊後ノ狀況(1925.9.10), 1~2면.
99 京本高秘 第5446號, 朝鮮日報社ニ關スル件(1925.9.14), 1~2면.

파, 즉 신석우 일파, 이상협 일파, 홍증식 일파는 각각 자신들의 이해를 둘러싸고 다툼을 벌였다. 신석우는 과거 이상협의 '신문계의 명성' 때문에 그를 영입했지만 그가 사내에서 영향력을 키우려고 하자 이상협 일파를 제거할 필요성을 느꼈다. 총독부가 '사회주의자의 도태'를 요구한 것에 대한 책임을 이상협에게 전가해 이상협 일파를 축출하는 방법을 선택했던 것이다.[100] 홍증식도 과거 『동아일보』시절에는 '상호 의견이 합치'되어 함께 이상협과 함께 『조선일보』로 옮겨왔지만, 『조선일보』로 온 후에는 인사문제를 둘러싸고 갈등을 겪다가 반목하고 적대시하게 됐다. 서로 자신들 일파의 사람들을 많이 뽑거나 필요한 자리에 앉히려다가 다투게 됐던 것이다. 결국 신석우, 홍증식, 김동성 등이 모여 정간해제와 함께 17명의 사원들을 해고하기로 결정했다.[101]

고문이었던 이상협, 장두현, 신구범과 영업국장이었던 홍증식까지 포함하면 총 21명이 『조선일보』를 떠나게 됐다. 사원 17명만을 살펴보면 사회주의자로서는 화요회계 박헌영, 임원근, 김단야, 이종정, 북풍회계 손영극, 서범석, 서울청년회계 신일용 등을 들 수 있고, 이상협계로는 김형원, 유광열, 최국현, 피교설, 백남진 등을 들 수 있다. 이외에도 김송은, 최용균, 국채진, 강우열, 홍종열 등이 포함됐다.[102] 이미 김재봉과 이석까지 퇴사한 상태에서 4명이나 추가로 퇴사한 화요회계도 큰 타격을

---

100 京鍾警高秘 第11816ノ2號, 朝鮮日報解禁後ノ主義者ノ動靜ニ關スルイ件(1925. 10. 22), 2~3면.
101 京鍾警高秘 第12162ノ1號, 朝鮮日報社ノ狀況ニ關スルイ件(1925. 10. 26), 6~11면.
102 공식적으로 신문에 발표된 명단과 경찰측 문서 사이에 차이가 있다. 경찰측 문서에는 당시 신문에 나와 있는 홍종열 대신 화요회계 사회주의자인 신백우가 포함된 것으로 나와 있다. 다른 자료들과 비교해 본 결과 신문에 나온 명단이 최종명단으로 판단된다. 경찰측 문서에는 해고자들의 파벌관계를 정리해놓고 있는데, 신일용을 화요회로, 김송은, 최용균, 국채진, 강우열을 백관수파로 분류하고 있다. 『동아일보』, 1925. 10. 24; 京鍾警高秘 第12255ノ1號, 朝鮮日報淘汰社員色別ニ關スルイ件(1925. 10. 28), 1~2면.

입었지만, 민태원을 제외하고 모두 퇴사하게 된 이상협파의 피해는 훨씬 컸다. 특히 화요회계는 지방부장 홍덕유와 지방부원 조용주를 남겨 놓아서 자신들의 지방조직을 계속 관리할 수 있게 되었다.[103]

이와 같은 결과는 신석우 일파와 홍증식 일파의 타협의 산물이었다. 신석우는 무기정간을 계기로 대량해고를 통해 경비를 절감하고, 경영의 주도권도 확실히 장악하려는 의도를 갖고 있었다. 홍증식은 정간으로 어차피 자신들 일파의 일부가 해고될 수밖에 없다면 피해를 최소화할 필요가 있었고, 이후 『조선일보』에 남아 있는 자신들 일파의 활동을 위해서는 차제에 그동안 대립해왔던 이상협 일파도 함께 퇴사하는 것이 필요하다고 판단했던 것이다. 이렇듯 신석우와 홍증식의 이해관계가 맞아떨어지면서 사회주의자들과 함께 이상협 일파도 해고되고 말았던 것이다. 당시 『조선일보』 기자였던 이상철은 총독부가 정간해제 조건으로 사원해고를 내세웠을 때 화요회가 이를 받아들일 것을 주장한 것은 홍증식이 "영업국장으로 있었기 때문에 전국의 좌익지국 조직을 계속 유지하기 위해서는 속간이 시급"했다고 보았기 때문이라고 주장했다.[104] 또한 이상철은 화요회가 이상협이 편집국 내 '좌익기자 동태'를 총독부에 알렸다는 이유로 함께 물러나야 한다고 요구해서 이상협 일파도 함께 퇴사하게 됐다고 주장했다.[105]

대량해고에 대해 가장 반발을 한 집단은 당연히 이상협계 사원들이었

---

103 京鍾警高秘 第11816 ノ2號, 朝鮮日報解禁後 ノ 主義者 ノ 動靜二關ス ル件(1925. 10. 22), 2~3면.
104 조선공산당 1차사건 때(1925. 12) 검거자가 『동아일보』 3명, 『조선일보』 7명, 『시대일보』 1명이었는데, 2차사건 당시(1926. 6) 검거자는 『동아일보』 5명, 『조선일보』 23명, 『시대일보』 15명으로 나타났다. 검거결과를 보면 화요회계 사회주의자들이 왜 『조선일보』 지국조직을 유지하기 위해 그렇게 노력했는가를 잘 알 수 있다. 김준엽·김창순, 앞의 책, 471면.
105 『한국일보』, 1976. 2. 26.

지만, 이들 못지않게 비판적이었던 집단이 북풍회계 사회주의자들이었다. 해고사원들이 집단행동에 나섰을 때 박헌영, 김단야, 임원근, 손영국, 서범석 5명은 "우리는 이상협씨 등과는 퇴사한 동기도 다를 뿐 아니라 어떠한 일을 물론하고 우리는 그들과 한 자리에서 일을 의논할 수 없는 것을 일반에게 표명"한다고 밝혔다.[106] 그러나 서범석은 "우리나 이상협씨 등이나 조선일보 당국자로부터 도태당한 데 대하여는 조금도 다름없을 줄" 안다고 하며, 박헌영 등의 주장을 부인하고 나섰다.[107] 해고사원들은 『동아일보』에 "사원의 목을 제물로 정간해제된 조선일보 출자자 신석우배(輩)의 죄악"이라는 제목의 의견광고를 싣기도 했다.[108] 해고사원들은 1925년 10월 27일에 '조선일보 내막 공개회'를 열었는데, 해고사원으로는 최국현, 김송은, 강우열, 유광열, 서범석, 김형원 등이 참여했고, 참석자에는 북풍회, 서울청년회 등 사회주의 단체 회원들이 대거 포함되어 있었다.[109] 장시간에 걸친 보고회에서는 신석우를 포함한 경영진과 화요회 사회주의자들에 대한 비판이 이루어졌다.[110]

『조선일보』사원 대량해고는 결과적으로 신석우와 안재홍 등 민족주의 좌파의 주도권을 확립하는 중요한 계기가 됐다. 대량해고를 통해 이상협의 영향력을 완전히 배제시키고,[111] 사회주의 세력도 약화시켰기

---

106 『동아일보』, 1925.10.25.
107 『동아일보』, 1925.10.26.
108 『동아일보』, 1925.10.27.
109 북풍회 계열의 신철과 김영우는 "화요회는 독점적으로 이 신문을 이용하기 위해 모든 북풍회 성원을 해고하는 방법으로 이러한 범죄적 거래를 시작했다"고 주장했다. 전명혁, 앞의 책, 282면.
110 京本高秘 第6349號, 朝鮮日報社失業者報告會ニ關スル件(1925.10.28), 1~13면.
111 이상협이 『조선일보』에서 밀려난 이유가 "그가 기관의 지배적 운전사이면서도 기관의 실권자가 아니라는 점"에 있었으며, 신석우가 "실권자이면서도 운전기사에게 지배를 받지 않을 수 없는 것이 실권자로서 운전사를 기피"하게 만들었다는 주장도 있었다. 즉 이상협의

때문이다. 이제야 비로소 이상협과 홍증식 없이 민족주의 좌파가 단독
으로『조선일보』를 운영할 수 있게 된 것이다. 민태원을 편집고문으로
밀어내고 상무이사 신석우가 '편집국장 사무취급'을 직접 맡았다는 것
에서도 변화를 읽을 수 있다.[112] 한편 화요회계 사회주의자들은 홍덕유
와 조용주가 남은 데다가 인천지국에 근무하던 이승엽이 올라오고, 진
주지국장이던 강달영이 촉탁으로 올라오면서 어느 정도의 영향력을 유
지할 수 있었다.[113] 1925년 말에 민족주의 우파에 의해 다시 자치론이
대두되자 1926년 3월에는 민족주의 좌파와 사회주의자들이 연합전선
으로서의 민족단일당 결성을 위한 모임을 가졌다. 이 자리에는 민족주
의 좌파로서 신석우, 안재홍 등이 참여했고, 사회주의자로서 강달영이
참가했다.[114]

2) 새 인물의 영입과 신간회의 참여

순종의 국상과 6·10만세 사건으로 자치운동이나 민족단일당결성
움직임은 일단 중지될 수밖에 없었다. 1926년 9월에 들어서서『동아일
보』측과 천도교 신파에 의해 자치운동이 벌어지기 시작하자, 사회주의
자들과 민족주의 좌파는 모두 민족단일당 결성을 위한 활동에 다시 나

역할이 커지자 신석우가 이를 견제하기 위해 그를 내몰았다는 것이다. 백악산인, 「복면객
의 인물평, 권토중래의 이상협씨」, 『삼천리』, 1938. 12, 46면.
112 『新聞總攬』(1926년판), 491면.
113 박용규, 앞의 글, 2008, 125~139면.
114 박찬승, 앞의 책, 2007, 158~160면.

섰다. 6·10만세투쟁으로 인한 대대적인 검거로 화요회계 조선공산당은 괴멸적 타격을 입고, 일본에서 조직된 일월회를 중심으로 형성된 ML파가 사회주의 운동을 주도하게 됐다. 1926년 11월 15일 '정우회선언'이 나오면서 사회주의자들도 민족통일전선의 결성을 모색하기 시작했다.[115] 민족주의 좌파들은 제한적인 범위 내에서 사회주의자들과 민족주의 좌파들이 결합했던 조선민흥회를 지지하며 본격적인 민족단일당 결성에 나섰다.[116]

신간회의 발기에 가장 앞장섰던 인물이 바로 홍명희였다. 『시대일보』폐간 이후 평북 정주의 오산학교 교장으로 가 있던 홍명희는 겨울방학에 서울로 와서 최남선에게 들렀다가 자치운동에 관한 얘기를 듣고, 이에 맞서기 위한 민족단일당 결성의 필요성을 느꼈다. 그는 "다음날 안재홍을 방문하고 신석우를 초치하여 대책을 협의한 결과 신속히 참다운 민족당을 조직하기로 결정했다"고 한다.[117] 홍명희와 신석우, 안재홍은 함께 상해 동제사에서 활동했었고,[118] 또 홍명희와 안재홍은 조선사정조사연구회에서도 함께 활동한 바 있었다.[119]

홍명희가 가장 먼저 이들을 찾은 데는 자치운동의 중심이 『동아일보』인만큼 이에 맞서기 위해서는 민족주의 좌파 세력이 주도하는 『조선일보』를 적극 활용할 필요가 있다는 인식이 작용했을 것이다. 또한 이런 과정에서 자신과 함께 『시대일보』에 근무했던 인물들의 『조선일

---

115 전명혁, 앞의 책, 314~316면.
116 이균영, 앞의 책, 85~94면.
117 위의 책, 96면.
118 김희곤, 앞의 글, 175~180면.
119 박찬승, 앞의 책, 2007, 154면.

보』입사를 부탁했을 가능성이 크다. 『조선일보』로서도 민족주의 좌파 진영의 인물들을 적극 받아들일 필요성이 있었기 때문에 쉽게 응했을 것이다. 『시대일보』출신으로서 신간회 결성 과정에서 『조선일보』에 입사했던 인물로는 한기악, 홍성희, 이승복, 안석주 등이 있었다. 신석우가 새 영업국장을 물색하다가 "이승복을 삼고초려 끝에 영입했다"는 것을 보면[120] 『조선일보』에게도 이들은 매우 필요한 인물들이었던 것이다.

다만 이들이 『조선일보』에 언제 입사해 무슨 자리를 맡았는지는 정확하지 않다. 자료들을 보면 이들이 한꺼번에 입사하지는 않았던 듯하다. 1927년 1월에는 한기악과 홍성희가 먼저 입사하여, 한기악은 편집국장, 홍성희는 판매부장을 맡았다.[121] 그 뒤를 이어서 이승복과 한기악도 1927년 초에 신간회 결성과정에서 『조선일보』에 입사했다.[122] 이승복은 신간회 창립 후에 입사해 영업국장을 맡았고, 안석주는 사회부 기자로 활동했다. 이관용은 1928년 2월에 가서야 편집고문으로 『조선일보』에 관계했고,[123] 홍명희는 아예 입사하지 않았다. 이미 1926년 9

---

120 조선일보사 사료연구실, 앞의 책, 109면.
121 한기악의 경우 『별건곤』 1927년 1월호에 쓴 「年頭感」이라는 글에 '조선일보사 한기악'이라고 나와 있고, 1927년 2월 15일 신간회 창립 당시의 상황을 정리한 경찰측 자료에도 『조선일보』에 재직하는 것으로 나와 있다. 慶北道警察局, 『高等警察要史』, 慶北道警察局, 1934, 49면. 출처를 밝히지 않은 채 한기악이 1926년에 입사했다고 기록한 자료도 있다. 조선일보사 사료연구실, 앞의 책, 253면. 홍성희의 경우 신간회 조직 계획을 탐문해 정리한 경찰측 자료에 『조선일보』 판매부장으로 나와 있다. 朝京 第103號, 新幹會組織計劃ニ關スル件(1927.1.22), 4면. 신간회 창립 직후에 작성된 것으로 보이는, 작성자가 나와 있지 않은 경찰측 자료인 「신간회 임원명단」이라는 문서를 보면, 한기악이 편집국장, 홍성희가 판매부장으로 나와 있다. 이 자료에 직업으로 이승복은 '저술', 안석주는 '화가'로 나와 있다.
122 이승복은 1927년 초에 이사 겸 영업국장으로 『조선일보』에 입사했다고 주장했다. 이승복 선생 망구송수기념회, 앞의 책, 345면. 안석주는 자신이 홍명희나 한기악 등의 선배를 따라 『동아일보』에서 『시대일보』로 옮겼다가 다시 『조선일보』에 입사했다고 밝혔다. 안석주, 「신문기자 10년 파란사—타고남은 잿더미」, 『삼천리』, 1932.7, 32면.

월부터 김동성 대신 안재홍이 발행인을 맡았고, 12월부터는 민태원 대신 백관수가 편집인을 맡아서 민족주의 좌파가 주도권을 행사하게 된 상황에서 『시대일보』출신의 민족주의 좌파 인사들이 합류하면서 『조선일보』는 명실상부하게 민족주의 좌파의 집결지가 됐고, 신간회의 기관지 역할도 하게 되었다. 『조선일보』는 사설로 신간회의 현실이나 전망을 자주 다루었고, '신간회 소식'이라는 난을 두어 신간회 활동에 관해 자세히 보도했다.[124]

『시대일보』출신들은 신간회 결성과정에서 기존에 『조선일보』에 재직하던 인물들과 함께 중요한 역할을 했다. 신간회 창립 당시 발기인이나 간사로 참여했던 사람들 중에 기존에 『조선일보』에 근무했던 인물로는 이상재, 신석우, 안재홍, 백관수, 최선익, 장지영 김준연 등이 있었고, 『시대일보』에서 옮겨온 사람으로는 한기악, 이승복, 안석주, 홍성희 등이 있었다. 물론 『시대일보』출신인 이관용과 홍명희도 발기인과 간사로 신간회에 참여했다.[125] 신석우가 임시의장을 맡고, 이상재와 홍명희가 회장과 부회장으로 선출되었던 것을 보아도, 『조선일보』내의 기존의 민족주의 좌파와 『시대일보』출신의 민족주의 좌파 두 집단이 결합해 신간회를 주도했다는 것을 알 수 있다.[126]

『조선일보』가 신간회 활동에 적극 나선 것에 대해 경찰측 자료에는 신석우와 안재홍이 "동아일보계의 자치운동단체 조직계획에 앞서서

---

123 윤선자, 「이관용의 생애와 민족운동」, 『한국 근현대사 연구』 30, 한국근현대사학회, 2004, 19면.
124 이균영, 앞의 책, 98면.
125 위의 책 100~101면.
126 부회장에 선임된 홍명희는 곧 사퇴해서, 권동진이 대신 그 자리를 맡았다. 이균영, 앞의 책, 102~103면.

새로운 단체를 조직해 이에 대항하는 동시에 호남, 호북, 영남 지방의 재벌을 회원으로 끌어들여 자금을 제공하게 하여 이를 신문경영에 이용"하려 했다고 기록하고 있다.[127] 정치적 목적뿐만 아니라 경제적 고려까지 작용해『조선일보』가 신간회 결성에 적극적으로 나섰다는 것이다. 그러나 현실적으로 신간회 활동을 통해 자금을 끌어들일 가능성은 별로 없었던 반면에 오히려 신간회 결성과정에서 많은 인물들이 새로 들어와서 재정 상황이 더 어려워졌을 가능성도 있었다. 즉『조선일보』가 신간회 결성에 적극적으로 참여한 데는『동아일보』를 중심으로 하는 민족주의 우파의 자치운동에 맞서기 위한 목적이 더 크게 작용했다고 볼 수 있다.

민족주의 좌파 세력은 신간회 창립 이후 "한편으로는 조선공산당이 신간회의 헤게모니를 장악하여 자기 세력권으로 흡수하려는 것을 막고, 다른 한편으로는 자치운동 세력이 침투하여 신간회를 탈취하는 것을 사전에 방지하고자" '신간그룹'을 조직했다.[128] 1927년 5월 18일 신석우, 안재홍, 홍명희, 이관용, 권동진, 박동완, 박래홍, 최익환, 이옥 등이 "순민족적 전위분자의 결속"을 위해서 '신간그룹'을 결성했다.[129] 자치운동파와 사회주의자에게 신간회의 주도권을 빼앗길지 모른다는 의기의식이 민족주의 좌파의 결집을 강화했던 것이다.[130] 신석우, 안재홍, 홍명희, 이관용 등 4명이 신간그룹에서도 중요한 역할을 했다는 것으로도 언론활동을 통해 결집된 민족주의 좌파의 활동이 지니는 의

---

127 慶北道警察局, 앞의 책, 49면.
128 강영주, 앞의 책, 227면.
129 梶村秀樹・姜德相,『現代史資料』29(朝鮮 5), 東京 : みすず書房, 1972, 96면.
130 박찬승, 앞의 책, 2007, 167면.

미를 알 수 있다. 따라서 『조선일보』의 논조가 이런 신간그룹의 입장을 대변하는 것은 당연한 일이었다.[131]

5. 결론 및 제언

일제강점기의 신문은 민족주의자나 사회주의자에게 모두 중요한 민족운동의 수단이었다. 민족주의 우파가 『동아일보』를 중심으로 조직화되어 오랫동안 일관되게 활동을 했고, 사회주의자들은 『시대일보』나 『조선일보』에 조직적으로 들어가 치밀하게 활동을 했다. 반면에 민족주의 좌파들은 민족주의 우파 같이 자금력이 뛰어났던 것이 아니고 사회주의자들 같이 조직력을 갖추고 있었던 것도 아니다. 민족주의 좌파 언론인 집단은 민족주의 우파가 발행하던 『동아일보』를 의식하고, 사회주의자들의 언론활동을 견제하며 하나의 세력으로 성장해 나갔다.

민족주의 좌파 언론인 집단이 형성되는 결정적인 계기는 1924년 9월 신석우, 안재홍 등에 의해 『조선일보』가 인수된 것과 1925년 4월 홍명희, 이승복 등에 의해 『시대일보』가 운영되기 시작한 것이었다. 신석우

---

[131] 안재홍은 1924년 9월부터 1932년 퇴사할 때까지 사설 약 980편, 석간의 시평 약 470편을 썼다고 한다. 재직기간 1년가량 투옥된 적이 있었다는 점을 감안하면, 안재홍이 거의 격일로 사설을 집필했다는 것을 알 수 있다. 따라서 신간회 창립 이후 『조선일보』의 논조는 사실상 안재홍의 입장을 보여주는 것이었고 이것이 곧 신간그룹의 입장이었다고 해도 과언은 아닐 것이다. 안재홍선집 간행위원회, 『민세 안재홍 선집』 4, 지식산업사, 1993, 398면.

나 안재홍은 처음부터 타협적 자치운동에 나섰던『동아일보』에 맞서기 위해『조선일보』를 인수해 운영하기 시작했고, 홍명희와 이승복은『동아일보』의 개혁을 시도하다가 실패하고 나와서『시대일보』를 인수해 운영했던 것이다.

그러나『조선일보』는 인수 당시 함께 참여했던 민족주의 우파 성향의 인물들에게 휘둘리고 사회주의자들의 조직적 활동에 영향을 받으며 민족주의 좌파의 입장을 대변하는 역할을 제대로 하지 못했다.『시대일보』는 재정적 기반도 없이 출발하여 처음부터 어려움을 겪으면서 안정적인 활동을 할 수가 없었다. 1925년 10월 무기정간 해제과정에서 민족주의 우파 성향의 인물들과 사회주의자들이 떠나게 되면서『조선일보』는 비로소 민족주의 좌파가 확실히 주도하게 됐고,『시대일보』경영에서 실패하고 떠난 일군의 민족주의 좌파 언론인들이 여기에 결합하면서『조선일보』는 민족주의 좌파의 결집지가 되었다.

위와 같은 과정을 거쳐서 비로소『조선일보』계라고 불리는 민족주의 좌파의 한 집단이 형성된 것이다.『조선일보』계열이라는 하나의 집단으로 묶일 수 있었던 중요한 요인 중의 하나는 이들 중 대부분이 해외에서의 민족운동의 경험을 갖고 있다는 점이다. 그러면서도 이들은 대부분 기반이 없는 해외에서의 민족운동 대신 국내에서 민족운동을 하기로 결심했던 인물들이었다. 이들은 신간회 결성과정에서 주도적 역할을 했고,『조선일보』는 신간회 기관지라고 불릴 만큼의 활동을 했다. 민족주의 좌파가 민족주의 우파의 타협적 자치운동에 맞서는 데『조선일보』는 결정적인 역할을 했던 것이다. 민족주의 우파의 자치운동이나 사회주의자들의 조직적 침투에 맞서기 위한 신간그룹 활동에서도『조선일보』계열 인물들은 중요한 역할을 했다.

그러나 신문을 중심으로 형성되었던 민족주의 좌파 언론인 집단은 민족주의 우파 언론인 집단이나 사회주의적 언론인 집단에 비해 결집력을 가지고 있지는 못했다. 『동아일보』를 중심으로 하는 민족주의 우파 언론인 집단이나 화요회계를 중심으로 했던 사회주의 언론인 집단이 해방 이후 다시 한민당과 조선공산당으로 이어져 활동을 했지만, 민족주의 좌파 언론인들은 하나의 세력으로 결집되어 활동하지 못했다. 민족주의 우파를 의식하고, 사회주의자들을 견제하기 위해 하나의 세력으로 모이기는 했었지만 통일된 목적을 갖고 조직화된 세력은 아니었기 때문이다.[132] 해방 이후 안재홍과 홍명희 정도가 각각 중도우파나 중도좌파 정당에서 활동했을 뿐이었다.

이 글은 일제강점기 신문과 민족운동과의 관계를 밝힘으로써, 일제 하의 신문이나 민족운동을 좀 더 구체적으로 파악하는 데 도움을 줄 수 있을 것이다. 이 글은 일차적으로는 언론사 분야에서 1920년대 신문의 논조를 분석하고 해석할 때 매우 유용할 것이다. 그러한 논조 변화의 배경이 되었던 신문과 민족운동과의 관계를 분석함으로써 논조 변화의 배경을 쉽게 이해할 수 있도록 만들어줄 것이다. 또한 이 글은 1920년대 민족운동의 역사적 특성을 밝히는 데도 기여할 것이다. 민족운동의 이합집산 과정에 신문이 어떤 역할을 했는지를 밝힘으로써 민족운동의 분화와 대립을 좀 더 쉽게 이해할 수 있도록 해줄 것이다.

---

[132] 한 연구는 신간회 결성에 참여한 『조선일보』계열의 이면에는 '비밀결사 흥업구락부'가 존재했다고 주장했다. 김영진, 「초창기 신간회 경성지회 주도세력 연구」, 성균관대 석사논문, 2007, 25~26면. 그러나 이에 대해서는 앞으로 면밀한 검토가 필요하다. 만약 흥업구락부가 배후에 있었던 것치고는 구성원 사이의 결집력이 너무 낮았기 때문이다.

향후 연구들은 일제강점기의 구체적인 국면에서 신문과 민족운동 세력들이 어떤 관계를 맺으며 활동을 해나갔는가를 밝히는 연구를 할 필요가 있다. 특히 민족주의 좌파가 언론사적으로 중요한 역사적 사건들에 대해 어떻게 개입하고 활동했는가를 구체적으로 살펴볼 필요가 있다. 즉 언론집회압박탄핵회나 전조선기자대회 등에 대해서도 연구를 할 필요가 있다는 것이다. 나아가 민족주의 우파나 사회주의 세력과 신문과의 관계를 구체적으로 밝히는 연구도 필요할 것이다. 민족주의 우파가 어떻게 신문을 장악했고, 사회주의자들이 신문에 어떻게 조직적으로 참여했는지를 밝힐 필요가 있다는 것이다. 이런 연구들을 통해 일제하 다양한 민족운동 세력들의 언론활동이 해방 이후 어떤 의미를 지니는지도 밝힐 수 있게 될 것이다.

제8장

일제강점기 안재홍의 언론활동과 언론사상

1. 서론

한국 언론 초기에는 언론인이며 동시에 민족운동가로 활동했던 인물들이 적지 않았다. 개화기와 일제강점기라는 현실적 조건 속에서 많은 민족운동가들이 언론계에 투신했고, 이런 언론인들은 민족운동의 일환으로서 언론활동을 했다. 이들에게 언론은 민족운동을 위한 하나의 중요한 수단이었다. 그러나 이들 중 상당수는 잠시 언론계에 몸을 담았거나, 또는 직접 글을 쓰지는 않고 단지 언론사 경영진으로만 활동했을 뿐이다.

당시에 활발하게 민족운동에 참여하면서 동시에 오랫동안 직접 글을 쓰는 언론인으로도 활동했던 인물들이 없지는 않았다. 그 대표적 인물 중 한 명이 바로 안재홍이다. 안재홍은 일제강점기부터 미군정기까지 매우 활발하게 민족운동에 참여하면서도 줄곧 직접 사설이나 시평 등을 쓰는 언론인으로도 활동했다. 이런 안재홍에 대해 천관우는 "민족운동가로서 언론인으로서 역사가로서, 그리고 해방 후는 정치인으로서, 그 분야마다 굵직한 자리를 차지"했었다고 평가했다.[1] 무엇보다도 그는 필화로 인한 옥고를 포함해 일제하에 무려 9번이나 구속되었을 정도로 철저하게 비판적이고 저항적인 활동을 한 언론인이자 민족운동가였다. 또한 그는 해방 후에는 통일민족국가의 건설을 위해 적극적으로 노력했던 대표적인 중도파 정치인이기도 했다.[2]

그럼에도 1970년대까지는 안재홍에 대한 연구가 거의 이루어지지 않다가, 1980년대 이후에야 비로소 본격적인 연구들이 나오기 시작했다. 이것은 이 시기에 현대사에 대한 관심이 고조되었고, 그에 관한 자료집도 나왔기 때문이었다.[3] 특히 1980년대 말 이후 해방 직후의 중도파나 좌익 세력에 대한 연구가 본격화 되었다는 점도 중도우파였던 안재홍에 대한 연구가 활성화되는 데 영향을 주었다. 이러한 안재홍에 대한 연구들은 대부분이 그의 정치사상과 정치활동, 그리고 부분적으로는 역사학자로서의 업적에 집중되어 있다.[4]

1 천관우, 「민세 안재홍 연보」,(『창작과비평』 50, 창작과비평사, 1978), 『민세 안재홍선집』 4, 지식산업사, 1992, 81면.
2 정윤재, 『다사리 공동체를 향하여』, 한울, 2002.
3 『민세 안재홍 선집』은 지식산업사에서 1권(1982), 2권(1983), 3권(1991), 4권(1992), 5권(1999), 6권(2005), 7권(2008), 8권(2004)이 출간되었다. 『민세 안재홍 선집』에 실린 자료를 인용할 때, 신문기사는 제호, 일자, 『선집』의 권과 면수의 순으로 표기할 것이며, 사설 이외의 자료는 원래 출처를 밝히고 뒤에 『선집』의 권과 면수를 표기할 것이다. 인용된 글의 애초 집필 시기를 밝히는 것은 집필의 시대적 배경을 이해하는 데 필요하기 때문이다. 『민세 안재홍 선집』은 『선집』으로 줄여서 표기할 것이다.
4 2002년에는 안재홍에 관한 논문 모음집인 『민족에서 세계로』와 평전인 『다사리 공동체를

이렇듯 안재홍에 대한 연구가 상당히 활발해졌음에도 그의 언론활동에 대한 연구는 여전히 매우 부진한 편이다.[5] 그가 민족운동가이며 동시에 언론인이었다는 점을 감안하면, 그의 활동을 총체적으로 이해하기 위해서는 각 영역에서의 활동이 구체적으로 연구되고 종합될 필요가 있다. 그렇지만 지금까지 언론인으로서의 안재홍에 대한 연구가 제대로 이루어지지 않으면서, 그의 언론활동에 관한 사실들이 정확하게 파악되지 못하거나, 언론활동과 여타 활동과의 관계가 제대로 이해되지 못하는 경우가 많았다.

이런 문제점들은 기본적으로 언론학 분야에서 언론인에 대한 역사적 연구가 제대로 이루어지지 않았다는 점에 기인한다. 특히 언론인이며 동시에 민족운동가였던 많은 인물들에 대해 본격적인 연구가 별로 없고, 그나마 몇 안 되는 기존 연구들도 개화기에 활동했던 일부 인물들에만 집중되어 있기 때문이다. 이런 현실은 언론사 연구가 언론인의 활동에 대한 체계적인 이해 없이 주로 매체사 연구에만 치중하는 결과를 낳았고, 또한 언론을 민족운동과 연관하여 총체적으로 파악하는 것을 어렵게 만들어 왔다. 따라서 이제부터라도 언론인의 활동이나 사상에 대한 역사적 연구를 본격적으로 시작할 필요가 있다.

향하여』가 간행되어 그에 관한 학계의 관심이 커지고 있음을 보여주었다. 또한 2010년에는 논문 모음집인『안재홍의 항일과 건국사상』이 출간되어 안재홍에 대한 관심이 지속되고 있음을 보여주었다.

5 안재홍의 언론인으로서의 면모에 주목한 초기 논문으로는 조맹기와 윤대식의 연구가 있다. 조맹기, 「안재홍의 신민족주의 언론사상」,『민족에서 세계로』, 봉명, 2002, 161~197면; 윤대식, 「안재홍의 항일투쟁론-언론을 통한 지사적 정치투쟁의 변형과 한계」,『21세기 정치학회보』14-3, 21세기정치학회, 2004, 1~17면. 최근 안재홍의 언론사상과 언론활동에 관한 논문을 모아 놓은 책이 발행되었다. 민세 안재홍선생기념사업회,『안재홍 언론사상 심층연구』, 선인, 2013.

이런 문제의식에 따라 본 연구에서는 일제강점기부터 해방 이후까지 언론인이자 민족운동가로 활동했던 대표적 인물 중 한 명인 안재홍의 언론활동과 언론사상을 살펴보고자 하는 것이다. 본 연구는 무엇보다도 비타협적 민족주의자로서 주로 언론을 기반으로 활동했던 안재홍의 활동을 좀 더 총체적인 시각에서 바라보는 데 기여할 수 있을 것이다. 또한 본 연구는 지사주의적 언론인으로서 일관했던 안재홍의 삶을 살펴봄으로써 바람직한 언론과 언론인이란 무엇인가를 이해하는 데 도움을 줄 수 있을 것이다.

2. 연구의 시각과 내용

근대신문이 먼저 등장했던 서구사회에서도 초기의 신문들은 주로 정치적 목적 때문에 발행되었고, 언론인들도 이런 신문 발행 목적에 충실한 언론활동을 했다. 그러나 19세기 중반 이후 미국과 영국을 중심으로 대중신문이 등장하고, 이후 신문이 기업화되어 이윤추구에 몰두하게 되면서 언론인들의 특성도 점차로 변화하게 되었다. 즉 언론이 정치나 문학으로부터 독립되고,[6] 신문이 정치적인 영향력을 주로 행사하려

---

6   Chalaby, J. K., "Journalism as an Anglo-American Invention—A Comparison of the Development of French and Anglo-American Journalism," *European Journal of Communication* 11(3), 1996, pp. 313~318.

고 하기보다는 정보나 오락을 제공하는 기능에 더 치중하게 되면서,[7] 이제 언론인들도 정론(政論)을 펼치는 문필가로서의 공적이고 비판적 기능보다는 주로 언론기업의 사적 이익 실현을 위한 기능적 역할을 하게 되었다.[8] 결국 언론인들은 '독립적인 사건의 해석자'에서 점차로 독립성을 상실하고 '뉴스전달과정의 기술적인 한 부분'이 되고 말았다.[9] 다만 이런 변화과정에서 이제 언론인은 하나의 전문적인 직업으로 자리잡아갔고, 그 역할도 더욱 세분화되게 되었다.

그러나 서구와는 달리 동양의 근대 신문은 개혁적 지식인들에 의해 정치적인 목적 때문에 발행되기 시작한 후 오랫동안 이런 전통을 유지했다. 이런 차이는 언론인의 특성에도 영향을 주어 동양에서는 언론인을 하나의 직업인으로 보기보다는 이른바 '지사(志士)'로 보는 경향을 낳았다.[10] 언론인을 정치적인 목적의식을 가지고 계몽적이며 비판적인 활동을 하는 일종의 지사로 인식하는 이 같은 경향은 특히 한국에서 더욱 두드러지게 나타났다. 즉 한국에서는 근대 신문이 등장한 이후 오랫동안 언론인들이 민족운동의 일환으로 언론활동을 한다는 인식이 있었다. 실제로도 많은 언론인들이 당대의 민족적 과제를 해결하기 위해 국민들을 계몽하는 한편 권력과 외세를 비판하기도 하는 언론활동을 했다.

특히 개화기의 개신 유학자적인 전통 위에 서있던 상당수 언론인들은 언론을 '경세(經世)'의 일종이며, 또한 사학의 근대적 변형으로 보며

---

7 Smith, A., 최정호 · 공용배 역, 『세계 신문의 역사』, 나남, 1990, 260면.
8 Habermas, J., *The Structural Transformation of the Public Sphere*, Cambridge, The MIT Press, 1987, pp.181~195.
9 Carey, J. W., "The Communications Revolution and the Professional Communicator", in P. Halmos (ed.), *The Sociology of Mass Media Communicators* - *The Sociological Review Monograph* 13, 1969, p.32.
10 남시욱, 「기자관의 변천과 이미지 정립」, 『신문평론』, 1974.1, 74~75면.

적극적인 언론활동을 했다.[11] 여기에서 거론되는 '경세'란 당시로서는 주로 개화를 추진하거나 민족의 주권 유지를 위한 민족운동일 수밖에 없었기 때문에 개화기 언론인들 중 적지 않은 수가 민족운동가이자 역사가이며 동시에 언론인으로 활동했다고 할 수 있다. 즉 개화기의 언론인들은 반봉건과 반외세라는 민족적 과제를 해결하기 위한 민족운동의 일환으로 비판적이고 계몽적인 언론활동을 했던 것이다. 이렇듯 개화기의 시대 상황과 지식인의 지적 전통 속에서 민족운동의 일환으로 언론활동을 했던 언론인들을 통해 이른바 한국 언론인의 지사주의적 전통이 형성되었던 것이다.

그러나 일제에 의해 강점된 이후 이런 전통은 상당 부분 단절될 수밖에 없었다. 즉 개화기의 학문적 전통이 신학문을 공부한 지식인들에 의해 부정되었던 탓도 없지 않았지만,[12] 이보다도 일제에 의해 강력한 언론탄압이 가해지는 한편 신문들은 점차 하나의 기업으로 변모하게 되었기 때문이다. 비록 1920년대까지는 언론인들이 "스스로 계도자연 하였고 민족운동자로 자처하여 각기 지사연"하는 분위기가 있었지만,[13] 이 시기에 실제로 많은 언론인들이 민족운동의 일환으로 활발한 언론활동을 했다고 보기는 어려웠다. 즉 1920년대에 민족운동가로서 언론인이 되었던 인물들이 적지 않았지만, 이들의 활동이 구한말 같이 활발하거나 지속적인 것은 아니었다.

안재홍은 바로 이런 역사적 변화 과정에서 개화기 이래 언론인의 지

---

11 천관우, 「장지연과 그 사상」, 『백산학보』 3, 백산학회, 1967, 506면.
12 최봉영, 「유교 문화와 한국사회의 근대화」, 『사회와 역사』 53, 한국사회사학회, 1998, 82면.
13 신태악, 「그때와 지금의 기자상」, 『신문과 방송』, 1978.9, 85면.

사주의적 전통을 이어 받아 민족운동가이자 역사가이며 동시에 언론인으로 활동했던 대표적 인물 중 한 명이었다.[14] 따라서 그의 언론관과 언론활동을 구체적으로 살펴본다는 것은, 안재홍의 활동에 대한 총체적인 이해를 위해서 반드시 필요할 뿐만 아니라 한국 언론인의 사회적 특성이 어떻게 변화되어 갔는가를 밝히는 데도 중요한 의미를 지닌다.

이 글에서는 이런 관점에 따라 일제강점기 안재홍의 언론활동과 언론사상을 살펴보려고 한다. 즉 이 글에서는 우선 안재홍이 논객이나 언론사 경영자로서 어떻게 활동했고, 이런 과정에서 그가 언론의 역할 및 언론인의 자세에 대해서는 어떤 주장을 했으며, 나아가 이러한 언론활동과 언론사상은 어떤 변화를 보였는지에 대해서도 고찰할 것이다. 위와 같은 문제들을 고찰하기 위해 본 연구에서는 안재홍이 직접 썼던 책, 잡지기사, 사설은[15] 물론 그 밖의 그에 관한 다양한 자료들을 연대기적으로 체계를 잡아 기술한 뒤, 이를 비판적으로 분석하는 역사적 접근방법을 사용하고자 한다.[16]

---

14 천관우는 이러한 대표적 인물로 구한말의 박은식, 장지연, 신채호를 들고, 이를 이어받은 인물들로는 최남선, 안재홍, 정인보 등을 들었다. 천관우, 「언론인으로서의 단재」, 『나라사랑』 3, 외솔회, 1971, 34면.
15 원래 사설은 무기명으로 되어 있지만, 안재홍은 자신이 쓴 사설을 따로 정리해 놓았고, 이것 중 일부가 『선집』에 실려 있기 때문에 이를 연구에 활용할 수 있었다.
16 도진순, 『한국민족주의와 남북관계』, 서울대 출판부, 1997, 7~11면.

3. 일제하 안재홍의 언론활동

1) 1920년대의 언론활동

일제강점기의 민족운동은 크게 민족주의 운동과 사회주의 운동으로 나눌 수 있다. 민족주의 세력은 다시 민족주의 우파와 민족주의 좌파로 나뉘고,[17] 사회주의 내에는 화요회·북풍회·서울청년회 등 다양한 분파가 존재했다.[18] 1920년대 중반에 민족주의 세력 내부에 분열이 생겼는데, 일제에 타협적인 세력을 '민족주의 우파', 비타협적인 세력을 '민족주의 좌파'라고 불렀다. 전자는 자치운동에 찬성하며, 대자본가 중심의 자본주의를 지향한 반면에, 후자는 자치론에 반대하여 소상품생산자 중심의 자본주의를 지향했다. 또한 사회주의에 대해 전자가 극히 부정적인 것으로만 간주한 반면에, 후자는 그 연대의 불가피성을 인정하면서도 계급주의 우선으로 흐르는 것을 비판했다. 흔히 민족주의 우파를 '타협적 민족주의' 또는 '민족개량주의'라고도 불렀고, 민족주의 좌파를 '비타협적 민족주의'라고도 불렀다.[19] 대표적인 비타협적 민족주의자였던 안재홍은 자신의 활동을 다음과 같이 정리해 표현했다.[20]

---

17 박찬승, 「부르주아 민족주의, 우파민족주의, 문화민족주의」, 『역사비평』 75, 역사비평사, 2006, 289면.
18 전명혁, 『1920년대 한국사회주의운동 연구』, 선인, 2006, 182~183면.
19 김명구, 앞의 글, 171~173면; 이지원, 「일제하 안재홍의 현실인식과 민족해방운동론」, 『역사와 현실』 6, 한국역사연구회, 1991, 48~56면.
20 국사편찬위원회 홈페이지(www.history.go.kr) '한국사데이터베이스'에서 검색할 수 있는, 1936년 5월 '중국군관학교 입교주선 사건'으로 구속되었을 때의 안재홍에 대한 '경찰신문조서'와 '검사신문조서'는 중요한 내용을 담고 있다. 위에 인용된 내용은 안재홍에 대한 검사

나는 소위 합법적인 민족주의자로서 항상 합법적인 수단에 의하여 현실적인 조건에 속하는 방법에 따라 실현될 수 있는 민족주의를 방법으로 하고 있다. 방법에는 2단계가 있다. 하나는 문서, 강연 등에 따라 위정당국의 반성을 촉구하거나 조선인 유력자의 여론을 움직여 점진적으로 이것을 실현시키고 그 목적은 우선 정치, 교육, 산업 등에 조선인 본의의 조선을 만들어 주는 것. 제 2단계에는 합법주의로 정치단체를 조직하여 직접 관계하고 지도하고 싶은 생각으로 있다. 그 후 소화 7년경(1932년 – 인용자)부터는 그런 방법보다는 순전한 지도와 주의를 주장하여 보고 싶다는 것을 생각하고 있다.

이렇듯 안재홍 같은 비타협적 민족주의 세력은 일제에 대해서는 비타협적으로 투쟁하되, 투쟁의 방법은 언론이나 교육 등 가능한 한 합법적 수단을 사용하려고 했다. 이에 대해 "일제에 대해 비타협적이라는 정치노선과 합법 활동이라는 투쟁노선과의 모순"이 드러날 수밖에 없었다는 비판도 나왔다.[21] 안재홍은 일제에 대해 비타협적 자세로 합법적 언론활동을 했기 때문에 옥고를 치렀고, 그러면서도 끝내 지조를 지켰다는 점에서 지사적 언론인의 전형이었다고 할 수 있다.

안재홍은 1924년 3월 31일에 최남선에 의해 창간된 『시대일보』의 논설반원 겸 정치부장이 되어 본격적인 언론활동을 시작했다. 신문 창간을 앞두고 최남선이 유능한 인재의 참여를 위해 애썼다는 사실을 고려하면,[22] 안재홍도 최남선의 권유로 『시대일보』에 참여했을 가능성이

신문조서(2회)에서 나와 있는 것이다. 신문조서에 나와 있는 내용이라는 점에서 한계가 있기는 하지만, 비교적 안재홍의 입장을 잘 드러내주고 있다고 할 수 있다.
21 이지원, 앞의 글, 54~55면.
22 신태악, 앞의 글, 84~85면.

크다.[23] 그러나 7월에 운영난 때문에 최남선이 사교(邪敎)로 지탄받던 보천교에 발행권을 넘겨주려고 하여 혼란이 생기자[24] 곧 퇴사함으로써 『시대일보』에서의 생활은 짧게 끝나고 말았다. 비록 짧은 기간이었지만 그는 『시대일보』를 통해 "논단의 일우(一隅)에 우뚝한 두각을 드러내기" 시작했다는 평을 듣기도 했다.[25] 다만 그는 처음부터 논설반 기자로 언론계 생활을 시작하여 취재경력이 전혀 없었다는 점에서 기자라기보다는 "처음부터 필정(筆政)에서 시작한 평론가"였다고 할 수 있다.[26] 즉 그는 처음부터 직업적인 언론인이었다기보다는 민족운동가적 논객으로 출발했다고 볼 수 있다.[27]

안재홍은 『시대일보』를 퇴사하기 직전인 1924년 6월에 27개 언론사 및 사회단체가 참여한 언론집회압박탄핵회의 실행위원이 되어, 일제의 언론탄압에 항의하는 활동에 적극적으로 나서기도 했다.[28] 안재홍은 이때부터 현직 언론인으로서 사회운동에도 적극적으로 참여하기 시작했다. 안재홍은 『시대일보』를 사직하고 난 지 얼마 안 된 1924년 9월에 신석우가 인수해 새로 출발하게 된 『조선일보』로 옮겨 주필을 맡아 활동하게 되었다. 신석우는 한 때 상해임시정부의 간부까지 지냈던 인물로서, 안재홍과는 일본 유학 시절부터 잘 알고 지내던 사이였다.[29] 안

---

23 안재홍은 1936년 5월 '중국군관학교 입교주선사건'으로 구속되었을 때의 검사신문조서(1회)에서 『시대일보』를 "최남선이라는 나의 친구와 함께 발기, 창간한 일간신문"이라고 표현했다.
24 一記者, 「문제의 시대일보 분규의 전말과 사회여론」, 『개벽』, 1924.8, 30~38면.
25 유광열, 「안재홍론」, 『동광』, 1932.7, 55면.
26 유광열, 『기자 반세기』, 서문당, 1969, 278면.
27 안재홍은 다른 논설반 기자들과는 달리 "정치·경제·외교 등에 모두 손을 대어" 전문성이 떨어진다는 지적을 받기도 했다. 이런 지적은 민족운동가이자 언론인이었던 그가 갖는 한계였다고도 볼 수 있다. 유광열, 「신문기자 군상」, 『신동아』, 1932.10, 52면.
28 『한국언론연표』, 325면.

재홍과 신석우는 모두 비타협적 민족주의자로서『동아일보』계열의 민족개량주의적 성향에 반대하는 입장을 보였다.[30] 안재홍은 약 7년 반 정도 동안 사설을 집필하며『조선일보』의 비타협적 민족주의 논조를 주도했다.[31] 이런 안재홍의 활동을 통해『조선일보』는 1920년대 내내 민족개량주의적인『동아일보』와는 차별성을 보일 수 있었다.

한편 1925년 4월에 개최된 전조선 기자대회에서『조선일보』사장 이상재와 안재홍이 각각 의장과 부의장을 맡았는데, 이에 대해 "두 분의 인물로는 아무도 이의가 없었다"는 평가를 듣기도 했다.[32] 이것은 비타협적 민족주의 노선의『조선일보』가 당시 언론계에서 주도적 역할을 하고 있었음을 보여주는 것이었다. 그는 언론인 단체인 무명회에서도 1925년부터 1927년까지 위원으로서 적극적인 활동을 했다.[33] 또한 안재홍은 1925년에 조선사정연구회나 태평양문제연구회 등의 민족운동 단체에서 활동하기도 했고, 1926년부터는 신석우 등과 함께 민족협동전선 결성에 적극적으로 나섰다. 결국 1927년 2월 15일에 결성된 신간회에는 안재홍과 신석우를 포함해『조선일보』에 재직하던 인물들이 상당수 참여해 간부를 맡았고,[34] 당연히『조선일보』의 논조는 신간회를 적극 지지하는 경향을 보였다.[35] 이렇듯 1927년까지 안재홍은 언론

---

29 이균영,『신간회 연구』, 역사비평사, 1993, 100면.
30 박찬승,『한국근대정치사상사 연구』, 역사비평사, 1992, 333~335면.
31 안재홍은 1924년 9월부터 1932년 퇴사할 때까지 사설 약 980편, 석간의 시평 약 470편을 썼다고 한다. 재직기간 1년가량 투옥된 적이 있었다는 점을 감안하면, 안재홍이 거의 격일로 사설을 집필했다는 것을 알 수 있다. 따라서 이 시기『조선일보』의 사설은 사실상 안재홍의 입장을 보여주는 것이었다고 해도 과언은 아닐 것이다. 천관우, 앞의 글, 1978, 398면.
32 일참관자,「조선 기자대회 잡관」,『개벽』, 1925.5, 60면.
33 『한국언론연표』, 376면, 442면.
34 이균영, 앞의 책, 100~101면.
35 벽상생,「동아 대 조선의 대항전」,『혜성』, 1931.3, 75~76면.

인으로서 뿐만 아니라 민족운동가로서도 매우 활발한 활동을 전개했다. 특히 좌우익이 모두 참여한 신간회에 안재홍이 적극적으로 참여했던 것은 그의 '초계급적 민족론'에 입각한 것이었다.[36]

신간회 결성 다음 해인 1928년 1월에 발행인을 맡고 있던 안재홍은 이관구가 쓴 "보석 지연의 희생"이라는 사설로 인해 구속되어 금고 4개월을 선고받았다가 보석으로 풀려났고, 다시 5월에는 자신이 쓴 사설 "제남사변의 벽상관(壁上觀)"이 문제가 되어 금고 8개월을 선고받았다.[37] 이때 『조선일보』도 무기정간처분을 받았다가 일제의 요구로 신간회에 참여했던 언론인들이 퇴진함으로써 9월 21일에 속간될 수 있었다.[38] 이렇듯 안재홍의 투옥 생활 중에 『조선일보』와 신간회와의 직접적 관계는 단절되고 말았다. 1929년 1월에 만기 출소하여 4월에 부사장을 맡았던 안재홍은 1929년 12월에 광주학생운동 진상보고 민중대회 사건에 연루되어 다시 구속되었다가 기소유예처분으로 풀려났다.

2) 1930년대의 언론활동

1929년 말에 기소유예 처분으로 감옥에서 나온 후 그의 활동에도 서서히 변화가 나타나기 시작했다. 일제의 탄압이 더 강화된 1929년 말 이후 안재홍은 직접 신간회 등의 민족운동에 적극적으로 관여하지는

---

36 이경미, 「1920년대 민세 안재홍의 민족론과 그 추이」, 『동양정치사상사』 9(2), 동양정치사상사학회, 2010, 134~141면.
37 정윤재, 앞의 책, 50~51면.
38 이균영, 앞의 책, 213면.

못한 채 사설 집필에만 몰두했다. 이후 안재홍은 신간회 등을 통한 정치투쟁이나 언론 자유를 획득하기 위한 악법철폐운동을 주장하던 입장에서 서서히 민족문화운동을 강조하는 입장으로 바뀌었다.[39] 특히 그는 『조선일보』가 정간 해제 이후 주력하던 생활개신(改新)운동이나 문자보급운동을 위해 적극적으로 나섰는데,[40] 이것은 1929년 말 이후에 일정 정도 그의 입장에 변화가 있었음을 보여준다.[41] 이렇듯 일제의 언론탄압이 강화되면서 안재홍이 주로 문화운동의 차원에서 언론활동을 하게 되자,[42] 『조선일보』에 대해 "중간적 소뿔(주아) 분자들의 동요 지반 위에선 회색주의"를 드러내고 있다는 비판이 나오기도 했다.[43]

신문의 기업화가 급격히 진전되고 경쟁이 치열해지던 1930년대 들어서서 『조선일보』는 자본 부족과 부실 경영, 그리고 내분으로 인해 큰 어려움을 겪었다.[44] 신문사를 효율적으로 운영할 만한 인물이 없는 가운데 경영진 내부에 갈등까지 빚어지고 기자들이 동맹휴업까지 하면서 『조선일보』는 혼란에 빠졌다. 이런 어려움 속에서 안재홍은 이승복의 도움으로 1931년 5월 12일에 사장이 될 수 있었지만,[45] 혼란이 계속되고 내분이 심화되어 사장으로서 제대로 활동하지는 못했다.[46] 즉 당시에

---

39 박한용, 「안재홍의 민족주의론 - 근대를 넘어선 근대」, 『민족에서 세계로』, 봉명, 2002, 211면.
40 천관우, 앞의 글, 1978, 398면.
41 1929년 이후 안재홍이 『조선일보』에 쓴 글들은 다음을 참조할 수 있다. 『선집』 1, 284~467면.
42 박한용은 이 시기의 안재홍이 "친일로 넘어가던 민족개량주의의 문화운동에 접근하고 있었지만", 그런 가운데서도 여전히 "민족정체성의 보존이라는 측면과 저항성을 일정하게 지니고 있었다"고 평가했다. 박한용은 이에 대해 '외줄 위의 문화운동'이라고 표현했다. 박한용, 앞의 글, 234~239면.
43 유해송, 「뿔죠아 신문의 발달사고(考)」, 『비판』, 1932.9, 13면.
44 정태철, 「신구 양간부의 세력전으로 문제 많은 조선일보사」, 『별건곤』, 개벽사, 1931.10, 20면.
45 한남생, 「조선일보와 이승복」, 『제일선』, 1932.6, 96면.

"불굴의 논객 민세학인으로서 언제까지 빛나"야만 했다는 주장이 나왔을 정도로,[47] 안재홍은 사장으로서는 그 능력을 제대로 발휘하지 못하고 말았다. 한편 신간회 해소에 반대하던 안재홍은 1931년 5월에 신간회가 끝내 해소되자 민족운동의 '돌파구'로서 '조선학' 연구에 대해 관심을 갖고 이에 관한 글을 『조선일보』에 본격적으로 게재하기 시작했다. 그에게 조선학 연구는 "민족주의 진영에서 수행해야 할 민족적 과제"이자 "일제에 대한 정신적 저항의 방안"이었다.[48] 즉 그는 주어진 상황 속에서 최선을 다해 언론을 통한 민족운동을 계속해 나갔던 것이다.

안재홍은 사장이 된 다음 해인 1932년 3월에는 만주사변으로 재난을 당한 조선인들을 돕기 위해 모금한 1만 2천여 원을 유용했다는 혐의로 이승복과 함께 구속되었다.[49] 비록 자신이 주도한 일은 아니었지만, 안재홍도 사장으로서 함께 구속되었기 때문에 그의 명성에도 다소 손상이 갔다.[50] 당시 한 잡지에는 안재홍의 이런 상황에 대해 안타까운 심정을 표현하는 다음과 같은 기사를 실었다.[51]

46 정태철, 앞의 글, 20~21면.
47 맹호성, 「안재홍·이인 양씨의 단면관」, 『비판』, 1931.7·8, 76~79면.
48 류시현, 「1930년대 안재홍의 '조선학운동'과 민족사 서술」, 『아시아문화연구』 22, 경원대 아시아문화연구소, 2011, 33~34면.
49 정태철, 「조선일보 간부의 만주동포 구제금 사건 비판」, 『혜성』, 1932.4, 62~68면; 추철령, 「조선일보사 구제금 유용사건 검토」, 『비판』, 1932.5, 86면.
50 당시 유광열의 표현대로 안재홍으로서는 "애매한" 일이었던 것만은 틀림없다. 유광열, 「안재홍론」, 『동광』, 1932.7, 54면. 그러나 유광열의 나중의 주장처럼, 이 사건을 『대한매일신보』가 국채보상금을 유용했다는 혐의로 양기탁이 일제에 의해 구속되었던 것과 같은 사건이었다고 규정할 수는 없다. 유광열, 앞의 책, 1969, 279~280면. 안재홍 본인도 1936년에 '중국군관학교 입교주선사건'으로 구속되어 신문을 받으며, "당시 신문사의 재정상태가 생각한 만큼 없기 때문에 그 돈을 잠시 신문사의 비용에 유용"했으며, 이로 인해 "업무 횡령죄 처분을 받은 것을 한평생 치욕으로 생각"하고 있다고 밝혔다. 국사편찬위원회 한국사데이터베이스, 「'중국군관학교 입교주선사건' 검찰신문조서(1~2회)」, http://db.history.go.kr.
51 암행어사, 「新聞之新聞」, 『호외』 1, 1933, 3~4면.

양씨(안재홍과 이승복─인용자)가 다 조선신문계의 거대한 존재로 혹은 신문인으로서 또 혹은 사회의 선각으로서 마땅히 한 바를 하지 못하고 공교롭게도 불의한 죄명하에 영어의 몸이 되었음은 물론 그들 자신의 불명(不明)의 소치라고도 할 것이나 또 일방으로 생각한다면 사회의 공익을 위하여서 무엇이고 해보겠다고 동치서구(東馳西驅) ── 몸과 마음을 다바친 끝에 소득이라고는 가산의 탕진과 심심의 피로와 적년문외(積年門外)하는 사회의 명예까지 일패도지(一敗塗地)한 나머지에 신음까지 하게 되었으니 어찌 그들의 불명소치(不明所致)라 하여 타매(打罵)하기에만 급할 것이랴. 그 중에도 민세안재홍씨는 다 같은 횡액(橫厄)이라 하더라도 더 한층 무고(無辜)한 죄과로 까닭 없는 희생을 당한 것이매 더욱이 동정의 염(念)을 금할 수 없었다. 말썽 많던 조선일보의 사장이 되지 말고 위대한 일 신문기자로 또 성실한 일 학구(學究)로만 있었다면 그런 봉변은 당하지 않았을 것을 ── 이제 그런 소리를 하면 무엇에 쓰랴? 동아일보사와 같은 대신문사에서 이런 인재를 용납할 아량은 없는가? 하여간 민세와 같은 대기자를 낭인으로 있게 함은 조선 언론계의 수치요 또 민세의 손실이라 할 것이다.

구속 직후인 1932년 4월에 옥중에서 사장직을 사임했던 안재홍은 같은 해 7월에 보석으로 풀려난 이후 고리대금업자인 임경래에게 판권이 넘어가면서 생긴 혼란으로 휴간 중이던[52] 『조선일보』문제를 해결하기 위해 여운형을 사장으로 초빙하려 했지만 실패하고 말았다. 안재홍은 "몽양은 나에게 응락 도중에 있던 조선일보 사장을 그만두고 어느 날 하룻밤 동안 그 태도

---

52 정태철, 「조선일보 대소동 진상」, 『별건곤』, 개벽사, 1932.7, 4~5면; 양재하, 「조선일보 사원회 역할의 평가」, 『동광』, 1932.9, 165~166면.

를 결정하여 조선중앙일보 사장으로 취임하였다"고 하여 다소 섭섭한 마음을 내비쳤다.[53] 이후 안재홍은 한동안 완전히 언론계를 떠나 있었다.

언론계를 떠나 있던 안재홍은 1935년에 방응모가 인수해 운영하고 있던 『조선일보』에서 객원으로 활동하기도 했다. 이 시기에도 그는 계속 조선학에 대한 자신의 주장을 지면을 통해 적극적으로 펼쳤다. 이런 과정에서 사회주의 운동가 출신의 『조선중앙일보』 기자들과 충돌하기도 했다. 안재홍은 자신이 『조선일보』에 1935년 7월 16일에 쓴 정약용에 관한 글을 문제 삼아 『조선중앙일보』의 김태준과 김남천이 공격하자, "천대받는 조선이이라는 제목 하에 민족주의적 처지에서 중앙일보사의 기사를 반박"했고, 다시 1936년 3월에 『조선중앙일보』는 '안재홍씨의 독재관견 비판'이라는 제목에서 안재홍을 '조선의 파시스트'라고까지 공격했다고 밝혔다.[54] 이런 공격을 받자 안재홍은 『조선중앙일보』 사장 여운형에게 "몽양이 사장으로 지도하면서 인물 공격을 그처럼 일삼는 것은 조금 과당(過當)칠 않은가"고 따졌고, 이에 대해 여운형은 "허허 젊은 사람들이 가끔 그러는 것을 내가 일일이 간섭할 수 있나" 하면서 별로 대수롭지 않은 일로 돌리곤 했다고 한다.[55] 안재홍은 이런 젊은 좌파 논객들의 비판에도 불구하고, 이후에도 한동안 조선학에 관한 글을 신문에 계속 게재했다.

이렇듯 안재홍이 1920년대 말 이전까지 언론인이자 민족운동가로 활발한 활동을 하며 일제하에서 지사주의적 언론인의 전형을 보여주었다

---

53 「몽양 여운형씨의 추억(1947.9)」, 『선집』 2, 200~201면; 김팔봉, 「나의 회고록(9)」, 『세대』, 1965.6, 106~107면.
54 국사편찬위원회 한국사데이타베이스, 「'중국군관학교 입교주선사건' 경찰신문조서(4회)」. http://db.history.go.kr.
55 「몽양 여운형씨의 추억(1947.9)」, 『선집』 2, 201면.

는 것만은 분명한 사실이다. 일제강점기의 언론인 중에 그만큼 논객으로서 일제의 탄압에 맞섰던 인물은 없었기 때문이다. 그러나 1931년에 사장이 되면서 경영 능력의 부족으로 인해 신문사 운영을 제대로 하지 못하고 결국 오점을 남긴 것은 매우 아쉬운 일이었다. 특히 신문사 경영진으로서 효율적인 경영을 하지 못한 것은 물론 전체 조직을 포용하지 못한 것은 신문사 경영진으로서의 경험이 그의 이후의 정치활동에서 큰 의미를 갖기 어렵게 만들었다.[56] 그럼에도 그가 비타협적 민족주의자로서 끝까지 일제에 타협하지 않았고, 지사적 논객으로서 온갖 고난을 무릅쓰며 언론활동을 했다는 것은 대단히 큰 의미를 지닌다.

4. 일제하 안재홍의 언론사상

1) 1920년대의 언론사상

1924년에 『시대일보』를 통해 본격적으로 언론계에 등장한 안재홍은 처음부터 민족적 과제의 해결을 위한 언론의 역할을 강조하는 입장을 보였다. 그는 신문이 "시대 의식의 돌아가는 바와 시대인들의 원하고

---

56 박달환은 안재홍이 '군자'이며 '학자형 인물로서 '순박함'을 지니고 있기 때문에 "남에게 이용될 수" 있는 여지를 가지고 있다고 하며 그 예로 일제하의 '구제금 유용사건'을 들고, 이런 점이 해방 이후의 활동에서도 그대로 나타날 수 있다는 점을 지적했다. 박달환, 「안재홍론」, 『인민』, 1946.1·2, 52~54면.

구하는 바를 여실하게 표현하여 그로써 민중적 일대 표현기관"이 되어야 한다고 주장했다.[57] 경영상의 어려움으로 사교(邪敎)로 지탄받던 세력에게 신문이 넘어갈지도 모르는 상황에서 사직을 결심한 후 쓴 이 사설에서 안재홍은 신문이 특정 세력의 입장을 대변하는 역할을 해서는 안 되고, 진정으로 민중들의 요구를 반영하고 입장을 대변하는 역할을 해야 한다고 주장했던 것이다. 1924년 9월에 혁신된 『조선일보』로 옮긴 안재홍은 11월 1일자 혁신호에서 "인생이란 워낙 영원히 쉬임이 없는 정전(征戰)의 길을 나아가는 나그네"이고 오인(吾人)은 "영원히 미료(未了)한 사업을 제애(際涯)없이 바라보면서 쉬일 새 없이 나아가는 전사(戰士)"라고 하며 다음과 같이 새로운 각오를 밝혔다.[58]

아아 만천하 조선인 동포여. 여러분은 현대를 떠나서 있을 수 없는 조선인이요, 조선을 떠나서 있을 수 없는 세계인이요, 현 조선과 현 시대의 사명을 떠나서 그의 존재의 의의를 해석할 수 없는 시국해결, 시대창조의 사역자들이다. 그리고 조선일보는 이러한 현대의 조선인과 그의 성패와 고락과 진퇴와 휴척(休戚)을 함께 하는 이외에 그의 존재와 발전의 필요와 의의와 사명이 없을 것이다. 오인은 지금 천하 민중의 기대와 신뢰와 애호가 본보에게 집중함으로 믿는다. 그러나 오인은 그보다도 도리어 본보가 천하 민중의 기대와 신뢰와 애호와에 영구히 응부(應副)하기를 절원(切願)하는 바이다. 천하 민중이여, 만행(萬幸)일지어다. 본보의 생명이여. 천하 민중과 함께 영원히 발전할지어다.

---

57 「최초의 일념에 殉할 각오로써 만천하에 결별함—보천교 측의 본보 매수책」,(『시대일보』, 1924.7.10) 『선집』1, 63~65면.
58 「사설—조선일보의 신사명」,(『조선일보』, 1924.11.1), 『선집』1, 74~77면.

안재홍의 언론에 관한 글에는 자주 정전(征戰), 전사라는 단어가 사용되었는데, 이것은 언론이 탄압에 맞서서 민족을 위한 나름의 역할을 해야 한다는 것을 상징적으로 표현한 것이었다. 1925년 10월에 정간해제 직후에 쓴 사설에서는 "오인(吾人) 이미 영원한 불합리의 사회에 처하였으니 쉬임이 없는 영원한 정전(征戰)의 길은 어찌 그 중도에서 정체와 돈좌(頓挫)함을 허하랴"라고 하며, 신문의 비판적 역할이 위축되어서는 안된다는 점을 내비쳤다.[59] 같은 맥락에서 안재홍은 다음과 같이 주장하기도 했다.[60]

> 창간 7년의 연월은 길지 않다. 혁신 2주년의 기간은 더욱 짧다. 외연(巍然)한 건축은 비록 조선인 언론계의 초유의 쾌사임에 불계하고 또 대서함에 족한 자 아니다. 그러나 익견(益堅)의 의지와 점진의 노력은 이것으로써 또한 중요한 계단을 삼는 것이다. 오인은 안마(鞍馬)를 풀 줄이 없는 최종의 전지에 서 있는 무사와 같이 더욱 전의를 고무하여 일념직진(一念直進)함을 요한다.

민족운동을 '정전'으로, 언론인을 '무사'에 비유했을 정도로 당시 안재홍은 민족운동을 위한 저항적인 언론의 역할과 언론인의 자세를 강조했던 것이다. 이런 언론관은 일제의 탄압 가운데서도 조선공산당이 조직되고, 신간회 결성이 준비되는 등 민족운동이 비교적 활발했던 시대 상황을 반영한 것이었다. 그러나 이런 그의 주장은 1929년 11월의 광주학생운동을 계기로 일제의 언론 탄압이 강화되고, 안재홍 자신도

---

59 「사설―본보 속간에 임하여」(『조선일보』, 1925.10.20), 『선집』 1, 125~127면.
60 「사설―조선일보의 기념일」(『조선일보』, 1926.9.13), 『선집』 1, 161~163면.

계속 옥고를 치르면서 변화되기 시작했다.

그는 1929년 12월에 광주학생운동 진상보고 민중대회 사건에 연루되어 구속되었다가 기소유예처분으로 풀려난 후에 쓴 사설에서는 "말할 입이 막히고 기별할 붓이 꺾이는 조선 사람으로서는 침묵이 어찌하여 금일까. 무엇이 위대일까. 침묵은 그대로 큰 해악이 아닐 수 없다"고 하며 현실에 눈을 감고 침묵해서는 안 된다고 주장했다. 그는 동시에 "난국에 처한 인민의 원하는 바가 오직 언론보도의 어떤 정도의 자유이겠지만 그것도 필경 될 수 없는 바이라 하면 또한 숙명에 부칠 자인가"라고 하며 언론자유의 제약을 숙명으로 받아들일 수밖에 없는 현실이 답답할 뿐이라고 토로하기도 했다.[61] 이것은 광주학생운동에 대해 제대로 보도할 수 없는 현실에 대한 안타까움을 표현한 것이었다.

이렇듯 서서히 안재홍은 민족운동을 위한 언론의 역할을 적극적으로 주장하기보다는 언론자유의 부재를 탄식하며 소극적으로 언론자유를 요구하는 입장을 보이기 시작했다. 이것은 자유로운 의사표현이 갈수록 어려웠기 때문이었을 것이다. 그러나 이런 입장의 부분적인 변화에도 안재홍은 민족운동을 위한 언론의 역할이나 언론인의 자세에 대한 그의 기본적인 입장을 바꾼 것은 아니었다.

---

61 「사설 – 무언, 무언은 과연 위대이냐」,(『조선일보』, 1929. 12. 6), 『선집』 1, 327~329면.

2) 1930년대의 언론사상

안재홍은 1930년대에 들어서서도 계속 언론이 탄압받는 현실을 보며 "조선과 같이 이심(已甚)한 집회 언론의 정책은 그 실례가 드문 바인 것을 부인할 수 없다"고 비판하며 다음과 같이 주장하기도 했다.[62]

> 언론자유의 억압이 사회진화에 큰 장애되는 것은 일반이 다 아는 바이다. 다만 그를 억압하는 이들이 어떠한 특수한 정책 사상의 수립 및 침점(浸漸)을 위하여 그 억압을 합리화하고 혹은 시대 민족의 고저를 운위하여 언론 집회의 정책을 변호하는 바이나, 그러나 권병(權柄)을 잡은 편의 견해는 항상 어떠한 선입주적인 편견에 입각하여 시대 민중의 정태를 정관(正觀)함을 결하는 때가 퍽은 많다. 그리하여 백보를 물러와 비판한다 할지라도 항상 소위 뿔을 고치기에 소를 죽이는 과오에 빠지는 수가 많다. (…중략…) 조선사회에 대하여 오직 일관하는 간섭 억압으로써 하여 사회의 암류가 이면에 잠행하고 왕왕이 발로(發露)됨에 중대한 형태에 달아나게 하는 것은 위정 측으로 보아서도 무엇이 득책일까 판단할 수 없는 바이다.

그는 이후에도 언론자유가 없는 사회에는 '병적인 경향'이 나타날 수밖에 없다고 하며 언론자유를 요구했지만,[63] 이 시기에 이미 그 자신도 더 이상 일제가 최소한의 언론자유나마 허용하지 않으리라는 것을 잘 알고 있었다.[64] 그럼에도 안재홍이 언론자유를 요구하며 언론을

---

62 「사설―언론 집회는 완화되지 않는가」,(『조선일보』, 1930.4.26), 『선집』 1, 352~353면.
63 「사설―언론 자유의 요구」(『조선일보』, 1931.3.12), 『선집』 1, 385~387면.

통한 민족운동을 추구했던 것은, "일제에 대해 비타협적이라는 정치 노선과 합법 활동이라는 투쟁노선과의 모순"을 드러내는 것이었다.[65] 한편 이 시기에는 이미 언론탄압이 강화되어 신문들이 최소한의 비판적 역할마저 하지 못하면서 기업으로서의 "생명을 유지"하는 것에만 급급하며 이윤추구에 집착하게 되었다는 비판이 나오기도 했다.[66] 이런 상황 속에서도 안재홍은 『조선일보』사장에 취임하며 다음과 같이 주장했다.

> 조선에 있어서의 언론 사업은 선진국가의 그것과는 매우 다른 것이니 이는 용설(冗說)할 바 아닙니다. 겹겹의 수난을 수난대로 각오하면서 이 복잡, 다양한 혼란한 사회상에 대하여 여실한 그러나 통제적인 보도기관이 되어야 하는 것이요 또 한편으로는 각층 각 방면으로부터 방출되는 극렬한 생존의식의 방사선이 민족적 공통한 이해선(利害線)에 의하여 총역량의 집중점을 짓는 곳에서 가장 거대하고 또 충실한 총대적(總代的) 및 선구적의 교향을 쉴 새 없이 외쳐야 하는 것이니 이는 조선에 있어서의 바꿀 수 없는 사적 과제이어서 오직 이러한 처지에 존립하고 또 진행하여야 할 것입니다. 오인은 최고적인 목표를 향하여 끊임없는 행진을 하면서 당면마다의 현실 일상의 문제에서 면밀 엄숙한 파악, 음미 및 항론(抗論)하는 것이요, 선구적인 시대의 첨단에 뛰어 나아가면서, 또 배후에 떨어져 있는 헤매는 군중에게 추장(推獎), 고취, 촉진의 외침을 아니할 수 없는 것입니다. 이 모든 것은

---

64 안재홍, 「언론집회결사 자유 운동─운동의 필요와 그 방략」, 『삼천리』, 1931.3, 6~7면.
65 이지원, 「일제하 안재홍의 현실인식과 민족해방운동론」, 『역사와 현실』 6, 한국역사연구회, 1991, 54~55면.
66 무명거사, 「조선 신문계 종횡담」, 『동광』, 1931.12, 77~78면.

조선의 책임감 있는 선구자들의 할 소임이요, 또 그들과 병행 협진(協進)하는 언론기관으로서의 필연한 소임입니다.[67]

안재홍은 이렇듯 선진 국가와는 달리 조선의 신문은 '겹겹의 수난'을 각오하면서도 "민족적 공통한 이해선(利害線)에 의하여 총역량의 집중점"을 만들도록 노력해야 한다고 주장했다. 이런 주장은 그가 당시 민족협동전선론에 따라 신간회 결성에 적극적이었던 것과 같은 맥락에서 이해될 수 있다. 특히 위와 같은 주장은 신간회 해소가 논의되던 시기에 이를 반대하던 안재홍의 입장을 잘 나타내주는 것이기도 했다.[68] 그는 언론계를 떠난 뒤에도 여전히 신문이 조선의 특수한 상황 속에서 부자와 가난한 자, 좌익과 우익 사이의 '이해와 감정'이 합치되는 '의식적 집중점'이 되어야 한다고 주장하였다.[69] 그는 시종일관 언론이 민족 전체의 이익을 위한 선도적 역할을 해야 한다고 주장했던 것이다.

1931년의 만주사변으로 일제의 언론탄압이 훨씬 더 강화된 반면에 신문들의 기업화는 급격히 진전되고 경쟁도 치열해졌다. 이런 상황에서 『조선일보』 사장으로 재직하던 안재홍은 "오늘날의 신문은 갈 데 없는 한 합법적 기관으로 영업적인 기초 위에서 민중의 공기(公器)다운 작용을 되도록 많이 하여야" 한다는 현실적 견해를 보이기도 했다.[70] 신문들 사이의 상업주의적 경쟁이 치열하게 벌어지던 1935년에 그는 '신문

---

67 「사설―사장 취임에 제하여」,(『조선일보』, 1931.5.1), 『선집』 1, 402~403면.
68 안재홍의 『조선일보』 사장 취임 직후인 1931년 5월 15일에 결국 신간회 해소가 결정되었다. 이균영, 앞의 책, 528~534면.
69 안재홍, 「신문사초―50년간의 회고(1)」, 『쩌날리즘』 1, 1935, 4~5면.
70 안재홍, 「1932년도 신문계의 전망」, 『비판』, 1932.1, 34~38면.

의 기업화'는 불가피하지만 신문이 "민중의식의 표현과 진정한 사회동
태의 반영"을 제대로 못하고 지나치게 '기업화의 경향'만을 보인다면 그
것은 신문 본래의 사명을 저버리고 타락한 것으로 볼 수밖에 없다고 주
장했다.[71] 이런 주장은 신문이 지나치게 이윤추구에만 집착해서는 안
되고 '민중의 공기'로서의 역할을 하기 위해 노력해야 한다는 그의 입장
을 다시 한 번 보여준 것이었다. 안재홍은 언론인들도 마찬가지 맥락에
서 민족운동을 위한 역할을 포기해서는 안 된다고 하며 다음과 같이 주
장했다.[72]

선진국에 있어 신문은 대부분 상품화하고 있다. 따라서 기자도 그 개성을
몰각(沒却)하는 상품 제조의 일 직공화 하는 편이 많다. 그러한 사회정세이
면 직업직무를 출발점으로 상응한 기자도덕이 있어야 할 것이지만은 조선
과 같이 상품화 하는 일면에 오히려 매개적 또 선구적 직임을 가지고 있는 신
문의 기자들로서는 직업직무를 출발점으로 한 성실, 민속(敏速), 정확 등의
도덕적 파악을 늦춤이 없어야 할 것이오 동시에 자기를 일개의 지식직공 이
상의 지위에 끌어올리고 또는 조속(操束)하고 있어야 할 것이다. (…중략…)
기자도덕에 있어서도 일 사회의 선각이오 식자(識者)이오 그리고 지도자로
서 자임키로 하고 그에 필요한 도덕, 견식, 기량, 지조를 스스로 파악키에 노
력하면서 맹연(猛然)히 난국에서 벗어나겠다는 의기와 각오를 가지기 전에
벌써 직업화에만 바쁘고 암흑면을 흉내내기에 급해서 그 천직을 발휘키에
정진하기 전에 우선 선진국민의 말류의 병폐만 배우기로 하면 이는 소위 천

---

71 안재홍, 「신문사초-50년간의 회고(1)」, 『쩌날리즘』 1, 1935, 4면.
72 안재홍, 「기자도덕에 관하여」, 『철필』 1, 1930, 6~7면.

하의 대환(大患)이란 자와 틀림이 없는 자이다. 오늘날의 조선인 기자들은 아직 그 폐가 골맹(骨盲)에 든다는 유에는 가까이 가지 아니하였고 오히려 지도자적 혹은 국사(國士)적 기풍을 아주 잃어버리지 아니한 줄 믿는다.

이러한 주장은 구한말의 언론인들이 일제 강점 이후 지조를 지키지 못했다는 비판적인 인식과도 연관이 있었다.[73] 이런 그의 주장은 그의 '지사로서의 기자'에 대한 인식을 잘 보여주고 있다. 즉 신문이 언론탄압과 상업화 속에 제 역할을 하기 어려워도 언론인이 올바른 자세를 갖고 활동하면 어느 정도는 나름의 역할을 할 수 있다는 것이 그의 주장이었다.

결국 1930년대 안재홍의 언론사상은 신문의 '상품화'와 언론인의 '직공화'를 경계하면서 언론의 '민중적 표현기관'으로서의 역할과 언론인의 '지도자' 또는 '국사(國士)'적 자세를 요구했던 것으로 요약할 수 있을 것이다. 또한 그는 신문이 식민지라는 상황에서 계층과 이념을 뛰어넘어 모든 민족의 '의식적 집중점'이 되어야 한다는 견해를 보였다. 이런 견해는 언론을 통해 민족운동을 하되, 일제에 대해서는 비타협적 자세를 보였던 그로서는 당연한 것이었고, 나름대로 의미가 있는 것이었다. 다만 그의 언론관에는 일제의 강력한 언론탄압과 신문의 기업화 추세라는 현실에 대한 냉철한 분석이나, 이런 상황에서 제한적이나마 어떻게 효율적으로 언론활동을 할 수 있을까 하는 문제에 대한 구체적인 고민은 다소 부족했다고 할 수 있다.

---

[73] 안재홍, 「신문인의 淪落記」, 『조선일보』, 1935.7.27.~28, 『선집』 4, 315면.

5. 요약과 결론

안재홍은 1924년에 본격적으로 언론계에 뛰어든 이후 1950년에 납북될 때까지 상당 기간을 언론인이며 동시에 민족운동가 또는 정치인으로 활동했다. 안재홍은 신문이 '민중적 표현기관'이나 '사회적 공기'로서의 역할, 특히 민족적 과제를 해결하기 위한 역할을 해야 한다고 주장했다. 즉 안재홍은 일제하에서는 신문이 민족해방을 위해 나름대로의 역할을 해야 한다고 보았다. 마찬가지 맥락에서 그는 언론인이 단순한 직업인이 아니라 민족적 과제를 실천하는 '지도자' 또는 '국사(國士)'와 같은 자세를 가지고 활동해야 한다고 주장했다. 또한 그는 이를 위해 일제하에서는 신문이 기업화에 따른 지나친 이윤추구 경향을 경계해야 한다고 주장하기도 했다.

안재홍의 이러한 언론관은 당시 민족이 처한 현실 속에서 바람직한 언론의 역할과 언론인의 자세를 제시한 것으로서 큰 의미가 있었지만, 지나치게 당위적인 주장만으로 일관하고 구체적인 현실을 고려하지 못했다는 점에서는 한계도 지니고 있었다. 이런 한계는 결국 그의 언론활동을 통해 나타나기도 했다. 그는 일제강점기의 민족운동가나 해방정국의 정치인 중에서 줄곧 직접 글을 쓰는 언론인으로도 활동했던 거의 유일한 인물이었다고 해도 과언이 아닐 정도였는데, 이는 그에게 있어서 민족운동이나 정치활동이 곧 언론활동과 뗄 레야 뗄 수 없는 관계에 있었기 때문이었다.[74] 따라서 안재홍은 논객으로서 민족적 과제의 해결을 위해 적극적인 언론활동을 했고, 이는 분명히 높이 평가할 만한 일이었다. 하지만 그는 신문을 민족운동의 중요한 수단으로 이해하면서도 자신의 민족운동가 또는 정치인으로서의 활동을 위해 효율적으로 신문을 활용하지는 못했으며, 특히 신문을 합리적으로 운영할 수 있는 능력을 보여주지도 못했다.

결국 안재홍은 개화기 이래의 지사적 언론인의 전통을 이어받은 인물로서 매우 활발한 언론활동을 했지만, 일제하 이후의 파란 많던 역사 속에서 그 전통을 바람직하면서도 현실적인 형태로 계승시키는 데까지 나아가지는 못했다고 할 수 있다. 즉 그가 줄곧 민족적 과제의 해결을 위해 비판적이고 계몽적인 언론활동을 했던 것만은 분명하지만, 일제강점기의 언론탄압과 기업화 경향, 해방 이후의 비정상적 경영 풍토와 정파적 대립이라는 현실은 그의 활동에 한계를 드러내도록 만들었다. 그가 그토록 일제하 신문의 기업화나 미군정기 신문의 정파성을 경계하였지만, 결국 그 자신도 이런 현실적 요인들의 영향으로부터 자유롭지 못했던 것이다. 그럼에도 그가 일제강점기에 시대적 과제의 해결을 위해 비판적이고 계몽적인 언론의 역할과 언론인의 자세를 강조하고 또 몸소 실천했던 가장 대표적인 언론인이라는 점은 분명하다. 다만 그가 지사적 언론인의 전통이 현실적 조건의 변화 속에서 어떻게 발전적으로 계승되어야 하는지에 대해 구체적인 전망을 보여주지 못했다는 점이 아쉬움으로 남을 뿐이다.

---

74 안재홍은 민족운동가이자 정치인으로서 조직적, 재정적, 대중적 기반을 갖추고 활동하기보다는 주로 언론활동을 통해 "자신의 주의주장을 펼치면서 주요한 정치적 문제들과 관련한 지적 리더십을 발휘하고 여론을 일으키는" 형태의 활동을 했다. 정윤재, 앞의 책, 2002, 211~212면. 이러한 활동방식 때문에 안재홍은 흔히 '학자형' 또는 '선비형' 인물이라는 평을 들었다. 신극, 「인물소묘―안재홍」, 『신천지』, 1946.2, 25면; 도진순, 앞의 책, 190~191면.

이렇듯 안재홍의 언론활동과 언론사상을 살펴본 이 글을 통해 이른바 지사적 언론인의 전통이 지니는 긍정적 측면을 파악하고, 이를 오늘날의 현실에 맞추어 바람직한 방향으로 계승할 필요가 있다는 것을 알 수 있다. 무엇보다도 기업화나 정파성을 경계하며 민족적 과제의 해결을 위한 언론의 역할과 언론인의 자세를 강조했던 그의 언론사상은, 지나친 이윤추구 경쟁에 내몰리고, 또 정파적 대립에 휩쓸리고 있는 오늘날의 언론 현실에서 여전히 중요한 의미를 지니고 있다. 하지만 이제 이른바 지사적 언론인의 전통에서 흔히 드러나는 '정치 지향성'은 극복되어야 하며, 오히려 오늘날의 언론 현실에서 반드시 필요한 언론인의 '전문직화'나 '노동자적 의식'이 '지사적 언론인'이라는 문제의식과 잘 조화되어 발전해나갈 필요가 있을 것이다. 안재홍의 언론활동과 언론사상은 이런 과제를 해결하는 데 많은 시사점을 주고 있다.

제9장

여운형의 언론활동에 관한 연구
일제하 조선중앙일보 사장 시기를 중심으로

1. 서론

1) 연구의 필요성과 의의

80년대 이후 현대사에 대한 관심이 높아지고 연구가 활발해지면서 집중적으로 재조명되기 시작한 인물 중의 한 명이 바로 여운형이다. 오랫동안 자유로운 연구 풍토를 제약하던 보수적인 사회분위기 때문에 여운형에 대한 연구가 제대로 이루어지지 못하다가 80년대 중반 이후 비로소 본격화되었다.[1] 여운형에 대한 기존 연구들의 거의 대부분은 대체로 해방 직후 여운형의 정치활동에만 중점을 둔 것들이었다. 이것은 현대사에 대한 새로운 인식을 통해 해방 이후 여운형이 좌우합작을 통해 자주독립국가를 건설하려고 했던 정치활동의 중요성이 새롭게 부각되었기 때문이다.[2]

그러나 해방 이전의 여운형의 활동에 대해서는 체계적인 연구가 드물고, 더욱이 일제하의 언론활동에 대해서는 거의 연구가 이루어지지 않았다.[3] 이것은 1930년대에 여운형이 신문사 사장으로서 펼쳤던 언론활동의 의의에 대한 인식이 부족했기 때문이다. 또한 기존의 일제하 언론사 연구들도 거의 대부분 『동아일보』와 『조선일보』만을 대상으로 했을 뿐, 여운형이 사장이었던 『조선중앙일보』 등의 다른 민간지에 대해서는 관심을 두지 않았던 요인도 작용했다.[4] 이러 가운데 여운형의 일제하에서의 언론활동은 단지 부분적으로 언급되었을 뿐 본격적인 연

---

1 『창작과 비평』 1978년 여름호에 실렸다가, 다시 『해방전후사의 인식』 1권에 실린 이동화의 논문은 여운형 연구의 효시라고 할 수 있고, 80년대 들어서서는 김광식의 논문을 시작으로 여운형에 대한 본격적인 연구들이 이루어졌다. 김광식, 「해방 직후 여운형의 정치활동과 '건준', '인공'의 형성과정」, 최장집 편, 『한국 현대사』 1, 열음사, 1985, 184~224면; 이동화, 「8·15를 전후한 여운형의 정치활동」, 『해방전후사의 인식』, 한길사, 1979, 327~368면. 평전으로는 이만규, 여운홍에 이어 이기형, 정병준, 이정식 등의 작업이 이루어졌다. 여운홍, 『몽양 여운형』, 청하각, 1967; 이기형, 『몽양 여운형』, 실천문학사, 1993; 이만규, 『여운형 투쟁사』, 민주문화사, 1946; 이정식, 『여운형-시대와 사상을 초월한 융화주의자』, 서울대 출판부, 2008; 정병준, 『몽양 여운형 평전』, 한울, 1995. 또한 『몽양여운형전집』 1권(1991)·2권(1993)·3권(1997)이 도서출판 한울에서 출간되었다. 본 연구에서 이 전집의 인용은 『여운형 전집』 1, 2, 3으로 약칭하고자 한다.
2 여운형의 평전을 낸 바 있는 정병준은 "여운형의 정치적 좌표는 좌우·남북을 떠난 민족통일 완성과 완전 자주독립국가의 건설이었다"고 주장했다. 정병준, 앞의 책, 25면.
3 김영식의 연구가 거의 유일하게 언론인으로서의 여운형에 주목했지만, 연구의 내용이나 방법 면에서 많은 한계를 보이고 있다. 김영식, 「언론인 여운형 연구」, 한국외대 석사논문, 1994.
4 『시대일보』, 『중외일보』, 『중앙일보』, 『조선중앙일보』 등 일련의 민간지들에 대한 연구로는 정진석, 김남미, 박용규의 연구 정도를 들 수 있다. 정진석, 「시대·중외·조선중앙일보考」, 『저널리즘』 13, 한국기자협회, 1979, 70~84면; 김남미, 「시대일보·중외일보·중앙일보·조선중앙일보에 관한 고찰」, 이화여대 석사논문, 1982; 박용규, 「일제하의 시대·중외·중앙·조선중앙일보에 관한 연구」, 『언론과 정보』 2, 부산대 언론정보연구소, 1996, 109~148면.

구가 이루어지지 못했다.

『조선중앙일보』가 비록 일제의 언론통제가 강화되고 민간지들이 급격히 상업화 되었던 시기에 발행되었지만, 사장 여운형 등의 활동으로 3년 반 정도의 발행기간 『동아일보』나 『조선일보』와는 어느 정도 차별적인 특성을 보였다는 점에서, 여운형의 언론활동에 대한 연구의 의의는 크다고 할 수 있다. 즉 어려운 상황에서도 『조선중앙일보』가 간접적인 방식으로나마 일제에 대해 저항적인 논조를 보여주었다는 점에서, 여운형의 언론활동은 언론사적으로 중요한 의미가 있다는 것이다.

또한 일제하 『조선중앙일보』 사장으로서의 여운형의 언론활동은 해방 이후 그의 활동을 제대로 이해하기 위해서도 중요한 연구의 대상이라 할 수 있다. 특히 합법적인 사회운동이 불가능한 1930년대의 상황에서 신문사라는 활동공간을 이용하여 여운형이 맺었던 인간관계는, 해방 이후 여운형의 활동을 이해하는 데 중요한 의미를 지닌다. 즉 여운형이 『조선중앙일보』에 다양한 배경을 지닌 사회운동가 출신들을 받아들여 함께 활동했고, 이들 중 상당수가 해방 이후 여운형과 직·간접적인 관계 속에서 활동했다는 것은 민족운동사적으로 중요한 의미를 지닌다는 것이다.

2) 연구의 내용과 방법

본 연구는 일제하에서 『조선중앙일보』 사장이었던 여운형의 언론활동을 살펴보고자 하는 것이다. 특히 본 연구는 해방 이후의 정치활동에만 중점을 두던 여운형 연구의 한계를 벗어나고, 또한 『동아일보』와

『조선일보』를 중심으로 이루어졌던 기존 일제하 언론사 연구의 공백을 메우기 위한 시도라고 할 수 있다.

이와 같은 시도를 위해 본 연구는 다음과 같은 연구문제를 설정하였다. 첫째, 여운형의 『조선중앙일보』 사장 취임의 배경과 의도는 무엇이었는가? 둘째, 『조선중앙일보』의 경영상태와 여운형의 경영의 주도권 확보과정은 어떠했는가? 셋째 여운형에 의한 편집진 구성의 변화에서 나타나는 내용과 특성은 무엇이었는가? 넷째 여운형의 일제하의 언론 활동이 지니는 의의와 한계는 무엇이었는가?

본 연구의 2절에서는 먼저 『조선중앙일보』의 창간 과정과 창간 주체들의 특성을 살펴보고, 또한 여운형의 사장 취임 배경과 경영의 기본 방향을 살펴볼 것이다. 3절에서는 『조선중앙일보』의 경영상태를 살펴보면서 여운형이 어떠한 과정을 통해 경영을 주도해나갔는가를 살펴볼 것이다. 4절에서는 여운형이 경영을 주도해 나가면서 어떻게 편집진의 구성을 바꾸어 나갔고, 이러한 편집진 구성의 변화에서 나타나는 특성과 의미는 무엇이었는가를 살펴볼 것이다. 5절에서는 당시의 열악했던 시대상황 속에서 여운형의 언론활동이 지니는 의의와 한계는 무엇이었는가를 평가해 보려고 한다.

본 연구는 당시의 신문, 잡지, 연감, 총독부 문서 등은 물론 평전, 회고록 등의 기타 자료들을 모두 이용한 문헌연구방법을 사용하고자 한다. 특히 본 연구에서는 기존 연구가 거의 없다는 점을 감안하여 일차적으로는 여운형의 언론활동과 관련된 사실들을 충실하게 정리하고자 하며, 나아가 이를 토대로 하여 여운형의 언론활동이 지니는 의의 및 한계를 언론사적이고 민족운동사적 관점에서 살펴보고자 한다.

2. 조선중앙일보의 사장 취임

1) 조선중앙일보의 창간 과정

'총독의 양자'라고까지 할 정도의 친일적 성향으로 지탄받던 노정일은,[5] "민족지의 소론(所論)과 맞서 싸우며 민심을 바로 인도할 언론기관을 세우는 것이 필요하다"고 건의하여 신문발행을 허가 받았지만,[6] 운영 미숙과 재정 부족 등으로 인해 제대로 신문을 발행해 보지도 못한 채 1932년 5월부터 휴간하게 되었다.[7]

휴간 직후부터 노정일이 3만 원만 내면 누구에게나 판권을 넘기겠다고 나서자, 다양한 세력들이 『중앙일보』의 판권을 인수하려고 시도하였다.[8] 그중에서도 특히 조병옥 등은 『중앙일보』 지국장들과 함께 판권을 인수하려고 노력하였지만 자금 부족으로 실패하고 말았다.[9] 그 후 흥사단 계열의 조병옥과 주요한은 재정난에 내분에 빠져 있던 『조선일

5 舌火子, 「檢鏡에 비친 중앙일보와 노정일」, 『비판』, 1932.6, 55~59면; 黎曉生, 「중앙일보는 어데로 가나?」, 『별건곤』, 개벽사, 1932.6, 14~16면.
6 강동진, 『일제의 한국침략정책사』, 한길사, 1980, 195면
7 박상호, 「돌연 휴간한 중앙일보 분규사건의 이면」, 『동광』, 1932.6, 26~31면.
8 이현우, 「최근 신문계 만담」, 『비판』, 1932.9, 18면.
9 조병옥은 『중앙일보』의 판권인수 시도에 대해서는 전혀 언급하지 않고, 단지 친구의 권유로 재정난에 빠져 있던 『조선일보』를 인수했다고 주장했다. 조병옥, 『나의 회고록』, 민교사, 1959, 113면. 총독부 자료에는 조병옥, 조만식 등이 조직적으로 신문인수를 위해 노력하다가 결국 『조선일보』를 운영하게 되었던 것으로 나와 있다. 朝鮮總督府警務局, 『最近における朝鮮の治安狀況 昭和八年』, 거름 편집부편, 『1930년대 민족해방운동』, 거름, 1984, 67~68면. 당시 잡지에도 조병옥이 조만식과 함께 『중앙일보』를 인수하려고 시도했던 것에 대해 잘 나와 있다. 滄浪客記, 「時急뉴스, 조선, 중앙 양신문 부활 내막」, 『삼천리』, 1932.12, 특별 7~8면.

보』를 인수하여 신문사 운영에 참여하게 되었다.[10]

결국『중앙일보』는『조선일보』의 주요 출자자였던 최선익과[11] 논산 출신의 지주였던 윤희중에게[12] 판권이 인수되어 1932년 10월부터 속간 될 수 있었다.[13] 이것은 서둘러 판권을 매도하려고 했던 노정일과『조 선일보』의 내분에 지쳐 다른 신문의 운영에 관심을 가졌던 최선익의 의 도가 맞아떨어진 결과였다.[14] 최선익과 윤희중의 판권 인수를 통한『중 앙일보』의 속간은, 이전의『시대일보』,『중외일보』,『중앙일보』가 모 두 친일적 성향의 인물들에 대한 총독부의 배려로 창간되었던 것과는 성격이 다른 것이었다.[15]

최선익과 윤희중이 함께『중앙일보』를 인수하자, 당시에는 이에 대 해 "조선일보 가지고 싸우는 줄 알았던 최선익씨가 아무 인과관계도 없 는 남조선사업가 윤희중씨와 연합하여 중앙일보를 인수하였다"는 지 적도 나왔다.[16] 그러나 이현희에 따르면 화요회계 사회주의자로서 1차 조선공산당 결성에도 참여했던 조동호의 사촌동생 조동순이 친구인 최 선익과 자신의 매제인 윤희중을 연결해 주어 함께『중앙일보』를 인수 하도록 했던 것이라고 한다.[17]

최선익은 개성 출신의 대지주로서 1928년에는 상품위탁판매를 전문

---

10 壁上生, 「중앙일보·조선일보의 그 뒤 소식」, 『제일선』, 1932. 12, 31면.
11 사장 신석우는 42만 원, 전무 최선익은 27만 원을『조선일보』에 투자했다고 한다. 신석우, 「신문사장의 참회록」, 『개벽』, 1934. 12, 16면.
12 이현희, 『조동호 항일투쟁사』, 청아출판사, 1992, 277면.
13 정태철, 「機鐘든 언론계의 殘穗」, 『제일선』, 1932. 12, 102~103면.
14 벽상생, 앞의 글, 1932b, 32면.
15 박용규, 앞의 글, 1996, 109~148면.
16 정태철, 앞의 글, 1932, 103면.
17 이현희, 앞의 책, 275면.

으로 하는 자본금 20만 원의 개성상사 주식회사를 설립했던 적도 있었고[18] 1927년에는 신간회 창간에 참여하여 활동하기도 했다.[19] 한편 윤희중은 논산 출신의 지주로서 조동호나 조동순과의 관계 등으로 볼 때 대체로 진보적 성향을 지니고 있었던 인물로 볼 수 있다.[20] 최선익과 윤희중에 의해 인수된 『중앙일보』는 1933년 2월 16일에는 여운형을 사장으로 맞아들였고, 동년 3월 7일에는 중국에 같은 제호의 신문이 있다는 이유로 『조선중앙일보』로 개제했다.[21]

2) 여운형의 사장 취임

여운형이 옥중에 있던 시절에 3개 민간지와 『매일신보』에 근무하는 언론인들을 대상으로 실시한 설문조사에서, 그는 국내 언론계의 경력이 없는 사람들 중에서 신문사 사장으로 가장 적합한 인물로 꼽히기도 했다.[22] 또한 여운형이 출옥 후 실제로 『조선중앙일보』 사장이 되자, 유

---

18 조기준, 『한국기업가사』, 박영사, 1973, 278면.
19 최선익은 1927년 2월 신간회의 출판부 총무간사를 맡았다가 1928년 8월에 정간해제를 위해 『조선일보』 관련자들이 물러날 때 사임했다. 이균영, 『신간회 연구』, 역사비평사, 1993, 155~160면. 최선익에 관한 자세한 내용은 다음을 참조할 수 있다. 「대담—30만 원을 신문에 넣은 최선익씨」, 『삼천리』, 1935.11, 57~61면.
20 조동순은 1945년 11월의 전국인민위원회 대표자대회와, 1946년 2월의 민주주의민족전선 결성대회에 충남 대표로 참가하기도 했다. 전국인민위원회, 『전국인민위원회대표자대회 의사록』, 183면; 민주주의민족전선 선전부, 『민주주의민족전선 결성대회의사록』, 13면. 윤희중은 민주주의민족전선에서 391명으로 확정된 최종 중앙위원 명단에 포함되어 있다. 민주주의민족전선 편, 『조선해방연보』, 문우인서관, 1946, 130면.
21 임우성, 「조선신문사」, 『비판』, 1938.8, 10면.
22 「신문전선총동원, 「대 합동일보」의 간부公選, 만일 조선문 3신문이 다 해소하고 일대이상 신문이 출현한다면」, 『동광』, 1932.1, 63면.

광열은 "씨에게는 재벌의 배경이 있는 것도 아니요 단순히 씨의 과거의 명망이 씨로 하여금 사장의 지위에 앉게 할 뿐이다"라고 평가하였는데,[23] 이는 『동아일보』의 사장 송진우가 사주 김성수의 친구이고 『조선일보』는 사주 방응모가 사장이었던 것과 비교한 것이다.

『조선중앙일보』 측에서 여운형을 사장으로 추대한 사람들은 최선익, 윤희중, 이관구, 김동성, 홍증식 등이었다고 한다.[24] 윤희중을 제외하고는 모두 『조선일보』 출신으로[25] 이들은 대체로 안재홍, 이승복과 대립적 관계에 있던 사람들이었다. 최선익, 김동성은 안재홍, 이승복에게 『조선일보』 운영의 주도권을 빼앗겼던 사이이고,[26] 홍증식은 조선공산당 사건으로 옥고를 치르고 나온 후 최선익 편에서 활동했으며,[27] 이관구도 이승복과의 갈등으로 『조선일보』를 떠났다고 한다.[28] 당시 『조선일보』 기자였던 김기진에 따르면 원래 여운형은 안재홍, 이승복과의 교섭을 통해 『조선일보』 사장에 취임하려 했으나, 최선익, 홍증식 등의 설득으로 결국 『중앙일보』 사장으로 취임하였고, 이에 따라 '만주동포 구제금 유용사건'으로 어려움을 겪던 안재홍은 매우 곤란한 처지에 놓이게 되었다고 한다.[29]

홍증식이 주도하여 여운형을 『조선중앙일보』 사장으로 영입했던 배

23 유광열, 「여운형론」, 『호외』 1, 1933, 22면.
24 이기형, 앞의 책, 174면.
25 이관구도 '조선일보 동인들'이 함께 『중앙일보』를 인수했다고 주장했다. 이관구, 『하루살이 글 한평생』, 휘문출판사, 1978, 276면.
26 개성 출신이었던 최선익은 동향 선배 김동성의 권유로 『조선일보』에 투자한 바 있고, 뒤에는 『조선중앙일보』에도 투자했다. 김을한, 『신문야화』, 일조각, 1973, 70~71면.
27 정태철, 「신구양간부의 세력전으로 문제많흔 조선일보사」, 『별건곤』, 개벽사, 1931.9, 20면.
28 이관구, 앞의 책, 291면.
29 김팔봉, 「나의 회고록(9)」, 『세대』, 1965.6, 106~107면.

경에는 이승복과 홍증식의 대립적 관계도 작용했다. 한 때 사회주의 사상단체인 신사상연구회와『동아일보』에서 함께 활동했던 이승복과 홍증식은, 이승복이 이후 사회주의 운동과 멀어지고 1925년에 각각『시대일보』와『조선일보』의 영업국장으로 활동하게 되면서 대립적 관계가 되었다. 한 때 이 둘과 같은 신문에서 활동했던 유광열은 이들이 일제하 주요 민간지의 영업국장으로 신문운영에 탁월한 능력을 보였으며, 매우 경쟁적이고 대립적 관계에 있었다고 회고했다.[30] 이런 대립적 관계도 작용하여 홍증식은 여운형의『조선일보』사장 취임을 막으면서『조선중앙일보』로 영입했던 것이다.

한편 여운형 입장에서도 내분에 빠져 있던『조선일보』보다는 새롭게 출발하는『중앙일보』사장직을 더욱 선호했을 것이다. 이 점은 이만규가 1932년 7월 출옥 후 한동안 휴식을 취했던 여운형에게『조선일보』와『중앙일보』양측에서 모두 사장자리 제의가 왔지만, "당시 조선일보는 분쟁 중에 있었으므로 중앙일보의 사장으로 취임하였다"고 했던 것에서 잘 드러난다.[31] 또한 사촌동생 조동순을 통해『중앙일보』의 인수에 관여했다고 볼 수 있는 여운형의 '평생동지' 조동호의 권유도 그가『중앙일보』사장 취임을 결심하는데 영향을 주었다고 볼 수 있다.[32]

여운형의『조선중앙일보』사장 취임에 대해 이만규는 '투쟁 정신'의 일환이었다고 했고,[33] 그 외의 평전들도 모두 '독립운동'을 계속하기 위한 것이었다고 평가했다. 이렇듯 여운형이 처음부터 독립운동을 하기

---

30 이승복선생 望九頌壽기념회 편,『三千百日紅』, 인물연구소, 1974, 145면.
31 이만규, 앞의 책, 127면.
32 이현희, 앞의 책, 275면.
33 이만규, 앞의 책, 127면.

위해 신문사 사장이 되었다고 단정할 수는 없지만, 적어도 출옥 후 국내에 남아 새로운 시도를 해보려고 했던 것만은 분명했다.[34] 여운형은 출옥 직후인 1933년 1월에『동아일보』에 '조선청년에 부탁'이라는 글을 썼는데, 이에 대해 '제2의 민족개조론자'가 되려고 하느냐는 비판이 나오기도 했다.[35] 이렇듯 여전히 사회주의자들 사이에는 '계급지상주의'적인 분위기가 지배적이었던 상황에서,[36] 오히려 여운형은 신문사라는 합법적 공간을 이용한 새로운 활동을 모색하게 되었다고 볼 수 있다.

한때 상해에서 언론활동을 했던 것도 여운형은 다시 상해로 돌아가기보다는 국내에 남아 신문사 사장으로서 활동하며 앞날을 모색하는 것이 낫다고 판단하는 데 어느 정도 영향을 주었을 것이다. 여운형은 상해에서 활동할 때『我等의 消息』이라는 등사판 신문 발행에 관여하기도 했고,『독립신문』주식모금의 찬성위원으로 참여하기도 했으며, 1922년 10월부터 다음해 5월까지는『동아일보』상해주재 촉탁통신원으로 일하기도 했다.[37] 또한 여운형의 경찰신문조서, 검찰신문조서, 공판조서의 내용에는, 그가 미국계 기독교 서적 판매사인 '협화서국'의 판매부와 중화민국 도로건설회 발행의『도로월간』광고부에서 근무한 적도 있으며, 1925년 경부터 2년 동안은 타스통신사의 상해주재 통신원으로도 활동했던 것으로 나타나 있다.[38] 이런 것들을 보고 여운형이 본격적인 언론활동을 했던

---

34 서중석은 여운형이 출옥 후 국내에서 활동했던 것, 특히 그가 신문사 사장 등을 역임하며 청년 학생을 포함한 국내 인사들과 폭넓은 관계를 가졌던 것이 훗날 통일전선운동을 펴는 데 큰 도움이 되었다고 평가했다. 서중석,『한국현대 민족운동연구』(2판), 역사비평사, 1992, 108~109면.
35 북해생,「여운형의 '부탁'을 읽고」,『신계단』, 1933. 2, 82~85면.
36 서중석, 앞의 책, 143~147면.
37 동아일보사사 편찬위원회,『동아일보사사』1, 동아일보사, 1979, 415면; 정진석,『한국언론사』, 나남, 1990, 131면; 최준,『한국신문사』(증판), 일조각, 1982, 205면.

것이라고 보기는 어렵지만, 이런 경험들이 그가 신문사 사장으로 취임하고 활동하는 데 다소 영향을 주었다고 볼 수는 있을 것이다.

이렇게 신문사 사장이 된 여운형은 "고난한 환경 속에서도 몇 개 안 되는 조선의 언론기관은 우리의 공통한 목표를 세워 일치한 논진을 베푸는 것"이 필요하고 이것은 반드시 "대중의 요구를 표준삼아"야 한다는 소감을 밝히며 『조선중앙일보』 사장에 취임했다.[39] 그는 다시 1933년 11월에 월간지 『중앙』의 창간사에서 "일간지의 남은 책무는 민중의 편달에 좇아 정한바 양한(量限)에서 질의 향상을 꾀함"에 있다고 주장했다.[40] 또한 여운형은 1935년 1월 잡지 『삼천리』의 시국에 대한 질의에서 3개 민간지의 지나친 경쟁의 문제점을 지적하기도 하였다.[41] 이렇듯 여운형은 어려운 여건 속에서도 민중의 요구를 가능한 범위에서 수용하도록 노력하며, 민간지 사이의 판매나 광고를 위해 지나친 경쟁은 자제할 필요가 있다는 입장을 보였던 것이다.

---

38 『여운형 전집』 1, 425~595면.
39 『조선중앙일보』, 1933. 2. 17.
40 『여운형 전집』 1, 120면.
41 『여운형 전집』 1, 132면.

3. 경영 상태와 경영의 주도권 확보

1) 창간 직후의 경영상태

『조선중앙일보』는 한동안 20만 원의 자본금을 가진 개인회사로 운영되다가[42] 1934년 7월에 가서야 30만 원의 주식회사가 되었다. 『동아일보』가 이미 1920년대부터 자본금 35만 원의 주식회사였고, 『조선일보』가 방응모에 의해 인수된 이후인 1933년에 자본금 50만 원의 주식회사가 되었던 것에 비해 『조선중앙일보』의 자본금은 비교적 작았다.[43] 더욱이 실제 현금으로 불입된 자본금은 10만 원 정도에 불과해 운영에 커다란 어려움을 겪었다.[44]

창간 직후 한동안 최선익이 영업국장을 겸직하다가 1933년 중반부터 홍증식이 영업국장을 맡아 실질적인 운영을 하게 되었고,[45] 얼마 뒤에는 홍증식과 같은 화요회계 사회주의자였던 홍덕유도 경리부장으로 입사하였다.[46] 서무부장을 맡게 되었던 조동순이 홍증식, 홍덕유와 마찬가지로 화요회계 사회주자였던 조동호의 사촌동생이었다는 점을 감

42　『新聞總攬』(1933년판), 468면.
43　황태욱, 「조선 민간신문계 총평」, 『개벽』, 1935.3, 15면.
44　한양과객, 「삼대신문참모장론」, 『삼천리』, 1934.8, 37면.
45　『新聞總攬』(1933년판), 468면; 『日本新聞年鑑』(1933년판), 122면.
46　홍덕유는 조선공산당 사건으로 옥고를 치르고 나온 후, 노정일의 『중앙일보』에서 경제부 기자와 부장을 지냈고, 『조선중앙일보』에서는 경리부장을 거쳐 홍증식이 나간 뒤인 1936년에는 공무국장을 지냈다. 관상자, 「신년 지상 대원탁회」, 『혜성』, 1932.1, 119면; 『한국언론연표』, 608・747면; 우승규, 『나절로 만필』, 탐구당, 1978, 82면; 「삼천리 기밀실」, 『삼천리』, 1934.8, 11면.

안하면, 1933년 중반을 넘어서면서 이들이 경영에서 핵심적인 역할을 하게 되었다는 것을 알 수 있다. 『조선중앙일보』는 1934년 4월에 주식회사를 설립하기로 결정하고 준비를 하여, 이해 6월에 창립총회를 열고, 7월에는 30만 원의 주식회사를 설립하였다.[47]

『동아일보』와 『조선일보』가 동경과 대판 등지의 광고 쟁탈전을 벌이고 있던 상황에서 사장 여운형이 "돈푼 얻자고 상공부르조아지 앞에" 머리를 수그릴 수 없다고 하며 광고 유치에 잘 나서지 않자, 홍증식은 '판매주의'와 '염가주의'를 표방하며 다른 신문보다 저렴한 80전의 구독료를 유지하고 판매망 확대를 위해 노력했다.[48] 원래 『조선중앙일보』는 창간 초기의 4면 체제부터 6면으로 증면된 이후까지 월정구독료로 60전을 받았고, 1934년 7월에는 조·석간 8면으로 80전, 1936년 4월 1일에는 10면으로도 80전을 받았다. 그러다가 1936년 7월 1일에 가서야 조·석간 12면이 되면서 다른 신문과 마찬가지인 월정구독료 1원씩을 받게 되었다. 이렇듯 『조선중앙일보』는 다른 신문보다 적은 발행면수에다 구독료도 다소 낮게 받았다. 『조선중앙일보』의 발행부수는 다른 두 신문보다 적었지만, 꾸준히 늘어나 1936년에는 3만 2천 782부가 되어 최초로 『동아일보』의 3만 1천 666부 보다 약간 앞서기도 했다.[49]

『조선중앙일보』는 신문판매 수입도 적었지만 광고 수입면에서도 다른 두 신문보다 적을 수밖에 없었을 것이다. 여기에는 사장 여운형의 광고주 유치에 대한 소극적 태도, 지면의 협소함 등이 복합적으로 작용하

---

47 정진석, 『역사와 언론인』, 커뮤니케이션북스, 2001, 299∼302면.
48 한양과객, 앞의 글, 37면.
49 정진석, 앞의 책, 1990, 553면.

였다. 이런 가운데『조선중앙일보』사는 월간잡지인『중앙』을 1933년 11월에 창간했고 어린이 대상 잡지인『소년중앙』을 1935년 1월에 창간했다. 이런 노력에 따라 다른 신문과 본격적인 경쟁을 하게 되었지만, 경영상태가 크게 호전되었다고 볼 수는 없었다.

2) 여운형의 경영의 주도권 확보

재정적 어려움 속에서도 다른 신문과 경쟁하며 나름대로 사세를 키워 나가던 1935년 중반에『조선중앙일보』에는 최선익, 김동성, 홍증식 등『조선일보』출신들과 여운형, 윤희중 사이에 경영의 주도권을 둘러싼 내분이 발생하였다. 이로 인해 1935년 7월에는 김동성, 홍증식과 함께 최선익이 신문사를 떠나게 되었다.[50] 이후 여운형이 발행인이 되고,[51] 윤희중이 전무 겸 영업국장을 맡게 되면서[52] 이제는 사장 여운형과 전무 윤희중이 완전히 신문 운영을 주도하게 되었다.

그러나 실질적으로 가장 많은 자본을 출자했던 부사장 최선익의 퇴진은 경영의 어려움을 가중시키는 결과를 가져 왔다.[53] 이렇듯 신문운영에 어려움이 가중되는 상황에서, 여운형은 이전에는 홍증식의 적극적인 권

---

50 『쩌날리즘』1, 1935, 50면; 차상찬,「조선신문발달사」,『조광』, 1936.1, 40~52면.
51 『조선중앙일보』, 1935.7.11. 최선익이 여운형에게 발행인 명의를 넘겨주면서 소유주식까지 양도했다는 기사가 실리기도 했다.『쩌날리즘』1, 1935, 28면. 그러나 당시의 자료를 종합해보면 이는 결코 사실이 아니다.
52 『日本新聞年鑑』(1935년판), 127면.
53 최선익은 15만 6천 800원(7천 840주)을 투자한 최대주주였다.『삼천리』, 1937.1, 11~12면; ─記者,「중앙일보 문제에 대하야 최선익 씨와 일문일답」,『비판』, 1938.12, 21면.

유에도 불구하고 거부해왔던 일본인 광고주 유치를 위한 활동에까지 나서게 되었다. 이러한 여운형의 태도변화의 배경은 1936년 2월호 『중앙』에 실려 있는 '동경기행'이라는 다음과 같은 글에서 잘 드러난다.[54]

신문사가 나에게 동경 대판 등지에의 여행을 권한 것은 어제 오늘의 일이 아니다. 벌써부터 신문경영의 중요한 경제적 공작으로서 주요한 광고주의 방문계획을 세운 신문사는 동경을 위시한 중요도시에서 이 계획을 수행키 위하여 나에게 중요한 사무적 여행을 요구하여 왔던 것이다. 그러나 제반의 정치적 정세에 대한 고려도 있었거니와 나의 정치인으로서의 일찍이 이와는 판이한 입장에서 찾아갔던 그 땅을 밟기를 쉽사리 허락치 않았던 것이었다. 그러나 생각해보면 이러한 고려도 그대로 용인할 수는 없는 것 같았다. 적어도 그것은 부자연한 태도인 것이 반성되지 않을 수 없었다. 사람은 그를 지배하는 환경의 제 조건에 대해야 자유롭고 굴중성(屈仲性) 있는 적응의 힘을 가질 줄 알아야 할 것이 아닌가.

위와 같이 여운형은 경영의 주도권을 확보하게 되면서, 경영난을 타개하기 위해 직접 일본인 광고주 유치활동에 나서게 되었던 것이다. 그러나 경영 상태는 계속 악화되어 1936년에는 『조선중앙일보』가 다른 두 신문의 적극적인 경영에 위축되어 "이대로는 두 신문사 등살에 못해 나가리라는 비관론이 사내외에 성행하였다"는 지적도 나왔고, 결국 이런 위기를 극복하기 위해 윤희중이 교섭하여 자신과 인척관계에 있던

---

54 『여운형 전집』1, 170면.

동일은행 전무 성낙헌을 끌어들였고, 성낙헌 일파가 20만 원을 출자해 1936년 2월에 50만 원의 주식회사가 되었다.[55] 20만 원 증자와 함께 『조선중앙일보』는 이전까지의 수세적인 자세에서 벗어나 사업 확충을 표방하며 5대 사업으로 증면단행과 지면쇄신 등을 추진하였다.[56]

그러나 성낙헌이 12만 원만을 불입하고 8만 원에 대해서는 불입한 양 사기를 꾸미면서, 성낙헌 일파와의 사이에 대립이 생기기도 했다. 또한 이러한 대립은 내분으로 이어져, 주필 이관구가 "성씨 재벌과 손을 잡아가지고 노골적으로 여사장 배척 운동을 일으켰"다가 결국 신문사를 떠나는 일도 발생하였다.[57] 이것은 결국 상업주의적인 경쟁이 본격화 되던 당시에 자본 동원능력이 전혀 없었고 신문을 단순히 이익 추구의 수단으로 보지 않았던 여운형이 신문사를 제대로 운영해 나가기가 점차로 어렵게 되었다는 것을 보여주는 것이었다.[58]

이런 내분에도 불구하고 추가 자본금 불입을 통해 『조선중앙일보』는 다시 12면으로 증면하고 월정구독료를 1원으로 인상하는 등 적극적인 경영을 시도해 보았다. 그러나 『조선중앙일보』는 일장기 말소 사건으로 1936년 9월 4일에 '자진 휴간'했고,[59] 여운형은 그 뒤 총독부의

---

55 鷲公,「중앙의 躍起와 조선·동아 제패전」,『삼천리』, 1936.4, 51~52면.
56 『조선중앙일보』, 1936.3.25.
57 舌火子,「풍전등화의 조선중앙일보」,『비판』, 1937.2, 82~85면. 이관구는 훗날 단지 1936년에 "사내에 파쟁이 생겨 참다못해" 신문사를 떠났다고만 회고했다. 이관구, 앞의 책, 291면.
58 재정적인 문제가 어려워질수록 사내에서 여운형보다 윤희중의 역할이 더 커졌다고 할 수 있다. 鷲公, 앞의 글, 49면. 『조선중앙일보』 기자였던 김계림은 윤희중에 대해 "오직 중앙일보의 성장과 발전을 위하여 거의 맹목적으로" 애썼다고 하며 높게 평가했다. 김계림,「조선중앙일보의 추억」,『비판』, 1938.8, 22~23면. 이것은 여운형보다도 신문사 경영을 위해 적극적인 노력을 기울인 윤희중을 더 긍정적으로 평가하는 사원도 있었다는 것을 보여주는 것이다.
59 『조선중앙일보』는 『동아일보』보다 앞선 1936년 8월 13일에 일장기를 말소한 손기정 선수의 사진을 실었지만 사진이 매우 흐려 그대로 넘어갔다. 정진석, 앞의 글, 1979, 82면. 그러나 『동아일보』가 8월 25일의 일장기 말소 사진 게재로 정간처분을 받자, 같은 조치가 내려

압력으로 사장직을 사임하게 되었다.[60] 그 후『조선중앙일보』는 주주들 사이의 내분과 대립으로 복간되지 못하다가 결국 1937년 11월 5일에 신문발행 허가의 효력 상실로 폐간되고 말았다.[61]

4. 편집진 구성의 변화와 특성

1) 창간 직후의 편집진

창간 직후의『조선중앙일보』기자들 중에는 대체로『조선일보』출신자들이 많았다. 이것은『조선일보』에 관여했던 최선익, 김동성, 이관구, 홍증식 등이 과거에 함께 일했던 사람들을 주로 기자로 채용했기 때문이었다. 1932년 10월 31일『중앙일보』인수 직후의 편집국 조직과 기자들을 보면 아래와 같다.[62]

질 것을 염려한『조선중앙일보』경영진은 총독부의 선처를 바라며 9월 4일에 자진휴간을 결정했다. 다만『조선중앙일보』도 일부 사원들의 주도로 일장기 말소가 이루어졌다는 점은『동아일보』와 마찬가지였다. 설화자, 앞의 글, 1937, 81면. 총독부 측은 이에 대해 두 신문이 "광태를 연출, 급기야 정·휴간 처분을 받게 되었다"고 했다. 조선총독부경무국 편, 앞의 책, 32면. 이것은 총독부 측이『조선중앙일보』의 자진휴간을 '자진'이 아닌 일종의 '처벌'로 보았다는 것을 나타내 준다.

60 설화자, 앞의 글, 1937, 83면.
61 박상준,「조선중앙일보 간부들에게 보내는 항변」,『비판』, 1938.8, 16~21면.
62 정진석, 앞의 책, 1990, 428면. 식민지였던 일제하에서는 오로지 사회부만 본격적인 취재활동을 했기 때문에 기자의 수가 많은 편이었다. 반면 학예부는 가정, 아동, 문학, 연예, 학술 등 다양한 내용을 다루었음에도 기자의 수가 별로 많지는 않았고, 취재 없이 주로 외국의 신문, 잡지, 통신 등을 번역해 게재했던 정치부나 경제부의 기자 수는 상당히 적은 편이었다.

편집국 국장 김동성, 차장 염상섭

논설반 주필 이관구, 신상우, 배성룡

편집부 부장 서승효, 박팔양, 신상우(겸), 배성룡(겸)

정치부 부장 김동성(겸)

경제부 부장 이윤종

사회부 부장 염상섭(겸), 신경순, 박윤석, 이홍직, 이순재

학예부 노수현, 윤성상, 윤홍학, 이승근

교정부 주임 신인범, 이풍규, 김홍진

위의 인원 총 19명 중에서 13명이 『조선일보』 출신이었다. 또한 이들 중에 배성룡, 발팔양, 신경순, 이홍직, 이풍규 등은 『조선일보』의 내분 당시에 최선익과 마찬가지로 안재홍, 이승복에 반대했던 사람들로, 퇴사 후 노정일의 『중앙일보』로 옮겨가 있다가[63] 최선익 등이 인수하게 되면서 계속 근무하게 되었던 것이다. 이들 중 신간회에 참여했던 이관구와 조선공산당 사건으로 옥고를 치렀던 배성룡을[64] 제외하고는 사회운동에 특별히 적극적으로 참여했던 인물들은 없었다.

『중앙일보』 인수 당시 편집국 간부들의 구성은 여운형이 사장으로 취임된 이후에도 지속되었고,[65] 1933년 말까지도 편집국 차장이 염상

박용규, 「일제하 민간지 기자집단의 사회적 특성의 변화과정에 관한 연구」, 서울대 박사논문, 1994, 238~253면.

63 녹안경, 「중앙일보가 조선일보 간부 재만동포구제금 사건을 왜 폭로하였는가?」, 『별건곤』, 개벽사, 1932.5, 15면.

64 유광열은 이관구에 대해서는 "순연한 공산주의자는 아니나 좌익논객"이라고 했고, 배성룡에 대해서는 "시종일관 맑스주의적 견지"에서 활동했다고 평가했다. 유광열, 「신문기자군상」, 『신동아』, 1932.10, 52면.

65 『新聞總攬』(1933년판), 468면.

섭에서 배성룡으로 바뀐 것외는 별 변화가 없는 것으로 나타나 있다.[66] 그러나 1934년 7월에 30만 원 자본금의 주식회사 체제로 전환되면서 편집국 구성원들도 상당수 바뀌게 되었다.[67]

> **편집국** 국장 김동성, 차장 배성룡
>
> **정치부** 이홍직, 조한용
>
> **경제부** 정수일, 한전훈, 김원태
>
> **사회부** 부장 박팔양, 박윤석, 최문우, 이순재, 어구선, 이태우, 엄종섭
>
> **학예부** 부장 이태준, 박노갑, 노천명
>
> **정리부** 부장 장종건, 이풍규, 김홍진
>
> **조사부** 노수현
>
> **지방부** 부장 오기주, 김승현
>
> **출판부** 이정순

위에 나타난 편집진 구성의 변화에서 나타난 가장 커다란 특징은 『조선일보』 출신들이 일부 물러나고 과거 사회주의 운동에 관여했거나 사장 여운형과 개인적인 인연으로 입사한 사람들이 늘어났다는 점이다. 오기주, 어구선, 박노갑 등이 전자의 경우라면 조한용, 이정순 등은 후자의 경우라고 할 수 있다. 특히 오기주는 4차 조선공산당 평남대표로서 옥고를 치르고 나와 입사하여 지방부 기자, 부장을 거쳐 1934년 말에는 정치부장이 되었고 1935년에는 홍증식의 후임으로 영업국장까지

---

66 『日本新聞年鑑』(1933년판), 122면.

67 「삼천리 기밀실」, 『삼천리』, 1934.8, 11면.

여운형의 언론활동에 관한 연구 371

되었다.[68] 또한 조한용은 한인청년동맹 상해지부에서 활동할 때부터 여운형을 알았고, 입사한 이후 정치부 기자를 거쳐 동경지국장, 조사부장이 되었다. 신문 운영에 있어서 여운형의 영향력이 점차로 커졌다는 것을 의미하는 이러한 편집진 구성의 변화는 1935년 7월 최선익, 김동성, 홍증식이 신문사를 모두 떠나게 되면서 더욱 강화되었다.

2) 편집진 구성의 변화와 특성

여운형과 윤희중이 경영을 주도하게 되었던 1935년 후반에는 다수의 사회주의 운동가 출신들이 입사하여 기자로 활동하게 되었다. 1935년 중반을 전후해서 김남천[69], 이천진,[70] 임원근, 김복진,[71] 인정식, 이상도, 고경흠, 이우적,[72] 김계림, 박상준 등이[73]『조선중앙일보』에 입사하였다. 이들 중 1935년 11월에 임원근은 지방부장, 김복진은 학예부장이 되었으며, 이상도는 1936년에 경제부장이 되었다.[74]

---

68 오기주는 1925년에『동아일보』의 진남포 지국장을 지내면서 전조선기자대회에 참가하기도 했다. 박용규,「일제강점기 사회주의 언론인에 관한 연구」, 김민환·박용규·김문종,『일제강점기 언론사 연구』, 나남, 2008, 145면.
69 백철은 김남천이 여운형의 알선으로 입사했다고 주장했다. 백철,『진리와 현실』, 박영사, 1975, 342면.
70 『쩌날리즘』1, 1935, 46면.
71 『한국언론연표』, 727면.
72 김학준,『이동화 평전』, 한길사, 1987, 102면.
73 『비판』, 1938.8, 24~28면.
74 이상도는『조선중앙일보』가 폐간되어 쉬고 있던 중에 1938년 5월 14일에 '불온한 언동'으로 검거되었다. 이때의 자료를 보면 그가 신문사 입사 전부터 '공산주의에 공명'하고 있었던 것으로 나와 있다. 이 자료에 따르면 이상도는 1934년 11월에 경제부 기자가 되어, 1935년 9월에 경제부장이 되었다. 京高特秘 第1250號, 治安維持法違反被疑者檢擧ノ件(1938.6.2), 1~5면.

표 9-1 : 사회주의 운동가 출신의 사원들

성명	사회주의 운동 경력	입사 전 언론계 경력
고경흠	무산자사, 카프, 조공재건설동맹	–
김계림	3·4차 조공 일본부(공청)	–
김남천	카프, 조선공산주의자협의회	–
김복진	카프, 4차 조공(공청)	–
박노갑	무산자사, 카프 동경지부	–
박팔양	카프	『동아일보』, 『조선일보』, 『중앙일보』 기자·부장
배성룡	2차 조공	『조선일보』, 『중앙일보』 기자·부장
어구선	조공 조직준비위원회	『조선일보』 기자
오기주	3·4차 조공	『동아일보』 지국장
이우적	3·4차 조공 일본부(공청), 조선공산주의자협의회	–
이천진	조선학생과학연구회	–
인정식	3·4차 조공 일본부(공청)	–
임원근	1차 조공(공청)	『조선일보』, 『중앙일보』 기자
홍덕유	1·2차 조공	『조선일보』, 『중앙일보』 기자·부장
홍증식	1 조공(공청)	『동아일보』, 『조선일보』 영업국장

주 : 조공 = 조선공산당, 공청 = 고려공산청년회

1935년 중반 이후 입사한 인물들 중에 화요회계 출신이었던 임원근을[75] 제외하고는 대부분 이른바 ML계 주도의 3, 4차 조선공산당 관련 인물들이었다. 1930년대 이후 일제의 강력한 탄압으로 사회주의 운동가 출신 기자들이 큰 역할을 할 수는 없었지만, 이들의 참여로 『조선중앙일보』는 제한적이나마 다른 신문과 차별성을 보일 수는 있었던 것이다. 기자를 포함하여 소속 사원들 중에서 사회주의 운동에 참여했고 그 경력이 비교적 명확한 사람들의 주요 경력만을 정리해보면 〈표 9-1〉과 같다.

---

75 임원근은 1931년 다른 화요회계 사회주의자들과는 달리 신간회 해소를 반대하는 입장을 밝혔다. 이균영, 『신간회 연구』, 역사비평사, 1993, 456~457면. 그는 노정일의 『중앙일보』에서 대판 특파원을 지내다가 그만둔 바도 있다. 관상자, 앞의 글, 119면; 『한국언론연표』, 610·747면.

〈표9-1〉에 나타난 것과 같이 다수의 사회주의 운동가 출신 기자들이 있었던 탓으로 "과거의 색채가 그러하였던 분이 여럿인 점" 때문에 『조선중앙일보』의 사상적 계열이 '사회주의'라고 평가되었지만, 한편으로는 다른 신문사에 비해 편집국에 인재가 부족하다는 지적을 받기도 했다.[76] 이러한 인사는 여운형이 주도했던 것으로,[77] 언론계 경력이 별로 없는 기자들이 주축을 이루게 되어 결국 『조선중앙일보』가 다른 신문에 비해 취재보도 능력이 떨어진다는 평가를 받도록 만들기도 했다.

결국 1935년 말 이후에 편집국에는 대체로 여운형과 가까운 기자들이 주류를 형성하게 되었는데, 한 부류는 조한용, 이정순, 김남천, 윤석중, 유해붕 등과 같이 여운형 개인과의 인연이 깊었던 기자들이고[78] 한 부류는 이동화가 '몽양 집단'이라고까지 불렀던 고경흠, 인정식, 이우적 등 ML계 출신의 사회주의 운동가 출신의 기자들이었다.[79] 그러나 사회주의운동 출신 기자들이 반드시 모두 여운형을 지지했던 것은 아니어서, 내분 과정에서 ML계 출신인 김계림 같은 일부 기자들이 여운형에 대해 불만을 털어놓기도 했다.

---

76 鷲公, 앞의 글, 53면.
77 이만규는 여운형이 "대처의 지국장은 민족주의와 사회주의 운동자로 임명하고 본사에는 정치범 전과자가 직공까지 20명 이상이 되어 당국과 세평이 '적색 신문'이라고까지 하였다"고 했다. 이만규, 앞의 책, 127면.
78 이정순은 스포츠 애호가로서 여운형의 눈에 떠어 직접 기자로 추천되었다고 하며, 윤석중은 여운형의 주례로 결혼했다고 한다. 대한언론인회 편, 『한국언론인물사화』 하, 1992, 436~437면; 이기형, 『몽양 여운형』, 실천문학사, 1993, 194~195면. 이들과는 다르지만 유해붕도 "몽양을 몹시 숭배하며 본뜨다가" 『조선중앙일보』에 기자로 취직했었다고 한다. 이길용, 「체육기자 인상기」, 『신문평론』 3, 1947, 53면.
79 김학준, 앞의 책, 102면.

5. 여운형의 언론활동의 의의와 한계

여운형이 사장을 맡았던『조선중앙일보』의 논조는, 여운형의 언론 활동의 의의를 보여주는 중요한 부분이다. 이만규는『조선중앙일보』가 총독부의 정책을 공격하고 친일파를 비판하는 데 앞장섰다고 주장했다.[80] 또한 여운홍은『조선중앙일보』가 '국민대중'을 위한 일이라면 "물불가리지 않으면서 온갖 힘"을 기울여 도왔다고 주장하면서 수재가 발행했을 때의 활동을 그 예로 들었다.[81]

그러나 당시에 한 비평가는『조선중앙일보』가 "논조에 있어서나 기사취급에 있어서나 조선 동아와 대동소이다"라고 주장했고,[82] 다른 비평자도 사회면 기사분석을 통해 유사한 결론을 내리고 있다.[83] 또 다른 비평자는 오히려 "다른 신문들은 거의 희생적으로 수재 보도에 전력"하였지만『조선중앙일보』는 "그 힘이 부족하였든지 혹은 보도에 충실하고자 하였든지" 그렇지 못했다고 평가했다.[84] 이런 비평들은『조선중앙일보』가 다른 민간지들과 아주 다른 논조를 보여 주었다는 주장에는 다소 무리가 있음을 보여주는 것이다.

사실상『조선중앙일보』는 단지 우회적 또는 간접적 방식으로 비판적 활동을 하며 다른 신문과 어느 정도 차이를 나타냈을 뿐이다. 최준

---

80 이만규, 앞의 책, 127~129면.
81 여운홍, 앞의 책, 96면.
82 霞汀, 「조선신문발달사」, 『신동아』, 1934.5, 58면.
83 청진루주인, 「세 신문의 편집타진」, 『쩌날리즘』 1, 1935, 7~9면.
84 『신조선』, 1934.5, 47면.

은『조선중앙일보』가 "국내의 지도적 인물들의 총독부 당국과의 타협을 경고"했고 "이미 그 회유정책에 넘어간 인사들에게 대하여 날카로운 필주를 가"했지만, 그 방법은 "공적 생활에 대한 정공법이 아니고 사생활의 폭로로 나타났다"고 지적했다.[85] 당시에도 한 비평자는 "중앙은 때때로 남이 취택하지 못하는 재료를 취급하여 일세를 놀래는 일이 있으니 어떠한 권세 앞에서도 직서(直書)하였다는 용기만은 사줄만하나 그 취급의 과도와 실당(失當)으로 공과상반(功過相半)인 것은 유감이다"라고 지적한 바 있다.[86] 이렇듯 사생활의 폭로라는 우회적 방식으로 최린, 박희도 등의 친일파를 공격했던 것은,[87] 당시로서는 불가피했던 것으로 나름대로 의미가 있었다. 또한『조선중앙일보』에는 친일파뿐만 아니라 민족개량주의 세력을 비판하려는 노력이 나타나기도 했다.[88]

또한『조선중앙일보』는 직접 일제를 비판하거나 민족운동을 주장할 수 없던 상황에서, 총독부 정책의 문제점이나 소작쟁의, 노동쟁의를 다루는 간접적 비판의 방식을 보이기도 했다. 먼저『조선중앙일보』는 일제의 자작농 창설계획의 허구성과 동양척식회사의 문제점을 폭로하며 이러한 정책이 농민들에게 어려움만 더욱 가중시켰다고 비판하고, 이런 상황에서 농민들의 소작쟁의가 빈발할 수밖에 없다고 주장했다.[89]

---

85 최준, 앞의 책, 296면.
86 황태욱, 「조선 민간신문계 총평」, 『개벽』, 1935. 3, 20면.
87 박희도의 추문 폭로 기사는 1934년 3월 29일자에, 최린의 추문 폭로 기사는 동년 9월 20일자에 게재되었다. 그러나 결국 압수되고 말았던 최린의 추문 폭로기사는 『동아일보』에도 유사한 내용이 실렸었다. 다만 『조선중앙일보』가 기사제목 등의 표현에서 더욱 적극적이었다.
88 인정식이 『조선중앙일보』 학예면 '인물춘추'란에 1936년 5월 28일부터 10회에 걸쳐 연재했던 '안창호론'은, 상해시절부터 대립적 관계에 있던 여운형과 안창호가 다시 싸우는 것 아니냐는 세평을 불러일으키기도 했다. 임영태 편, 『식민지 시대 한국사회와 운동』, 사계절, 1985, 68면. 그러나 이런 기사의 게재는 여운형과 인정식 등이 우회적인 방식으로나마 안창호에 기대고 있던 민족개량주의적인 세력을 비판하려고 했던 것으로 해석할 수 있다.

또한『조선중앙일보』는 일제의 산업정책의 폐단을 지적하며, 이에 따라 실업과 저임금으로 인한 절대빈곤의 문제가 생기고 노동쟁의가 늘어나고 있다는 점을 지적하기도 했다.[90] 한편『조선중앙일보』는 청년과 학생들에게 농촌계몽운동이 문맹퇴치의 차원을 넘어서서, '소뿌르 근성'을 버리고 농민들에게 다가가 '정당한 진로'를 제시해야 하는 의식적 활동이 되어야 한다고 주장하기도 하였다[91]

　어려운 상황 속에서도 위와 같은 시도가 이루어졌던 것은, 여운형을 포함하여 경영진이나 편집진에 다수의 사회 운동가 출신들이 포진하여 나름대로 노력을 했기 때문이라고 볼 수 있다. 다른 민간지들에도 한 때 사회운동을 했던 기자들이 일부나마 있었고,[92]『조선중앙일보』의 기자들도 이미 사실상의 전향을 한 것이나 다름이 없는 상태였지만,[93] 여운형이라는 사장의 영향력과 다른 신문보다 훨씬 많은 수의 사회운동가

89　전자의 대표적인 경우로는 1933년 4월 2일자 사설「자작농 창정과 부담의 증가」, 동년 6월 8일자 사설「동척의 반성을 촉함」, 1935년 9월 3일자 사설「긴급한 농촌대책」을 들 수 있고, 후자의 경우로는 1933년 8월 28일자 사설「조정령 시행 후의 소작쟁의」와 1936년 4월 7일자 사설「소작쟁의 조정의 중점」을 들 수 있다.

90　전자의 경우로는 1934년 3월 12일자 사설「산업통제의 폐해」와 1935년 4월 20일자「산업통제책 강화의 본질」을 들 수 있고, 후자로는 1933년 3월 29일자 사설「작년 중의 소작쟁의」, 1935년 4월 6일자 사설「임금인상의 요구」, 1936년 7월 4일자 사설「조선인의 실업상황」을 예로 들 수 있다.

91　이런 예로는 1935년 7월 19일자 사설「귀향학생 제군에게」, 동년 7월 31일자 사설「농촌계몽가의 당면임무」등을 들 수 있다. 이런 류의 사설들에는 문자보급을 위주로 하는 다른 신문의 농촌계몽활동에 대한 비판적 관점이 내재되어 있다.

92　박용규, 앞의 글, 2008, 140~142면.

93　고경흠은 옥중에서 "장문의 이론적 전향을 성명"했다고 한다.『삼천리』, 1938. 5, 44면; 배성찬 편역,『식민지시대 사회운동론 연구』, 돌베개, 1987, 422면. 모든 기자들이 이같이 '전향'을 했다고 볼 수는 없지만, 사실상 사회운동을 떠나면서 전향한 셈이나 다름없는 입장에 있었다고 볼 수는 있다. 그러나 1936년에 조선공산당 재건을 위한 활동을 벌이던 세력들이 인정식과 이우적을 끌어들이려고 했다고 하는 것처럼,『조선중앙일보』에는 아직까지는 완전히 전향했다고 볼 수 없는 인물들도 있었다. 이애숙,「이재유 그룹의 당 재건운동」, 한국역사연구회 1930년대 연구반,『일제하 사회주의 운동사』, 한길사, 1991, 166면.

출신 인물들의 활동으로 제한적이나마 다른 신문과 차별적인 논조를 보일 수 있었던 것이다. 물론 사회운동가 출신들이 많았다는 것이 논조에 직접적인 영향을 주었다고 단정할 수는 없지만, 이들을 채용했던 여운형의 의도가 작용하여 어느 정도 논조의 차이를 나타냈다고 할 수는 있을 것이다.

또한『조선중앙일보』라는 활동 공간에서 만났던 다양한 배경을 지닌 인물들이 해방 이후 여운형과 함께 활동하게 되었다는 점도 여운형의 언론활동의 의의 중 하나라고 할 수 있다. 실제로『조선중앙일보』에는 신간회 활동을 했던 비타협적 민족주의자들과 화요회계, ML계 등 다양한 출신배경의 사회주의자들이 함께 있었는데, 이들 중 적지 않은 수가 해방 이후 여운형과 함께 활동했다. 해방 이후 여운형이 주도했던 정치조직에『조선중앙일보』에서 인연을 맺었던 조한용, 고경흠[94], 이상도, 이우적, 이천진 등이 참여해 활동했었다.[95] 그러나 이들이 모두 여운형과 오랫동안 같이 활동한 것은 아니었다. 이외에도『조선중앙일보』기자 출신들 중 다수가 해방 후 다양한 정치활동을 했는데, 비록 여운형과 다른 활동을 하면서도 우호적 관계에 있던 인물들이 적지 않았다.[96]

그러나 일제하에서의 여운형의 언론활동은 당시의 상황적 제약으로

---

94 고경흠은 '여운형의 비서격'이라는 평까지 들었는데, 해방 후 그가 주필로 있던『독립신보』에 여운형은 고문으로 참여했다. 서중석, 앞의 책, 469면;『한국언론연표』2, 86면; 김성동, 「현대사 아리랑─ 진보적 민족주의 언론인 고경흠」,『위클리경향』814, 경향신문사, 2009. 또한 여운형은 1946년 11월에『중외신보』사장이 되었는데, 1947년 4월에 이 신문이 주식회사 발기준비회를 조직했을 때『조선중앙일보』시절의 윤희중, 조한용, 이우적, 그리고 조동호 등이 여기에 참여하고 있었다.『한국언론연표』2, 1133면.

95 송남헌,『해방 3년사』1, 까치, 1985.

96 해방 후 여운형의 양해 하에 다시『조선중앙일보』를 발행했던 유해붕이나, 좌우합작에 적극적이었던 배성룡 등을 이런 경우로 들 수 있다. 또한 홍증식도 비록 다른 노선을 가면서도 여운형과 비교적 우호적인 관계를 유지했던 인물로 볼 수 있다.

인해 근본적인 한계를 지닐 수밖에 없었다. 1934년경에 이재유를 중심으로 하는 조선공산당 재건운동 세력이 쓴 것으로 알려진 글에서는, 『조선중앙일보』가 다른 두 민간지와 함께 '민족개량주의집단'으로 규정되었고,[97] 1935년경에 적색노동조합운동을 하던 주영하는 더 나아가 『조선중앙일보』를 다른 두 민간지와 함께 '일본제국주의자의 주구'라고까지 비난하였다.[98] 1930년대의 어려운 상황에서 활동하던 사회주의 운동가들의 이러한 비판은 『조선중앙일보』와 다른 민간지들의 차이가 지니는 의미를 완전히 무시한 것이었지만, 한편으로는 합법적인 언론 활동이 지니는 불가피했던 한계를 지적한 것으로도 볼 수 있다.

한편 『조선중앙일보』의 내분과정이나[99] 폐간 후의 신문사 처리과정에서 보여준 태도는 여운형의 언론활동에서 드러난 또 다른 한계로 지적될 수 있다. 특히 복잡한 이해관계가 얽혀 있는 상황이었다는 점을 감안하더라도, "중앙일보에 만일 자랑이 있다면 사장일 것이다"라는[100] 평가까지 받던 그가 사내에서나 사회적으로 비판을 받게 되었다는 것은 그의 언론활동의 성과를 훼손하는 일이었다.[101] 그러나 일장기 말소

---

97 이애숙, 앞의 글, 163면.
98 신주백 편, 『1930년대 민족해방운동론연구』 1, 새길, 1989, 314면.
99 내분 과정을 통해 여운형과 대립되었던 적이 있는 인물들은 해방 후에도 대체로 여운형과 대립되거나 소원한 관계를 보였다. 남로당에서 활동했던 김계림이나 한민당에 참여한 적도 있던 이관구가 대표적인 경우라 할 수 있다.
100 황태욱, 「조선 민간신문계 총평」, 『개벽』, 1935.3, 17면.
101 『조선중앙일보』 사원이었던 박상준과 김계림이 간접적으로 여운형을 비판하고 있다면, 독자라고 하는 안동수와 최일수는 비록 표현은 정중했지만 직접적으로 여운형의 책임 회피, 재산 관계 등의 문제를 거론했다. 이에 대한 해명은 여운형의 글에 잘 나타나 있다. 김계림, 「조선중앙일보의 추억」, 『비판』, 1938.8, 22~23면; 박상준, 「조선중앙일보 간부들에게 보내는 항변」, 『비판』, 1938.8, 16~21면; 岸冬水, 「일사회인으로서 여운형씨께 보내는 공개장」, 『비판』, 1938.8, 24~28면; 여운형, 「나와 조선중앙일보」, 『비판』, 1938.10, 38~39면; 최일수, 「여운형씨에게 주는 서간」, 『비판』, 1937.7, 50~53면.

사건의 책임을 지라는 총독부의 요구로 이미 사장직을 물러나 있던 여운형에게[102] 일부에서나마 비판이 가해졌던 것은, 그만큼 여운형에 대한 기대가 컸기 때문이었다고 볼 수 있다. 한편 일부의 비판은 상업주의적인 경쟁이 치열하던 당시의 언론계 풍토에서, 민족운동의 일환으로 신문사 사장이 되어 '사업으로서의 신문'에 그리 큰 관심이 없었던 여운형이 겪을 수밖에 없는 일이기도 했다.

6. 요약과 결론

『조선중앙일보』는 이전의 『시대일보』, 『중외일보』, 『중앙일보』 등 일제강점기 '제3의 민간지'가 친일적 성향의 인물들에게 허가되었던 것과는 달리 신간회 활동을 했던 최선익 등에 의해 인수되어 발행되었다는 점에서 출발부터 커다란 차이가 있었다. 여운형이 이러한 『조선중앙일보』의 사장이 되면서 일제강점기에 언론활동을 시작했던 것은, 일제의 강력한 탄압이 가해지던 당시 상황에서 나름대로 민족운동을 지속하기 위한 하나의 시도였다고 할 수 있다. 『동아일보』, 『조선일보』 등 다른 두 민간지에 비해 자본금도 적고 경영상태도 좋지 못했던 『조선중앙일보』의 사장으로서 여운형은 다소의 내분을 겪으면서도 점차로 경

---

102 설화자, 앞의 글, 1937, 83면.

영의 주도권을 확보하게 되었고, 이런 가운데 기자들도 대체로 사회 운동가 출신들로 충원해 나갔다.

여운형의 이러한 기자 충원 등의 노력으로 『조선중앙일보』는 우회적인 방법으로나마 일제에 저항하는 논조를 보일 수 있었다. 또한 이렇게 충원된 인물들 중 상당수는 해방 이후 여운형과 직접적이든 간접적이든 또는 긍적적이든 부정적이든 일정한 관계를 갖고 활동하였다. 결국 여운형의 일제하에서의 언론활동은, 『조선중앙일보』가 다른 신문들과는 차별적 논조를 보이며 다소라도 일제에 저항적 의식을 확산하는 역할을 하도록 했으며, 나아가 여운형 본인에게는 해방 이후 함께 정치활동을 해나갈 다양한 인물들과의 관계를 맺도록 해주었다는 점에서 의미가 있는 것이었다. 그러나 당시의 시대상황 속에서 이런 활동에는 일정한 한계가 있을 수밖에 없었다.

이렇듯 여운형의 일제하에서의 언론활동은 매우 열악했던 당시 상황을 감안할 때 그 자체로서 매우 큰 의미를 지니는 것이었으며, 또한 결과적으로는 해방 이후의 정치활동을 준비하는 기간이 되었다는 점에서 의미가 있었다.[103] 특히 매우 어려운 상황 속에서 신문이 우회적인 방식으로라도 비판적 역할을 할 수 있었던 것은, 여운형이 신문을 '사업'으로서 보다 '운동'의 수단으로 보고 운영해나갔기 때문이었다. 그러나 일제의 강력한 언론탄압과 신문의 상업주의화라는 현실 때문에 '운동의 수단'으로 신문을 운영하려던 여운형의 활동에는 점차로 많은 한계가

---

[103] "그의 신문 사장 시절은 15년이란 긴 세월을 해외에서 보냈던 여운형이 국내 생활에서 다시 정착하고 새로운 뿌리를 심는 데에도 큰 역할을 해주었다"는 평가는 매우 적절하다. 이정식, 앞의 책, 436면.

드러나게 되었던 것이다.

　본 연구에서는 언론사의 차원에서, 그리고 민족운동사의 차원에서 여운형의 일제하에서의 언론활동을 살펴보았다. 한국 근현대사의 주요 민족운동가들이 대부분 언론인으로도 활동했던 역사적 특수성을 감안한다면, 이러한 민족운동가들의 언론활동에 대한 연구는 언론사 연구의 차원에서도 반드시 필요한 작업 중의 하나이며, 나아가 민족운동사 연구의 차원에서도 매우 중요한 의미를 지니는 것이라고 할 수 있다. 따라서 여운형 같은 주요 민족운동가들의 언론활동에 대한 연구가 앞으로 더욱 본격화 될 필요가 있다. 나아가 이러한 민족운동가들이 활동했던 신문 등의 논조에 대한 분석도, 이들의 활동에 대한 연구와 병행될 필요가 있을 것이다.

제10장

식민지 시기 여기자의 직업의식과 언론활동

1. 연구의 목적과 내용

한국에서 여기자가 처음 등장했던 것은 일제강점기였던 1920년이었다. 당시에 비해 이제 여기자의 수는 대폭 늘어났고 활동영역도 상당히 늘어났다. 한국언론연구원의 1994년 조사에서 전체 기자 중에서 여기자가 차지하는 비율이 14%로 나타났고,[1] 한국언론재단의 2010년 조사에서는 20%를 넘는 것으로 나타났다.[2] 여기자의 부서배치도 크게 변해

---

[1] 오수정, 「여성언론인의 현황과 위상」, 『신문과 방송』, 한국언론연구원, 1995.3, 485~5면.
[2] 기자 직종만을 대상으로 한 것은 아니지만, 2010년 조사 결과 여성 비율이 신문산업과 방송산업 모두 22.1%로 나타났다. 양승혜, 「2010년 한국의 언론종사자」, 『신문과 방송』, 한국언론진흥재단, 2010.10, 87~88면.

1990년대 말까지는 여기자들은 주로 문화, 기획특집, 여론매체 등에 몰려 있었지만, 2008년에는 정치부나 체육부에도 다수가 진출해 부서에 대한 진입 장벽도 많이 낮아진 편이다.[3]

여기자들의 '차별적 대우'에 대한 불만도 점차로 감소했는데, 한국여기자협회가 조사한 결과에 따르면 불만족도가 1990년 54.9%, 1995면 71.5%, 1997년 43.5%로 나타났다.[4] 2009년의 조사에서는 여기자 중에서 30% 정도가 성차별을 느끼고 있는 것으로 나타났고, 특히 가장 큰 불만을 느끼는 것은 '부서배치', '승진/승급,' '업무분담' 순으로 나타났다.[5] 과거에 비해 많이 개선되기는 했지만, 여전히 여기자들이 남성에 비해 어느 정도 차별을 받고 있는 것으로 나타났다.

대체로 여기자의 수적 증가는 언론사 내에서 여성의 영향력이 커질 수 있는 가능성을 보여주는 것이라고 주장된다.[6] 미국의 경우 신문의 편집 간부나 일선 기자 중에서 여성이 차지하는 비율이 1870년의 1%에서 1970년에는 40%로 급격히 늘어났다고 한다.[7] 수적 증가에도 불구하고 미국에서도 오랫동안 여기자에 대한 성적 차별이 남아 있었다. 미국의 경우에도 여전히 여성 언론인에 대한 임금과 승진에서의 성적 차별

---

3   홍은희, 「언론사의 조직문화와 여기자의 리더십 연구」, 『여기자』 19, 한국여기자클럽, 2010, 137~138면.
4   「여기자 실태 및 의식조사 결과 보고서」, 『여기자』 7, 한국여기자클럽, 1997, 158~217면.
5   홍은희, 앞의 글, 142~143면.
6   Robinson, G. J., "Women, Media Access and Social Control," in Epstein L.K.(ed.), *Women and The News*, Hastings House, 1978, pp.87~106; Creedon, P. J., "The Challenge of Revisioning Gender Values", in Creedon P. J.(ed.), *Women In Mass Communication*, Sage, 1989, pp.13~33.
7   Drinkwater, O. & Hoar J., "Are Mississippi Newspaper Woman Discriminated Against? A Survey of the State Press", *Newspaper Research Journal* 2(1), 1980, pp.56~60. 또한 미국의 신문과 방송 전체 기자 중에서 여기자의 비율이 1972년의 25%에서 1982년에는 34%로 늘어났다고 한다. Weaver, D. H. & Wilhoit, G. C., *The American Journalist —A Portrait of U.S. News People and their Work*, Indiana University Press, 1986.

이 어느 정도 지속되고 있다거나 적어도 여성 언론인 스스로 그러한 차별이 있는 것으로 인식하고 있다는 주장들이 나왔었다.[8]

여기자에 대한 성적 차별은 주로 남성 위주의 직업적 관행 때문이라고 볼 수 있다.[9] 특히 한국 언론계에서 남성 위주의 직업적 관행이 더 강하게 남아 있는 것은, 여성의 사회활동을 제약하던 가부장적 사회구조가 근본적으로 변화되지 않고 오랫동안 지속되어 왔기 때문이다. 이런 점을 고려할 때 여기자들이 어떠한 조건 속에서 어떻게 활동해 왔는가를 밝히는 역사적인 접근의 필요성은 매우 크다고 할 수 있다.

이런 필요성에도 기존의 한국 언론사 연구나 페미니스트 언론 연구에서 여기자의 역사를 다룬 연구 성과들은 거의 없었고, 단지 김경희와 정진석의 연구 정도를 들 수 있을 뿐이었다.[10] 특히 정진석의 연구를 제외하고는 언론학 분야에서 일제하 여기자에 대한 역사적 접근을 한 경우를 찾아보기 힘들었다. 그래서 최근 문학이나 역사학 분야에서 일제하 여기자에 대한 연구가 나오고 있는 것은 의미가 크다.[11] 또한 최근 언론학 분야에서 여기자의 역사에 관한 연구가 이루어진 것도 큰 의미를 지닌다.[12] 이렇듯 과거에 전반적으로 여기자의 역사에 대한 연구가

---

8 Lafky, S., "Economic Equity and the Journalistic Work Force," in Creedon P.J.(ed.), *Women In Mass Communication*, Sage, 1985, pp.64~179.

9 van Zoonen, L., "Rethinking Women and News," *European Journal of Communication* 3, 1988, pp.35~53.

10 김경희, 「여성 언론인의 역사」, 『또 하나의 문화』 2, 평민사, 1986, 127~147면; 정진석, 「한국의 여기자」, 『여기자』 3, 한국여기자클럽, 1992, 124~149면.

11 김연숙, 「저널리즘과 여성작가의 탄생−1920~1930년대 여기자 집단을 중심으로」, 『여성문학연구』 14, 한국여성문학학회, 2005, 89~119면; 서주홍, 「일제시기 여기자 최은희의 여성인식」, 숙명여대 석사논문, 2008; 유은순, 「일제시기 일간지 여기자의 역할과 위상」, 『숭실사학』 28, 숭실사학회, 2012, 147~176면.

12 장은미, 「1950년대 한국 신문의 제도화와 남성적 재공간화 과정」, 서강대 박사논문, 2007; 최이숙, 「산업화 시기(1961~1987) 성별화된 뉴스생산노동과 여성언론인의 정체성 관리」,

부진했던 것은 오늘날의 여기자들이 처한 현실을 올바로 분석하기 위해서는 여기자의 특성과 활동에 대한 역사적 이해가 반드시 필요한 작업 중의 하나라는 인식이 부족했기 때문이었다.

이 글은 위와 같은 문제점을 극복하고 여기자에 대한 역사적 접근을 하기 위한 시도의 하나로서, 일제하에서 여기자들이 처음 등장하여 어떻게 활동했는가를 살펴보려는 것이다. 특히 초창기였던 일제하의 여기자들이 오늘날보다 훨씬 열악한 조건에서 선구자적 의식을 가지고 활동했다는 점 때문에도 이들의 언론활동에 대한 구체적인 연구가 이루어질 필요가 있다. 또한 일제하 여기자들의 활동 조건이나 영역이 그 이후에 어떻게 변화되어 왔는가를 파악하기 위해서도 반드시 일제하의 여기자에 대한 연구가 필요하다. 결국 일제하 여기자에 대한 본 연구는 여기자에 대한 역사적 접근의 첫 걸음으로서, 여전히 여기자들의 활동이 크게 제약되고 있는 오늘날의 현실을 역사적 맥락 속에서 올바로 파악하는 데 기여할 수 있을 것이다.

이 글은 가부장적 사회구조와 이에 기인한 남성 위주의 직업적 관행이 지배하던 일제하의 언론계에서 여기자들이 어떠한 직업의식을 가지고 어떻게 언론활동을 했는가를 살펴보고자 하는 것이다. 이를 위해 가장 먼저 당시 신문사에 여기자들이 채용되었던 과정과 그 의미를 살펴볼 것이다. 이를 통해 신문사에서 여기자들의 활동이 크게 제약될 수밖에 없었던 요인을 밝혀 보고자 한다. 다음으로 일제하 여기자들의 사회적 배경과 정치·문예활동을 살펴보고자 한다. 이것은 언론사 내외의 열악한

서울대 박사논문, 2009, 김은주, 『한국의 여기자(1920~1980)』, 커뮤니케이션북스, 2014.

조건 속에서 활동해야 했던 일제하 여기자들의 사회적 특성을 밝히고자 하는 것이다. 마지막으로 일제하 여기자들의 직업의식과 언론활동을 고찰할 것이다. 이를 통해 일제하 여기자들의 활동에서 드러나는 특성들을 정리할 것이다. 결론적으로 이 글에서는 이러한 연구결과들을 정리하여 일제하 여기자들의 언론활동의 역사적 의의와 한계를 논의하고자 한다.

이 글에서는 일제하의 민간지들과 『매일신보』에 근무했던 신문사의 여기자들만을 연구대상으로 할 것이다. 다만 신문사에서 발행하는 잡지에 근무하는 여기자의 경우 신문 학예부에서도 동시에 일하는 경우가 많았기 때문에 연구대상에 포함시켰다. 그러나 일제하의 잡지사나, 만주에서 발행되었던 신문들의 여기자들은 제외할 것이다. 이것은 일제하의 잡지사 중에서 개벽사나 삼천리사 정도를 제외하고는 여기자 제도가 지속적으로 운영되지 못했고 여기자들의 활동도 매우 부진했으며, 특히 일제하에서 신문사 여기자들과는 달리 잡지사 여기자들은 본격적으로 언론활동을 했다고 볼 수 없는 경우가 많았기 때문이다. 다만 필요한 경우에 한해 잡지사의 여기자들에 대해서도 언급할 것이다.

본 연구에서는 일제하 여기자들의 직업의식과 언론활동을 파악하는 데 도움이 되는 당시의 잡지기사는 물론 회고록, 인물평전, 연표, 사사, 사보 등을 이용하여 역사적 사실들을 정리하고 해석하는 문헌연구방법을 사용하고자 한다. 물론 기존 연구의 부족으로 인해 관련 자료가 매우 부족하여, 연구에 적지 않은 어려움이 있었다. 그러나 가능한 범위 내에서 새로운 자료들을 찾아내고 기존 자료 등을 정리함으로써, 본 연구에서 일제하 여기자의 직업적 특성이나 언론활동의 전체적인 특성을 밝히는 데는 큰 무리가 없었다.

2. 일제하의 언론계와 여기자

1) 일제하 신문사의 여기자 채용

근대신문이 등장한 이후에도 상당히 오랫동안 여성언론인이 등장하지 못했다. 1900년대부터 등장한 일부 여성잡지에 여성들이 쓴 글들이 실려 있기도 했지만 이들을 여성언론인이라고 보기는 어렵다.[13] 또한 1917년 동경여자유학생 친목회가 발행했던 『여자계』의 주간을 맡았다고 하는 나혜석이나 1920년 3월에 창간된 『신여자』의 주간을 맡았다고 하는 김원주(일엽)도, 이들이 관여했던 잡지의 발행기간이 짧았고 영향력도 매우 미약했다는 점에서 본격적인 여성언론인이었다고 볼 수는 없다.[14]

여기자가 본격적으로 등장했던 것은, 일제가 문화정치로 전환하여 민간지의 창간을 허용한 1920년 이후부터였다. 특히 최초의 신문사 여기자로는 총독부 기관지 『매일신보』가 1920년 9월에 채용했던 이각경을 들 수 있다. 『매일신보』는 민간지들의 창간에 대응하여 이미지를 개선하기 위한 시도의 하나로서, '부인기자'를 공개 채용하면서 '가장(家長) 있는 부인'을 응시 조건 중 하나로 제시했다.[15] 이것은 일본의 예를 따른 것으로[16]

---

13 이경자, 「한국여성잡지의 역사적 고찰」, 서울대 석사논문, 1971; 이옥진, 「여성잡지를 통해 본 여권신장」, 이화여대 석사논문, 1979.
14 정진석, 앞의 글, 1992, 132~133면.
15 정진석, 『(고쳐 쓴) 언론유사』, 커뮤니케이션북스, 2004, 92~114면.
16 일본에서는 1890년대 말부터 이미 여러 신문들이 '부인기자'라는 명칭으로 여기자를 채용했다. 春原昭彦, 『日本新聞通史』, 新泉社, 1987, 97면. 총독부 기관지 『매일신보』가 제일 먼저 부인기자라는 명칭으로 여기자를 채용했다는 것은, 한국에서의 이 명칭 사용이 일본의 예를 따른 것이라고 볼 수 있는 이유 중의 하나이다. 이렇듯 애초에는 실제로 결혼한 여기자

결혼 생활을 통한 남녀 차별과 집안 살림의 경험이 고려되었기 때문이라고 주장되기도 한다.[17] 결국 부인기자에게는 여성해방을 위한 적극적인 역할보다는 가정주부를 대상으로 한 실용적인 정보 제공 등의 역할에 더 큰 기대가 있었다고 볼 수 있다. 또한 잡지사에서 채용한 최초의 여기자로는 1922년 6월부터 개벽사에서 활동했던 김경숙이 있었다.

총독부 기관지나 잡지사가 아닌 조선인 발행 민간지 최초의 여기자로는 최은희를 들 수 있다. 1924년 10월에 신석우에 의해 인수되었던 『조선일보』가 신문 혁신 방안의 하나로 최은희를 민간지 최초의 부인기자로 채용한 것을 시작으로,[18] 계속해서 『동아일보』, 『시대일보』, 『매일신보』가 각각 허정숙, 황신덕, 김명순을 채용했다. 이후에도 일제하에서는 계속해서 신문사마다 한 명 정도의 여기자가 활동하게 되었다. 일제하 신문사의 여기자들을 정리해 보면 〈표 10-1〉과 같다.

〈표 10-1〉에서 나타나는 것처럼 1930년대 이후에는 여성잡지 등을 발행하게 되면서 여기자가 2명 정도로 늘어나, 이들 중 한 명은 신문의 학예면 가정란 담당 기자로 한 명은 여성잡지 등의 잡지기자로 활동하게 되었다. 특히 신문사 발행 잡지의 여기자 중 상당수는 학예부 기자를 겸직하여 활동하였다. 또한 〈표 10-1〉에 나타난 것처럼 일제하 여기자들의 언론계 생활은 매우 짧아, 최은희,[19] 황신덕, 최의순, 노천명, 박승

를 지칭하던 것으로 보이는 부인기자라는 용어는, 일제하에서 계속해서 미혼 여기자들에 대해서도 그대로 사용되었다.

17 정진석, 앞의 글, 1992, 125~131면.
18 靑吾生, 「조선일보 여기자 최은희 씨와의 대담기」, 『별건곤』, 개벽사, 1927.8, 80~84면.
19 최은희는 자신이 1924년 10월에 입사하여 8년 동안 여러 부서를 거쳤고 학예부장을 지냈다고 밝혔다. 최은희, 『여성전진 70년—초대 여기자의 회고』, 추계 최은희 전집 5권, 조선일보사, 1991, 525면. 그러나 8년을 재직했다는 것은 명백히 사실이 아니며, 여러 부를 거쳤고 학예부장을 지냈다는 사실도 매우 의문스럽다. 본인의 회고록에도 스스로 1927년 말까지의

표 10-1 : 일제하 신문사의 여기자

신문명	기자명	재직기간	신문명	기자명	재직기간
『동아일보』	허정숙 허영숙 이현경 최의순 김자혜 김원경 박승호 황신덕	1925.1~1925.5 192.12~1927.3 1927.4~1928.8 1928.9~1933.8 1932.4~1934.7 1934.8~1935.6 1934.8~1940.8 1935.6~1940.7	『조선일보』	최은희 윤성상 김오남 정칠성 최정희 노천명 이선희 조경희	1924.10~1928 1928~1930 1930 1935 말~1936.2 1936.1~1937.4 1937.5~1939.1 1938.3~1939.8 1939.12~1940.8
『시대일보』	황신덕	1926	『매일신보』	이각경 김명순 이현숙 이명온 김원주 노천명 조경희	1920.9~1921 1926.11~1927.4 1930.2~1930 1930.3~1931 1931.1~1933 1943~1945 1941~1945
『중외일보』	황신덕 김말봉	1926~1927 1928~1930			
『중앙일보』	고명자 윤성상	1932 초 1932 말			
『조선중앙 일보』	윤성상 노천명 박노경	1933 초 1934~1936 1936			

주 : * 황신덕은 『시대일보』에서 『중외일보』로 개제된 이후 한동안 계속 근무
　　** 고명자는 노정일의 『중앙일보』에, 윤성상은 1932년 10월에 최선익이 인수한 이후의 『중앙일보』에 근무하다 『조선중앙
　　일보』로 개제된 이후에도 계속 근무

호 등 극히 일부를 제외하고는 대부분이 1~2년 정도밖에 활동하지 못했다. 한편 황신덕, 윤성상, 노천명, 조경희 같이 두 군데 이상의 신문사에서 활동했던 여기자도 있었고, 최의순, 김원주, 이선희, 최정희, 허정숙 같이 잡지사와 신문사에서 모두 기자로 활동했던 경우도 있었다.

일제하에서는 전반적으로 기자의 공개채용이 매우 드물었다. 『매일

취재담만 기록했고, 최은희의 『조선일보』 후임 여기자였던 윤성상이 입사했던 시기가 1928년 가을이었다고 하며, 1929년에 쓰인 여기자 평판기에도 제외되어 있다는 점에서, 최은희는 길어도 대략 1928년 말 정도까지 재직했던 것으로 볼 수 있다. 조선일보사에서 펴낸 책에도 1928년에 퇴사한 것으로 나와 있다. 윤성상, 「3전짜리 팥죽 한 그릇에 구국의 필봉」, 『언론비화 50편』, 한국신문연구소, 1978, 9~10면; 외돗생, 「동아 · 조선 · 중외 3신문사 여기자 평판기」, 『별건곤』, 개벽사, 1929.12, 18~20면; 조선일보사 사료연구실, 『조선일보 사람들-일제시대』, 랜덤하우스중앙, 2005, 222면. 『조선일보』 DB에서 '최은희'로 검색해 나오는 마지막 기명기사는 1927년 12월 12일자이다. 물론 무기명 기사가 있을 수 있기 때문에 1927년 말에 퇴사했다고 단정할 수는 없을 것이다.

신보』의 이각경과 이명온을 제외한 모든 여기자들은 개인적인 연고를 통해 신문사에 채용되었다. 이것은 근대교육, 특히 고등교육을 받은 여성의 수가 매우 적었던 상황에서, 신문사들이 나름대로 유능한 여기자를 채용하기 위해 개인적인 연고까지 동원하는 등의 적극적인 노력을 기울였기 때문이었다. 신문사에 재직 중인 아는 사람이 입사를 권유하거나 신문에 글을 실었다가 그것이 계기가 되어 입사하는 경우가 많았다. 예컨대 최은희는 이광수나 허영숙과의 인연 덕에 추천을 받아 『조선일보』에 입사했고,[20] 황신덕은 일본에서 유학을 마치고 돌아오자, 본인에게는 의사도 타진하지 않은 채 그와 동경유학 시절부터 알고 있던 기자들의 추천으로 이미 『시대일보』 기자로 발령이 나 있었다고 한다.[21] 한편 조경희의 경우 『조선일보』에 글을 투고해 게재된 것이 인연이 되어 입사하게 되었다.[22] 이러한 채용방식이 유능한 여기자를 채용하는 데 유용했다고 보기는 어렵지만, 당시 여건에서는 불가피한 선택이었다고 볼 수 있다.

2) 일제하 여기자 등장의 의미

여성의 사회 진출이 별로 활발하지 못했던 일제하에서 최초로 여기자가 등장하여 활동했다는 것은 큰 의미가 있는 일이었다. 특히 언론인

---

20 최은희, 앞의 책, 1991, 100~114면.
21 황신덕, 「한 알의 밀알 구실을 한 여기자들」, 『언론비화 50편』, 한국신문연구소, 1978, 135~140면.
22 조경희, 『조경희 자서전-새길을 밝고 힘차게』, 정우사, 2004, 68~71면.

을 전통적인 유교적 지식인의 일종으로 보며,[23] 언론계를 남성들의 활동영역으로만 간주하고 있던 시기에 여기자가 등장했다는 점에서 의미가 있었다. 그러나 노천명이 당시에 "여자가 신문기자를 하면 못 쓴다"고 하며 가족들이 반대했었다고 밝혔던 것은[24] 여성이 기자가 된다는 것이 사회적으로 쉽게 받아들여지기 어려웠던 봉건적 사회 분위기가 여전히 강하게 남아 있었다는 것을 보여준다.

또한 여기자의 등장이 여성의 적극적인 사회진출의 결과였다기보다는 신문사의 상업주의적인 필요의 산물이었다는 점에서도 어느 정도 한계가 있었다. 즉 1920년에 『매일신보』가 새롭게 창간되었던 민간지들과의 경쟁에 대비해 여기자를 채용했던 이래로 모든 민간지들이 치열한 경쟁과정에서 여성독자를 확대하기 위한 노력의 일환으로 여기자를 채용했던 것이다.[25] 특히 이 점은 최은희가 스스로 "신문 전성시대로 각사의 경쟁하는 틈에 끼어 색채 다른 시험물로 등장"했다고 회고했던 것에서도 잘 드러난다.[26]

위와 같은 여기자의 채용에 대해 "앞으로 부인의 지위가 향상되고 부인의 사회적 진출이 현저하게 될 것"을 감안했기 때문이라는 평가도 있었다.[27] 이것은 단순히 '부인의 지위' 뿐만 아니라 전체적으로 여성들의

---

23 천관우, 「언론인으로서의 단재」, 『나라사랑』 3, 외솔회, 1971, 34면.
24 김상배 편, 『노천명 에세이집 —꽃사슴』, 춘추각, 1984, 30면.
25 1880년대 미국의 경우나 1890년대 일본의 경우에도 신문이 상업주의화 되면서 여성 독자 확대를 위해 본격적으로 여기자를 채용하고 여성란을 마련하기 시작했다. Smith, A., 최정호·공용배 역, 『세계신문의 역사』, 나남, 1990, 259면; 春原昭彦, 앞의 책, 97면. 그러나 한국과는 달리 미국이나 일본의 경우 여기자를 채용했던 시기에 봉건적인 사회분위기가 지배적이지는 않았기 때문에 여기자나 여성란의 역할도 한국보다는 다소 컸을 것이다.
26 최은희, 「여기자 회상록」, 『개벽』, 1935.3, 51면.
27 김을한, 『신문야화』, 일조각, 1971, 79~80면.

사회적 지위가 높아질 것이고 이들을 독자로 확보하기 위해서는 여기자의 채용이 불가피했다는 주장이다. 비록 1930년대 초반까지도 여성인구의 92%가량이 문맹이었고 여학생 수가 13만 6천명으로 여성 총인구의 1.2%에 불과했지만,[28] 점차로 근대교육을 받은 여성들이 늘어나고 사회진출도 어느 정도 활발해졌던 것은 사실이다.[29] 그러나 이런 여성독자들을 확보하기 위한 신문사의 노력은 단지 상업주의적인 치열한 경쟁의 일환에 불과했고,[30] 여기자의 채용도 이런 경쟁의 과정에서 이루어진 것이었다.

이렇듯 신문사의 상업주의적인 필요에 의해 여성의 언론계 진출이 이루어지면서, 신문사마다 '구색 맞추기'식으로 단지 한 명 정도의 여기자만을 두게 되었다. 이점은 당시에 각 신문사에 한 명 정도씩 있었던 여기자를 '화초 기자'라고 부르고 신문사들이 "생색으로 여기자를 채용하는 것"에 불과하다고 평가했던 것에서도 잘 드러난다.[31] 비록 당시에 "부인기자의 유무는 신문사의 자격을 정하는 데 필수"였다는 주장도 있었지만,[32] 이것은 단지 여기자가 '명물'로서[33] 지니는 희소가치가 있었다는

28 신영숙, 「일제하 한국여성 사회사 연구」, 이화여대 박사논문, 1989, 89면.
29 조은 · 윤택림, 「일제하 '신여성'과 가부장제」, 『광복 50주년 기념논문집』 8, 한국학술진흥재단, 1995, 170~171면.
30 민간지들이 치열하게 경쟁하던 1932년 초에 『조선일보』는 3개 여학교에서 신문구독 현황을 조사해 보도했는데, 여기에서 단 3부로 나타났던 『중앙일보』는 이에 분노하여 『조선일보』의 '만주동포 구제금 유용사건'을 폭로했고, 이로 인해 당시 『조선일보』 간부였던 안재홍과 이승복이 구속되는 일이 발생했다. 『조선일보』의 여학생 신문구독 현황 보도나 이에 대한 『중앙일보』의 과민한 대응은 신문들이 그만큼 여성독자 확대에 관심이 있었다는 것을 보여주는 것이었다. 녹안경, 「중앙일보가 조선일보 간부 재만 동포 사건을 왜 폭로하였는가?」, 『별건곤』, 개벽사, 1932.5, 10면.
31 물망초, 「제일선상의 신여성, 부인기자」, 『신여성』, 1933.12, 59~60면; 「여기자 군상」, 『개벽』, 1935.3, 20면.
32 서범석, 「을축년 대홍수와 북풍회 사건」, 『언론비화 50편』, 한국신문연구소, 1978, 191면.
33 최은희, 앞의 글, 1935, 51면.

평가에 불과한 것이었다. 이렇듯 "일사일인(一社一人)의 비례(比例)도 만록총중일점홍적(萬綠叢中一點紅的) 이채(異彩)"를 띠고 있다는[34] 희소가치 때문에 일제하의 여기자들은 사회적으로도 큰 관심의 대상이 되어, 이들에 대한 인물평이나 가십 기사 등이 잡지에 자주 실릴 정도였다.[35]

결국 봉건적이고 가부장적인 사회에서, 특히 남성들의 영역이라고 여겼던 언론계에서 활동한다는 점 때문에 여기자들은 희소가치를 인정받을 수는 있었다.[36] 그러나 이러한 희소가치란 상업주의적인 이용의 대상이었을 뿐, 오히려 당시의 열악한 조건 속에서 여기자들이 활동하기가 매우 어려웠다는 것을 보여주는 것이었다. 더욱이 여기자들 스스로 언론계를 '남성지대', '남성 밀림' 등이라고 표현했고,[37] 당시에 『동아일보』가 발행했던 『신가정』의 주간 이은상이 "여기자야 글이나 잘 쓰건 못 쓰건, 말이나 고분고분 잘 들어주면 고작이었다"고 했던 것처럼,[38] 철저하게 남성 위주였던 당시의 신문사 구조는 여기자 등장의 의미를 제약하고 있었다.

---

34 암행어사, 「新聞之新聞」, 『호외』 1, 1933, 5면

35 심진경, 「문단의 '여류'와 '여류문단'—식민지시대 여성작가의 형성과정」, 『상허학보』 13, 상허학회, 2004, 288~299면.

36 일제하에서 근대교육을 받은 여성들의 주된 사회진출 분야는 교육계였고, 다음이 의료계였다. 의료계의 경우 주로 간호부와 조산부였다는 점을 감안하면, 고등교육을 받은 여성들은 주로 교사가 되었다고 보아야 할 것이다. 신영숙, 앞의 글, 69~71면. 이것은 교직이 "자녀를 양육하는 가정주부의 역할과 비슷하므로 여성의 천성과 신분에 맞으며 여자의 직업으로 적합하다"는 이유 때문이었다고 평가된다. 이런 관점에서 본다면 기자가 여성들이 하기에 그리 적합한 직업이 아니라고 인식되었던 점 때문에 여성의 기자로의 진출이 활발하지 못했던 것으로 볼 수 있다. 조은·윤택림, 앞의 글, 170면.

37 윤성상, 앞의 글, 9면; 최은희, 앞의 글, 1978, 35면.

38 이은상, 「나의 신가정 편집장 시절」, 『여성동아』, 1967.11, 460면.

3. 일제하 여기자의 사회적 특성

1) 일제하 여기자의 사회적 배경

1920년대 들어서서 이른바 신여성이라고 부르는 여성 지식인층이 형성되었지만,[39] 민족적 차별과 동시에 성적 차별이라는 이중고를 겪어야만 했던[40] 이들의 사회 진출은 지극히 제한되어 있었다. 이런 상황에서 신여성 중 극히 일부가 기자가 될 수 있었기 때문에 〈표 10-2〉에서 나타난 것처럼 일제하의 신문사 여기자들은 거의 대부분이 고등교육을 받았던 여성들로서, 일제하 전체 기자의 약 30% 이상이 중등학교 졸업 이하였던 것에 비해[41] 훨씬 높은 교육 수준을 나타냈다. 이에 따라 1929년 당시 민간지에 근무하던 여기자들이 모두 대학출신자인 것을 두고서 "그의 학력에 있어서는 수염 난 남기자들의 간담을 서늘케 하는 굉장한 분들이다"라는 평가까지 나왔다.[42]

부인기자로 불렸던 일제하의 여기자들은 〈표 10-2〉에 나타난 것처럼 실제로도 입사 당시 상당수가 기혼자였고, 특히 이들 중 일부는 부부기자였다. 부부기자의 경우 대부분 남편이 먼저 기자로 활동하다가 부인을 채용하도록 했던 것이다. 허정숙과 임원근, 허영숙과 이광수, 황신덕과 임봉순, 박승호와 최승만 등은 동아일보사에 함께 근무했던 부

---

39 김수진, 『신여성, 근대의 과잉』, 소명출판, 2009, 98~102면.
40 조은・윤택림, 앞의 글, 170~171면.
41 박용규, 앞의 글, 1994, 142면.
42 외돗생, 앞의 글, 18면.

표 10-2 : 일제하 여기자의 사회적 배경

성명	출생	출생지	학력	혼인 및 기타 특이 사항
고명자	1904	충남 부여	모스크바공산대학	조선일보 기자였던 김단야의 연인, 사회주의운동으로 옥고 치르고 입사
김말봉	1901	부산	동경 동지사대	퇴사 후 1932년에 소설가로 등단
김명순	1896	평남 평양	동경여자전문중퇴	입사 전 1917년에 소설가로 등단
김오남	1906	경기 연천	동경여자대학	기자 퇴직 후 진명 교사, 퇴사 후 1932년에 시조시인으로 등단
김원경	1910	함남 원산	동경여자경제전문	결혼하며 퇴사
김원주	1908	진남포	동경고등잠사학교	개벽사 거쳐 신문사에 입사, 결혼하며 퇴사
김자혜	1910	강원 춘천	이화여전	1932년에 소설가 등단, 동아일보사 기자 겸 소설가인 주요섭과 결혼
노천명	1912	황해 장연	이화여전	신문사 재직 중인 1935년에 시인으로 등단, 3개 신문사 근무
박노경	1912	충남 부여	와세다대	퇴사 후 배우생활, 연극 연출, 영문학자 오화섭과 결혼
박승호	1897	경기 시흥	동경진전여자대학	동아일보사 최승만과 부부기자
윤성상	1907	함남 정평	동경여고사 중퇴	결혼 후 입사, 2개 신문사 근무
이각경	1897	경기 수원	경성어고보	결혼 후 입사, 퇴사 후 교사
이명온	1909	서울	동경문화학원중퇴	결혼 후 입사
이선희	1911	함남 함흥	이화여전 중퇴	개벽사 거쳐 신문사 입사, 신문사 입사 전 1934년에 소설가로 등단
이현경	1900	경기 수원	일본여자대학	3차 조선공산당 책임비서였던 안광천의 애인, 만주로 같이 도피
정칠성	1898	경북 대구	동경여자기예학교	결혼 후 입사, 기생 출신으로 사회주의 활동 참여
조경희	1918	경기강화	이화여전	2개 신문사 근무, 뒤에 수필가로 활동
최은희	1904	황해 연백	일본여자대학 중퇴	이광수의 추천으로 입사
최의순	1904	서울	동경여자고등사범	동화작가 진장섭과 결혼 후 입사, 개벽사 거쳐 신문사에 입사
최정희	1912	함남 단천	중앙보육학교	삼천리사 거쳐 신문사 입사, 김동환과 결혼, 1931년에 소설가로 등단
허영숙	1895	서울	동경 여자의전	의사, 이광수와 결혼 후 입사
허정숙	1904	함북 명천	고베신학교 중퇴	임원근과 동아일보사 부부기자, 사회주의 여성운동가, 퇴사 후 개벽사 입사
황신덕	1898	평북 평양	일본여자대학	2개 신문사 기자, 임봉순과 동아일보사 부부기자

부 기자였고,[43] 김자혜와 주요섭은 동아일보사에 함께 근무하다 결혼
한 부부였다.[44] 이외에도 다수의 여기자들이, 문인이나 사회운동가들
과 결혼했다. 이것은 일제하의 여기자들이 자신들의 직업 활동을 잘 이
해 줄 수 있는 남성들을 배우자로 선호하여, 이들과 자유연애를 통해 결

---

43 「여기자 군상」, 『개벽』, 1935.3, 20~21면? 「여류기자 인물총평」, 『여성』, 1938.6, 58면.
44 이은상, 앞의 글, 458~459면.

혼을 한 것으로 볼 수 있다.

그래서인지 일제하 여기자들 중에서 상당수는 염문으로 화제가 되기도 했고, 일부 여기자들은 유부남과의 관계로 사회적 지탄을 받기도 했으며,[45] 또한 일부 여기자들은 이혼이나 심한 가정불화를 겪기도 했다.[46] 이런 염문이나 이혼의 상당수는, 여성들이 봉건적이고 가부장적 사회구조 속에서 기자로 활동하게 되면서 겪을 수밖에 없었던 것일 수도 있다. 특히 사생활과 관련된 소문은 여기자라는 직업의 희소성에 따른 지나친 관심과 남성 위주의 왜곡된 시각으로부터 비롯되어 과장되고 왜곡된 측면이 많았다.[47] 한편 기혼자로 신문사에 입사했던 일부 여기자들이 가정불화를 겪거나 아니면 기자 생활을 오래 하지 못했던 것은, 여성은 가정을 지켜야 한다는 의식이 지배적이었던 현실적 조건 때문이었다.[48] 특히 1930년대 일부 여기자들이 결혼과 함께 퇴사까지 한 것은 이를 잘 드러내 준다.

---

45 여러 명의 여기자들이 이런 이유로 당시 잡지에 자주 거론되었다. 암행어사, 「新聞之新聞」, 『호외』 1, 1933, 5면; 「여기자군상」, 『개벽』, 1935.3, 70~75면; 「한 때 화제의 여인들의 후일담」, 『여성』, 1937.7, 18면; 「여류기자 인물총평」, 『여성』, 1938.6. 60면.

46 이명온은 기자가 된 후 이를 잘 이해해 주지 못하던 남편과 심한 불화를 겪었다고 한다. 이명온, 앞의 글, 707~721면. 평전의 기록과 달리 김말봉은 기자가 되기 위해 부산에서 올라오면서 첫 남편과 헤어졌다고 한다. 김항명, 『찔레꽃 피는 언덕-김말봉』(여성실화 10권), 명서원, 1976, 90~107면; 외돗생, 앞의 글, 18~19면; 정하은, 『김말봉의 문학과 사회』, 종로서적, 1984, 411면; 최의순, 「부인기자 상호인상기, 내가 본 김말봉씨」, 『철필』 1(2), 1930, 61면.

47 동아일보사가 발행했던 『신동아』와 『신가정』에서 기자로 활동했던 김자혜가 개벽사가 발행했던 『신여성』 기자였던 송계월에 대해 남성들의 무책임한 염문의 유포로 커다란 고통을 받았고 이로 인해 병이 악화되어 결국 세상을 뜨게 되었다고 주장했던 것은, 여기자에 대한 남성 위주의 왜곡된 인식이 얼마나 심각한 문제였는가를 잘 보여준다. 김자혜, 「늦어진 편지답장」, 『신여성』, 1933.7, 89면. 신여성이 사생활과 관련된 소문으로 고통 받은 현실에 대해서는 다음을 참조할 수 있다. 김연숙, 「사적 공간의 미시권력, 소문」, 태혜숙 외, 『한국의 식민지 근대와 여성공간』, 여이연, 2004, 214~240면.

48 이은순, 「일제하 도시와 농촌여성의 생활실태」, 『광복 50주년 기념논문집』 8, 한국학술진흥재단, 1995, 92~93면.

결국 일제하의 여기자들은 남성기자들에 비해 훨씬 높은 교육수준을 지녔으며 상당수가 자유연애를 통해 결혼을 하는 등 봉건적인 의식의 한계를 넘어서고자 하는 경향이 있었다. 그러나 이러한 신여성적 특성 때문에 봉건적이고 가부장적인 당시 사회에서 커다란 어려움을 겪을 수밖에 없었으며 동시에 이를 극복해야 하는 사회적 임무도 부여받았다. 여기자들은 언론활동은 물론 다양한 사회 또는 문학 활동도 하며 자신들에게 주어진 한계를 넘어서고자 노력했다.

2) 일제하 여기자의 사회활동

민족운동이 활발히 전개되던 1920년대에는 몇 안 되던 신문사 여기자들의 대부분이 민족운동가이며 동시에 여성운동가였다. 당시에는 전체적으로 민족운동이 활성화되어 있어서 신문사들이 민족운동가들을 기자로 선호했고, 민족운동가들도 생계를 유지하며 나름의 활동을 할 수 있는 공간으로서 신문사를 선호했다. 마찬가지 차원에서 신문사들이 민족운동이나 여성운동에 참여했던 여성들을 기자로 선호했고, 또한 민족운동가적인 남성기자들과의 인연도 작용하여 여성운동가들이 기자로서 채용될 수 있었던 것이다.

『동아일보』 최초로 1925년 1월에 여기자가 되었던 허정숙은, 1924년 5월에 결성된 사회주의 여성단체 경성여성동우회와 1925년 1월에 새로이 결성된 경성여자청년동맹에서 주도적인 역할을 했다.[49] 허정숙의 뒤를 이어 여성운동가로서 각각 『시대일보』와 『동아일보』 기자가 되었던 황신덕과 이현경도 1925년 3월에 일본에서 사회주의 여성단체 삼월회의 결성을 주도했고, 귀국해서는 경성여성동우회와 1926년 12월에 결성된 중앙여자청년연맹에도 참여하였다.[50] 이들은 특히 사회주의 여성운동가로서 여성해방을 위한 적극적인 활동을 보여주었다.

『중외일보』의 황신덕과 『동아일보』의 이현경은 1927년 5월에 창립된 근우회의 중앙집행위원이 되었고, 여기에는 『조선일보』의 최은희와[51] 당시의 대표적 잡지사였던 개벽사의 박경식도 참여하였다.[52] 이렇듯 3대 민간지와 대표적 잡지사의 여기자가 모두 근우회에 참가했다는 것은, 적어도 당시의 모든 여기자들이 여성운동에 큰 관심을 가지고 있었다는 것을 보여주는 것이었다. 이러한 여성운동가적인 여기자들의 사회적 특성은 1928년 말에 이들이 모두 언론계를 떠나며 근우회 활동도 중단하게 되면서 사실상 사라지게 되었다.

1930년대에도 여성운동가 출신들이 기자로 입사하는 예가 전혀 없었던 것은 아니어서, 조선공산당 재건을 위한 조직 활동으로 옥고를 치렀던 고명자가 1932년 초에 잠시 동안 『중앙일보』 기자로 활동했고,[53]

---

49 김준엽·김창순, 『한국공산주의운동사』 2, 청계연구소 출판국, 1986, 153~158면.
50 남화숙, 「1920년대 여성운동에서의 협동전선론과 근우회」, 서울대 석사논문, 1989, 65면.
51 최은희는 일본유학 시절부터 황신덕을 언니라고 부를 정도로 따랐다고 한다. 추정선생 전기편찬위원회, 『추정 임봉순선생 소전』, 1969, 152면. 또한 이 둘과 이현경은 모두 일본여자대학 동창들이었다.
52 박용옥, 「근우회의 여성운동과 민족운동」, 역사학회 편. 『한국근대 민족주의 운동사 연구』, 일조각, 1987, 195면; 이소영, 「1920년대 사회주의 여성운동의 이념적 성격에 관한 연구」, 연세대 석사논문, 1992, 62면.
53 「여류기자 인물총평」, 『여성』, 1938.6, 60면. 최근의 한 연구에서 고명자가 조선공산당재건 운동으로 구속되었다가 1931년 말에 집행유예로 풀려난 후 한동안의 행적이 묘연하다는 주장이 나왔다. 이성우, 「사회주의 여성운동가 고명자의 생애와 활동」, 『인문학연구』 84, 충남대 인문과학연구소, 2011, 260~261면. 1932년 5월에 다시 수배되었다는 기사가 실린 것을 보면, 고명자는 1932년 초에 잠시 기자로 활동했던 것으로 보인다. 『동아일보』, 1932.5.31.

또한 1920년대 여성운동에서 주도적인 역할을 했던 정칠성도 1935년 말부터 잠시 동안 『조선일보』에서 기자생활을 하였다.[54] 그러나 이미 여성운동가적 기자들의 필요성이 사라진 상황에서 이들의 활동기간은 매우 짧게 끝날 수밖에 없었다.

이전 시기와는 달리 1930년대에 들어서서 일제의 탄압이 강화되고 신문의 상업주의적 경향이 강화되면서 여기자들의 거의 대부분이 문인 이라고 해도 큰 무리는 없을 정도가 되었다. 1933년에 여기자가 신문사 에 하나도 없는 '여기자 몰락 시기'[55] 또는 '부인기자의 전멸'기[56]를 거친 이후 입사한 대부분의 여기자들이 문인이었다. 이것은 1930년대 들어 서서 여성문인들이 대거 등장하고 신문들이 이들을 기자로 선호하게 되면서 여성문인들이 기자가 되는 일이 많아졌기 때문이었다. 이렇게 된 배경에는 상업주의화 되었던 1930년대의 신문에서 문예물이 지면 을 크게 차지하게 되었고,[57] 특히 여성독자를 위한 지면이 크게 늘어났 다는 점이 작용했다.[58]

어쨌든 1920년대에는 김명순 정도만이 여성문인으로서 기자가 되 었던 반면에 1930년대에는 『동아일보』의 박승호와 황신덕, 『조선일 보』의 정칠성 등 극히 일부를 제외한 대부분의 여기자들이 소위 '여류문 사'였다고 할 수 있다. 시나 소설을 통해 비교적 활발하게 활동했던 여기 자 중에서 김말봉과 김오남은 기자를 그만두고 나서 본격적으로 문인으

---

54 박용규, 앞의 글, 1994, 133면.
55 「여기자 몰락시기」, 『별건곤』, 개벽사, 1933,11, 39면.
56 암행어사, 앞의 글, 5면.
57 김윤식, 『한국문학사논고』, 법문사, 1973, 240면.
58 이재선, 『한국현대소설사』, 홍성사, 1979, 428~429면.

로 활동했지만, 최정희는『삼천리』와『조선일보』,[59] 이선희는『신여성』과『조선일보』, 노천명은『조선중앙일보』,『조선일보』,『매일신보』기자로 재직하며 활발하게 문학 활동을 하였다.[60] 이들 외에『동아일보』의 최의순,『매일신보』의 이명온과 김원주,『조선일보』와『조선중앙일보』의 윤성상,『조선일보』와『매일신보』의 조경희 등도 수필을 쓰는 여성문인이었다고 할 수 있다. 이런 풍토 속에서 "여기자는 모두 여류문사이다"라는 지적까지 나왔고,[61] '여류문사'를 둘러싼 비판과 옹호의 논쟁이 벌어지기도 했다.[62]

그러나 민간지 창간 직후부터 글을 제대로 쓸 수 있는 사람이 부족했기 때문에 신문사들이 기자로서 문인들을 선호했고, 문인들로서도 생계유지를 위해서 불가피하게 기자가 되는 경우가 많았기 때문에,[63] 여성문인들이 기자가 되었다는 사실 자체가 비판의 대상이 될 문제는 아니었다. 다만 1930년대 들어서서 직업적 기자들이 대거 등장하면서 생계를 유지하기 위해 문인들이 기자로 활동하는 이른바 '문사 기자'에 대한 비판이 나오기도 했던 시기에,[64] 유독 여기자 자리만 여성문인들이 대부분 차지했다는 점이 문제였다. 이것은 결국 1930년대의 상업주의적인 신문들이, 여기자에 관한 한 직업적 전문성보다는 문인으로서의

---

59 최정희는 1932년에『시대공론』기자로, 1934년에는『영화시대』편집 책임자로 활동했다고도 한다. 김영식,『아버지 파인 김동환』, 국학자료원, 1994, 666~669면.

60 권영민,『한국근대문인대사전』, 아세아문화사, 1990.

61 홍구,「여류작가의 군상」,『삼천리』, 1933.1, 86면.

62 민병휘,「여류문사에 대하여」,『비판』, 1933.3, 59~60면; 안광함,「문예시평―두 가지 문제를 가지고」,『비판』, 1932.12, 122면; 이혜정,「지상논단, 여성전선, 억울한 여류작가」,『신여성』, 1932.8, 38~40면; 허영숙,「나는 영원히 여류문사가 아니다」,『신동아』, 1932.12, 108면.

63 박용규, 앞의 글, 1994, 197~201면.

64 啞然子,「문사기자 측면관」,『동광』, 1931.12, 65면.

자질을 더 크게 고려했기 때문이었다.

　이렇듯 신문들이 선호했던 문인 여기자들의 특성은 바로 이들의 작품경향을 통해 어느 정도 파악할 수 있다. 1930년대 여성작가들은 카프의 해체와 순수문단 조류의 강세라는 상황 속에서 개인적 체험을 소설 속에 담아 여성 특유의 감성으로 서술하는 사소설적 성격의 소설을 많이 발표하였다.[65] 또한 1930년대 여성문인들은 "그들의 등불적 존재였던 페미니스트들"에 대해 의존적인 태도를 가지고 있었다고 지적되기도 한다.[66] "식민지 시대에 '여류작가'가 되는 것은 남성작가와의 '유기적' '정실관계'를 통해서만 가능했으며 기자라는 직업은 그러한 남성작가와의 자연스런 관계를 이끄는 첩경"이었다는 점에서 여성문인이기도 했던 1930년대 여기자들은 대체로 봉건적이고 가부장적인 현실 속에 안주하는 경향을 보였다고 할 수 있다.

65　윤홍노, 「이선희―낭만성을 통한 여성의 존재학인」, 『한국해금문학전집』 10, 삼성출판사, 1988, 386면.
66　김윤식, 앞의 책, 1973, 230~253면.

4. 일제하 여기자의 언론활동

1) 일제하 여기자의 직업의식

일제하의 여기자들은 기자라는 직업을 선택했던 과정에서부터 이미 어느 정도 직업의식의 한계를 드러냈다. 최초의 민간지 여기자였던 최은희조차 1926년 『조선일보』 신년호에 쓴 "을축년 1년간의 기자생활"이라는 글에서 "원래부터 신문기자가 동경하던 직업도 아니었다"고 했던 것은[67] 일제하의 여기자들이 처음부터 철저한 목적의식을 가지고 기자직을 택한 것은 아니었다는 점을 보여준다. 이 점은 여기자 좌담회에서 기자가 된 동기가 무엇인가 하는 질문에 대한 허영숙,[68] 윤성상, 최정희 등이 주로 문학 활동에 도움이 될까 하는 생각에 기자가 되었다고 대답한 것을 통해서도 잘 드러난다.[69]

이렇듯 몇 안 되는 여기자 자리에 뚜렷한 목적의식을 가지고 있지 않던 여성들도 기자가 될 수 있었던 것은, 신문사 측이 자신들의 필요에 의해 연고가 있는 여성들을 기자로 채용했고 여성들로서는 직장을 구하기가 매우 어려웠던 현실에서 선택의 여지없이 불가피하게 기자가 되는 경우도 있었기 때문이다. 특히 상당한 수준의 임금에다 상여금까

---

[67] 최은희, 앞의 책, 1991, 166~167면.
[68] 특히 허영숙은 병으로 제대로 출근하지 못하는 남편 이광수 "대신 일을 한다"는 명목으로 기자가 되었기 때문에 처음부터 적극적인 기자생활을 하려는 의지가 있었다고 보기는 어려웠다. 허영숙, 「나의 자서전─일대 문호 춘원의 애인」, 『여성』, 1939.2, 28면.
[69] 「여기자 좌담회」, 『신동아』, 1932.5, 88면.

지 지불할 정도가 되어 여성들에게 기자직이 더욱 선망의 대상이 되었던 1930년대에는[70] 특히 뚜렷한 목적의식 없이 단지 생계유지를 위해 기자가 되는 경우도 없지 않게 되었다. 1920년대에 여성운동에 적극적으로 참여했었던 정칠성조차도 왜 기자가 되었느냐는 질문에 대해 "뭐 별 다른 의미가 있겠어요. 그저 첫째 먹기 위해서요, 살아가기 위한 노릇이지요. 그리고 저널리즘을 통해서라도 가능한 범위 내에서 조선 여성을 위하여서나의 미력이나마 받치게 된다면 다행한 일이겠지요"라고 하며, 생계유지가 기자를 선택한 일차적인 이유라고 밝혔다.[71]

대체로 1920년대 여기자들은 나름대로 여성계몽적인 직업의식을 가지고 있었다. 처음부터 기자가 되려고 했던 것은 아니라고 했던 최은희도 1926년에 쓴 글에서 "어떠한 곳에 가서 어떠한 재료를 얻어다가 어떻게 써야만 일반 부녀에게 고루 유익을 끼칠까" 하는 걱정을 하면서 "만약 조선에 처음인 여기자로서의 나의 생활이 일 천만 여자계에 큰 공헌이 없다면 아무 가치 없는 직업이라고" 생각했다고 주장했다.[72] 또한 사회주의자로서 여성해방을 위해서는 사회구조의 근본적 개혁이 필요하다는 의식을 가지고 있었다는 점에서 차이가 있기는 했지만, 허정숙도 마찬가지로 기자가 되고 나서 "어떤 것을 써야만 일반 부녀에게 유익하게 할 수가 있을까" 하는 고민을 했다고 한다.[73] 이렇듯 이념적 차이에도 불

70　1924년에 최은희는 본봉에 수당을 합쳐 80원을 받았다고 했고, 1930년에 이명온은 초봉으로 60원을 받았다고 한다. 일제하에서 전체적으로 기자의 임금은 조선인이 택할 수 있는 직업 중에서 매우 높은 수준이었고, 특히 1930년대에는 더욱 높은 수준이 되었다. 박용규, 앞의 글, 1994, 159~164면; 이명온, 앞의 글, 716면; 최은희, 앞의 글, 1978, 47면.

71　「대담―여류문장가의 심경타진」, 『삼천리』, 1935.12, 102면.

72　최은희, 앞의 책, 1991, 167면.

73　허정숙, 「여기자의 생활―문 밖에서 26분」, 『신여성』, 1925.4, 52면.

구하고 최은희나 허정숙은 모두 여기자의 선구자로서 여성들에게 유익한 나름의 역할을 해야 한다는 여성계몽적인 직업의식을 가지고 있었다.

이렇듯 여성운동이 활발히 전개되던 1920년대에 대부분의 여기자들은 대체로 자신들의 직업이 여성해방이나 여성계몽을 위해 기여하는 것이 되어야 한다고 인식했는데, 이것은 당시 남성기자들이 지사적 의식을 강조하던 것과 같은 맥락에서 이해할 수 있다. 또한 여성운동에 직접 참여하지 않았던 윤성상이 당시에 "아직도 봉건의 깊은 안방 속에 잠자고 있는 우리 여성들을 위한 계몽"적인 언론활동을 하려 했다고 회고했던 것을 통해서도 당시의 분위기를 어느 정도 짐작할 수 있다.[74] 그러나 허정숙, 황신덕, 이현경 등 여성운동에 적극적으로 참여했던 여기자들의 경우 여성운동 자체에 더 큰 관심을 가지고 있어서 언론인으로서의 직업의식이 부족했다고 평가되기도 했다.[75]

1920년대 말부터 여성운동이 위축되고 여성운동가적 여기자들이 모두 언론계를 떠나게 되면서 여기자들의 여성해방 또는 여성계몽적인 직업의식에도 변화가 나타났다. 이런 변화는 여성운동에 참여한 적이 없던 여기자들이 활동하게 되었던 1929년부터 신문들이 여성운동을 무시하고 왜곡한다는 비판이 근우회 측으로부터 나왔다는 것을 통해서도 어느 정도 드러난다.[76] 또한 김말봉이 "이 엄숙한 현실의 채찍 아래에 대개는 비명을 낼 것이 그리 이상한 일은 아닐 것이다. 그래서 될 수

---

74 윤성상, 앞의 글, 11~12면.
75 차청오, 「만나보기 전과 만나본 후 ― 황신덕」, 『별건곤』, 개벽사, 1927.1, 42면; 「여기자 군상」, 『개벽』, 1935.3, 20~22면.
76 H생, 「여성운동과 언론기관」, 『근우』 1, 근우회, 1929, 52~53면; 박용옥, 「근우회의 여성운동과 민족운동」, 역사학회 편, 『한국근대 민족주의 운동사 연구』, 일조각, 1987, 211면.

있으면 그 질곡을 벗어나 도망해 버리는 그 이유도 겨우 깨달았다. 참다운 직업부인, 그것은 좀 더 시일을 요할 것"이라고 주장했던 것은[77] 여기자로서 활동하기 매우 어려웠던 현실을 잘 보여준다. 결국 열악한 사회적 현실을 극복하는 것을 목적으로 했던 여성계몽적인 여기자의 직업의식은 점차로 현실적 한계를 인정하고 그 안에서 활동하려는 것으로 변화되어 나갔던 것이다.

이런 가운데도 최정희는 1931년에 삼천리사에 입사한 이후 언론활동을 통해 "봉건적 끄나풀에 얽매여서 탈출하지 못하는 구여성에게 해방을 격려시키고",[78] "남성 본위의 사회에서 자유평등을 맘으로만 외치는 우리 여성들을 위하여 싸워 보겠다"고 주장하기도 했다.[79] 그러나 이런 직업의식은 언론의 상업주의적 경향이 강화되던 당시의 현실에서 곧 한계를 드러내게 되어, 최정희는 결국 "뿌르조아 쩌널리즘 밑에서 자신의 역량이 기계적으로 움직이는 것" 같다고 토로하게 되었다.[80] 이것은 결국 상업주의화라는 변화된 현실 속에서 여성해방을 강조하던 기존의 입장이 변화될 수밖에 없음을 인정한 것이었고,[81] 결국 신건설사 사건으로 옥고를 치르고 나와 『조선일보』 기자가 되었을 때 최정희에게 더 이상 이러한 의식의 흔적조차 찾아보기 어렵게 되었다.[82]

---

77 끗뫼, 「여기자 생활의 감상」, 『조선지광』, 1930.1, 138면. 끗뫼는 당시 『중외일보』 기자였던 김말봉의 아호이다.
78 최정희, 「처음 여쭙는 인사」, 『삼천리』, 1931.10, 193면.
79 최정희, 「신흥여성의 기관지 발행」, 『동광』, 1932.1, 72면.
80 최정희, 「어떤 미쓰의 신변잡담」, 『혜성』, 1932.3, 120면.
81 이와 유사하게 개벽사 여기자였던 송계월도 여성에 대한 '압제와 착취'를 철폐하도록 노력하자고 주장한지 얼마 지나지 않아, 곧 여기자 생활은 '철두철미 소부르주아 여성의 생활'로서 '개인적으로 부동(浮動)되는 생활'의 한계를 가질 수밖에 없다고 토로했다. 송계월, 「악제도의 철폐」, 『동광』, 1932.1, 73~74면; 송계월, 「부인기자의 일기」, 『신동아』, 1932.11, 154면.

전체적으로 여기자들의 경우 상업주의화라는 변화된 현실에 대해 심각한 고민을 했다고 보기 어렵다. 이것은 변화된 현실을 그대로 수용했던 여기자들의 의식의 한계를 드러내 주는 것이었다. 이런 여기자들의 의식 변화와 활동의 위축은 결국 1930년대가 '여기자의 몰락시대'라고 하는 비판까지 듣도록 만들었다.[83] 특히 1933년에는 『매일신보』의 김원주가 결혼하기 위해, 『조선중앙일보』의 윤성상은 가정생활 때문에, 『동아일보』의 최의순은 병으로 인해 모두 언론계를 떠나게 되면서 '부인기자의 전멸'이라는 평가까지 듣게 되었다.[84] 이러한 평가는 결국 여기자들이 제대로 활동하기 어려웠던 사회구조도 문제이지만, 여기자들 스스로도 철저한 직업의식을 가지고 활동하지 못했다는 점을 지적한 것이었다. 이런 상황에서 결국 "여성은 가정이 영원성을 가진 것이고 직(職)은 일시 방편적인 것"이라는 주장까지 나왔던 것이다.[85]

또한 1933년의 이른바 '전멸시대'를 거치면서 이전 시대의 전통과 단절되었고, 또한 그 이후에 주로 여성문인들이 여기자로 충원되면서 더 급격한 의식의 변화가 나타났다고 할 수 있다. 특히 이 시기 문인 여기자들의 경우 '작가로 입신'하기 위해서 기자직이 도움이 된다는 의식도 있었고[86] 또한 상당히 높은 임금을 주던 기자라는 직업은 생계유지를

---

82 1932년까지만 해도 최정희는 이른바 '경향적'인 입장을 어느 정도 유지하고 있었다고 평가된다. 서정자, 「일제강점기 한국 여성소설연구」, 숙명여대 박사논문, 1988, 97면. 그러나 1935년에 신건설사 사건으로 옥고를 치르고 나온 이후 최정희의 사상적 경향은 급격히 변화되었다. 서영은, 「생의 태풍 속을 무구한 노로(3)」, 『문학사상』, 1983. 10, 329~335면; 정영자, 「한국 여성문학연구—1920년대, 30년대를 중심으로」, 동아대 박사논문, 1988, 130면.
83 물망초, 「제일선상의 신여성, 부인기자」, 『신여성』, 1933. 12, 60면.
84 암행어사, 앞의 글, 5면.
85 「여류기자 인물총평」, 『여성』, 1938. 6, 61면.
86 서정자, 앞의 글, 96면.

위해서도 필요하다는 의식을 가지고 있었기 때문이다. 『삼천리』가 주
관한 좌담회에서 "여류작가로서 직업을 가지는 것이 고통이 아닌가"라
는 질문에 대해, 기자생활을 하던 노천명과 최정희는 생계유지를 위해
서는 직업을 가지는 것이 불가피하다고 주장했다.[87] 이런 상황에서 여
기자들이 과거와 같이 여성해방이나 여성계몽에 대한 문제의식을 가지
고 활동하기를 기대하는 것은 매우 어려웠다. 그렇다고 해서 상업주의
에 순응하는 의식의 한계를 보였던 이들이 언론인으로서의 철저한 직
업의식을 가지고 있었다고 보기도 어려웠다.

2) 일제하 여기자의 언론활동

일제하의 신문들에 본격적으로 여성문제가 다루어지기 시작한 것
은, 『조선일보』가 1924년 11월 23일 석간 3면에 학예면을 마련하고 그
안에 가정·부인란을 두면서부터였다. 1924년 10월에 『조선일보』에
입사했던 최은희는 "당시의 신문은 지금의 문화면과 같은 학예면에 가
정란을 설치하고 여성계 소식을 실었다. 이 난이 나의 활동무대였다"고
회고하여 여기자의 활동이 주로 가정란을 담당하는 것이었다고 밝혔
다.[88] 그 후 다른 신문들도 가정란을 마련하고, 이를 맡기기 위해 여기
자를 채용했던 것이다.
그러나 가정란은 여성을 억압하는 사회구조나 이를 타개하기 위한

---

87 「여류작가 좌담회」, 『삼천리』, 1936. 2, 232~234면.
88 최은희, 앞의 글, 1978, 41면.

여성해방의 문제를 본격적으로 다루었다기보다는 주로 가정생활에 필요한 실제적인 정보를 제공하는 데에 더 큰 목적이 있었다. 이하윤이 "가정란에도 우리 생활에 직접 적합한 기사를 취급케 하여 부인기자의 내외 활동을 절대 필요로 하는 유익과 취미를 위하여 여지가 많이 있는 것"이라고 주장했던 것은,[89] 이러한 가정란의 성격을 잘 보여주고 있다. 또한 고영한이 가정란은 "일상 가정생활에 필요한 뉴스 및 지식을 통속적으로 알려주는 직분"이라고 지적했던 것도[90] 가정란의 성격을 잘 보여주는 것이었다. 특히 1930년대 중반 이후 가정란의 이런 성격은 더욱 강화되었다고 할 수 있다.

이렇듯 학예면에 가정란이 있었던 것을 통해서도 알 수 있듯이 거의 모든 신문사 여기자들은 학예부 소속이었고, 신문사 발행 잡지의 기자들만 출판부 소속이었다. 일제하에서 학예부는 문예, 학술, 가정, 아동 등의 영역을 담당하는 부서로서 외근을 통한 취재활동은 별로 없었고,[91] 당연히 가정란을 담당했던 여기자들도 본격적인 취재활동을 제대로 하지 못했다. 특히 당시에 사회적으로 여기자들에 대한 남성 위주의 왜곡된 인식이 있었던 점을 감안하면, 어차피 여기자들이 적극적인 취재활동을 하는 것은 매우 어려울 수밖에 없었을 것이다. 이런 상황에서 그 나마의 취재활동에도 여기자들에게는 대체로 남성기자 한 명이 따라붙었다고 할 정도였다.[92]

---

89 이하윤, 「편집사담」, 『철필』 1(2), 1930, 29면.
90 고영한, 「신문사의 조직과 그 기능」, 『신동아』, 1934.5, 69면.
91 식민지 사회였던 당시에 외근을 통해 본격적인 취재활동을 했던 부서는 사회부뿐이었고 경제부가 부분적으로 외근을 통한 취재활동을 했을 뿐이다. 정치부는 주로 외국의 신문, 잡지, 통신을 번역, 게재하는 정도에 불과했고 나머지 부서들도 외근을 통한 취재활동이 없기는 마찬가지였다. 박용규, 앞의 글, 1994, 240~242면.

다만 최초의 민간지 여기자였던 최은희의 경우 다른 여기자들과는 달리 적극적인 취재활동을 하기도 했다. 최은희 스스로 "일정한 출입처가 없는 탓으로 사면팔방, 쉴 새 없이 쏘다녀야 했다. 일종의 외근 기자 노릇을 한 셈이다"라고 회고했던 것처럼,[93] 비록 특정한 출입처는 없었지만 최은희는 여성과 관련된 사회문제에 대해 사회부 기자처럼 상당히 적극적인 취재활동을 했다.[94] 또한 최의순도 변장하고 남의 집 기웃거리는 것에서부터, 극장이나 음악회 취재하기, 수상해 보이는 여자의 뒤따르기, 가정방문하기 등 다양한 취재활동을 했다고 주장했다.[95] 또한 윤성상도 나름대로 취재를 위해 밤중까지 외근 활동을 한 적도 있다고 했다.[96]

그러나 최의순을 "번역기자요 창작의 기자는 아니며 탁상기자요 다리기자는 아니었다"라고 평가했고, 황신덕에 대해서도 "탁상에서 이론을 캐고 번역을 하는 기자로는 한 목을 보겠지마는 최은희씨 모양으로 실제 생활 기사를 끄집어내고 숨은 기사를 들추어내지는 못했다"고 평가했던 것처럼,[97] 실제로 최은희 이후의 여기자들은 적극적인 취재활동을 거의 하지 못했다고 보아야 할 것이다. 따라서 "부인기자의 활동하는 범위는 별 수 없이 가정방문이나 계속기사로 가정, 학예방면에 국한되고" 있다고 지적되기도 하였다.[98]

---

92 외돗생, 앞의 글, 20면.
93 최은희, 앞의 글, 1978, 44~46면.
94 최은희, 앞의 글, 1935, 51~57면.
95 최의순, 「신여자의 신직업─변장출동도 하는 여기자 생활」, 『별건곤』, 개벽사, 1928.12, 125면.
96 윤성상, 「근대여성의 사회활동─신문기자」, 『삼천리』, 1930.1, 21~22면.
97 「여기자 군상」, 『개벽』, 1935.3, 22~24면.
98 외돗생, 앞의 글, 18면.

이렇듯 비록 적극적인 취재활동은 하지 못했지만, 가정방문 기사는 최초의 신문사 여기자였던 이각경이 활동할 때부터 대부분 여기자들이 도맡아서 썼다. 이렇듯 일제하의 여기자들이 주로 여학교나 가정 등에 대한 방문 기사를 쓰게 되었던 것은 "남자로서는 도저히 원만하게 하기 어려운, 즉 말하자면 소위 남녀유별의 묵은 도덕이 아직도 고쳐지지 않고 그대로 남아 있는" 사회 분위기 때문이었다.[99] 즉 여기자들은 주로 남성기자들이 접근하기 어려웠던 취재원을 방문하여 취재활동을 했는데, 이 점은 허정숙도 주로 여학교 순례기사나 가정방문 기사를 썼다고 했던 것에서 잘 드러난다.[100] 또한 방문 취재를 위해서는 "여자다운 데가 있지 않고는" 매우 어렵다는 지적까지 있었는데,[101] 이것은 결국 직업적 역량보다 외모를 중심으로 여기자를 평가하도록 만든 한 요인이 되었다.

또한 일제하의 여기자들은 방문 취재 이외에도 일본의 신문, 잡지, 통신에서 여성 관련 기사를 번역하여 기사를 만드는 역할을 하기도 했다. 황신덕은 "그 무렵 학예부의 일이란 대체적으로 일본의 통신사에서 보내 주는 것, 또는 잡지 등을 번역하여 실거나 여성화제 등으로 만드는 것이 주임무였다"고까지 회고했다.[102] 마찬가지로 이명온도 주로 일본의 주요 신문에서 '부인기사'를 골라서 '적당히 가필'하여 게재했다고 밝혔다.[103] 이것은 결국 여성과 관련된 본격적인 취재활동이 제대로 이루어지지 않던 상황에서 가정란을 채워야만 했기 때문이었다.

---

99 「우리 직업부인계의 총평」, 『신여성』, 1925.4, 32면.
100 허정숙, 앞의 글, 52~54면.
101 외돗생, 앞의 글, 19면.
102 황신덕, 앞의 글, 142면.
103 이명온, 앞의 글, 716면.

이외에도 여기자들은 간혹 여성문제 등에 대해 간단한 시론이나 시평을 쓰기도 했다.[104] 특히 허정숙이나 황신덕 같이 1920년대에 적극적으로 민족운동과 여성운동에 참여했던 여기자들은 날카로운 시평으로 여성해방 등을 주장하기도 했는데, 황신덕이 『시대일보』와 『중외일보』 시절에 썼던 "부인평론은 무산계급적 입장에서 쓴 조선여류논단 최초의 예리한 붓날이었다"는 평가까지 받았다.[105] 그러나 1930년대 이후 여기자들의 시평 집필은 거의 사라지고, 신문이든 신문사 발행 잡지든 여기자들에게는 주로 가정생활 개선에 관한 기사가 맡겨졌을 뿐이다. 동아일보사 발행 여성잡지인 『신가정』주간이었던 이은상은 "여기자에게 무슨 글 도움을 받고자 했던 것은 아니었다. 의복, 음식 등 기사를 만드는 일 이외에는 기대할 것이 없었다고"까지 주장했다.[106] 여기자의 역할에 대한 이은상의 이런 인식이 당시에 일반적이었다고 단정할 수는 없겠지만, 적어도 1930년대 중반 이후 여기자들의 활동에 대한 기대가 과거와 크게 달라졌다고는 볼 수 있을 것이다.

또한 일제하의 신문이든 신문사 발행 잡지든 여기자들의 주요 업무중의 하나가 원고청탁이었는데,[107] 필자들이 주로 문인이었다는 점에서 1930년대 문인 여기자들은 다른 여기자들보다 원고청탁에서 비교적 유리했고 또한 "남의 이야기를 들어 가지고" 대신 원고를 쓰는 일에도 더 유능했다고 할 수 있다.[108] 또한 1930년대 문인 여기자들은 노천

---

104 윤성상, 앞의 글, 11면; 황신덕, 앞의 글, 142면.
105 「붉은 연애의 주인공들」, 『삼천리』, 1931.7, 16면.
106 이은상, 앞의 글, 460면.
107 김경희는 여기자들이 원고청탁을 도맡았던 것은 여기자들의 희소가치를 이용해 원고를 쉽게 받아 내기 위한 전략이었다고 주장했다. 김경희, 앞의 글, 128면.
108 최정희, 『젊은 날의 증언』, 육민사, 1962, 24~25면.

명처럼 "투고 원고들을 뜯어보아 가지고 쓸 만한 시를 골라내는 일" 등 문예란 일을 거들기도 했고,[109] 자신들이 근무하던 신문이나 신문사 발행 잡지에 스스로 문학 작품을 게재하기도 하였다. 이렇듯 1930년대의 상업주의적인 언론계 풍토 속에서 여기자들은 문인이었기 때문에 언론활동을 하는 데 유리했던 점도 있었지만, 전반적으로는 기자 본연의 언론활동을 성실히 수행했다고 볼 수는 없었다.[110]

전체적으로 일제하의 여기자들은 본격적인 취재보도활동을 제대로 하지 못했고 활동기간도 매우 짧았으며, 주로 신문의 가정란이나 잡지의 여성, 가정 관련 기사 작성 등의 비교적 제한된 영역에서만 활동했다는 한계를 공통적으로 지니고 있었다. 이렇듯 활동영역이 제한되어 있었고 또한 활동기간도 매우 짧았기 때문에, 일제하에서는 남편 이광수를 대신해 『동아일보』 학예부장을 잠깐 동안 맡았던 허영숙을 제외하고는 모두가 평기자에 머무를 수밖에 없었다. 더욱이 같은 시기에 근무하던 여기자의 활동기간이 남자기자보다 더 길었던 경우조차도 학예부장이나 잡지 주간은 반드시 남성이 맡았던 것은 당시 신문사의 직업적 관행이 철저히 남성 위주였기 때문이었다.

1920년대 여기자들은 제한적이나마 여성과 관련된 사건을 취재하려는 노력을 기울이기도 했고 시평 등의 집필을 통해 여성해방이나 여성계몽을 위해 노력했다. 반면에 1930년대 중반 이후의 여기자들은 적

---

109 김상배 편, 『노천명 에세이집—꽃사슴』, 춘추각, 1984, 30면.
110 노천명은 "기사를 너무 짧게 만들어 공장으로 넘기고는 아무 말 없이 자기 볼일을 보러 나가기가 일쑤"였고, 최정희는 밀려드는 원고 청탁으로 "자신이 쓴 글이면서도 스토리조차 생각이 나지 않을 때가" 있다고 했다. 이것은 작품 활동으로 매우 바쁜 문인 여기자들이 제대로 언론활동을 할 수 없었다는 것을 보여준다. 윤석중, 「곪는 것이 자랑이었던 그때의 기자」, 『언론비화 50편』, 한국신문연구소, 1978, 505면; 「여류작가 좌담회」, 『삼천리』, 1936. 2, 227~228면.

극적인 취재활동은 전혀 하지 못했고,[111] 날카로운 시평 등을 집필하는 경우도 별로 없었다는 점에서 1920년대의 여기자들과 적지 않은 차이를 보였다. 다만 1930년대의 여기자들은 문인이었다는 점 때문에 문예물 등의 원고청탁, 투고된 문예물의 심사, 본인의 문학작품 게재 등에 있어서는 이전 시기의 여기자들 보다 더 유리했던 측면도 있었다. 이것은 결국 여기자들의 여성계몽적인 언론활동이 1930년대 들어서서 상업주의적인 언론활동으로 변화되었다는 것을 보여준다. 그러나 1930년대 들어서서 기자의 직업적 전문성을 강조하기 시작했던 전체적인 경향과는 달리,[112] 여기자들의 언론인으로서의 직업적 전문성 확보는 거의 이루어지지 않았다고 할 수 있다.

5. 요약과 결론

일제하에서 최초로 등장했던 여기자들은 각 신문사에 한 명뿐인 '화초기자'로 당시의 봉건적인 사회구조와 철저하게 남성 위주였던 직업적 관행 때문에 제대로 활동할 수 없는 여건에 처해 있었다. 그러나 이런 조건 속에서도 높은 교육수준과 신여성으로서의 특성을 지녔던 여

---

111 1930년대의 문인 여기자들인 노천명, 이선희, 최정희 등은 '여류작가 회의'라는 좌담회에서 여성들의 삶의 현장을 본격적으로 취재해 본 경험이 거의 없었다는 점을 드러내고 있다. 「여류작가 회의」, 『삼천리』, 1938.10, 199~204면.
112 박용규, 앞의 글, 1994, 232~238면.

기자들은 나름대로 적극적인 활동을 하였다. 특히 1920년대의 여기자들은 여성운동가들로서 여성해방 또는 여성계몽적 언론활동을 하였다. 그러나 1930년대의 여기자들은 대부분 문인으로서 신문의 상업주의적인 요구에 순응하는 한계를 보이기도 했다. 그러나 전체적으로 일제하 여기자들은 활동영역도 상당히 좁고 활동기간도 매우 짧았다는 공통된 한계를 지니고 있다.

결국 일제하에서 처음으로 여기자들이 등장하고 활동했다는 것은, 일차적으로는 남성들의 고유영역으로 인식되어 왔던 기자직을 여성들도 할 수 있다는 것을 보여주었다는 점에서 의미가 있는 것이었다.[113] 이것은 민족적 차별과 성적 차별이 엄존했던 현실에서도 근대교육의 실시 등으로 여성의 사회적 지위가 어느 정도 높아졌다는 것을 의미하는 것이기도 했다. 또한 한때나마 여기자들이 식민지 현실과 가부장적인 사회구조를 개혁하기 위해 적극적인 언론활동을 했다는 것은 큰 의미를 지니는 것이었다. 그러나 일제하 여기자들이 현실적 한계를 넘어서려는 적극적인 노력을 지속적으로 기울이지 않았고 또한 대부분 언론인으로서의 철저한 직업의식도 부족했다는 점은 문제점으로 지적할 수 있다.

위와 같은 일제하 여기자들의 언론활동에서 드러났던 문제점들은 오늘날 많은 부분이 극복되었다고 할 수 있다. 여기자들의 수가 늘고 근무하는 부서도 비교적 다양해졌기 때문이다. 그러나 여전히 상당수의 여기자들이 부서배치나 승진 등에서 성적 차별이 있다고 느끼고 있는

---

113 정진석, 앞의 글, 1992, 149면.

것은, 여기자들의 언론활동을 제약하는 언론사 내외의 구조적 문제들이 여전히 청산되지 않고 있다는 것을 의미한다. 따라서 여기자들은 결코 '화초'가 아닌 당당한 언론인으로서, 여성을 억압하는 언론사 내외의 구조들을 개혁하기 위한 구체적인 노력을 더 기울여 나갈 필요가 있다.

　일제하 여기자들의 직업의식과 언론활동을 살펴 본 본 연구는 자료의 부족이라는 한계를 완전히 벗어나지 못한 측면이 있다. 따라서 논지를 더욱 잘 뒷받침할 수 있는 새로운 자료의 발굴과 정리가 뒤따라야 할 것이다. 또한 일제하 여기자들의 활동을 구체적으로 분석하기 위해서는 가정란을 포함해 이들이 쓴 기사를 전체적으로 분석하는 시도도 필요할 것이다.[114] 나아가 이런 연구들을 출발점으로 하여 해방 이후 오늘날까지 여기자들이 활동해 왔던 역사를 체계적으로 정리하고 분석하는 연구들이 계속되어야 할 것이다.

---

[114] 최은희가 근무하던 시기의 『조선일보』가정부인란에 대해 분석한 다음의 논문은 의미가 크다. 서주홍, 앞의 글, 25~50면.

제l장 : 일제의 언론정책 · 제2장 : 일제강점기 신문의 기업화

1. 1차 자료

『개벽』, 『동아일보』, 『매일신보』, 『별건곤』, 『비판』, 『삼천리』, 『시대일보』, 『신천지』, 『비판』, 『신가정』, 『신동아』, 『여성』, 『조광』, 『제일선』, 『조선일보』, 『조선중앙일보』, 『조선지광』, 『조선총독부관보(朝鮮總督府官報)』, 『중앙일보』, 『중외일보』, 『혜성』

2. 논문 및 단행본

강동진, 『일제의 한국침략정책사』, 한길사, 1980.
_____, 「문화주의의 기본성격」, 『한국사회연구』 2, 한길사, 1984.
_____, 『일본언론계와 조선(1910~1945)』, 지식산업사, 1987.
계초 전기 간행회, 『계초 방응모전』, 조선일보사, 1980.
계훈모, 『한국언론연표』, 관훈클럽 신영연구기금, 1979.
고명식 외, 『대기자 洪博』, 세문사, 1987.
국가보훈처 편, 『독립유공자 공훈록』 1-10, 국가보훈처, 1986~1993.
국사편찬위원회, 『일제침략하 한국 36년사』 5, 국사편찬위원회, 1970.
권태억, 『한국근대면업사연구』, 일조각, 1989.
김경일, 『일제하 노동운동사』, 창작과비평사, 1992.
김규환, 『일제의 對韓 언론 · 선전정책』, 이우출판사, 1978.
김동명, 『지배와 저항, 그리고 협력』, 경인문화사, 2006.
김민환, 「일제 시대 민족지의 사설 주제 분석」, 한국언론학회 편, 『한국적커뮤니케이션
　　　　모델의 탐구』, 한국언론학회, 1993.

김민환, 「일제강점기 민영신문의 사회사상」, 『일제강점기 언론사 연구』, 나남, 2008.

김영모, 「식민지 시대 한국의 사회계층」, 『변혁시대의 한국사』, 동평사, 1980.

김영희, 「일제 지배시기 조선인의 신문 접촉 경향」, 『한국언론학보』 46(1), 한국언론학회, 2001.

김용섭, 「한말 일제하의 지주제—사례4 : 고부 김씨가의 지주경영과 자본전환」, 『한국사연구』 19, 한국사연구회, 1978.

_____, 『한국근현대농업사연구』, 일조각, 1992.

김운태, 『일본제국주의의 한국통치』, 박영사, 1986.

김윤식, 「宵泉 이헌구 연구」, 『박용철·이헌구 연구』, 법문사, 1973.

김을한, 『신문야화』, 일조각, 1971.

_____, 『한국신문사화』, 탐구당, 1975.

대한언론인회 편, 『한국언론인물사화』(8·15전편) 상·하, 대한언론인회, 1992.

독립운동사 편찬위원회 편, 『독립운동사(獨立運動史) 자료집 12집—문화투쟁사 자료집』, 독립유공자사업기금운용위원회, 1977.

동아일보 80년사 편찬위원회, 『민족과 더불어 80년—동아일보 1920~2000』, 동아일보사, 2000.

동아일보사사편찬위원회, 『동아일보사사』 1, 동아일보사, 1970.

리용필, 『조선신문 100년사』, 나남, 1993.

박경식, 『일본제국주의의 조선지배』, 청아, 1986.

박용규, 「식민지 시기 문인기자들의 글쓰기와 검열」, 『한국문학연구』 29, 동국대 한국문학연구소, 2005.

_____, 「일제의 지배정책에 대한 신문들의 논조 변화」, 『한국언론정보학보』 28, 한국언론정보학회, 2005.

朴仁植, 『日帝の朝鮮支配における政治·言論 相互関係』, moden book, 2009

박찬승, 『한국근대정치사연구』, 역사비평사, 1992.

_____, 「3·1운동기 지하신문의 발간경위와 기사내용」, 『동아시아문화연구』 44, 한양대 동아시아문화연구소, 2008.

박헌호, 「'문화정치기' 신문의 위상과 반-검열의 내적 논리」, 『대동문화연구』 50, 성균관대 대동문화연구원, 2005.

신용하, 「일제하의 조선토지조사사업에 대한 일 고찰」, 윤병석·신용하·안병직 편, 『한국근대사론』 1, 지식산업사, 1977.

신인섭, 『한국광고사』, 나남, 1986.

역사문제연구소 편, 『일제하 사회운동 인명색인』 상·하, 여강출판사, 1992.

鈴木敬夫, 『법을 통한 식민지 지배에 대한 연구』, 고려대 민족문화연구소 출판부, 1989.

오동석, 「한국 근현대사에 나타난 언론통제법의 본질과 실상」, 『역사비평』 3, 역사비평
　　사, 1988.

오미일, 「진학문－일제문화정치의 하수인」, 반민족문제연구소 편, 『친일파 99인』 2, 돌
　　베개, 1993.

오미일, 「한국 자본주의 발전에서 정상(政商)의 길－백남신, 백인기의 자본 축적과 정치
　　활동」, 『역사와 경계』 57, 부산·경남사학회, 2005.

우승규, 『나절로 만필』, 탐구당, 1978.

유선영, 「객관주의 100년의 형식화 과정」, 『언론과 사회』 10, 언론과사회사, 1995.

유재천, 「한국언론투쟁사」, 고려대 민족문화연구소 편, 『한국현대문화사 대계』, 고려대
　　민족문화연구원, 1980.

이　연, 『일제하의 조선 중앙정보위원회의 역할』, 서강대 언론문화연구소, 1993.

이균영, 『신간회 연구』, 역사비평사, 1993.

이민주, 「일제시기 조선어 민간신문의 검열에 관한 연구」, 서울대 박사논문, 2010.

이승렬, 「일제시기 민족자본가 논쟁」, 『역사비평』 9, 역사비평사, 1990.

이신복 편, 『성재 이관구 논설선집』, 일조각, 1986.

이준우, 「한국 신문의 문화적 기능 변천에 관한 연구」, 연세대 박사논문, 1987.

이현희, 『조동호 항일투쟁사』, 청아출판사, 1992.

이혜령, 「동아일보와 외국문학, 해외문학파와 미디어」, 『한국문학연구』 34, 동국대 한국
　　문학연구소, 2008.

인촌기념회, 『인촌 김성수전』, 인촌기념회, 1976.

임영태, 「검열자 김성균은 누구인가」, 『한길문학』 3, 한길사, 1990.

임종국, 『일제하의 사상탄압』, 평화출판사, 1985.

장　신, 「1930년대 언론의 상업화와 조선·동아일보의 선택」, 『역사비평』 70, 역사비평
　　사, 2005.

＿＿＿, 「1924년 동아일보 개혁운동과 언론계의 재편」, 『역사비평』 75, 역사비평사, 2006.

＿＿＿, 「대정친목회와 내선융화운동」, 『대동문화연구』 60, 성균관대 대동문화연구원,
　　2007.

전우용, 「일제하 민족자본가의 존재양태와 민족주의」, 『역사비평』 16, 역사문제연구소,

1992.

정근식·최경희, 「도서과의 설치와 식민지 출판경찰의 체계화, 1926~1929」, 『한국문학연구』 30, 동국대 한국문학연구소, 2006.

정진석, 『일제하 한국언론투쟁사』, 정음사, 1975.

_____, 「광고사회사―일제하의 광고」, 『광고연구』 12, 한국방송광고공사, 1991.

_____, 『한국언론사』, 나남, 1990.

_____, 『인물 한국언론사』, 나남, 1995.

_____, 『언론조선총독부』, 커뮤니케이션북스, 2005.

_____, 『극비 조선총독부의 언론검열과 탄압』, 커뮤니케이션북스, 2007.

조 국, 「한국 근현대사에서의 사상통제법」, 『역사비평』 1, 역사비평사, 1988.

조규태, 「1930년대 한글신문의 조선문화운동론」, 『한국민족운동사 연구』 61, 한국민족운동사학회, 2009.

조기준, 『한국기업가사』, 박영사, 1973.

_____, 「일제 식민지통치하의 민족자본」, 윤병석·신용하·안병직 편, 『한국근대사론』 1, 지식산업사, 1977.

조선일보 70년사 편찬위원회, 『조선일보 70년사』 1, 조선일보사, 1990.

조선일보 사사편찬실, 『조선일보 역사 단숨에 읽기, 1920~』, 조선일보사, 2004.

조영복, 『문인기자 김기림과 1930년대, '활자―도서관'의 꿈』, 살림, 2007.

조용만, 『30년대의 문화예술인들』, 범양사, 1988.

주종환, 『한국자본주의사론』, 한울, 1988.

차기벽, 「일본제국주의 식민정책의 형성배경과 그 전개과정」, 『일제의 한국 식민통치』, 정음사, 1985.

채 백, 『사라진 일장기의 진실―일제강점기 일장기 말소 사건 연구』, 커뮤니케이션북스, 2008.

_____, 「일제기 부산지역 언론인 연구」, 『한국언론정보학보』 56, 한국언론정보학회, 2011.

최 준, 『한국 신문사』(증판), 일조각, 1982.

최기영, 「광무신문지법에 관한 연구」, 『역사학보』 92, 역사학회, 1981.

최민지, 『일제하 민족언론사론』, 일월서각, 1978.

한국신문연구소 편, 『언론비화 50편』, 한국신문연구소, 1978.

한기형, 「문화정치기 검열체제와 식민지 미디어」, 『대동문화연구』 51, 성균관대 대동문화연구원, 2005.

한만수, 「만주침공 이후의 검열과 민간신문 문예면의 증면 1929~1936」, 『한국문학연구』 37, 동국대 한국문학연구소, 2009.

한배호, 「3·1운동 직후의 조선식민지 정책」, 『일제의 한국 식민통치』, 정음사, 1985.

허수열, 「1930년대 군수공업화 정책과 일본 독점자본의 진출」, 차기벽 편, 『일제의 한국 식민통치』, 정음사, 1985.

홍효민, 『행동지성과 민족문학』, 일신문화사, 1980.

조선총독부 경무국, 『조선의 치안상황』(조선총독부, 1938), 김봉우 역, 『일제식민지통치 비사』, 청아출판사, 1989.

松田利彦, 김인덕 역, 『일제시기 참정권 문제와 조선인』, 국학자료원, 2004.

Robinson, M., *Cultural Nationalism in Colonial Korea, 1920~1925*, 김민환 역, 『일제하 문화적 민족주의』, 나남, 1990.

Eckert, C. J., *The Koch'ang Kims and the colonial origins of Korean*, 주익종 역, 『제국의 후예─고창 김씨가와 한국자본주의의 기원 1876~1945』, 푸른역사, 2008.

京城日報社·每日申報社, 『朝鮮연감』, 京城日報社, 1943.

高峻石, 『抗日言論闘爭史』, 新泉社, 1978.

東亞經濟時報社 編, 『朝鮮銀行會社組合要錄』, 東亞經濟時報社, 1941.

日本新聞硏究所, 『日本新聞年鑑』, 日本新聞硏究所, 1922~1941.

日本電報通信社, 『新聞總覽』, 日本電報通信社, 1920~1941.

朝鮮總督府, 『施政に關する諭告·訓示竝演述』, 朝鮮總督府, 1922.

朝鮮總督府 警務局, 『朝鮮における出版物槪要』, 朝鮮總督府 警務局, 1930.

中川利吉, 『朝鮮社會運動取締法要義』, 帝國地方行政學會朝鮮本部, 1933.

Kasza, G. J., *The State and the Mass Media in Japan, 1918~1945*, L.A. : University of California Press, 1988.

제3장 : 식민지 시기의 언론 현실에 대한 인식과 비판

1. 1차 자료

『개벽』, 『동아일보』, 『동광』, 『동방평론』, 『별건곤』, 『비판』, 『삼천리』, 『신계단』, 『신동아』, 『신조선』, 『아성』, 『여명』, 『전선』, 『제일선』, 『쩌날리즘』, 『조광』, 『조선문학』, 『조선일보』, 『조선지광』, 『중앙』, 『철필』, 『현대평론』, 『호남평론』, 『호외』, 『혜성』

2. 논문 및 단행본

권영민, 『한국 근대문인 대사전』, 아세아문화사, 1990.

김근수, 「1920년대의 언론과 언론정책−잡지를 중심으로」, 김근수 편, 『일제치하 언론출판의 실태』, 신영아카네미 한국학연구소, 1974.

김민환, 「일제 시대 언론사의 시기구분」, 『언론과 사회』 1, 언론과사회사, 1993.

김영희, 「한국근대언론사상의 형성과 그 성격에 관한 연구」, 한양대 박사논문, 1994.

김준엽·김창순, 『한국공산주의운동사』 2, 청계연구소, 1986.

박용규, 「일제하 민간지 기자 집단의 사회적 특성의 변화과정에 관한연구」, 서울대 박사논문, 1994.

배성찬 편, 『식민지시대 사회운동론연구』, 돌베개, 1987.

신주백 편, 『1930년대 민족해방운동론 연구』 1, 새길, 1989.

신채호, 「조선혁명선언」, 『나라사랑』 3, 외솔회, 1971.

역사문제연구소, 『일제하 사회운동 인명록 색인집』, 1992, 여강출판사.

이민주·양승목, 「일제 시대 언론연구의 위상과 동향」, 『한국언론학보』 50(6), 한국언론학회, 2006.

이신복 편, 『성재 이관구 논설선집』, 일조각, 1986.

이해창, 『한국신문사연구』, 성문각, 1983.

임영태 편, 『식민지 시대 한국사회와 운동』, 사계절, 1985.

장준하, 「일시민이 읽은 30년간의 신문」, 고재욱선생 화갑기념논총 편찬위원회, 『민족과 자유와 언론』, 일조각, 1963.

정대철, 「일제하 신문의 신문론에 관한 고찰」, 『한국학논집』 11, 한양대 한국학연구소, 1987.

정진석, 『한국 언론사』, 나남, 1990.

주요한, 「만보산 사건과 송 사장과 그 사설」, 『언론비화 50편』, 한국신문연구소, 1978.

차배근, 「한국의 언론연구와 교육」, 『한국의 언론』 1, 한국언론연구원 1991.

최덕교, 『한국잡지백년』 1~3, 현암사, 2004.

최민지, 『일제하 민족언론사론』, 일월서각, 1978.

한대희 편역, 『식민지시대 사회운동』, 한울림, 1986.

제4장 : 일제강점기 『시대일보』·『중외일보』·『중앙일보』에 관한 연구

1. 1차 자료 – 신문 및 잡지

『개벽』, 『동아일보』, 『동광』, 『별건곤』, 『비판』, 『사상계』, 『삼천리』, 『시대일보』, 『신문평론』, 『신민』, 『여성』, 『제일선』, 『조광』, 『조선일보』, 『중앙일보』, 『중외일보』, 『철필』, 『현대평론』, 『혜성』

2. 논문 및 단행본

강동진, 『일제의 한국침략정책사』, 한길사, 1980.

국사편찬위원회, 『일제침략하 한국 36년사』 5, 국사편찬위원회, 1970.

권영민 외편, 『염상섭 전집』 12, 민음사, 1987.

김남미, 「시대일보·중외일보·중앙일보·조선중앙일보에 관한 고찰」, 이화여대 석사논문, 1982.

김동명, 『지배와 저항, 그리고 협력』, 경인문화사, 2006.

김삼웅, 『친일정치 100년사』, 동풍, 1995.

김윤식, 『염상섭 연구』, 서울대 출판부, 1987.

김을한, 『한국신문사화』, 탐구당, 1975.

김준엽·김창순, 『한국공산주의운동사』, 청계연구소, 1986.

김팔봉, 「기자물 안 들려고 애쓴 18년」, 『언론비화 50편』, 한국신문연구소, 1978.

김학준, 『이동화 평전』, 한길사, 1987.

노정일, 『國土와 정치인』, 국사원, 1958.

대한언론인회, 『한국언론인물사화』(8·15전편) 상·하, 대한언론인회, 1992.
독립운동사편찬위원회, 『독립운동사 자료집』 12(문화투쟁사 자료집), 1977.
박 찬, 「이상협—친일언론인의 대부」, 반민족문제연구소 편. 『청산하지 못한 역사』 2, 청년사, 1994.
박영희, 「초창기의 문단 측면사」,(『현대문학』, 현대문학, 1960.4), 임규찬·한기형 편, 『카프시대에 대한 회고와 문학사』, 태학사, 1989.
박용규, 「일제강점기 사회주의 언론인에 관한 연구」, 김민환·박용규·김문종, 『일제강점기 언론사 연구』, 나남, 2008.
_____, 「일제하 민간지 기자 집단의 사회적 특성의 변화과정에 관한 연구」, 서울대 박사논문, 1994.
순성추모문집발간위원회, 『순성진학문추모문집』, 순성추모문집발간위원회, 1975.
오미일, 「진학문, 문화정치의 하수인」, 반민족문제연구소 편, 『친일파 99인』, 돌베개, 1993.
_____, 「한국 자본주의 발전에서 政商의 길—백남신, 백인기의 자본 축적과 정치사회활동」, 『역사와 경계』 57, 부산경남사학회, 2005.
우승규, 『나절로 만필』, 탐구당, 1978.
유광열, 『기자 반세기』, 서문당, 1969.
이건혁, 「넌 나를 몰라도 나는 너를 안다」, 『언론비화 50편』, 한국신문연구소, 1978.
이관구, 『하루살이 글 한평생』, 휘문출판사, 1978.
이균영, 『신간회 연구』, 역사비평사, 1993.
이승복선생 望九頌壽기념회, 『三千百日紅』, 인물연구소, 1974.
일파 변희용선생 유고간행위원회 편, 『일파 변희용선생 유고』, 성균관대 출판부, 1977.
임종국, 「일제시대 민족개량주의운동의 계보와 논리」, 반민족문제연구소 편, 『임종국 선집』 1, 아세아문화사, 1994.
정대철, 「신간회와 민간지의 관계에 대한 고찰」, 『언론학보』 2, 한양대 언론문화연구소, 1981.
정진석, 「시대·중외·조선중앙일보考」, 『저널리즘』 13, 한국기자협회, 1979.
_____, 『언론조선총독부』, 커뮤니케이션북스, 2005.
_____, 『역사와 언론인』, 커뮤니케이션북스, 2001.
_____, 『인물 한국 언론사』, 나남, 1995.
_____, 『한국언론사』, 나남, 1990.

조기준, 『한국기업가사』, 박영사, 1973.

조병옥, 『나의 회고록』, 민교사, 1959.

조용만, 『30년대의 문화예술인들』, 범양사, 1988.

_____, 『육당 최남선』, 삼중당, 1964.

채 백, 「일제기 부산지역 언론인 연구」, 『한국언론정보학보』 56, 한국언론정보학회, 2011.

한국신문연구소, 『한국언론인물지』, 한국신문연구소, 1981.

한국신문편집인협회, 『신문백년인물사전』, 한국신문편집인협회, 1988.

松田利彦, 김인덕 역, 『일제시기 참정권문제와 조선인』, 국학자료원, 2004.

慶尙北道 警察局, 『高等警察要史』, 慶尙北道 警察局, 1934.

日本新聞硏究所, 『日本新聞年鑑』, 日本新聞硏究所, 1922~1941.

日本電報通信社, 『新聞總覽』, 日本電報通信社, 1920~1941.

朝鮮總督府警務局圖書課, 『諺文新聞差押記事輯錄』(時代日報·中外日報), 朝鮮總督府警務局 圖書課, 1932.

千葉了, 『朝鮮獨立運動秘話』, 帝國地方行政學會, 1925.

제5장 : 일제강점기 지방신문의 현실과 역할

강동진, 『일본언론계와 조선』, 지식산업사, 1987.

계훈모 편, 『한국언론연표』, 관훈클럽, 1979.

구 상, 「생명수 같았던 승리일보에의 혼신」, 『언론비화 50편』, 한국신문연구소, 1978.

광주언론인동우회, 『광주·전남 언론사』, 1991.

김규환, 『일제의 대한 언론·선전정책』, 이우출판사, 1978.

김남중, 『대도무문』 3, 광주일보 출판국, 1986.

김대상, 『부산·경남 언론사 연구』, 대왕문화사, 1981.

_____, 『부산언론사의 재조명』, 뉴워드사, 2004.

김동명, 「일본제국주의와 식민지 조선의 근대적 참정제도」, 『국제정치논집』 42(3), 2002.

김민환, 『한국언론사』, 나남, 1996.

김영재, 『대구경북 언론사』, 커뮤니케이션북스, 2003.

김영희, 「일제 지배시기 조선인의 신문접촉 경향」, 『한국언론학보』 46(1), 한국언론학회, 2001.

김을한, 『신문야화』, 일조각, 1971.

김진화, 『일제하 대구의 언론 연구』, 영남일보사, 1978.

김태현, 「광복 이전 일본인 경영 신문에 관한 연구」, 한국외대 석사논문, 2006.

김형두, 『신문과 나의 인생』, 조선문학사, 1995.

김형윤, 『마산야화』, 태화출판사, 1973.

미즈노 나오키, 「식민지기 조선의 일본어 신문」, 『역사문제연구』 18, 역사문제연구소, 2007.

박용규, 「구한말(1881~1910) 지방신문에 관한 연구」, 『한국언론정보학보』 11, 한국언론학회, 1998.

박정규, 「한국 지방신문의 역사」, 김세철 외, 『지역사회와 언론』, 커뮤니케이션북스, 1997.

박창원, 「일제강점기 대구지방 한글신문의 실태 연구」, 『커뮤니케이션 이론』 7(1), 한국언론학회, 2011.

배병욱, 「일제시기 부산일보 사장 아쿠타가와 타다시[芥川正]의 생애와 언론활동」, 『석당논총』 52, 동아대 석당학술원, 2012.

서중석, 『한국현대민족운동연구』(2판), 역사비평사, 1992.

손정목, 『한국 지방제도 · 자치사 연구』, 일지사, 1992.

송규진, 「일제강점 초기 '식민도시' 대전의 형성과정에 관한 연구―일본인의 활동을 중심으로」, 『아세아 연구』 45(2), 고려대 아세아문제연구소, 2002.

신주백, 「지방사 연구방법―실제, 역사교육」, 『한국근현대사연구』 28, 한국근현대사학회, 2004.

유종원 · 김송희, 「미군정기 지역언론 특성에 관한 연구―광주지역 신문을 중심으로」, 『언론과학연구』 5(2), 한국지역언론학회, 2005.

윤건차, 「식민지 일본인의 정신구조」, 『현대일본의 역사의식』, 한길사, 1990.

이광석, 『경남언론 어제 · 오늘』, 경남, 1997.

이균영, 『신간회 연구』, 역사비평사, 1993.

이문교, 『제주언론사』, 나남, 1997.

임경일, 『신문』, 야담사, 1938.

임종국, 『일제하의 사상탄압』, 평화출판사, 1985.

정영진, 「일제강점기 부산의 음악」, 『항도부산』 15, 부산광역시사 편찬위원회, 1998.

장 신, 「한말·일제초 재인천 일본인의 신문발행과 조선신문」, 『인천학 연구』 6, 인천대 인천학연구원, 2007.

정진석, 『한국언론사』, 나남, 1990.

_____, 「한국의 지방언론 발달사」, 『신부 전달출 회장 화갑기념논총』, 매일신문사, 1992.

_____, 『인물 한국언론사』, 나남, 1995.

_____, 『언론조선총독부』, 커뮤니케이션북스, 2005.

정진석 편, 『일제시대 민족지 압수기사모음』 1, LG상남언론재단, 1998.

정태헌, 「1930년대 조선인 유산층의 친일논리와 배경」, 민족문제연구소 편, 『친일파란 무엇인가』, 아세아문화사, 1997.

정혜경, 「매일신보에 비친 1910년대 재조 일본인」, 수요역사연구회 편, 『식민지 조선과 매일신보』, 신서원, 2003.

채 백, 『한국 언론수용자 운동사』, 한나래, 2005.

_____, 『부산언론사 연구』, 산지니, 2012.

최기영, 「진주의 경남일보-유일의 지방지」, 『대한제국시기 신문연구』, 일조각, 1991.

최상원·한혜경, 「일제강점기 한국·중국·일본 등 동북아 3개국에 걸친 기자 장덕준의 언론활동에 관한 연구」, 『동북아문화연구』 30, 동북아시아문화학회, 2012.

최유리, 『일제 말기 식민지 지배정책연구』, 국학자료원, 1997.

최인택, 「일제시기 부산지역 일본인 사회의 생활사」, 『역사와 경계』 51, 부산경남사학회, 2004.

최 준, 「군국 일본의 대한 언론정책」, 『한국신문사 논고』, 일조각, 1976.

한상란, 「구한말 유일의 일간지 경남일보에 관한 연구」, 이화여대 석사논문, 1976.

허 석, 「해외이주 일본인들의 디아스포라적 특성에 대한 연구-이주지에서의 일본어신 문 발행과 국민적 아이덴티티 유지를 중심으로」, 『일본어문학』 31, 일본어문학 회, 2006.

홍선영, 「일본어 신문 부산일보와 조선시보의 문예란 연구」, 『일본학보』 57(2), 일본학 회, 2003.

홍순권, 「일제시기 '부제'의 실시와 지방제도 개정의 추이-부산부 일본인사회의 실시 논의를 중심으로」, 『지역과 역사』 14, 부경역사연구소, 2004.
_____, 「일제강점기 신문사 연구의 현상과 향후의 과제−식민지 일본인 경영의 신문 연구의 진척을 위한 제언」, 『석당논총』 52, 동아대 석당학술원, 2012.

高崎宗司・이규수 역, 『식민지 조선의 일본인들』, 역사비평사, 2006.

高尾新友衛門, 『大陸發展策より見たる元山』, 元山 : 東書店, 1922.
高尾新友衛門, 『元山發展史』, 大阪 : 啓文社, 1916.
群山府, 『群山府史』, 群山府, 1935.
蛯原八郎, 『海外邦字新聞雜誌史』, 東京 : 學而書院, 1936.
大邱府, 『大邱府史』, 大邱府, 1943.
木浦府, 『木浦府史』, 木浦府, 1930.
木浦誌編纂會, 『木浦誌』, 木浦誌編纂會, 1924.
京城日報社・每日申報社, 『朝鮮年鑑』, 京城日報社, 1942.
釜山商業會議所, 『釜山要覽』, 釜山商業會議所, 1912.
新聞硏究所, 『日本新聞年鑑』, 新聞硏究所, 1922~1941.
安齋霞堂, 『忠淸南道發展史』, 大田 : 湖南日報社, 1932.
岩永九二一, 『半島の新聞』, 京城 : 新評論社, 1931.
柳川勉, 「新聞界の批判」, 『朝鮮之事情』 其二, 京城 : 朝鮮事情社, 1927.
仁川府, 『仁川府史』, 仁川府, 1933.
日本電報通信社, 『新聞總攬』, 日本電報通信社, 1920~1943.
田上征夫, 『咸南都市大觀』, 咸興 : 咸南都市大觀編纂部, 1938.
全州府, 『全州府史』, 全州府, 1943.
朝鮮總督府, 『朝鮮總督府統計年報』, 朝鮮總督府, 1910.
鎭南浦府, 『鎭南浦府史』, 鎭南浦府, 1926.
諏方史郎, 『馬山港誌』, 馬山 : 朝鮮史談會, 1926.
平壤商業會議所, 『平壤全誌』, 平壤商業會議所, 1927.
河井朝雄, 『大邱物語』, 大邱 : 朝鮮民報社, 1931.

제6장 : 일제 말기(1937~1945)의 언론통제정책과 언론구조변동

1. 1차 자료

京城日報社・每日申報社,『朝鮮年鑑』, 京城日報社, 1942・1945.

日本新聞研究所,『日本新聞年鑑』, 日本新聞研究所, 1941.

日本電報通信社,『新聞總攬』, 日本電報通信社, 1942・1943.

朝鮮總督府 警務局,「第73回 帝國議會說明資料」(1937), 민족문제연구소 편,『일제하 전시체제기 정책사료총서』2, 한국학술정보, 2000.

朝鮮總督府 警務局,「第79回 帝國議會說明資料」(1941), 민족문제연구소 편,『일제하 전시체제기 정책사료총서』14, 한국학술정보, 2000.

朝鮮總督府 警務局,「第84回 帝國議會說明資料」(1943), 민족문제연구소 편,『일제하 전시체제기 정책사료총서』19, 한국학술정보, 2005.

朝鮮總督府 警務局,『朝鮮出版警察概要』, 朝鮮總督府 警務局, 1937・1938, 민족문제연구소 편,『일제하 전시체제기 정책사료총서』38, 한국학술정보, 2005.

朝鮮總督府 警務局,『朝鮮出版警察概要』(朝鮮總督府 警務局, 1939・1940), 김근수 편,『일제치하 언론출판의 실태』, 신영아카데미 한국학연구소, 1974.

朝鮮總督府 警務局,『朝鮮出版警察概要』, 朝鮮總督府 警務局, 1940・1941, 민족문제연구소 편,『일제하 전시체제기 정책사료총서』38, 한국학술정보, 2005.

朝鮮總督府 警務局,「諺文新聞統制案」(1939), 민족문제연구소 편,『일제하 전시체제기 정책사료총서』37, 한국학술정보, 2000.

朝鮮總督府 警務局,「朝鮮ニ於ケル言論機關ノ統制指導策」, 숭실대 박물관 소장본.

2. 논문 및 단행본

강창일,「일제의 조선지배 정책」,『역사와 현실』12, 한국역사연구회, 1994.

계초전기 간행회,『계초방응모전』, 조선일보사, 1980.

계훈모 편,『한국언론연표』, 관훈클럽신영연구기금, 1979.

고하선생 전기편찬위원회,『고하송진우선생전』, 동아일보사, 1965.

김규환,『일제의 대한 언론・선전정책』, 이우출판사, 1978.

김민환,「일제시대 언론사의 시기구분」,『언론과 사회』1, 언론과사회사, 1993.

_____, 「일제시대 민족지의 사회사상」, 『언론과 사회』 4, 언론과사회사, 1994.

김상태 편역, 『윤치호 일기』, 역사비평사, 2001.

김영희, 「일제 지배시기 조선인의 신문접촉 경향」, 『한국언론학보』 46(1), 한국언론학회, 2001.

김을한, 『조선신문사화』, 탐구당, 1975.

김학민·정운현 편, 『친일파 죄상기』, 학민사, 1993.

김형윤, 『마산야화』, 태화출판사, 1973.

동아일보사사 편찬위원회, 『동아일보사사』 1, 동아일보사, 1975.

박용규, 「일제의 지배정책에 대한 신문들의 논조 변화」, 『한국언론정보학보』 28, 한국언론정보학회, 2005.

변은진, 「일제 전시 파시즘기(1937~1945) 조선민중의 현실인식과 저항」, 고려대 박사논문, 1998.

서중석, 『한국현대 민족운동연구』(2판), 역사비평사, 1992.

성주현, 「1930년대 이후 한글신문의 구조적 변화와 기자들의 동향」, 『한국민족운동사연구』 58, 한국민족운동사학회, 2009.

이 연, 『일제하의 조선중앙정보위원회의 역할』, 서강대 언론문화연구소, 1993.

이원영, 「신익씨의 정치자금 3백만 원과 성토」, 『언론비화 50편』, 한국신문연구소, 1978.

이해창, 『한국 신문사 연구』(개정증보판), 성문각, 1983.

인촌기념회, 『인촌 김성수전』, 인촌기념회, 1976.

임경일, 『신문』, 야담사, 1938.

임종국, 『친일문학론』(5판), 평화출판사, 1983.

_____, 『일제하의 사상탄압』, 평화출판사, 1985.

장석흥, 「일제의 식민지 언론정책과 총독부 기관지 매일신보의 성격」, 『조선독립운동사연구』 6, 독립기념관 조선독립운동연구소, 1992.

정비석, 「어용기관의 우국기자들 일 패망 점쳐」, 『언론비화 50편』, 한국신문연구소, 1978.

정진석, 「일제하의 언론출판연구(상)」, 『신문연구』 19(1), 관훈클럽, 1978.

_____, 『한국언론사』, 나남, 1990.

_____, 「광고사회사 II」, 『광고연구』 12, 한국방송광고공사, 1991.

_____, 『언론 조선총독부』, 커뮤니케이션북스, 2005.

_____, 『극비 조선총독부의 언론 검열과 탄압』, 커뮤니케이션북스, 2007.

조선일보 70년사 편찬위원회, 『조선일보 70년사』 1, 조선일보사, 1990.

최민지, 『일제하 민족 언론사론』, 일월서각, 1978.

최유리, 「일제 말기 언론정책의 성격」, 『이화사학연구』 20·21합집, 이화사학연구소, 1993.

＿＿＿, 『일제 말기 식민지 지배정책연구』, 국학자료원, 1997.

최 준, 『한국신문사』(중판), 일조각, 1982.

최혜주, 「1930년대의 한글신문에 나타난 총독정치」, 『한국민족운동상연구』 58, 한국민족운동사학회, 2009.

한국신문연구소, 『언론비화 50편』, 한국신문연구소, 1978.

宮田節子, 『朝鮮民衆と皇民化政策』(未來社, 1985), 이영낭 역, 『조선민중과 황민화 정책』, 일조각, 1997.

山本文雄 외, 김재홍 역, 『일본 매스 커뮤니케이션사』, 커뮤니케이션북스, 2000.

柳川勉, 「新聞界の批判」, 『朝鮮之事情』 其二, 朝鮮事情社, 1927.

全州府, 『全州府史』, 全州府, 1943.

제7장 : 1920년대 중반(1924~1927)의 신문과 민족운동

강영주, 『벽초 홍명희 연구』, 창작과비평사, 1999.

국사편찬위원회, 『한국독립운동사』 2, 국사편찬위원회, 1971.

김경택, 「1910·1920년대 동아일보 주도층의 정치경제사상 연구」, 연세대 박사논문, 1999.

김기진, 『김팔봉 문학전집』 2, 문학과지성사, 1988.

김명구, 「1920년대 부르주아 민족운동 좌파 계열의 민족운동－안재홍을 중심으로」, 『한국사학보』 12, 고려사학회, 2002.

＿＿＿, 「1920년대 국내 부르주아 민족운동 우파 계열의 민족운동론－동아일보 주도층을 중심으로」, 『한국근현대사연구』 20, 한국근현대사연구회, 2002.

김 영, 「위당 정인보론」, 『민족문학사연구』 38, 민족문학사연구소, 2008.

김영진, 「초창기 신간회 경성지회 주도세력 연구」, 성균관대 석사논문, 2007.

김을한, 『신문야화』, 일조각, 1971.

김인식, 『중도의 길을 걸은 신민족주의자―안재홍의 생각과 삶』, 역사공간, 2006.

김준엽·김창순, 『한국공산주의 운동사』 2, 청계연구소 출판국, 1986.

김희곤, 「동제사의 결성과 활동」, 『한국사 연구』 48, 한국사연구회, 1985.

동아일보사사 편찬위원회, 『동아일보사』 1, 동아일보사, 1975.

박용규, 「일제하 시대·중외·중앙·조선중앙일보에 관한 연구」, 『언론정보연구』 2, 부
　　　산대 언론정보연구소, 1996.

＿＿＿, 「안재홍의 언론활동과 언론관」, 『민주사회와 정책연구』 6, 민주사회정책연구원,
　　　2004.

＿＿＿, 「일제강점기 사회주의 언론인에 관한 연구」, 김민환·박용규·김문종, 『일제강
　　　점기 언론사연구』, 나남, 2008.

박찬승, 『한국근대정치사상연구』, 역사비평사, 1992.

＿＿＿, 「부르주아 민족주의, 우파민족주의, 문화민족주의」, 『역사비평』 75, 역사비평사,
　　　2006.

＿＿＿, 『민족주의의 시대』, 경인문화사, 2007.

박헌호, 「문화정치기 신문의 위상과 반-검열의 내적 논리」, 『대동문화연구』 50, 성균관대
　　　대동문화연구원, 2005.

안재홍선집 간행위원회, 『민세 안재홍 선집』 4, 지식산업사, 1993.

유광열, 『기자 반세기』, 서문당, 1969.

윤선자, 「이관용의 생애와 민족운동」, 『한국 근현대사 연구』 30, 한국근현대사연구회,
　　　2004.

이균영, 『신간회연구』, 역사비평사, 1993.

이승복선생망구송수기념회, 『삼천백일홍』, 인물연구소, 1974.

이지원, 「일제하 안재홍의 현실인식과 민족해방운동론」, 『역사와 현실』 6, 한국역사연구
　　　회, 1991.

임경석, 「1925년 전조선기자대회연구」, 『史林』 44, 수선사학회, 2013.

장　신, 「1924년 동아일보 개혁운동과 언론계의 재편」, 『역사비평』 75, 역사비평사,
　　　2006.

전명혁, 『1920년대 한국사회주의운동 연구』, 선인, 2006.

정윤재, 『다사리 공동체를 향하여―민세 안재홍 평전』, 한울, 2002.

정진석, 『한국언론사』, 나남, 1990.

_____,『인물한국언론사』, 나남, 1995.

정영훈, 「근대 한국 민족주의의 정치사상(2)−1920∼1940년대 합작 통일운동의 정치사상」,『동양정치사상사』 6(2), 한국동양정치사상사학회, 2007.

조맹기, 「안재홍의 신민족주의 언론사상」,『민족에서 세계로−민세 안재홍의 신민족주의론』, 봉명, 2002.

조선일보사 사료연구실,『조선일보 사람들−일제시대 편』, 랜덤하우스중앙, 2004.

조선일보사,『조선일보 70년사』 3, 조선일보사, 1990.

조용만,『육당 최남선』, 삼중당, 1964.

채 백, 「일제강점기의 신문불매운동−1920년대 중반을 중심으로」,『한국언론정보학보』 28, 한국언론정보학회, 2005.

최민지,『일제하 민족언론사론』, 일월서각, 1978.

한국신문연구소 편,『언론비화 50편』, 한국신문연구소, 1978.

한홍구, 「원주의 역사적 인물−월봉 한기악(1898∼1941)」,『평론원주』 6, 평론원주사, 2001.

梶村秀樹・姜德相,『現代史資料』(29)−朝鮮(5), 東京 : みすず書房, 1972.

慶北道警察局,『高等警察要史』, 大邱 : 慶北道警察局, 1934.

日本電報通信社,『新聞總覽』, 日本電報通信社, 1926.

朝鮮總督府警務局, 『諺文新聞差押記事輯錄』(時代日報・中外日報), 朝鮮總督府警務局, 1932.

제8장 : 일제강점기 안재홍의 언론활동과 언론사상

계훈모 편,『한국언론연표』 1, 관훈클럽신영연구기금, 1979.

_____,『한국언론연표』 2, 관훈클럽신영연구기금, 1987.

김인식,『중도의 길을 걸은 신민족주의자』, 역사공간, 2006.

김팔봉, 「나의 회고록(9)」,『세대』, 세대사, 1965.6.

남시욱, 「기자관의 변천과 이미지 정립」,『신문평론』, 한국선문연구소, 1974.1.

대한언론인회 편,『한국언론인물사화』(8・15전편) 상・하, 대한언론인회, 1992.

도진순,『한국민족주의와 남북관계』, 서울대 출판부, 1997.

류시현, 「1930년대 안재홍의 '조선학운동'과 민족사 서술」, 『아시아문화연구』 22, 경원
    대 아시아문화연구소, 2011.
민세 안재홍기념사업회, 『안재홍 언론사상 심층연구』, 선인, 2013.
박한용, 「안재홍의 민족주의론―근대를 넘어선 근대」, 『민족에서 세계로』, 봉명, 2002.
박찬승, 『한국근대정치사상사 연구』, 역사비평사, 1992.
_____, 「1930년대 안재홍의 민세주의론」, 『민족에서 세계로』, 봉명, 2002.
반민족문제연구소, 『청산하지 못한 역사』, 청년사, 1994.
서중석, 『한국현대 민족운동』 2, 역사비평사, 1996.
송지영, 「산하와 겨레에 얽힌 한」, (『신동아』, 동아일보사, 1977.9), 안재홍선집 간행위원
    회 편, 『민세 안재홍선집』 3, 지식산업사, 1992.
신태악, 「그때와 지금의 기자상」, 『신문과 방송』, 한국신문연구소, 1978.9.
안재홍선집간행위원회, 『민세 안재홍 선집』 1~8, 지식산업사, 1982~2004.
안정용, 「아버지와 나(유고)」, 안재홍선집 간행위원회 편, 『민세 안재홍선집』 4, 지식산
    업사, 1992.
유광열, 『기자 반세기』, 서문당, 1969.
윤대식, 「안재홍의 항일 투쟁론―언론을 통한 지사적 정치투쟁의 변형과 한계」, 『21세기
    정치학회보』 14-3, 21세기정치학회, 2004.
이경미, 「1920년대 민세 안재홍의 민족론과 그 추이」, 『동양정치사상사』 9(2), 한국동양
    정치사상학회, 2010.
이관구, 『하루살이 글 인생』, 휘문출판사, 1978.
_____, 「지조와 관용의 선각자 안재홍」 『월간조선』, 조선일보사, 1985.4.
이균영, 『신간회 연구』, 역사비평사, 1993.
이승복선생망구송수기념회 편, 『삼천백일홍』, 인물연구소, 1974.
이지원, 「일제하 안재홍의 현실인식과 민족해방운동론」, 『역사와 현실』 6, 한국역사연구
    회, 1991.
임홍빈, 「안재홍론」, 『정경연구』, 한국정경연구소, 1965.9.
정병준, 「대한경제보국회의 결성과 활동」, 『역사와 현실』 33, 한국역사연구회, 1999.
정용욱, 『해방 전후 미국의 대한정책』, 서울대 출판부, 2003.
정윤재, 『다사리 국가론』, 백산서당, 1999.
_____, 『다사리 공동체를 향하여』, 한울, 2002.
정진석, 『인물 한국 언론사』, 나남, 1995.

_____, 『역사와 언론인』, 커뮤니케이션북스, 2001.

조맹기, 「안재홍의 신민족주의 언론사상」, 『민족에서 세계로』, 봉명, 2002.

천관우, 「장지연과 그 사상」, 『백산학보』 3, 백산학회, 1967.

_____, 「언론인으로서의 단재」, 『나라사랑』 3, 외솔회, 1971.

_____, 「민세 안재홍 연보」(『창작과비평』 50, 창작과비평사, 1978), 안재홍선집 간행위
　　　　원회 편, 『민세 안재홍선집』 4, 지식산업사, 1992.

최봉영, 「유교 문화와 한국사회의 근대화」, 『사회와 역사』 53, 한국사회사학회, 1998.

최　준, 『한국신문사』(신보판), 일조각, 1990.

최흥조, 「정치파동·국민방위군 사건과 그 패기」, 『언론비화 50편』, 한국신문연구소,
　　　　1978.

한국신문연구소, 『한국 신문 백 년—사료집』, 한국신문연구소, 1975.

Smith, A., 최정호·공용배 역, 『세계신문의역사』, 나남, 1990.

Carey, J. W., "The Communications Revolution and the Professional
　　　　Communicator," in P. Halmos(ed.), *The Sociology of Mass Media Communicators* —
　　　　The Sociological Review Monograph 13, Routledge & KeganPaul PLC.,, 1969.

Chalaby, J. K., "Journalism as an Anglo-American Invention—A Comparison of the
　　　　Development of French and Anglo-American Journalism," *European Journal*
　　　　of Communication 11(3), Sage Publications, 1996.

Habermas, J., *The Structural Transformation of the Public Sphere*, The MIT Press, 1987.

제9장 : 여운형의 언론활동에 관한 연구

강동진, 『일제의 한국침략정책사』, 한길사, 1980.

계훈모 편, 『한국언론연표』 1, 관훈클럽신연구기금, 1979.

김광식, 「해방 직후 여운형의 정치활동과 '건준', '인공'의 형성과정」, 최장집 편, 『한국현
　　　　대사』 1, 열음사, 1985.

김기승, 「배성룡의 정치·경제사상연구」, 고려대 박사논문, 1991.

김남미, 「시대일보·중외일보·중앙일보·조선중앙일보에 관한 고찰」, 이화여대 석사

논문, 1982.

김영식, 「언론인 여운형 연구」, 한국외대 석사논문, 1994.

김을한 편, 『천리구 김동성』, 을유문화사, 1981.

김팔봉, 「나의 회고록(9)」, 『세대』, 세대사, 1965.6.

김학준, 『이동화 평전』, 한길사, 1987.

대한언론인회 편, 『한국언론인물사화』(8·15전편) 상·하, 대한언론인회, 1992.

동아일보사사 편찬위원회, 『동아일보사사』1, 동아일보사, 1975.

몽양전집 발간위원회 편, 『몽양 여운형 전집』1·2·3, 한울, 1991~1997.

민주주의민족전선 편, 『조선해방연보』, 문우인서관, 1946.

민주주의민족전선선전부, 『민주주의민족전선결성대회의사록』, 민주주의민족전선, 1946.

박용규, 「일제강점기 사회주의 언론인에 관한 연구」, 김민환·박용규·김문종, 『일제강점기 언론사 연구』, 나남, 2008.

_____, 「일제하 민간지 기자집단의 사회적 특성의 변화과정에 관한 연구」, 서울대 박사논문, 1994.

_____, 「일제하의 시대·중외·중앙·조선중앙일보에 관한 연구」, 『언론과 정보』2, 부산대 언론정보연구소, 1996.

배성찬 편, 『식민지시대 사회운동론 연구』, 돌베개, 1987.

백 철, 『진리와 현실』, 박영사, 1975.

서중석, 『한국현대 민족운동연구』(2판), 역사비평사, 1992.

송남헌, 『해방 3년사』, 까치, 1985.

신주백 편, 『1930년대 민족해방운동론연구』1, 새길, 1989.

여운홍, 『몽양 여운형』, 청하각, 1967.

우승규, 『나절로 만필』, 탐구당, 1978.

이관구, 『하루살이 글 한평생』, 휘문출판사, 1978.

이균영, 『신간회 연구』, 역사비평사, 1993.

이기형, 『몽양 여운형』, 실천문학사, 1993.

이동화, 「8·15를 전후한 여운형의 정치활동」, 『해방전후사의 인식』, 한길사, 1979.

이만규, 『여운형 투쟁사』, 민주문화사, 1946.

이승복선생 望九頌壽기념회 편, 『三千百日紅』, 인물연구소, 1974.

이애숙, 「이재유 그룹의 당재건운동」, 한국역사연구회 1930년대 연구반, 『일제하 사회주의 운동사』, 한길사, 1991.

이정식, 『시대와 사상을 초월한 융합주의자 몽양 여운형』, 서울대 출판부, 2008.

이현희, 『조동호 항일투쟁사』, 청아출판사, 1992.

임영태 편, 『식민지 시대 한국사회와 운동』, 사계절, 1985.

전국인민위원회, 『전국인민위원회대표자대회 의사록』, 전국인민위원회, 1946.

정병준, 「여운형의 좌우합작 · 남북연합과 김일성」, 『역사비평』 40, 역사비평사, 1997.

_____, 『몽양여운형 평전』, 한울, 1995.

정진석, 「상해판 독립신문에 관한 연구」, 『汕耘史學』 4, 汕耘학술문화재단, 1990.

_____, 「시대 · 중외 · 조선중앙일보考」, 『저널리즘』 13, 한국기자협회, 1979.

_____, 『한국언론사』, 나남, 1990.

조기준, 『한국기업가사』, 박영사, 1973.

조병옥, 『나의 회고록』, 민교사, 1959.

최 준, 『한국신문사』(증판), 일조각, 1982.

한국신문연구소 편, 『언론비화 50편』, 한국신문연구소, 1979.

慶尙北道警察局, 『高等警察要史』, 慶尙北道警察局, 1934.

日本新聞硏究所, 『日本新聞年鑑』, 日本新聞硏究所, 1922~1941.

日本電報通信社, 『新聞總覽』, 日本電報通信社, 1920~1941.

朝鮮總督府警務局,   『最近におけるて朝鮮の治安狀況－昭和八年』(朝鮮總督府警務局,   ,
        1934), 거름 편집부, 『1930년대 민족해방운동』, 거름, 1984.

_____,   『最近におけるて朝鮮の治安狀況昭和十三年』(朝鮮總督府警務局,
        1939), 김봉우 역, 『일제식민통치비사』, 청아출판사, 1989.

제10장 : 식민지 시기 여기자의 직업의식과 언론활동

강만길 · 성대경 편, 『한국사회주의 인명사전』, 창작과비평사, 1996.

계훈모 편, 『한국언론연표』, 관훈클럽 신영연구기금, 1979.

권영민, 『한국근대문인대사전』, 아세아문화사, 1990.

김경희, 「여성언론인의 역사」, 『또 하나의 문화』 2, 1986.

김미령, 「한국여성잡지의 성장과정에 관한 연구」, 중앙대 석사논문, 1985.

김상배 편, 『노천명 에세이집-꽃사슴』, 춘추각, 1984.

김연숙, 「사적 공간의 미시권력, 소문」, 태혜숙 외, 『한국의 식민지 근대와 여성공간』, 여이연, 2004.

_____, 「저널리즘과 여성작가의 탄생-1920~1930년대 여기자 집단을 중심으로」, 『여성문학연구』 14, 한국여성문학학회, 2005.

김영식, 『아버지 파인 김동환』, 서울 : 국학자료원, 1994.

김윤식, 『한국문학사논고』, 법문사, 1973.

김은주, 『한국의 여기자(1920~1980)』, 커뮤니케이션북스, 2014.

김을한, 『신문야화』, 일조각, 1971.

김준엽 · 김창순, 『한국공산주의운동사』 2, 청계연구소, 1986.

김학철, 「여류작가 이선희와 나」, 『샘이 깊은 물』, 1992.7.

김항명, 『찔레꽃 피는 언덕-김말봉』(여성실화 10), 명서원, 1976.

김혜순, 「국내 페미니스트 언론연구의 동향과 과제」, 『한국인론학보』 38, 한국언론학회, 1996.

남화숙, 「1920년대 여성운동에서의 협동전선론과 근우회」, 서울대 석사논문, 1989.

동아일보사사 편찬위원회, 『동아일보사사』 1, 동아일보사, 1975.

박용규, 「일제하 민간지 기자집단의 사회적 특성의 변화과정에 관한 연구」, 서울대 박사논문, 1994.

_____, 「일제하의 시대 · 중외 · 중앙 · 조선중앙일보에 관한 연구」, 『언론과 정보』 2, 부산대 언론정보연구소, 1996.

박용옥, 「근우회의 여성운동과 민족운동」, 역사학회 편, 『한국근대 민족주의 운동사 연구』, 일조각, 1987.

박정애, 「어느 신여성의 경험이 말하는 것」, 『여성과 사회』 14, 한국여성연구소, 2002.

박정순, 「언론매체와 여성」, 한국언론학회 편, 『언론학원론』, 범우사, 1994.

배성찬, 『식민지시대 사회운동론 연구』, 돌베개, 1987.

서범석, 「을축년 대홍수와 북풍회 사건」, 『언론비화 50편』, 한국신문연구소, 1978.

서영은, 「생의 태풍 속을 무구한 노로(2)」, 『문학사상』, 문학사상사, 1983.9.

_____, 「생의 태풍 속을 무구한 노로(3)」, 『문학사상』, 문학사상사, 1983.10

서정자, 「일제강점기 한국 여성소설연구」, 숙명여대 박사논문, 1988.

서주홍, 「일제시기 여기자 최은희의 여성인식」, 숙명여대 석사논문, 2008.

서형실, 「허정숙-근우회에서 독립동맹투쟁으로」, 『역사비평』 19, 역사비평사, 1992.

신영숙, 「일제하 한국여성 사회사 연구」, 이화여대 박사논문, 1989.

심진경, 「문단의 '여류'와 '여류문단'─식민지 시대 여성작가의 형성과정」, 『상허학보』 13, 상허학회, 2004.

양승혜, 「2010년 한국의 언론종사자」, 『신문과 방송』, 한국언론진흥재단, 2010.10.

오수정, 「여성언론인의 현황과 위상」, 『신문과 방송』, 한국언론연구원, 1995.3.

오숙희, 「한국여성운동에 관한 연구」, 이화여대 석사논문, 1988.

원용진, 「매스미디어와 여성」, 한국사회언론연구회 편, 『현대사회와 매스커뮤니케이션』, 한울, 1996.

유은순, 「일제시기 일간지 여기자의 역할과 위상」, 『숭실사학』 28, 숭실사학회, 2012.

윤석중, 「굶는 것이 자랑이었던 그때의 기자」, 『언론비화 50편』, 한국신문연구소, 1978.

윤성상, 「3전짜리 팥죽 한 그릇에 구국의 필봉」, 『언론비화 50편』, 한국신문연구소, 1978.

윤홍노, 「이선희─낭만성을 통한 여성의 존재 확인」, 『한국해금문학전집』 10, 삼성출판사, 1988.

이경자, 「한국여성잡지의 역사적 고찰」, 서울대 석사논문, 1971.

이균영, 『신간회 연구』, 역사비평사, 1993.

이명온, 「30 : 1의 여기자 시험을 뚫고」, 『언론비화 50편』, 한국신문연구소, 1978.

이성근, 『한·일 양국 초대 여기자의 삶』, 와우, 1999.

이성우, 「사회주의 여성운동가 고명자의 생애와 활동」, 『인문학연구』 84, 충남대 인문과학연구소, 2011.

이소영, 「1920년대 사회주의 여성운동의 이념적 성격에 관한 연구」, 연세대 석사논문, 1992.

이옥진, 「여성잡지를 통해 본 여권신장」, 이화여대 석사논문, 1979.

이은상, 「나의 신가정 편집장 시절」, 『여성동아』, 동아일보사, 1967.11.

이은순, 「일제하 도시와 농촌여성의 생활실태」, 『광복 50주년 기념논문집』 8, 한국학술진흥재단, 1995.

이재선, 『한국현대소설사』, 홍성사, 1979.

장은미, 「1950년대 한국 신문의 제도화와 남성적 재공간화 과정」, 서강대 박사논문, 2007.

정공채 편, 『우리 노천명』, 대가출판사, 1983.

정영자, 「한국 여성문학연구─1920년대, 30년대를 중심으로」, 동아대 박사논문, 1988.

정요섭, 『한국여성운동사』, 일조각, 1971.

정진석, 「한국의 여기자」, 『여기자』 3, 한국여기자클럽, 1992.

_____, 『(고쳐 쓴) 언론유사』, 커뮤니케이션북스, 2004.

정진석, 『인물 한국언론사』, 나남, 1995.

정하은 편, 『김말봉의 문학과 사회』, 종로서적, 1986.

조경희, 『조경희 자서전—새길을 밝고 힘차게』, 정우사, 2004.

조남현, 『한국현대소설연구』, 민음사, 1987.

조선일보 사료연구실, 『조선일보 사람들—일제시대』, 랜덤하우스중앙, 2005.

조선일보 70년사 편찬위원회, 『조선일보 70년사』 1, 조선일보사, 1990.

조은·윤택림, 「일제하 '신여성'과 가부장제」, 『광복 50주년 기념논문집』 8, 한국학술진
　　　흥재단, 1995.

천관우, 「언론인으로서의 단재」, 『나라사랑』 3, 외솔회, 1971.

최승만, 『나의 회고록』, 인하대 출판부, 1985.

최은희, 「남성 밀림에서 특권 누린 여기자」, 『언론비화 50편』, 한국신문연구소, 1978.

_____, 『여성전진 70년—초대 여기자의 회고』(추계 최은희 전집) 5권, 조선일보사,
　　　1991.

최이숙, 「산업화 시기(1961~1987) 성별화된 뉴스생산노동과 여성언론인의 정체성 관
　　　리」, 서울대 박사논문, 2009.

최정희, 『젊은 날의 증언』, 육민사, 1962.

추정선생 전기편찬위원회, 『추정 임봉순선생 소전』, 추정임봉순선생전기편찬위원회,
　　　1969.

한국신문연구소 편, 『언론비화 50편』, 한국신문연구소, 1978.

_____, 『한국언론인물지』, 한국신문연구소, 1981.

한국신문편집인협회 편, 『신문백년 인물사전』, 한국신문편집인협회, 1988.

홍은희, 「언론사의 조직문화와 여기자의 리더십 연구」, 『여기자』 19, 한국여기자협회,
　　　2010.

홍효민, 『행동지성과 민족문학』, 일신출판사, 1980.

황신덕, 「한 알의 밀알 구실을 한 여기자들」, 『언론비화 50편』, 한국신문연구소, 1978.

Smith, A., 최정호·공용배 역, 『세계신문의역사』, 나남, 1990.

春原昭彦, 『日本新聞通史』, 東京 : 新泉社, 1987.

Creedon, P. J., "The Challenge of Revisioning Gender Values", in Creedon P.
    J.(ed.), *Women In Mass Communication*, Sage, 1989.
Drinkwater, O. & Hoar J., "Are Mississippi Newspaper Woman Discriminated
    Against? A Survey of the State Press", *Newspaper Research Journal* 2(1), AEJMC
    Newspaper Division, 1980.
Henry, S., "Changing Media History Through Women's History", in Creedon
    P.J.(ed.), *Women In Mass Communication*, Sage, 1989.
Lafky, S., "Economic Equity and the Journalistic Work Force", in Creedon
    P.J.(ed.), *Women In Mass Communication*, Sage, 1989.
Robinson, G. J., "Women, Media Access and Social Control", in Epstein L.K.(ed.),
    Women and The News, Hastings House, 1978.
Sohn, A. B., "Woman in Newspaper Management—An Update", *Newspaper Research
    Journal* 3(1), AEJMC Newspaper Division, 1981.
van Zoonen, L., "Rethinking Women and News", *European Journal of Communication* 3,
    Sage Publications, 1988.
Weaver, D. H. & Wilhoit, G. C., *The American Journalist —A Portrait of U.S. News People and
    their Work*, Indiana University Press, 1986.

:: 출전목록

* 책에 실린 글의 처음 출처는 아래와 같다. 원래 글을 대폭 고쳐 쓰면서 구성을 바꾸거나, 일부 내용을 삭제하고, 필요한 내용은 덧붙였다.

1·2장 「일제하 민간지 기자 집단의 사회적 특성의 변화과정에 관한 연구」, 서울대 박사 논문, 2장, 1994.

3장 「일제하의 언론현실에 대한 인식과 비판」, 『언론과 사회』 8, 언론과 사회사, 1995.

4장 「일제하 시대·중외·중앙·조선중앙일보에 관한 연구」, 『언론과 정보』 2, 부 산대 언론정보연구소, 1996.

5장 「일제하 지방신문의 현실과 역할」, 『한국언론학보』 50-6, 한국언론학회, 2006.

6장 「일제말기(1937~1945)의 언론통제정책과 언론구조변동」, 『한국언론학보』 46-1, 한국언론학회, 2001.

7장 「1920년대 중반(1924~1927) 신문과 민족운동」, 『언론과학연구』 9-4, 한국 지역언론학회, 2009.

8장 「안재홍이 언론활동과 언론관」, 『민주사회와 정책연구』 6, 민주사회정책연구 원, 2004.

9장 「여운형의 언론활동에 관한 연구」, 『한국언론학보』 42-2, 한국언론학회, 1997.

10장 「일제하 여기자의 직업의식과 언론활동에 관한 연구」, 『한국언론학보』 41, 한국 언론학회, 1997.